复杂重型装备网络化协同制造

吴 锋 著

本著作由国家重点研发计划课题资助（编号：2018YFB1703001）

科学出版社

北 京

内 容 简 介

本书以复杂重型装备为研究对象，针对复杂重型装备研发制造过程协同难度大、工艺知识管理较为复杂、任务分解与资源匹配难度大等难题，给出了新型制造模式：网络协同制造平台。深入分析了复杂重型装备网络协同制造平台发展模式、研发模式及工艺驱动的复杂重型装备网络协同制造模式，重点阐述了需求驱动的复杂重型装备网络协同服务模式及数据驱动的网络协同制造平台运营与管理，并对协同服务中的价值发现、考虑稀缺服务与质量损失云制造服务组合问题及平台利益分配等关键问题进行了研究。

本书可供制造系统工程、工业工程等相关专业的学生和从事复杂重型装备网络化制造的科研人员参考使用。

图书在版编目(CIP)数据

复杂重型装备网络化协同制造 / 吴锋著. —北京：科学出版社，2023.2
ISBN 978-7-03-073673-4

Ⅰ. ①复⋯ Ⅱ. ①吴⋯ Ⅲ. ①网络化－条件－装备制造业－研究－中国 Ⅳ. ①F426.4

中国版本图书馆 CIP 数据核字（2022）第 203595 号

责任编辑：邓 娴 / 责任校对：贾娜娜
责任印制：张 伟 / 封面设计：有道文化

科学出版社 出版
北京东黄城根北街 16 号
邮政编码：100717
http://www.sciencep.com

北京建宏印刷有限公司 印刷
科学出版社发行 各地新华书店经销

*

2023 年 2 月第 一 版　开本：720×1000　1/16
2024 年 1 月第二次印刷　印张：25 1/4
字数：510 000

定价：256.00 元
(如有印装质量问题，我社负责调换)

前　言

中国制造业正处在产业转型升级的关键阶段，学界和业界都在积极推进研发的网络化、平台化、智能化、社群化、协同化和环保化。复杂重型装备一般以单件和小批量生产为主，具有系统结构复杂、技术领域广泛、研制过程复杂、生产工艺复杂等特征，其协同制造是一个庞大的系统工程。然而，我国复杂重型装备制造供应链上下游企业的信息化建设水平极不均衡，这为基于网络平台进行企业间的协同研发带来了巨大的阻碍。有相当部分设计、研发企业并没有接入相关工业物联网平台或行业、地区的云平台。除此之外，还有大量研发企业的数字化、信息化建设缺乏规划，乃至不具备数字化、信息化基础。即使是拥有信息系统的研发企业，也存在信息系统异构、数据多元、部门内部形成信息孤岛的问题，直接阻碍跨部门、跨学科、跨企业知识共享和沟通交流，从而阻碍装备研发能力和协同沟通能力的形成。同时，这些问题也极大地影响了制造企业与制造平台上其他服务提供商展开业务协作，尤其是在制造项目中设计—制造单位进行协同的环节。从而无法柔性、便捷、高效地为用户提供产品和服务。经过多年发展，伴随新制造科学、新信息科学、新通信科学等的进步，大量有助于提升制造工艺的新技术，如增材制造、物联网、第五代移动通信技术（5G）、数字孪生、区块链、强化学习、知识图谱纷纷被提出并应用于工业生产，并在生产实践中取得了良好的效果。这为基于网络平台进行协同研发的复杂重型装备研发企业带来了机遇。网络协同研发制造是企业为应对知识经济和制造全球化的挑战而实施的以快速响应市场需求和提高企业（企业群体）竞争力为主要目标的先进制造模式，对于中国制造业的转型和升级有重大意义。

本书依托于国家重点研发计划《复杂重型装备定制生产的制造企业网络协同制造平台研发》，所属专项为"网络协同制造和智能工厂"（2018YFB1703001）。本书致力于探索以下问题：①研究复杂重型装备个性化定制网络协同发展模式，借助平台和云等网络载体的信息传播优势，提出以客户为中心，包含研发、制造、管理和服务的协同发展模式；②研究复杂重型装备网络协同制造平台的研发模式；③研究工艺驱动的复杂重型装备网络协同制造模式；④研究数据驱动的复杂重型装备网络协同管理与运营模式；⑤研究需求驱动的复杂重型装备网络协同服务模式，探索复杂重型装备的增值服务。

全书共分为五篇，第一篇介绍复杂重型装备网络协同制造平台发展模式。

第二篇和第三篇分别介绍复杂重型装备网络协同制造平台研发模式和制造模式。第四篇主要介绍需求驱动的复杂重型装备网络协同服务模式。第五篇介绍数据驱动的复杂重型装备网络协同制造平台运营管理模式。本书由西安交通大学管理学院的吴锋教授牵头，并负责策划与统筹全书。纪妍负责第一篇撰写；陈星宇、张宏斌负责第二篇撰写；胡杨、宫婷负责第三篇撰写；孙明耀、常丰姣负责第四篇撰写；毕闰芳、宫婷负责第五篇撰写；陈星宇、纪妍协助进行全书统稿，在此对课题组各成员的辛勤劳动表示衷心的感谢！感谢高思妮等博士生在项目申请期间做出的贡献。本书的顺利出版也要感谢科技部和相关领域的专家给出的有建设性的评审意见，感谢西安交通大学、中国重型研究院股份有限公司、二重集团（德阳）重型装备股份有限公司、山东山大华天科技股份有限公司、西安理工大学等合作伙伴对本项研究的大力支持，中国重型研究院股份有限公司、二重集团（德阳）重型装备股份有限公司、辽宁忠旺集团有限公司等合作伙伴提供的珍贵调研资料为成果内容完善提供了思路，最后感谢科学出版社邓娴编辑的辛勤劳动！

吴　锋

西安交通大学管理学院

2023 年 2 月 16 日于西安

目 录

第一篇　复杂重型装备网络协同制造平台发展模式

第1章　新技术推动的复杂重型装备制造变革·················3
- 1.1　新时代制造环境变化··················3
- 1.2　复杂重型装备行业简介··················8
- 1.3　复杂重型装备网络协同制造平台需求分析··················12
- 1.4　新型制造模式——网络协同制造平台··················16
- 1.5　本章小结··················19
- 参考文献··················20

第2章　支持复杂重型装备个性化定制的网络协同平台制造模式··················22
- 2.1　制造模式的演进··················22
- 2.2　订单驱动的复杂重型装备网络协同平台制造模式··················29
- 2.3　模型驱动的复杂重型装备设计/制造/运维一体化运营··················43
- 2.4　本章小结··················54
- 参考文献··················55

第3章　复杂重型装备网络协同平台的演化运行机制··················57
- 3.1　平台生命周期演化阶段··················57
- 3.2　平台盈利模式的演进与治理··················61
- 3.3　平台演化系统动力学模型构建··················64
- 3.4　本章小结··················68
- 参考文献··················69

第4章　基于创新生态系统的复杂重型装备产业联盟协同创新机制··················70
- 4.1　基于网络协同平台的复杂重型装备产业联盟构建··················70
- 4.2　复杂重型装备产业联盟协同创新模式··················73
- 4.3　复杂重型装备产业联盟生态系统治理机制··················78
- 4.4　本章小结··················84
- 参考文献··················85

第二篇 复杂重型装备网络协同制造平台研发模式

第 5 章 基于平台的个性化定制与异地跨组织的产品研发 ················ 89
5.1 复杂重型装备的个性化定制 ·· 89
5.2 异地、跨组织的协同研发模式 ··· 91
5.3 复杂重型装备异地、跨组织协同设计模式 ······························· 100
5.4 本章小结 ··· 104
参考文献 ·· 104

第 6 章 基于网络协同平台的知识共享机制 ·· 105
6.1 复杂重型装备设计研发过程中的知识增值和加工 ······················ 105
6.2 面向流程的知识工程方法 ·· 108
6.3 基于区块链的数据加密技术 ·· 118
6.4 知识的保护、共享和激励机制 ··· 128
6.5 本章小结 ··· 137
参考文献 ·· 137

第 7 章 基于用户参与研发的平台价值共创 ·· 139
7.1 传统研发模式及用户需求分析 ··· 140
7.2 用户参与研发的动因分析及参与方式 ······································· 142
7.3 产品研发阶段的价值创造模型 ··· 147
7.4 本章小结 ··· 151
参考文献 ·· 151

第三篇 工艺驱动的复杂重型装备网络协同制造模式

第 8 章 工艺驱动复杂重型装备生产 ·· 155
8.1 复杂重型装备工艺驱动相关概念 ··· 155
8.2 基于网络协同平台的工艺管理 ··· 158
8.3 本章小结 ··· 162
参考文献 ·· 162

第 9 章 基于网络协同平台的复杂重型装备制造协同 ························· 163
9.1 装备生产进度协同 ··· 163
9.2 装备生产质量协同 ··· 179
9.3 区块链保障下的数据协同 ··· 182

9.4 本章小结 187
参考文献 187

第10章 基于协同平台的设备安装、调试和运输 189
10.1 基于虚拟/增强现实技术的设备安装 189
10.2 设备调试与技术验收 194
10.3 复杂重型装备运输 195
10.4 本章小结 200
参考文献 200

第11章 工业4.0背景下的复杂重型装备智能制造 201
11.1 复杂重型装备智能制造相关概念 201
11.2 复杂重型装备智能制造实现路径 205
11.3 案例分析 208
11.4 本章小结 212
参考文献 212

第四篇 需求驱动的复杂重型装备网络协同服务模式

第12章 基于平台的复杂重型装备网络协同服务模式 215
12.1 需求交互过程中的用户非结构化需求 215
12.2 基于平台的设备用户需求结构化分析 219
12.3 基于平台的用户服务需求挖掘 227
12.4 平台协同服务总体模式 231
12.5 本章小结 240
参考文献 240

第13章 复杂重型装备网络协同服务中的价值发现 242
13.1 基于SCP的平台价值发现 242
13.2 平台服务价值链 247
13.3 平台增值服务系统动力学仿真 256
13.4 本章小结 263
参考文献 263

第14章 复杂重型装备网络协同平台运维服务 264
14.1 复杂重型装备网络协同运维服务模式 264
14.2 考虑不完美信息的远程运维诊断决策问题 275

14.3　运维服务之基于机器视觉的产品质量检测案例 ············· 293
14.4　本章小结 ············· 300
参考文献 ············· 300

第五篇　数据驱动的复杂重型装备网络协同制造平台运营管理模式

第 15 章　网络协同制造平台管理与运营问题分析 ············· 305
15.1　复杂重型装备网络协同制造平台管理与运营概述 ············· 305
15.2　复杂重型装备网络协同制造平台管理与运营模式 ············· 311
15.3　复杂重型装备网络协同制造平台管理与运营分析 ············· 323
15.4　本章小结 ············· 333
参考文献 ············· 333

第 16 章　考虑稀缺服务与质量损失云制造服务组合问题 ············· 335
16.1　问题描述 ············· 336
16.2　DA-PESA2 算法 ············· 340
16.3　数值试验 ············· 342
16.4　本章小结 ············· 347
参考文献 ············· 348

第 17 章　复杂重型装备定制企业网络协同制造利益分配 ············· 349
17.1　演化博弈模型基本假设与构建 ············· 349
17.2　网络协同制造联盟演化博弈模型构建 ············· 352
17.3　网络协同制造仿真分析 ············· 358
17.4　本章小结 ············· 367
参考文献 ············· 367

第 18 章　复杂重型装备网络协同制造平台治理规则 ············· 369
18.1　基于数据库的网络协同平台可拓展认证管理体系 ············· 369
18.2　利益相关者行为管理模块 ············· 380
18.3　网络协同制造平台用户"跳单"行为研究 ············· 383
18.4　本章小结 ············· 395
参考文献 ············· 396

第一篇　复杂重型装备网络协同制造平台发展模式

第1章 新技术推动的复杂重型装备制造变革

近年来我国重型装备制造业发展迅速，已经成为世界装备大国，但与发达国家相比，我国在产品的生产制造工艺、产品自主开发理论和方法以及产品结构方面，还缺乏一定的创新能力。复杂重型装备是国之重器，产品研发制造周期、制造质量和运行水平决定着国家经济建设和国防发展。当前，新一代移动信息技术、5G、智能制造、工业物联网、数字化、智能化制造技术在提升产品创新速度和提高产品品质方面得到了广泛应用。在此背景下，生产力是决定一切的关键因素，而复杂重型设备作为国之重器又是此次大变革的重要推动力，采用平台协同开展复杂重型装备制造模式是提升我国复杂重型装备协同研发水平的重要途径。

1.1 新时代制造环境变化

相比第三次工业革命，第四次工业革命是一个产业整合的过程，因为新的ICT（information communications technology，信息通信技术）能够整合新的和经典的工业生产过程。当前企业面临着复杂的生产实践，从引入新的信息物理系统（cyber-physical system，CPS）和智能工厂技术发展到调整或替换核心企业架构、ICT基础设施和流程。传统工业生态系统向工业4.0过渡，不仅需要新的ICT，还需要在组织内部和组织间开发新的商业模式。

1.1.1 工业4.0的兴起

工业4.0象征着第四次工业革命，即生产系统互联互通、工业生态广泛整合、人工智能深度融合的开始[1]。工业4.0的主要目标涉及横向集成、纵向集成和端到端集成三种集成方式的运用[2]，这意味着需要在企业架构、ICT集成和流程方面进行变革[3]。工业4.0代表了当前制造业自动化技术的发展趋势，包括CPS、物联网和云计算等主要使能技术[4]。在工业4.0中，嵌入式系统、深度学习、强化学习、语义机器对机器通信、数字孪生、区块链和CPS技术正在将虚拟空间与物理世界相结合。此外，智能工厂等新一代工业系统正在兴起，以应对网络物理环境中生产的复杂性。在这场新的ICT驱动的技术演进中，嵌入式系统、物联网、CPS、工业集成和工业信息集成发挥着重要作用。

工业 4.0 的定义因学科而异。在工程、管理、控制和数据科学等学科中，工业 4.0 侧重于技术进步、组织设计、运营管理发展和市场转型[5,6]。从管理学的角度，工业 4.0 是指将物联网技术整合到工业价值创造中，使制造商能够利用完全数字化、互联、智能和去中心化的价值链，为企业竞争力提供更大的灵活性和稳健性，并使他们能够建立灵活和适应性强的业务结构进而促进内部进化发展，以应对不断变化的商业环境[7]。从运营管理的角度，工业 4.0 是技术、组织概念和管理原则的完整体现，是经济高效、响应迅速、有弹性和可持续的数字化网络化的基础，通过快速重新安排和重新分配其组成部分，在动态和结构上适应供需环境的变化与能力[8]。

工业 4.0 已经成为一种很有前途的技术框架，用于在组织内部和组织间层面集成与扩展制造流程。工业 4.0 的发展和技术进步将为企业日益增长的信息化转型需求提供一套切实可行的解决方案。相比于传统的自动化框架，工业 4.0 更注重端到端的数字化与数字产业生态系统的融合，并寻找一个完整的一体化解决方案。物联网已经完全颠覆了现有的生产体系，并被视为未来先进制造业工业 4.0 的主要驱动力[9]。值得注意的是，物联网可以创建虚拟网络以支持工业 4.0 中的智能工厂[10]，这将大大提高生产部门的生产效率。现在，工业 4.0 将重塑工业组织的企业架构，利用现有的 ICT 基础设施和业务流程，并根据需要创建工业 4.0 的 CPS 功能。在当前的产业整合过程中，CPS 的出现代表了从现有商业和市场模式的范式转变，革命性的新应用、服务和价值链将会出现。工业 4.0 的到来以及复杂工业生态系统的深刻变化，需要采用新的架构和新的业务流程，以帮助工业组织适应现有的企业架构、支持转型的 ICT 基础设施、流程和关系。

对于工业 4.0，学术界涌现的大量的新概念、新技术都涉及新型制造模式，但各有侧重。这些新概念、新技术从第三次工业革命中的灵活和可重构的制造系统与精益制造衍生而来，并向由物联网、大数据、电动汽车、增材制造、云计算、人工智能和网络构建的生产环境演变。例如，"云制造"这个概念将云计算的关键特征从 ICT 转移到工业领域，描述了制造能力在云中封装和服务的模型[11]。Cyber 关注虚拟的网络空间，通常指来自互连系统的数据被处理后辅助运营决策[10]。社交和智慧城市关注通过社交网络直接与消费者互动的机会[12]以满足消费者的需求。数字化转型和工业互联网一般强调对战略与商业模式创新的影响[13]。增材制造、先进机器人技术、人工智能、自动驾驶车、区块链、物联网等技术可用于解决工业 4.0 时代的物流问题[6]。另外，运筹学、工业工程和控制科学在工业 4.0 环境被广泛用于车间控制[14]、产线设计[15]、区块链智能合约设计[16]和弹性供应链。运营管理也是工业 4.0 的基本要素之一，制造过程高度透明和数字技术成熟的公司能够更灵活、更灵敏地对中断做出反应。这清楚地表明并强调了工业 4.0 趋势和云制造、先进运营管理和 CPS 映射的重要性[17]。

在工业4.0环境中，集成、整合和协调是现有生产系统的重点。工厂间的界限会逐渐消失，不同行业和不同地理区域的工厂将相互连接或整合。最有可能的是，企业将拥有一些可以继续使用的现有遗留系统，同时，它会在运营中添加一组新的应用程序。为了解决新应用程序和现有应用程序的集成问题，一种被称为企业应用程序集成[18]的ICT解决方案可以应用。该系统采用不同的方法、在不同的平台上创建，旨在连接当前和新的系统流程，提供灵活便捷的流程集成机制。

虽然工业4.0概念已经广为人知，并且在工业领域产生了深刻的影响，但是工业4.0依然面临从工程到技术领域的广泛挑战。

（1）对于大量中小型制造型企业而言，现有的ICT基础设施尚未完全准备好支持工业4.0要求的数字化转型[2, 19]。

（2）随着越来越多的物理对象连接到制造网络，制造网络需要更广泛、高速的大量交易数据和信息，出现了可扩展性问题。

（3）为了分析物联网应用和现有ICT系统产生的大量数据，应开发和使用数据科学与数据分析技术。构建集成来自大量异构源的大数据的实际应用程序可能是一项具有挑战性的任务。

（4）随着物理世界和虚拟空间的融合，工业4.0生态系统中的安全问题将变得越来越重要[20]。工业4.0对信息安全和隐私保护的要求越来越高。现有技术可用于保护组织信息安全，但对于具有自己的安全规则和要求的工业应用来说，可能还远远不够。

1.1.2 智能制造的发展

智能制造是一种新兴的生产形式，它结合了以物联网、云计算、面向服务的计算、人工智能和数据科学为首的CPS的概念，将当今和未来的生产资料与传感器、计算平台、通信技术、数据密集型建模、控制、模拟和预测工程相结合。智能制造利用网络物理系统、物联网、云计算、面向服务的计算、人工智能和数据科学的概念，提高生产效率、产品质量和服务水平。目前，智能制造已经引起了工业界、政府和学术界的关注，已经形成了各种联盟和讨论组来开发架构、路线图、标准与研究议程。

20世纪80年代以来，人们使用不同的术语来描述自动化制造，从柔性制造单元到柔性制造系统再到计算机集成制造直到智能制造。大约在同一时间，日本开始研究智能制造，并于1995年建立了智能制造系统计划以支持工业研究。同时，来自日本、美国、韩国和欧洲国家的主要公司已就智能制造展开合作。近年来，德国启动了工业4.0计划，该计划的名称指的是第四次工业革命。在这场变革中，德国专注于厂商的基础技术，如智能传感、无线传感器网络以及 CPS。美国通用电气公司引入了工业物联网的概念。工业物联网的三大组成部分是智能设备、智能系统和智能决策[21]。2015 年，中国国务院公布了一项提升国家制造能力的十年计划，以赶上德国和美国等生产强国。中国工业和信息化部牵头制定了"中国制造 2025"倡议[22]。中国政府还制定了若干支持制造业转型的战略计划。在智能制造的某些特定领域，如高端数控机床、工业机器人、智能仪器和增材制造领域，中国做出了重大贡献，并初步建立了智能制造标准体系。此外，云制造作为智能制造新形态的首次尝试，最早在中国提出[23]。其成果已被许多学术著作广泛引用和应用。

　　智能制造是一种以新模式、新形式、新方法为基础的，将传统制造系统转变为智能制造系统的新一代生产体系。智能制造系统通过互联互通使用面向服务的架构，为终端用户提供协作、可定制、灵活和可重构的服务，这是一种高度集成的人机协同系统，目的是在智能制造系统中构建与生产相关的各个生产要素，使组织、管理、技术三个层次实现无缝对接。人工智能通过提供学习、推理和行动等典型特征，在智能制造系统中发挥着重要作用。通过使用人工智能技术，可以最大限度地减少人的参与[24]。随着技术研发的不断深入，自主感知、智能互联、智能学习分析、智能决策等都将成为可能。

　　目前还没有一个公认的关于智能制造的定义。美国国家标准和技术研究所（National Institute of Standards and Technology，NIST）表示，智能制造是一个完全集成的协同生产体系，能够满足工厂、供应网络和顾客的需要并根据不断变化的情况进行实时响应。智能制造的本质体现在五个方面，即新制造技术、制造大数据、可持续性、基于 CPS 的互联互通和资源共享[25]。传感器的部署、无线技术的发展和数据分析的进步都引发了对智能制造大数据分析的关注，这些数据来自材料特性、工艺参数、过程参数，以及客户和供应商的各种来源，是保存和提炼与制造相关的经验及新知识的最佳资源。可持续性在智能制造领域至关重要，当产品和流程的开发以可持续性标准为指导时，就可以实现最大的可持续性收益。可持续性不是关于制造什么，而是关于如何执行。它是为再制造、翻新和再利用与制造提供平等地位的主要力量。由于可持续性，制造和服务之间的界限将保持模糊。在智能制造的背景下，CPS 可看作一种机制，通过 CPS，物理对象和软件紧密交织在一起，使不同的组件能够以多种方式相互交互以交换信息[26]。随着制造业越来越数字化和虚拟化，许多创意和决策活动将在数字空间中进行。制造业已经采用服务和合同模式，生产在第三方运营的设施中进行。共享资源模式已经取得成功，智能制造可能会受益于这些概念，以共享制造设备、软件、专业知识，尤其是协作建模和创意空间。运输也可能成为智能制造不可或缺的一部分，由于制造的分布式特性，材料、组件、产品和人员的运输很可能成为生产中的一项重要成本项目。与制造资源类似，人力资源可能会被大量共享。运输材料、组件的效率，产品和人员将影响制造成本。顾客服务的质量与库存水平、制造响应时间和运输状况密切相关。

智能制造既是机会又是挑战。最大的挑战就是要面对不断发展的制造业现状和变革。制造业对数据的依赖性日益增强，这就要求更多的数据采集，从而导致对建模、优化和仿真的依赖性增加。为了更好地支持日益发展的数字化和标准化，需要对有形资产进行配置和重组，以更好地支持日益增长的产品要求，从而产生新的系统架构。新架构的特点是企业的物理层和网络层易于纵向分离。智能制造企业内外部的横向互联互通程度将会得到加强。在智能化生产中，设备故障的诊断与预警将会是一种常态，在一些案例中，自动维护是可以实现的。此外，在工业4.0时代，智能制造中的网络安全与信息加密问题仍将是一个亟须解决的挑战。

1.1.3　新时代制造行业的平台化转型

国际制造业巨头已经成为工业互联网平台发展的主要力量。近几年，传统产业巨头纷纷将云计算、物联网、大数据等新一代信息技术架构，与制造业深度结合，建立起一套工业互联网平台，试图借此巩固自己在行业内的优势，如西门子（Siemens）的 MindSphere、航天云网、华为的 FusionPlant、海尔的 COSMOPlat 等。通过工业物联网平台开展丰富、专业、智能、精准的应用服务，为客户提供优质的产品，从而提高用户的使用体验和使用价值，增强用户对平台产品的黏性。利用该平台，可以从大量的用户那里获得大量的运营数据，从而形成对市场需求的认识，有利于对产品的迭代升级。平台的优点是利用传感器、移动通信、卫星等技术将智能设备和智能产品进行远程连接，可以直接获得设备的运行参数和性能状况，并对大量的历史经验数据和实时运行数据进行综合与分析，从而实现对设备的实时监控、预测性维护和能效管理等智能化服务，提高机器效率，降低能耗和故障率，达到降本增效的目标。

借助工业互联网平台的产品和行业的实际应用，世界制造业巨头通过对上下游企业的集聚和并购，不断扩大平台的规模，逐渐形成了一个由自己控制的智能制造产业生态。西门子已经在过去数年中扩展了 MindSphere 的生态系统，其中包括云计算基础设施提供商、软件开发商、物联网创业公司、硬件供应商等。在云架构的底层设施上，西门子与多个云服务供应商共同努力，致力于建立操作系统，提供开放的功能界面，以吸引业界用户和软件开发者，开发更多的应用程序，并向更多的用户推荐。同时，借助平台的扩展性，构建一个开放的开发者生态，使相关的厂商能够基于此平台，利用平台工具来开发应用软件，从而获得更多的利润。

在行业巨头不断构建工业互联网生态的同时，不同的制造企业也会根据行业特性、业务类型、市场特点，进行不同类型的制造平台建设，实现资源的精准分配和流程的灵活重组，利用云平台聚集分散、海量的资源，对企业资源、业务流程、生产流程、供应链管理等方面进行优化，提升供需双方、企业之间、企业内部各类信息资源、人力资源、设计资源、生产资源的匹配效率。该平台的功能如下。

（1）产品按需定制：平台前端与终端客户对接，后端与智能工厂对接，实现供需的精准互动、实时对接，实现以客户为核心的 C2B（costomer to business，消费者对企业）定制，满足市场多元化的需求，达到企业增品种、提品质、创品牌的运营目标，同时避免交付周期过长。

（2）软硬件资源分享：该平台将共享经济、众创经济等新型概念引入到生产制造行业，促进制造业对创新资源的开放共享，高效利用企业的闲置资产，优化生产线的排程安排，共享人力资源和服务，激发新的降本增效空间。共享软、硬件制造资源，可以为制造业提供强劲的生产动力，减少设备的空转率。

（3）网络协同制造：平台集成了企业的各种先进制造系统，突破地域限制造成的信息不对称，推动区域、全球的生产协作。平台的制造网络连接了不同规模、不同类型的生产企业，形成了高效的生产资源共享和强大的制造能力，并通过协同合作与知识共享的方式，将各个行业的核心产业链连接起来，使中国制造与全球创新紧密结合。

在这个群雄并起的工业物联网时代，国内的龙头企业率先布局，抢占了先机。但是，在国际市场的竞争中，我国工业物联网的发展依然落后。首先，我国目前的工业互联网平台架构观念落后，缺乏云、大数据、开源操作系统等新技术；其次，我国的平台系统整合水平较低，缺乏以专业知识与实践经验为基础的数据建模与分析能力；最后，企业的信息化基础建设、供应链管理能力普遍欠缺，限制了平台的发展。可见，国内制造业缺少西门子这样开展对智能产品、高端装备、服务一体化解决方案的全方位覆盖业务，因此，引进新技术、新模式并拓展新一代信息技术能力，是当前我国企业发展的主要任务，也将面临严峻的考验。

1.2　复杂重型装备行业简介

我国已经成为全球范围内资源较丰富的国家，但中国制造的整体水平仍处于全球产业价值链的中低端。由于重型装备制造企业制造工艺和硬件制造设备各不相同，产品种类繁多，许多中小制造企业没有形成行业集群，企业信息渠道有限、企业之间协作不通畅，因此数控设备的力量得不到充分发挥、资源空闲率高、共享性差。有些复杂重型装备项目订单周期往往要持续大半年的时间，订单交付周期长不仅是因为企业生产能力欠缺，还因为传统线下的装备制造模式和项目管理方式往往会产生大量的返工、出错，进而引起各种业务的互动，耗费大量的时间和人力成本,造成对市场机遇的贻误,耽误了产品的开发周期。而目前的网络化制造,仅仅是为了满足生产和信息技术之间的兼容性。在这种情况下,制造企业要迅速突破发展的瓶颈,迫切需要实施"基于平台的网络协同制造",实现向服务制造到绿色制造再到中国创造的转变。

1.2.1 复杂重型装备的特征

复杂重型装备指的是结构复杂、体积大、重量大、功率大的设备,如挤压机、轧机、核电设备、水轮机等。我国拥有大量的复杂重型装备供应商,如中国重型机械研究院股份公司(简称中国重型院)、中国一重集团有限公司(简称中国一重)、中国第二重型机械集团有限公司(简称中国二重)、中信重工机械股份有限公司(简称中信重工)、北方重工集团有限公司(简称北方重工)、大连重工集团有限公司(简称大连重工)、上重矿山机器股份有限公司(简称上海重型)、太原重工股份有限公司(简称太原重工)等,主要产品涉及大型冶金成套装备、核电装备、钢铁轧锻装备、水电装备、风电机组装备等。在整个产业链条中,复杂重型装备是一种重要的基础设备,代表着一个国家的先进制造技术水平,也是一种国民安全的保证。近60年来,随着国民经济与科学技术的日新月异,重型装备已在机械、航空航天、船舶、军工等众多国防工业部门得到广泛的应用。尤其是自2017年起,我国的重型装备制造业取得了显著的发展,在持续的转型中不断创新,不但发展出了一批国之重器,而且还在稳步向高端制造迈进[27]。

重型装备行业的大部分产品都是非标准件,必须按照客户的要求定制,即使是同一类装备,考虑到客户需求的特殊性和使用场景的专用性,复杂重型装备非常独特,为高度定制型产品,产品的定制比例可达到80%,不能在大规模生产系统中生产,主要采用以销定产、单件小批量的制造模式经营,而且工程造价高且交货周期长。复杂重型装备产品的特殊之处在于产品需求量小、客户要求独特、质量要求高、涉及学科和信息多、制造加工工艺复杂。由于客户订单、产品规格、订单流程等存在不确定性,客户对装备可靠性和生产能力极限化的要求越来越高,甚至有些客户会指定某些原材料、设备的供应商,因此复杂重型装备制造企业通常是通过投标获得订单,一般采用按订单设计(engineer to order,ETO)和按订单生产(make to order,MTO)的策略开展业务活动[28]。具体特征是在ETO中,每个型号产品都需不断按客户合同及制造现场具体情况等的变化来重新设计或改型设计产品,在这种生产类型中,产品的生产批量较小,但是设计工作和最终产品往往非常复杂;在MTO中,绝大多数产品都是按照某一特定客户的要求来设计的,而生产每种特定产品所必需的零部件和材料采购以及生产排程只有在收到客户订单后才能完成。研发设计新的复杂重型装备的过程相较于一般装备更加复杂，且产品生产过程可重复性低，研制周期和制造流程较长，为了缩短复杂重型装备的设计周期和制造周期，按照"边设计边制造"的原则并行开展项目，交互频繁。通常情况下，复杂重型装备的终端客户和产品或服务提供商分布于不同地区，为用户提供各类按需制造服务要多个异地企业在跨领域和跨地域的合作下完成，所以复杂重型装备制造是异地、跨组织、多专业协同制造。

1.2.2 复杂重型装备产业发展现状

经过几年的发展，我国的重型装备制造业已经形成了较为完善的产业链，其中产业链的上游为钢铁制造业、机电配套设备供应商等，下游按不同的行业细分对应金属冶炼业、采矿业、建筑业、交通运输业、航空运输业等。重型装备制造业是一种以高关联度、高带动能力、高技术含量为特征的生产工业，它为下游产业提供了各种大型技术装备，从而带动和提升了下游产业的技术水平，它是工业发展的基础和关键环节，也代表着国民经济和国防建设的基础性和战略性产业。重型装备工业是现代工业利用现代科技对传统工业进行改造的重要载体，不仅是高科技、信息化工业的基础，也是国家的经济、军事安全的重要支撑。

由于缺乏有针对性的、有效的指导理论体系，传统复杂重型装备服务项目中包括研发设计、设备制造、采购、供应、物流运输、安装交付等的经营活动在实际运行中复杂的关系和不确定性因素导致了新的管理问题，如运行中的协同效应问题、服务资源利益平衡问题和规划控制问题等，对保证项目质量、进度、成本和交货期带来了挑战，影响了企业的质量目标、时间进度和成本指标，制约了企业的发展。因此，建立网络化协同服务平台，整合社会资源，提供产品全生命周期解决方案，成为企业向产业高价值链转型升级的有效手段。从装备的设计、制造、运维、仓储、物流、能源供应等各个方面，都存在降本增效的空间。

重型装备的特殊性与复杂性导致企业的各大项目订单存在较高的投资风险，加之二手装备市场活跃，给企业的按时交货带来了一定的难度，一些长期难以交货的项目也给经营造成一定压力。企业承接的大型装备制造项目数量较少，而且大部分订单都是小批量、多品种装备，对企业的设计技术储备、产品开发能力和装备型号储备等提出了更高的要求。目前，重型设备制造企业仍面临着"交付难"的问题，项目延期、合同终止等问题日益突出，市场环境不断恶化，严重影响了企业的生产和运营，亟须政府的政策支持。

1.2.3 复杂重型装备行业发展需求

我国重型装备产业区域发展不均衡，形成了国外大型企业在高端领域的垄断、中低端国企占主导地位、私营企业充分竞争的局面。企业之间的竞争需要较高的设计研发能力、生产技术水平和资金投入成本。目前，我国的重型装备制造企业数量众多，但大部分企业发展模式还比较粗放，没有鲜明的产品特点，技术开发也是跟风型，技术研发投资偏低，且一些企业大而弱，产品质量差，品牌知名度不高，国际高端市场份额低，甚至有些龙头企业也缺乏新的核心技术，缺乏智能控制系统建设，出现了高端市场份额不足、低端市场同质化等问题。

另外，由于重型装备产品的体积大、重量大、加工精度高、制造工艺复杂，因此在产品开发中既要融合多学科、多领域的专业技术，又要有丰富的工程实践经验。此外，由于市场无法为企业提供生产特定产品所需要的关键设备，企业只能自行研发、制造，这对其设计研发能力、生产技术水平和资本投入成本都有很高的要求，因而行业的准入门槛相对较高，龙头企业长久在各产品细分市场形成的主导地位难以被撼动。大连重工、中国一重、北方重工、中信重工、中国二重、上海重型、太原重工被誉为中国"七大重工"，在中国的重型机械制造行业中占据了绝对的优势，其主导产品各有侧重，从而形成了差异化竞争格局。

重型装备行业作为资金密集型行业，企业在发展前期进行大规模的产能扩张，每年的固定资产折旧率都比较高，再加上转型升级需要对技术研发的持续投入，导致企业每年都会产生较高的管理费用，由于重型装备市场竞争激烈，企业的销售费用常年维持在较高水平。因此，企业要实现盈利依然较为困难。另外，重型装备为单件小批制造模式，并且以为基础工业供应关键技术装备为主营业务，因此，重型装备企业的固定资产投资巨大，需要大量的资金购买和生产所需的设备，而装备定制的生产流程又比较烦琐，周期较长，原材料和在制品也占用了大量的流动资金，再加上公司实行的信贷政策比较宽松，导致赊销规模较大，对营运资金造成占用，这是其资本密集型的重要体现。由于规模效应也有利于提高企业的成本优势和竞争优势，因此重型装备制造企业的发展路径是加入网络协同平台，实现风险的共担与成果的共享。

在客户多品种、小批量、交货周期不断缩短的情况下，灵活的柔性流水线结构成为企业降低成本、缩短交货期的关键。此时，企业必须重新组织制造工厂和价值链网络，以便更迅速、更弹性地为顾客提供符合他们的个性化需求的产品。在重型装备制造企业的转型过程中，必须建立灵活的生产体系以及生产资源的分工与协同，从而实现对重型装备生产任务的调度、协同、效率、质量和数量的优化。网络协同平台的搭建实现了基于云平台与工业物联网的协同，彻底改变了传统的装备设计、制造、运输和销售模式，建立了一个相互关联的高效的制造生态体系，使得生产系统可以在没有人工干预的条件下，与多个数据流进行关联和分析，以达到对问题的迅速响应与智能诊断。在此基础上，本书提出了一种基于网络化协同制造模式的复杂重型装备核心制造企业间合作、服务资源的整合方案，有利于提高我国重型装备制造产业的产品创新速度和质量标准，实现产业链向高端装备制造的转型升级。

以中国重型院和中国二重为代表的复杂重型装备研制企业，具有重型装备设计、制造、安装、工程设计、售后服务等完整的产品核心能力，每个生产服务项目的时限一般为一至两年。大型服务项目中包括装备设计、工程设计、设备制造、采购、供应、物流运输、安装等的经营活动在实际运行中存在着复杂的关系、不确定性因素和新的管理问题，这些问题包括运行中的协同效应问题、服务资源利益平衡问题和规划控制难等，由于缺乏有针对性的、有效的指导理论体系，保证工程质量、进度和成本具有挑战性。这些困难影响了企业的质量目标、时间进度和成本指标，制约了企业的发展。

中国的重型装备制造企业正在向在网络协同制造服务支撑平台上为客户提供包括生产研发、制造、销售和安装维护在内的全生命周期解决方案升级和转型。装备制造企业转型的关键问题之一是构建柔性管理系统和制造资源之间的分工协作，以促进重型装备项目任务的调度、协同、效率、质量和数量[29]。因此，建立网络化协同服务平台，整合社会资源，提供包括项目规划设计、装备研发、制造、运输、安装、维护等全生命周期解决方案，需要研究网络协同制造平台服务模式下复杂重型装备项目总包方之间的协作问题和服务制造资源的参与问题。

中国制造2025、德国工业4.0等新一轮工业革命的来临，以及大数据、云计算等新兴技术的迅猛发展，推动了我国重型装备制造企业向智能制造方向转型升级，而复杂重型装备行业的持续性变革离不开智能化平台的构建[30]。例如，美国的卡特彼勒公司（Caterpillar）和参数技术公司（Parametric Technology Corporation）、英国的戴维公司（Davy）、德国的西门子公司等纷纷建立了智能化平台，以提升装备的智能化制造水平，国际市场的激烈竞争给我国今后重型装备行业的发展带来了很大的挑战[31]。

1.3　复杂重型装备网络协同制造平台需求分析

复杂重型装备网络协同制造平台是一个完全定制的共享平台。平台为企业之间搭建供需匹配渠道和管理服务项目盈利，主要负责制造云管理、运行、维护、接入、接出等业务，为用户提供网络化定制服务、关键共性技术工具等。平台会根据客户的要求对制造资源进行合理的配置，从而简化客户的采购流程，缩短产品研发周期。企业参与平台旨在宣传自身的工艺能力、制造设备、人才资源等信息，以拓展目标用户，提高盈利能力。通过使用平台提供的优质服务内容，客户与制造企业的利益可以得到满足。

1.3.1 复杂装备行业痛点与需求分析

现阶段，我国复杂重型装备制造业面临着诸多"痛点"，而这恰恰是我国复杂装备产业发展的最基本要求。为了更加深入地理解这些需求，针对行业发展痛点建立重型装备网络化协同制造平台，项目组专门走访了中国重型院、中国二重、中铝萨帕特种铝材（重庆）有限公司等重型装备行业知名企业，开展了包括挤压机、轧机、水轮机、核电装备在内的重型装备制造情况调研，进行了行业痛点分析和总结。

（1）从行业总体水平来看，复杂重型装备行业整体智能化水平不高，企业转型升级较为困难。

（2）从项目执行情况来看，项目执行过程中生产信息庞杂、人员交互频繁、生产效率低下，导致生产周期长、生产成本高而产品质量不足。

（3）从项目后期维护来看，复杂重型装备存在设备维护、机台等运维问题。

针对以上痛点，如图 1-1 所示，可以从网络平台协同发展、协同管理运营、协同设计、协同制造、协同运维服务几个方面展开解决。

痛点			解决方案	
行业智能化水平低	行业智能化水平低下	协同效率低	搭建网络协同平台	协同发展
	用户需求不确定	平台盈利难	平台生命周期演化	
	关键共性技术突破难	创新驱动力不足	产业联盟协同创新	
项目过程管控困难	人员交互频繁	协同管控难	供应链组织协同	协同管理运营
	利益共享分工不明确	利益分配难	利益分配规则	
	用户投机、跳单行为	投机行为多	平台治理规则	
设计周期长	数据、知识的共享难	协同动力低	知识共享机制	协同设计
	设计图纸共享泄密	风险高	区块链数据加密	
	零部件齐套性难把控	多次返工	并行协同设计	
生产效率低	产线柔性敏捷性不够	低效	智能决策排单排产	协同制造
	生产信息庞杂	问题诊断难	效能分析智能诊断	
	设备运转忙闲不均	产能利用低	智能化制造系统集成	
售后问题多	设备维护费用高	成本损失大	故障预测报警处理	协同运维服务
	机台问题处理滞后	处理不及时	远程诊断	
	故障问题难追溯	信息杂乱	平台监控一体化运维	

图 1-1 复杂重型装备行业痛点及需求分析

1.3.2　复杂装备行业转型难点分析

本书对中国重型院和中国二重等中国重型装备制造企业进行了调查，并对该行业的共性特点和需求进行了分析，得出了复杂重型装备行业协同管理难度大的结论。中国重型装备制造企业项目运转过程中主要存在以下问题。

（1）跨组织、跨区域协同管理难度大。一个复杂重型装备制造项目涉及行业内不同细分领域的多个参与方，其中多个企业分散在不同的省份、不同的区域，协同管理要求多参与方在成本、进度、质量等多个方面进行协调，项目管理涉及的领域广泛，管理难度大、强度高，因此，在项目实施过程中，如何保证各方的协作是一个重要的课题。

（2）存在数据壁垒，难以实现知识共享。一方面，复杂重型装备是国家的核心基础设备，而复杂重型装备制造企业的数量很少，企业之间的资源比较分散，技术信息的保密程度也比较高，因此很多企业都不愿意将自己的数据放在平台上进行共享。另一方面，由于参与方的设计图纸、生产工艺和技术标准等均属于企业的知识产权，存在着信息泄露风险和知识产权保护的问题，因此基于平台的协作设计存在着很大的风险，很难实施。此外，不同企业之间对于相同种类产品的制造标准和企业信息化水平也不统一，因此知识分享存在壁垒。

（3）工艺知识的管理与应用较为复杂。工艺是一种连接产品设计与生产过程的桥梁，是复杂重型装备全生命周期研发过程的重要一环。复杂重型装备生产主要采用单件小批量生产方式，生产调度困难，零部件加工难度大，工艺路线长，流转环节多，制造精度不稳定。复杂重型装备行业涉及的工艺知识内容复杂多样，各制造企业的制造能力、资源配置等实际情况千差万别，又进一步加剧了工艺知识管理的复杂性。而工艺知识管理的一个重要目标就是实现企业之间的工艺知识共享和复用。若平台无法获知制造服务供应商的装备制造工艺水平，就无法开展生产任务与制造资源的最佳匹配。

（4）制造任务分解与制造资源匹配难度大。复杂重型装备具有复杂的结构，设计、制造环节流程多且周期长，制造任务烦琐，必须按照知识经验开展任务分解，所以任务分解起来比较困难，并且由于数据壁垒的存在，很难仅仅通过分析各个企业的公开信息实现对任务的智能化的分解和匹配。

（5）准确识别用户需求难度大，难以快速响应市场需求。复杂重型装备行业用户需求存在非结构化特征，用户需求交互花费时间长，效率低下，且市场状况和用户需求具有动态性，因此，在复杂重型装备制造项目实施过程中，准确地掌握市场需求并紧跟行业发展动态是企业永恒不变的发展目标。

1.3.3 复杂重型装备行业转型解决方案探讨

本节从技术发展、智能化改造等方面论述了解决上述难题的可行方案，重点在于对不同领域知识体系及新一代信息技术的深度融合，从而促进产业的转型升级。

（1）加强对多个平台系统的一体化集成。在复杂重型装备行业，各企业内部均建有先进的制造系统，平台通过深入整合、接入不同企业的多个系统，实现网络协同制造的纵向、横向、端到端集成，通过系统集成与互联互通实现数据驱动的运营管理，降低运营成本，提高生产效率和企业效益，为客户创造更大的价值。

（2）开发工业智能网络技术，避免机密信息泄露。在此基础上，结合区块链、联邦学习等网络安全技术，开发基于区块链的分布式可信认证信息加密技术、基于自主修复的网络威胁响应和处理技术，以保证数据和知识的安全性，保障知识共享的顺利进行。

（3）努力实现知识工程与行业知识应用的开发。研究重型装备行业技术的分类标准与体系架构，并持续优化行业应用中的知识软件系统与标准，如用户非结构性需求规范化标准、装备设计标准、工艺标准等，并制定标准化文档，以推动知识创新与重用，突破各企业之间的数据壁垒难题，实现多方数据的完美对接。

（4）建立一个智能的优化决策系统。建立基于工业标准和平台体系架构的设备数据收集技术，并在此基础上开展知识发现和规则提取，结合分布式智能控制技术，实现对复杂重型装备的智能任务分解与资源分配、智能优化决策以及任务的自适应控制。

（5）开发智能需求识别机制。发展基于语义的智能认知技术、基于深度学习的业务数据挖掘技术，通过深度挖掘客户的需求，拓展新的业务模式和增值业务，提升整个行业的综合竞争力。

本书旨在搭建复杂重型装备网络协同平台，基于项目调研和平台构建，力求在轧机、核电、水轮机三个行业实现应用。其中，轧机是实现金属轧制工艺的一种设备，一般指的是完成整个轧钢生产的设备。轧机的作用是将未成形的钢坯轧成各种金属材料，如管材、板材等。例如，轧钢机就是用来把刚出炉的钢锭轧成合格的产品。水轮机是将水的动能转化为机械能的动力机械装备，是一种重要的水力发电装置，是水力发电工业中不可或缺的一部分，是实现节能减排，减少环境污染的关键设备。核电设备的生产，首先要保证核安全，其次要保证核电的建设。核电厂包括核岛、常规岛和辅助系统三大部分。核岛是核电厂的核心，主要功能是将核动力转换为热能，是核电站中工艺最复杂、成本最高的结构。常规岛是通过蒸汽驱动汽轮机带动发动机发电。辅助系统主要由数字化控制系统和暖通系统组成，以保证核电厂的安全。核电的主设备技术壁垒高、建设周期长、投资大，目前国内的主流企业有中国一重、东方电气股份有限公司、上海电气集团股份有限公司、哈尔滨电气集团有限公司等。目前，我国正处于碳达峰、碳中和的关键时期，核电行业正处于快速发展时期。

1.4 新型制造模式——网络协同制造平台

要实现多个平台的一体化发展，以及各种先进的智能技术的运用，都需要有一个平台的建设。目前，制造执行系统（manufacturing execution system，MES）是企业信息化建设的主要方式，随着生产经营方式的演进和信息技术的发展，MES已广泛应用于生产企业。MES是ERP（enterprise resource planning，企业资源计划）和过程控制系统两级信息传输的桥梁，负责向生产现场下达业务计划，并及时收集、上传和处理现场的信息。近几年，MES向着敏捷、智能化、集成化的方向发展，为制造企业的一体化设计、制造和管理提供了完整的解决方案。此外，随着全球化市场环境的变化，市场竞争的加剧，对客户和市场的反应要求越来越快，企业目前的生产组织模式无法满足市场的需要，对质量、成本、交货期、安全也难以保证，快速提高企业的信息化水平，增强企业的制造执行能力，是企业转型的当务之急。

随着生产经营模式、市场形式的不断改变，企业信息化水平不断提高，生产模式逐渐转向多品种、单件小批量定制化，随着订单快速调整，企业运营效率低下和市场发展速度过快的矛盾不断升级，生产组织越来越困难，此时企业的执行力明显不足。而物联网旨在实现人与人、人与物、物与物的全面互联互通，利用物联网中的多种感知和识别技术，并通过互联网、移动通信网络、云计算等进行信息的传输、分析、处理，以增强企业的制造执行力，实现智能化的决策和控制。

在企业MES的应用和先进的物联网技术的基础上，针对复杂重型装备的生产特点，如果出现紧急插单、生产计划排程临时改变、工艺复杂等状况，就要求企业对生产过程的管理和监控更加趋于准时化、柔性化、实时化。网络协作制造平台既为企业之间架起了一座桥梁，又将MES技术与工业生产流程相结合，有效地解决了信息断层、信息孤岛的问题，实现了对工程项目的全过程监控，以满足客户需求，提高企业的整体执行力，提高企业的影响力。同时，基于数字技术和信息网络平台的网络化协同制造平台，在产品设计、制造、服务等全生命周期过程中，制定统一的信息和标准模型文档用于智能分析与决策，有利于实现对大型项目的高效管控，有效提升了产品开发的效率和质量。

1.4.1 协同研发需求

我国复杂重型装备制造供应链上下游企业的信息化建设水平极不均衡，这为基于网络平台进行企业间的协同研发带来了巨大的阻碍。有大量研发企业的数字化、信息化建设缺乏规划，乃至不具备数字化、信息化基础。即使拥有信息系统的研发企业，也存在信息系统异构、数据多元、部门内部形成信息孤岛的问题，直接阻碍跨部门、跨学科、跨企业知识共享和沟通交流，从而阻碍装备研发能力和协同沟通能力的形成。同时，这些问题也极大地影响到制造企业与制造平台上其他服务提供商展开业务协作，尤其是在制造项目中设计—制造单位进行协同的环节。从而无法柔性、便捷、高效地为用户提供产品和服务。经过多年发展，伴随新制造科学、新信息科学、新通信科学等的进步，大量有助于提升制造工艺的新技术，如增材制造、物联网、5G、数字孪生、区块链、强化学习、知识图谱纷纷提出并应用于工业生产，并在生产实践中取得了良好的效果。这为基于网络平台进行协同研发的复杂重型装备研发企业带来了机遇。

1.4.2 协同制造需求

复杂重型装备制造过程中存在大量不确定因素，主要来自订单到达的不确定性，产品加工的多样性，制造服务供给的可靠性，以及制造协同的灵活性。这些因素往往造成生产进度难以控制，从而拖延装备制造的项目进度。目前，在装备制造领域，其设计制造过程通常是分离的，而且其加工信息数据源不统一，使得相关方难以交互，效率低下。同时，复杂重型装备生产上下游制造服务商之间是以订单和验收为基础进行约束的质量关系，各环节之间缺乏或无法展开质量管理方面的合作与协调，急需实现全流程、全数据的共用共享。另外，各个服务提供商拥有多且复杂的工业环境，数据规模庞大，在数据存储、传输、使用等方面存在着大量数据泄露和数据被篡改的风险，会造成制造服务提供商的资产损失以及平台声誉。所以，面对平台的不确定性和生产协同的诸多困难，在利用平台对各相关方进行全生命周期的生产协同时要注意装备生产进度、产品生产质量和生产数据安全的问题。

1.4.3 协同运维服务需求

由于客户对产品从设计、制造到交付应用所需的时间越来越短，生产速度、服务质量已经成为制约制造企业核心竞争能力的关键。然而，设备故障的意外出现不但造成维修费用的增加，而且阻碍企业正常的生产经营活动，造成极大的经济损失。据调查，维修成本中 60%是由于突发故障。随着"顾客至上"的流行，制造企业要为客户提供一套完整的装备运维服务方案。由于设备故障具有不可预测性，企业不能提前制订维修和维护方案；生产企业如果要保持一支规模较大的服务团队以保证其服务的效率与品质，则成本很高。因此，如何合理地制订维修方案，避免因设备故障造成的停工停产，是降低生产成本、提高生产效率的重要途径。因此，重型装备维护服务需要高的实时信息反馈，依靠手工检查和人工故障诊断，会出现人工判断失误导致的返工，同时缺乏有效的信息传递，降低客户服务满意度。在此背景下，通过构建多个专家协作的远程诊断服务，对装备的使用性能、功耗、能耗等进行全程监测，并通过对运行数据的分析，提前制定相应的改善措施，及时更换老化的零件，进行装备健康管理和维修。

1.4.4　协同管理运营需求

复杂重型装备网络协同制造平台不仅可以将企业的各项业务进行整合，还可以将复杂重型装备项目的各业务方均拉进平台，形成针对产品全生命周期服务的平台，因此，实现数据驱动的设计、制造、服务各环节一体化管理是网络化协同制造的核心。在全生命周期中，涉及供应链多主体，生产信息繁杂，人员交互频繁，这些复杂性导致协同困难，因此，需要针对复杂重型装备行业进行整个供应链协同。同时，通过组织协同和过程协同实现对资源、项目的管理，以最大限度地满足用户的需求，实现缩短生产周期，降低生产成本，提高生产效率，释放闲置产能的总体目标。

复杂重型装备制造企业网络协同制造平台的核心是平台运行中枢，解决供给侧和需求侧的对接、决策、交易过程。首先，在该平台上，供给方发布产品、能力、服务，需求方发布需求。基于工业语义网，采用人工智能、知识图谱等技术，在供给侧和需求侧之间建立精准匹配，促进供给侧和需求侧对接，减少寻找、沟通成本。基于大数据信用体系，为供需双方建立互信。其次，提供线上沟通渠道，通过 APP（Application，应用程序）体验等手段促进双方沟通、增进了解，求得共识。提供在线沟通竞争机制，建立公平公正的契约关系。与企业端平台集成，打通决策链条。形成"接触—沟通—决策—交易—反馈"的完整闭环。最后，不管是研发、生产、销售还是服务，所有的业务场景都可能延伸到企业外部。多个业务主体（如客户、供应商、分销商等）参与协作过程，需要相互突破组织边界深入对方过程，消除数据壁垒。最终，完成上下游组织的水平集成，覆盖产品全生命周期的端到端集成。

复杂重型装备网络协同制造平台中,协同研发、协同制造、协同运维服务与协同管理运营模块缺一不可。如图1-2所示,基于网络协同、供应链管理、共享平台等理论,以工业互联网发展及复杂重型装备企业转型升级为驱动力,研究网络协同制造平台下的复杂重型装备个性化定制企业的网络化协同发展模式,按照"复杂重型装备行业现状分析—总体模式构建—分模式构建(包括网络协同平台发展模式—协同研发模式、协同制造模式、协同运维服务模式—协同管理运营模式)"这一逻辑顺序逐次展开,为复杂重型装备行业网络协同制造平台的有效构建、行业转型升级提供合理的对策建议。

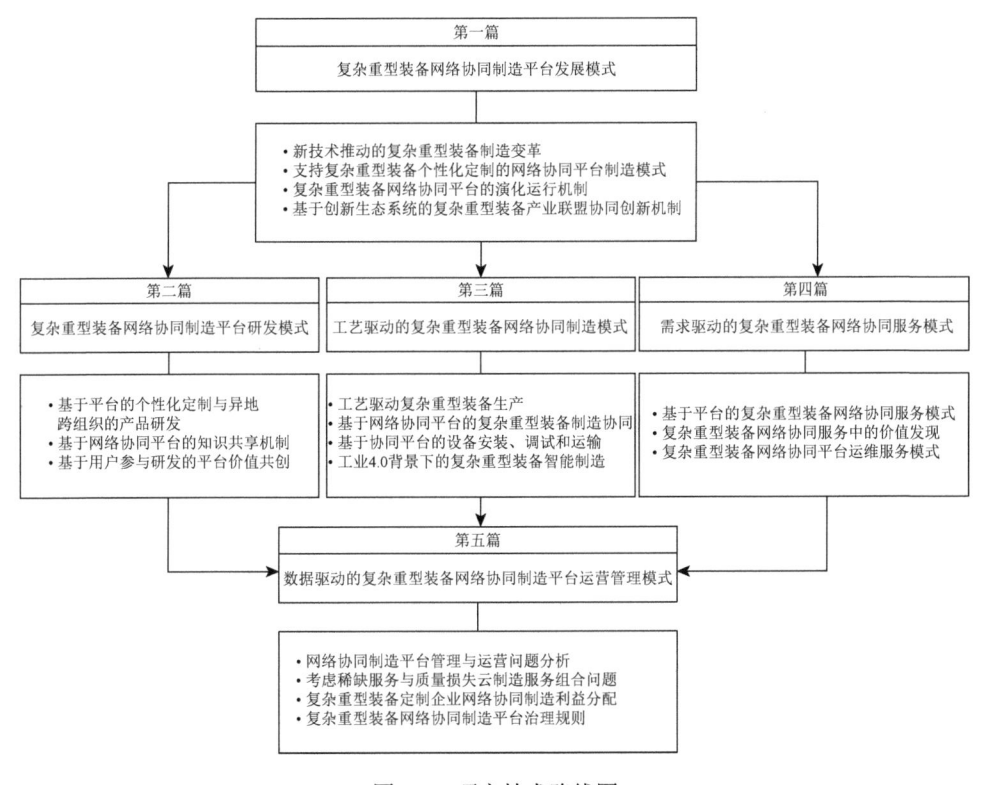

图 1-2　研究技术路线图

1.5　本章小结

本书重点在于揭示隐藏在复杂重型装备定制网络协同制造模式背后的作用机理,指导解决设计复杂重型装备研发设计、生产制造、安装调试和运维服务的跨部门、多学科、业务流程协同、供应链管理以及合作方之间利益协调等问题,设计相应运作机制，形成切实可行的网络型制造组织，实现以资源全球化以及网络化协同为主要特征的新兴行业生态和制造模式。研究希望通过建立支持复杂产品定制生产网络协同制造平台，实现制造资源的合理、高效利用，实现整个领域的可持续发展。另外，在保证生产效率的情况下通过有效利用制造资源，解决传统复杂重型装备制造能耗高的问题，可显著降低复杂重型装备制造成本。该模式对制造业和其他行业都有借鉴作用，并催生出巨大的经济效益，同时，具有环境友好与可持续发展的生态效益。

参 考 文 献

[1] ALEXOPOULOS K，MAKRIS S，XANTHAKIS V，et al. A concept for context-aware computing in manufacturing：The white goods case[J]. International Journal of Computer Integrated Manufacturing，2016，29（8）：839-849.

[2] OLIVEIRA L E S D，ÁLVARES A J. axiomatic design applied to the development of a system for monitoring and teleoperation of a CNC machine through the Internet[J]. Procedia Cirp，2016，53：198-205.

[3] SHAHIN M，CHEN F F，BOUZARY H，et al. Integration of Lean practices and Industry 4.0 technologies：Smart manufacturing for next-generation enterprises[J]. The International Journal of Advanced Manufacturing Technology，2020，107（5）：2927-2936.

[4] KAGERMANN H，WAHLSTER W，HELBIG J. Recommendations for implementing the strategic initiative Industrie 4.0：Final report of the Industrie 4.0 Working Group[M]. Berlin：Forschungsunion，2013.

[5] OZTEMEL E，GURSEV S. Literature review of Industry 4.0 and related technologies[J]. Journal of Intelligent Manufacturing，2020，31（1）：127-182.

[6] TANG C S，VEELENTURF L P. The strategic role of logistics in the industry 4.0 era[J]. Transportation Research Part E：Logistics and Transportation Review，2019，129：1-11.

[7] PICCAROZZI M，AQUILANI B，GATTI C. Industry 4.0 in management studies：A systematic literature review[J]. Sustainability，2018，10（10）：3821.

[8] IVANOV D，TANG C S，DOLGUI A，et al. Researchers' perspectives on Industry 4.0：Multi-disciplinary analysis and opportunities for operations management[J]. International Journal of Production Research，2021，59（7）：2055-2078.

[9] TRAPPEY A J，TRAPPEY C V，GOVINDARAJAN U H，et al. A review of essential standards and patent landscapes for the Internet of Things：A key enabler for Industry 4.0[J]. Advanced Engineering Informatics，2017，33：208-229.

[10] LEE J，BAGHERI B，JIN C. Introduction to cyber manufacturing[J]. Manufacturing Letters，2016，8：11-15.

[11] ADAMSON G，WANG L，HOLM M，et al. Cloud manufacturing-a critical review of recent development and future trends[J]. International Journal of Computer Integrated Manufacturing，2017，30（4-5）：347-380.

[12] XIONG G，WANG F Y，NYBERG T R，et al. From mind to products：Towards social manufacturing and service[J]. IEEE/CAA Journal of Automatica Sinica，2017，5（1）：47-57.

[13] EBERT C，DUARTE C H C. Digital transformation[J]. IEEE Software，2018，35（4）：16-21.

[14] YANG H，KUMARA S，BUKKAPATNAM S T，et al. The internet of things for smart manufacturing：A review[J]. IISE Transactions，2019，51（11）：1190-1216.

[15] FRAGAPANE G，IVANOV D，PERON M，et al. Increasing flexibility and productivity in Industry 4.0 production

[16] DOLGUI A, IVANOV D, POTRYASAEV S, et al. Blockchain-oriented dynamic modelling of smart contract design and execution in the supply chain[J]. International Journal of Production Research, 2020, 58 (7): 2184-2199.

[17] QUEIROZ M M, IVANOV D, DOLGUI A, et al. Impacts of epidemic outbreaks on supply chains: mapping a research agenda amid the COVID-19 pandemic through a structured literature review[J]. Annals of Operations Research, 2020: 1-38.

[18] GORKHALI A, XU L D. Enterprise application integration in industrial integration: A literature review[J]. Journal of Industrial Integration and Management, 2016, 1 (4): 1650014.

[19] LIAO Y, DESCHAMPS F, LOURES E D F R, et al. Past, present and future of Industry 4.0: A systematic literature review and research agenda proposal[J]. International Journal of Production Research, 2017, 55 (12): 3609-3629.

[20] KUSIAK A. Service manufacturing = process-as-a-service + manufacturing operations-as-a-service[M]. New York: Springer, 2020: 1-2.

[21] EVANS P C, ANNUNZIATA M. Industrial internet: Pushing the boundaries[J].General Electric Reports, 2012: 488-508.

[22] ZHONG R Y, XU X, KLOTZ E, et al. Intelligent manufacturing in the context of industry 4.0: A review[J]. Engineering, 2017, 3 (5): 616-630.

[23] LI B H, ZHANG L, WANG S L, et al. Cloud manufacturing: A new service-oriented networked manufacturing model[J]. Computer Integrated Manufacturing Systems, 2010, 16 (1): 1-7.

[24] KOREN Y, WANG W, GU X. Value creation through design for scalability of reconfigurable manufacturing systems[J]. International Journal of Production Research, 2017, 55 (5): 1227-1242.

[25] KUSIAK A. Smart manufacturing[J].International Journal of Production Research, 2018, 56 (1-2): 508-517.

[26] TAO F, QI Q. New IT driven service-oriented smart manufacturing: Framework and characteristics[J]. IEEE Transactions on Systems, Man, and Cybernetics: Systems, 2017, 49 (1): 81-91.

[27] 王继生. 重型机械行业高质量发展的技术创新任务[J]. 重型机械, 2019 (4): 1-9.

[28] ZENNARO I, FINCO S, BATTINI D, et al. Big size highly customised product manufacturing systems: A literature review and future research agenda[J]. International Journal of Production Research, 2019, 57 (15-16): 5362-5385.

[29] ZHANG Z, ZHANG Y, LU J, et al. CMfgIA: A cloud manufacturing application mode for industry alliance[J]. The International Journal of Advanced Manufacturing Technology, 2018, 98 (9): 2967-2985.

[30] 王红涛, 王志超, 陈峰, 等. 基于时序数据库的工业大数据应用研究[J]. 重型机械, 2020 (4): 17-21.

[31] 王继生. 中国重机行业发展的状况及看法[J]. 重型机械, 2020 (2): 1-8.

第 2 章　支持复杂重型装备个性化定制的网络协同平台制造模式

伴随互联网技术的诞生，20 世纪 90 年代，国际和国内就已经对网络化复杂制造进行了初步探索。当时科技部和国家自然科学基金委重大项目都支持开展了"网络化制造先进制造模式"的研究工作，以快速响应为特征的敏捷制造模式在理论和实践上都有比较深入的研究。这些研究和实践工作以平台撮合形式为工作机制，以虚拟企业为组织方法开展装备制造工作，是网络化协同的初步探索，在原理和业务开展方面都得到了比较深入的探索，但由于当时互联网速度和范围有限，网络化制造没有发挥实质性的作用。经过工业物联网、大数据、云计算、人工智能技术的飞速发展，以及移动支付系统的应用，全生命周期制造过程的模型构建、数据集成、业务集成和资产数字化、网络化发生了颠覆性的变化，智能制造和平台化模式的结合使得制造逻辑发生了巨大变化。

2.1　制造模式的演进

随着先进制造系统的不断发展，一系列与之相对应的新理念及新思路应运而生，在此基础上，提出了敏捷制造、并行工程、虚拟制造、动态联盟等。这些观点与理念的出现，表明了网络化协同制造越来越受到重视并且正以空前的速度发展[1]。网络化协同制造是一种新型的制造模式，在装备设计制造等方面得到了广泛的应用，并产生了如网络化协同设计、网络化制造、社群化制造等新的制造方式，有效推动了企业内部、上下游产业链以及社会化资源的协同。

复杂重型装备网络化协同制造平台是云制造模式在制造业的应用和务实落地，能够减轻企业承担技术更新的费用和风险，提升产品创新水平，提高产品附加值，降低生产成本。作为智能制造的实现基础，网络化协同制造平台的目的在于实现人与设备、设备与设备、人与生产过程之间的互联互通，并通过物联网和信息传感技术消除信息的"孤岛"，实现生产过程中的信息与数据的无障碍传输，从而实现对生产过程的实时管理与监测。用户可通过平台从产品制造全生命周期活动中随时随地的获取完备的、安全有效的、按需供给的、优质价廉的各类制造服务和资源。网络化协同制造平台既能够及时响应服务需求者的请求，又可以为具备服务资源提供资格的企业用户给予信息发布及生产经营范围拓展等服务功能。平台将顾客需求与最符合装备定制要求的服务资源相匹配，使闲置资源得到最优化、最有效的分配，并以最快的速度、最高的质量和最小的成本向市场供应所需要的产品和服务。

2.1.1 不同制造模式的阶段划分与概念界定

欧美等国家在"第三次工业革命"后，相继出台了一系列具有代表性和影响力的制造模式，包括网络化制造、敏捷制造、大规模定制、精益生产等。本节所述的先进制造体系模型，对于提高企业的柔性和生产力水平具有明显的作用，并为企业制定和执行制造战略提供了重要的理论依据与技术支持，其发展过程如图 2-1 所示。

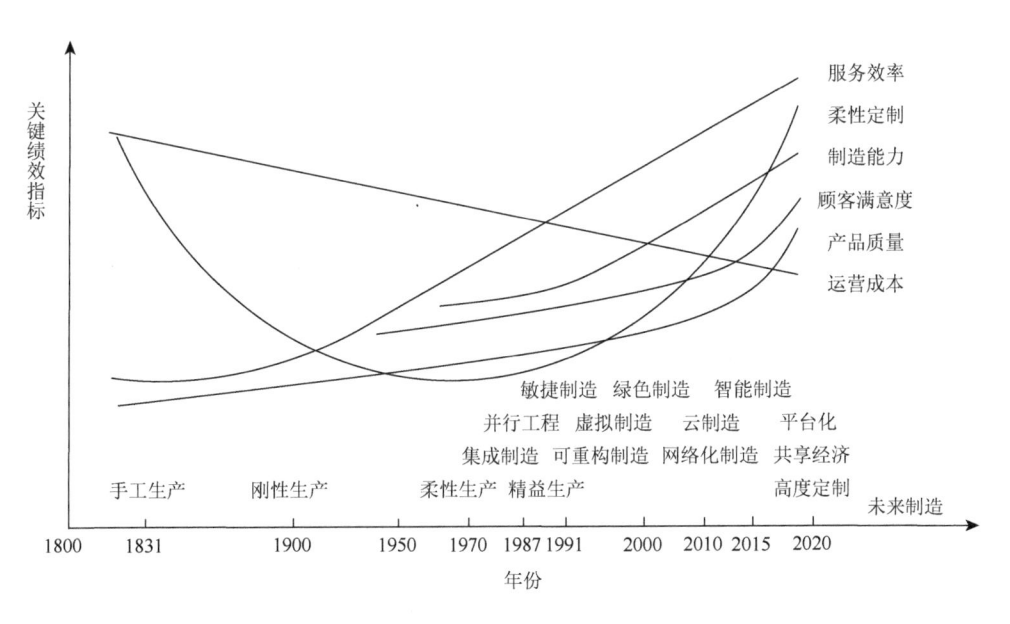

图 2-1 制造模式的发展与演变[2]

1. 敏捷制造

敏捷制造是适应市场变化的必然要求，该系统利用现代通信技术与计算机技术，将企业内部以及合作企业之间在协同生产过程中所涉及的各种生产要素（人员、材料、设备、工艺等）进行整合与优化配置，以实现对客户需求的动态快速响应。敏捷制造与其他制造模式的最大不同之处是它的虚拟组织形态和它的虚拟开发技术[3]。

由于市场对产品的结构要求越来越复杂，功能需求越来越多样化，因此企业很难独立、快速、低成本地开发一些新的产品。单个企业必须采用先进的通信技术，实现与生产资源的跨区域合作，从而形成一个临时的企业联盟，以完成复杂的生产任务。该生产组织方式能够有效地减少市场风险、降低生产成本、缩短产品开发周期、扩大企业的经营范围、提升公司的业务水平，因此具有较强的灵活性和良好的市场响应能力。

虚拟制造技术是基于虚拟现实（virtual reality，VR）技术、仿真技术和建模技术实现产品全生命周期的设计、制造、装配和测试的一体化建模过程。在产品设计方面，利用虚拟现实技术和仿真技术对产品的性能、工艺可行性、装配齐套性进行检验，从而有效地降低产品的制造风险，提高产品的设计和制造质量，为企业的选址和物流规划提供依据。

2. 大规模定制

大规模定制生产的关键在于对产品的结构形态、制造工艺进行重构，采用模块化、柔性制造、自适应控制等先进制造技术，以提高制造系统的柔性和反应速度，在不影响生产成本和时间的条件下，实现多品种、小批量生产，以满足广大用户的产品个性化定制要求[4]。

大规模生产是以标准化生产的方式，以低成本、高效率、大规模生产为目标，大规模定制是把相似性原理、重用性原理、模块化的理念与生产实际相结合，使产品设计过程和制造过程具有高度敏捷性与柔性，并能在大规模生产的成本和时间下，为顾客提供个性化、多元化的服务[5]。

3. 网络化制造

基于敏捷制造等多种制造模式，网络化制造模式逐渐发展起来。对关键技术装备的研发需求、企业信息技术的推广应用、产品设计与制造管理模式的变革、敏捷制造的推行以及企业的动态联盟建设需要等，都是推动网络化制造的动力。

网络化制造是指通过信息化、网络化的技术手段，把分布在各个区域、不同结构的生产资源与信息系统进行有效的集成和优化配置，以实现对目前动态联盟在各个生产环节的协作任务[6]。

4. 云制造

随着信息化、云计算、物联网等前沿科技的迅猛发展，以及国内制造服务化、信息化转型的需要，李伯虎院士在 2009 年提出了"云制造"的新型制造模式，该模式集成了现有先进制造模式（如敏捷制造、大规模定制、网络化制造等）的优点[7]。

网络化制造可以说是云制造的先驱，就像云制造平台一样，制造网络也是建立一个资源共享平台，将分散的资源进行集成与集中管理，网络化制造由于受到信息技术和车间信息化水平的限制，其共享资源主要是可封装性较好的软件资源，对于制造加工的核心业务过程尚未涉及。云制造在应用模式、业务范围、服务类型等多个领域都得到了扩展和深化[8]。

2.1.2 网络协同制造模式概览

从 20 世纪 60 年代开始，随着信息与通信技术的进步，以及用户需求端不断地推动制造业向着数字化、网络化、协同化、智能化转变，生产制造行为日趋敏捷化、环保化、高质量以及稳健性。截至目前，文献中出现的与网络协同制造有关的先进制造系统、制造理念或制造模式已达数十种，典型的包括计算机集成制造、虚拟企业、并行制造、敏捷制造、网络化制造、制造网格、工业产品服务系统、泛在制造、云制造、社群化制造等。本节将对当下较有影响力的网络协同制造模式进行简单的回顾。

1. 社群化制造

在全球化市场瞬息万变、制造行业竞争日益激烈的情况下，生产组织模式产生了一些新特征，如海量制造服务或资源网络化协作加强，资源配置自治化，新兴 ICT 又使得网络协同过程控制全面化、实时化。因此，社群化制造这种主要依赖分布式制造资源的制造模式应运而生。

社群化制造打破了传统的企业与外界的界限，面向更广泛的社会群体，充分利用社会的优秀资源，对整个社会的产品研发、设计、制造、营销、服务等各个环节进行全方位的协作。与此同时，社群化制造更注重"平等共享"，也就是将传统的集权经营模式由社会化企业的分散经营方式替代，由分层管理向以节点为单位的扁平化组织模式过渡。

社群化制造模式能够使分散资源集中使用、集中资源分散服务，同时具备资源配置自主化、中小企业利益均衡、平台经营者风险规避合理化的优势。社群化制造在一定程度上是一种新型的网络化制造，在加强社区化组织、企业商务社交控制、中小企业议价与利益博弈、制造服务机理、服务流程控制等新特点的基础上，实现了企业信息化管理。

2. 云制造

云制造是基于云计算技术支持的一种新型的网络化制造形式，采用物联网、虚拟化、云计算等先进的生产和服务技术，将制造资源和制造能力进行虚拟化，通过集中、有效的管理和运行，实现制造资源和制造能力的大规模流动，推动各种分散制造资源的有效共享和协作，从而为客户提供动态灵活的制造服务。云制造具有以下特点。

（1）云制造以云计算技术为核心，将"软件即服务"的概念扩展到"生产即服务"，本质上是一种新型的以服务为导向的制造模式。

（2）云制造是以用户为本，以知识为依托，通过虚拟化、服务化技术，建立统一的制造云服务池，实现对制造云服务的统一、集中、智能化的管理与运营，开展制造资源与制造能力的按需分配。

（3）云制造为产品研发、设计、制造、服务等全生命周期的协同制造、管理和创新提供了新的平台，产业发展模式发生了变化。

3. 虚拟制造

虚拟制造最初是一种设计和测试机床的方式，现在已经扩展到生产过程和产品本身。虚拟制造主要使用计算机建立数字模型，模拟并优化工厂中的关键实体和相关操作。虚拟制造中使用的主要技术包括计算机辅助设计（computer-aided design，CAD）、3D建模和仿真软件、产品生命周期管理（product lifecycle management，PLM）、虚拟现实和快速原型生产。

在此基础上，虚拟制造技术特别关注计算机建模技术，是区别于其他制造模式的一个重要因素。一般情况下，它的目标是在一个虚拟的环境下进行产品的测试。在虚拟制造环境的构建中，存在着许多可能的应用场景，涉及从产品生产到维护的各个环节，包括机械设备维修、员工培训、品质控制、安全管理、设计与物流运输。利用增强现实（augmented reality，AR）技术，完善虚拟制造设备，可以让产品研发和制造人员的工作更容易。

4. 基于CPS的制造

基于CPS的制造源于德国政府的一项高技术战略规划——工业4.0。工业4.0的核心内容就是利用CPS网络实现人、设备、产品之间实时的连接、识别和沟通，从而建立起高度柔性、个性化、数字化的智能制造模式。CPS本质上是通过智能感知、分析、优化、协同等方式，将计算、通信、控制等功能有机地结合起来，并在物理空间与网络空间之间进行交互引导和映射。在制造业中，CAD 是实现智能化生产的一个关键环节，但是它的实际应用还处在起步阶段，当前对 CPS 的研究应用主要集中在抽象建模、概念特征和使用规划等方面。

5. 泛在制造

泛在制造即基于泛在计算的制造。泛在计算强调了计算资源普遍存在于环境之中，与环境相结合，人类和实体世界则更加依赖"自然"的互动。基于环境感知、内容感知能力的泛在计算，除了利用触觉显示、有机发光显示等新型交互技术，使用任何设备、任何位置，并以任何方式进行感知与沟通，彻底改变了人类对机器的使用习惯，让使用者能够主动、动态地接受资讯服务。泛在生产的整个生命周期包括市场分析、概念形成、产品设计、原材料制备、零件加工、装配调试、产品使用及维修、产品回收等各个环节。基于无线射频识别设备之类的泛在计算交互设备，生产企业能够自动、实时、准确、详细、随时随地、透明地获取企业的物理环境信息。另外，在不同的生产阶段，用户（包括不同的角色参与者）也不再限于以鼠标、键盘为操作模式，以更具普适化、虚拟化、智能化、个性化的方式，在制造全生命周期不同阶段、不同制造环境中进行信息交流，以提升企业的经营效率。

制造业正朝着柔性、敏捷的方向发展。仅凭一家制造公司实现多样化产品的快速开发需求，对企业的要求非常苛刻，除了少数几家大型制造企业，要实现敏捷制造的速度，必须要有众多的中小型企业将自己的优势发挥到极致，为完成某项目标形成一个协作的体系，这就是现代柔性、敏捷制造的捷径。现代制造模式呈现出网络化、集成化、信息化、智能化、柔性化和敏捷化的发展趋势，国内外相继产生了很多现代制造新概念与新模式，如分布式制造、可重构制造系统、敏捷制造、多智能代理制造系统等。这种制造方式的演进，使得异地协作的发展趋势日益突出，网络化制造和敏捷制造将成为异地协同制造的主要方向。

异地协同制造是指以新产品或新业务为契机，根据市场机制，通过竞争来完成产品的生产流程。这些企业的成员都具有各自的核心技术，地域分隔或跨部门，他们利用计算机网络，把分散在各地的人员、设备、信息等资源连接起来，形成一个动态的网络组织，从事产品的研发、制造和经营活动。异地协同制造企业的组织结构与整合问题有别于传统的企业，各企业不能仅考虑企业内部的资源，还要加强企业之间的信息交换、资源协调。为了实现对生产要素的优化重组与配置，需要对异地协同生产组织方式展开深入研究。

异地协同制造是将各区域现有的制造资源快速整合，形成一种无边界、超越空间限制、依靠计算机通信技术、统一经营管理的组织实体，从而使企业的产品制造能力提高、周期缩短、成本降低、质量提高。但是，在异地协同制造中，不同类型的协作要分别进行分析。企业是否属于同一投资主体，企业合作意愿、合作时间、技术依赖程度等因素决定了企业之间的合作程度。在确定了组织形式之后，不同的组织形式会有不同的目标，从而形成不同的集成和运营模式。异地协同制造机理的研究，对于企业提升自身核心竞争力具有重要的战略指导作用。

2.1.3 基于平台的网络协同定制模式

近年来，智能制造无论在宏观层面还是在微观层面，都发生了新的变革。从宏观上，智能制造可以满足顾客的个性化定制要求，制造企业之间不再是相互独立的，制造方式朝着资源服务化、过程协同化、产业联盟化、生产能力社会化发展。从微观的角度看，生产流程正朝着实时、自动、智能的方向发展。智能制造和智能服务已经成为世界传统产业和制造业转型的重要发展趋势。在很多产业中，由于智能制造、个性化定制等，其规模效益并不显著。平台经济已经形成了一种新型的产业组织形态，与传统的工业模式相比，平台经济更注重服务和生产之间的互动与融合，并逐渐形成新产业、新业态、新模式和新产品。为了满足产业升级的需求，各企业应加速构建和运用工业互联网的技术平台，推动制造资源、数据等的整合与共享，实现智能制造与平台制造的发展。

网络化协同制造将众包的概念延伸至制造业，在此基础上，各合作伙伴可以形成复杂的、动态的自适应体系，创造出个性化的产品及服务，通过资源共享、技术支持、并行协作等方式，将各部分的解决方案集成为一个更优的整体解决方案（如大型的金属挤压机开发流程）[9]。复杂重型装备网络协同制造平台是一个完全定制共享平台。该完全定制共享平台是将智能制造与平台制造模式在重型装备制造业的应用和务实落地，能够为制造业企业提供全方位、多样化、多层次的配套服务，大大促进集成制造商与服务提供商分享基础设施、技术等生产要素，极大地减少双方的交易成本，不断增强双方的市场机遇，进一步推动双方密切沟通和共享规模经济收益，大幅度促进重型装备制造业产业联盟的成果产出与持续、健康、快速发展。从图 2-2 可以看出，完全定制共享平台的应用目的，不仅是将制造能力资源整合到平台门户上，提供产品定制、全生命周期运维等服务，扩大企业的客户群体和订单交易量，还可以提高网络协同制造的效率和能力，实现发展模式创新。同时，新模式的应用要能够支持整个服务平台的商业化运营，达到预期的社会经济效益。

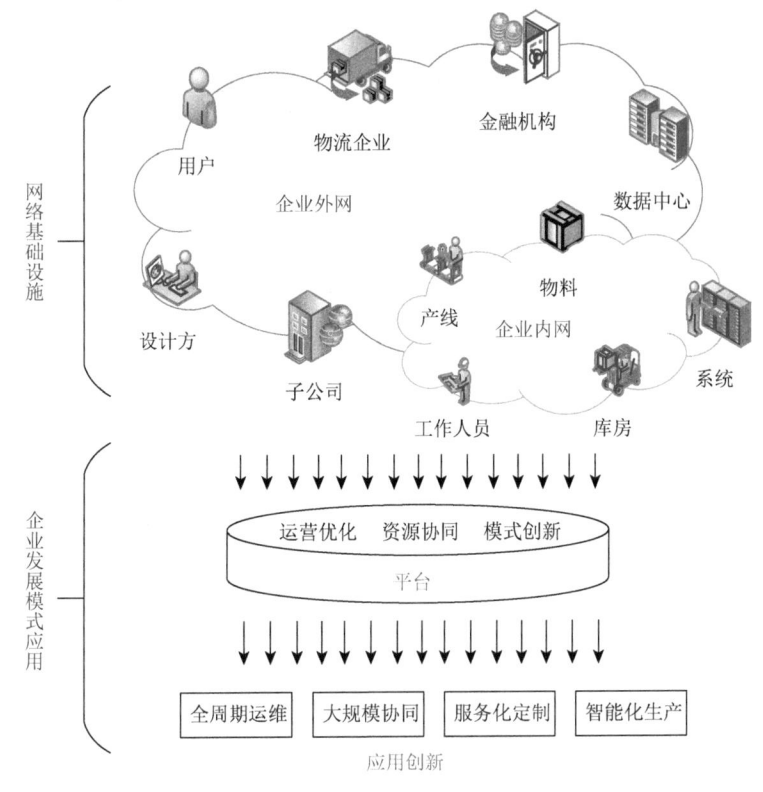

图 2-2 网络协同平台构造与流程示意图

2.2 订单驱动的复杂重型装备网络协同平台制造模式

当前，市场对复杂重型装备产品的大型化、智能化、可靠性和生产能力极限化要求越来越高，面对客户多品种小批量、交货周期缩短等需求的变化，为了降低成本，缩短交付时间，始终如一地重新配置生产过程变得更加重要，此时制造工厂和价值链网络需要足够灵活，以更快地向市场提供响应消费者定制需求的产品，此外生产过程也需要足够透明，能够对整个价值链中发生的变化或意外事件做出反应。这种快速响应的生产模式是以现代信息技术、云计算、物联网技术、制造技术和智能科学技术为基础的。网络化协同制造平台生产模式能够突破空间、地域的约束，解决产品设计、信息发布、协同制造与在线交易等问题，为不同地理空间的核心生产商和制造服务需求者建立桥梁，实现企业间的协同和各种社会资源的共享与集成，使得企业间能够建立动态联盟，合作灵活高效，互利共赢。

订单驱动的复杂重型装备制造总体模式是指通过将传统制造模式的销售职能前置，采用以客户为中心，订单驱动制造的理念，借助平台和云，构建以协同研发和协同制造为主要环节，协同管理和协同服务为支撑，覆盖装备全生命周期的网络协同制造模式，实现传统制造过程的转型升级。通过复杂重型装备协同开发平台，实现研发设计、生产制造、运维服务的异地全程联动协同，针对用户的每一个调整，设计部门可以及时跟进，并与制造厂商和零部件供应商沟通方案调整的可操作性，进而实现设计、制造、运维环节的快速高效联动，快速响应订单需求能够大大提升用户满意度，有助于平台信誉口碑的形成。

2.2.1 复杂重型装备网络协同平台服务需求

构建复杂重型装备网络协同平台需要从以下几个层面考虑平台的功能需求。

1. 复杂重型装备定制需求

复杂重型装备是指组成零部件数量多、结构复杂、技术含量高、涉及学科技术知识多、制造装配资源投入大的产品，该类产品最终还需要装配和调试。挤压机、连铸机、水轮机等都属于复杂重型装备。重型装备制造是典型的离散型制造，具有单件小批量定制、制造精度高、制造工艺耦合、材料选择特殊等生产特征，是集技术、资金、劳动密集型为一体的产业。由于复杂重型装备为高度定制产品，装备制造计划只能在订单下达后根据客户要求开展。在接到制造订单后，平台系统生成主生产计划和物料清单（bill of material，BOM），随后才能进行采购申请和采购，开展工艺设计、工装设计，安排零部件加工计划。复杂重型装备研制周期较长，为了快速响应客户需求，每个重型装备制造项目都需要多个参与主体的异地跨组织协作。

重型装备行业的生产特点决定了其研制流程、工艺设计的动态性、敏捷性和复杂性。产品参数及结构改变也会造成设备、工装及模具的巨大差异，使得生产管理对象动态多变，呈现较大运营困难，需要对项目进行一体化管理，管理的重点是对订单交期、质量和成本进行控制。

2. 异地跨组织合作需求

复杂重型装备类产品研制的过程是一种知识密集型工作，需要综合多个学科专业和领域的知识。为了实现复杂重型装备的高效、快速、精确制造，在产品生命周期的各个阶段需要调用许多设计单位长期在工作习惯、设计流程和管理手段等方面积累的资源与经验，这些是大多数中小企业一般不具备又短期内接触不到的。通常情况下，复杂重型装备的终端客户和产品（或服务）提供商分布于不同地区，为用户提供各类按需制造服务要多个异地企业在跨领域和跨地域的合作下完成。随着多项目并行协同和项目协同管理的工作模式的推行，复杂重型装备产品研发已经由原来的单一制造过程发展到在协同的平台下共同进行。利用网络和云制造服务平台可以实现异地、跨组织、多专业协同制造[10]。随着网络信息技术、产品设计技术和现代管理技术的发展，基于网络的多专业、多部门、多业务智能并行协同模式在不断缩短制造周期和提高资源利用率的同时，强调对复杂产品全生命周期信息、数据的高效管理，提升设计、工艺与制造过程以及整个供应链的协同运转效率[11]。

3. 设计与制造协同需求

在工业产品设计方面，目前仍有许多因素对设计与制造的协同作用产生影响，例如，传统的设计制造方法多为串行设计，设计制造过程相分离，一项工作完成后才能开展后续工作，效率较低，产品结构设计、工艺分析、虚拟仿真等一般都是在三维环境中进行的，工艺规划、加工制造等过程则是基于二维图纸和文档，造成产品设计数据、工艺数据、制造过程数据等彼此独立的情况。另外，传统的基于二维图纸、文档、三维设计模型的工程信息传递方法存在着数据源不统一、沟通效率不高、知识层次信息交流不足等问题，如设计者不了解生产工艺水平，因而对工艺要求过高，工艺技术人员过分强调制造能力局限性而降低设计技术要求等问题。以上问题的出现，给设计制造环节在流程、数据和知识的协同方面带来了更高的要求及更大的挑战。

目前，工业互联网平台已向面向设计、制造和服务的网络一体化服务方向发展，涉及产品的全生命周期管理。网络是沟通平台和客户的重要纽带，由于客户与服务资源提供商的数量是固定的，服务供应商与需求方分别位于不同的企业、地区，因此这种平台网络应该能够实现多个用户之间的远距离协作，即跨地域的协同服务。

在不同领域或同一领域不同阶段，协同设计概念的界定也不尽相同，大致可以理解为：通过计算机技术与网络技术，搭建一个协作平台，在资源共享的环境中，设计人员分工协作、交互协商，共同完成某一特定的设计任务。协同设计按时间和空间来划分，从时间上可以分为同步式和异步式，在空间上可以分为集中式和分布式。

集中式协同设计是通过会议、数据库共享等方式实现的，当前的制造业对分布式协同设计的需求十分迫切，即企业内部不同设计部门、不同专业方向或者同一项目的不同设计企业之间进行分工与协作，实质上是基于网络支持的协同工作。这种跨地域、跨专业的基于网络的协同设计，能够有效减少产品的设计和研发周期，并能迅速开发出符合市场需求的新产品，从而增强企业竞争力。

协同平台是网络环境下实现协同设计及制造的关键，随着计算机技术、网络技术和数据库技术的不断更新与发展，协同设计平台的开发将更加便捷。

4. 企业信息流重组及平台 ERP 的构建需求

基于企业长远发展的经营理念，重塑价值链增值过程，突破传统职能部门的界限，以客户为中心，从多个角度利用信息化技术构建业务流程，使组织动态适应外部竞争和市场环境的变化。ERP 是企业进行业务流程重构的重要手段，是从供应链的垂直方向进行的。通过核心企业带动上下游企业有序演化的经营管理模式，形成产业联盟。联盟内的核心企业按照 ERP 体系的要求，对企业的管理流程进行改进，以此为模型联盟内上下游企业复制或建立类似 ERP 系统，最终形成一种支持整个联盟内部企业沟通协作的平台，对整个联盟的流程进行改进和重构，联盟内的企业可以根据市场需求、制造、库存、销售等信息对生产活动进行具体安排，并对联盟的整体集成化管理进行联合设计与计划，协调各部门间的活动，使联盟供应链的各个环节都能够降低成本、提高性能、改进质量，从而对市场需求做出快速的响应。

在抛弃不合理、僵化的业务流程的前提下，ERP 应充分体现企业的特点。不能根据企业原有的业务流程进行再设计，也不能根据已有的 ERP 系统进行改造，而是将流程重组与 ERP 系统构建紧密地结合在一起。

5. 促进异地跨组织合作

随着复杂重型装备的更新换代和交付周期的不断缩短，装备研发所需资金投入、技术水平和制造精度要求也越来越高。一般情况下，企业为了更快地完成装备的异地协同制造，都会选择加入网络协同平台，寻找行业内优质的合作伙伴，将对方已经掌握的技术留为己用，而不必从头做起，同时也避免了高资本投入的风险。在这种情况下，企业作为项目总包方通过签订合同或者契约与项目成员缔结为产业联盟体，在合作过程中与成员企业相互磨合从而达到资源的共享和互补。根据企业与合作伙伴之间的合作关系，可以划分为横向合作伙伴与纵向合作伙伴。横向合作伙伴通常是指生产相同或相近的产品，通过资源的补充形成协作组织，纵向合作伙伴一般存在供应链上下游的供需关系。企业之间都是为了共同完成某一特定的装备制造项目而形成联盟体，在达到既定的目标后，联盟体就会解散，随后成员企业会为新的目标再寻找新的合作伙伴。所以，联盟组织的成立时间比较短，各成员公司之间的合作非常密切，但是仍然具备一定的竞争关系。

6. 任务分解与资源匹配

平台上的各合作方的主要任务是平衡资源，互通信息，专业分工，并行协作。网络协同平台的建立有利于实现产业联盟内部成员企业间的业务协同和集成，改善由于其地理位置相隔所产生的沟通不畅问题，进而实现对成员的统一协调管理和对生产过程的进度监理。在装备制造的每一个环节，平台将订单分解为明确具体的任务，考虑每个企业不同产品的生产能力、生产成本与时间安排，将每个具体任务分配给最有优势的成员企业，对企业的原材料、生产设备、人力资源以及软硬件资源等生产要素进行有效配置，减少资源浪费，降低交易成本，提升订单响应速度，充分提升联盟整体的协作效率和竞争优势。

7. 项目管理与进度监理

平台协同控制模块的主要功能是对装备协同设计过程中的各类矛盾进行监控和协调，并对不同功能团队进行管理，该模块涉及项目管理、版本管理、通信与冲突消除等，冲突消除环节是整个系统的关键部分。在装备设计过程中，设计人员之间、各职能部门之间可能具备不同的设计目标、不同的设计规则、不同的知识经验，必然会造成不同的设计内容和参数选择。在设计的过程中，必然会产生各种各样的冲突，一定程度上，协同设计过程是一个冲突产生、识别和消解的过程。

8. 信息一体化集成

基于当前 MES 技术在企业中的应用和先进的物联网技术，结合目前复杂重型装备行业的现实，如果出现紧急插单、生产计划临时改变、工艺复杂等状况，那么就要求企业对生产过程的管理和监控更加趋于准时化、柔性化、实时化。通过 MES、ERP 等信息系统的建立、优化和集成，不仅可以实现企业之间的信息系统的纵向集成，还可以将 MES 技术与物联网技术融合应用于企业的生产实践，使运营管理系统与过程控制紧密联系起来，有效地解决信息断层、信息孤岛的问题，实现对项目的全面监控和对市场需求的及时反应，提高企业的执行力和企业的影响力。

在设计阶段，通过管理仿真数据、流程和知识来实现数据管理的标准化，实现了试验数据的一体化和自动化管理；在制造环节，将生产数据实时分析展示与车间 MES 相结合，以便于对产品数据进行管理，并对生产状态进行分析；在运行维护环节，对设备接口、设备运行、能源系统进行监测，从而达到设备和能源可视化的目的。为确保装备的生产进度和质量，采用统一的品质显示界面，对产品进行工艺和质量可视化，并在生产和物流可视化中显示出产品的配送、安装和调试状况。

在产品设计、制造、服务全过程中，建立统一的数据规范，实现协同研制平台、生产组织管理、底层制造执行等多方面的信息整合，保证复杂重型装备整个研发过程的高效高质量运行。

9. 成果转化与模式推广

建立以市场和客户需求为导向，以设计部门、制造部门为主体，以产业供应链上下游企业为参与方的异地跨组织网络协同服务平台，通过共同组建研究团队、共担费用和风险、共享资源和成果的方式，实现技术输出与成果商业化的双重目标。这种多方密切合作、共同参与装备研制的商业模式，具有合作对象灵活、合作形式多样、成果转化路径个性化的特点，能够提供给每一个参与方所需要的研发成果，以满足他们的技术开发需求，实现各方利益最大化。在平台商业模式实现规范化应用时，要响应国家号召，共享平台的研发成果，推广共性化服务模式，解决两三个相似行业的异地跨组织协同困难的问题。

2.2.2 复杂重型装备网络协同平台功能设计

复杂重型装备制造的主制造商、零部件生产单位和供应商空间分布广，要优化各种制造资源，提升制造能力，必须实现主设计商、主制造商、供应商和专业化生产单位之间的高度协同以及制造知识、技术等资源的共享。在制造中，通过协同开发与云制造平台，实现异地、跨组织、多专业之间的协同非常必要。如图 2-3 所示，平台功能可以划分为协同设计、协同制造、协同管理与协同运维四大模块。此外，平台还具备门户管理和后台管理功能，用于用户和制造服务提供商的资格认证与供需资源匹配，拓展产品定制、技术支持、管理咨询等业务。

平台可按照企业的意愿在云社区或平台首页共享交易过程产生的知识，供其他成员企业学习、交流。每个功能模块具体描述如下。

1. 协同设计

通过协同开发与云制造平台，在设计过程中，首先需要对非结构化、非规范化的用户需求进行模板描述、确认和可行性分析，将可行的设计任务分解并分派给现有的设计资源供应商，针对用户需求的每一个调整，设计商要及时跟进，并与制造厂和零部件供应商沟通方案调整的可操作性。此外，为了提升工程师设计效率，挖掘历史设计方案数据，对已建设的研发类知识数据库（如设计标准、技术规范、三维/二维图纸等）进行内容扩容、设计模板推送及易用性提升。

2. 协同制造

复杂重型装备制造的主制造商、零部件生产单位和供应商空间分布广，构建基于网络的多专业、跨地域协同制造体系，将整机组装、零部件制造商等资源集成，生产任务下达后，能够针对不同型号的制造需求，制定个性化且具备可行性

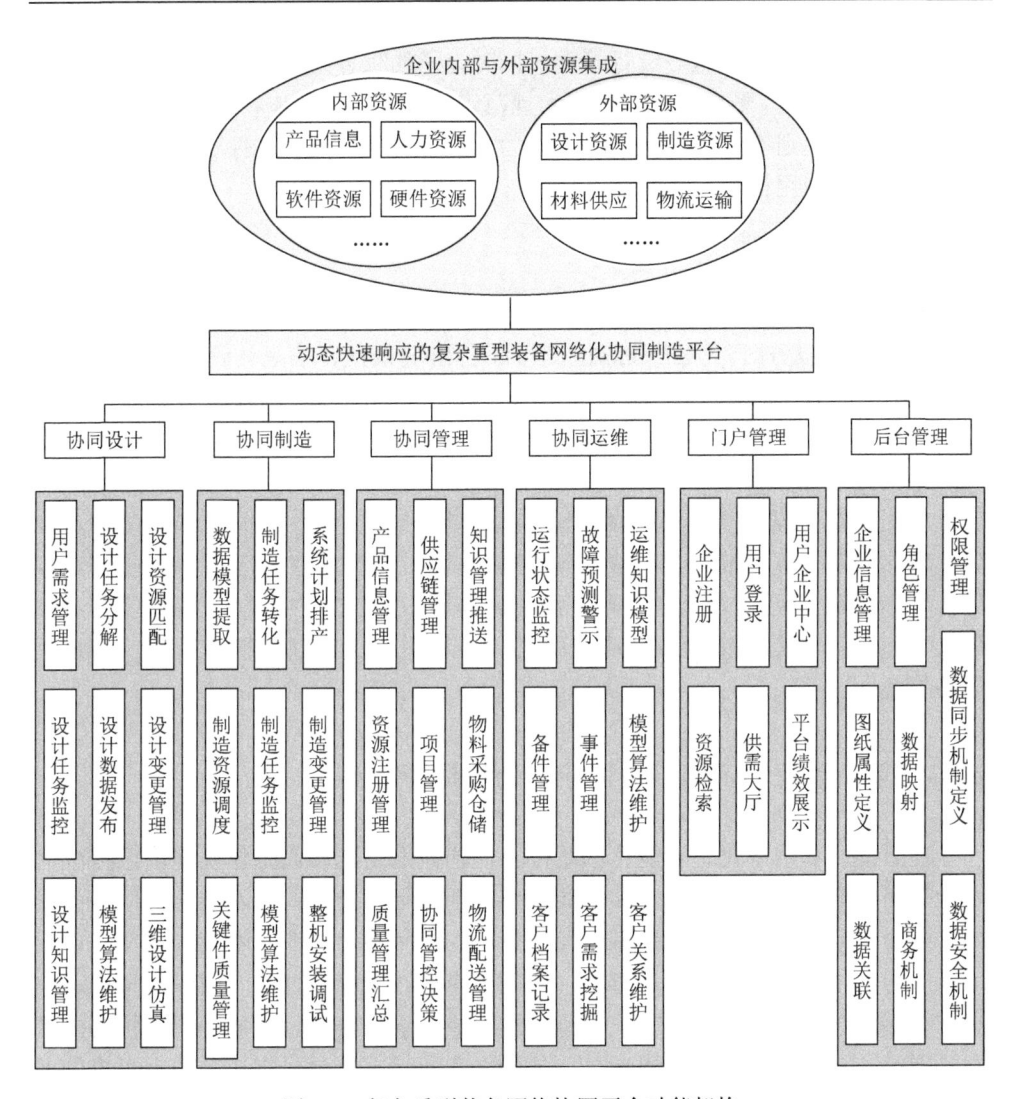

第2章 支持复杂重型装备个性化定制的网络协同平台制造模式

图 2-3 复杂重型装备网络协同平台功能架构

的组装方案，零部件厂商则根据实时动态信息，及时提供配套供应，实现对生产资源的优化配置。异地协同制造的基础在于研发阶段的数字设计，整个制造过程依据研发环节的三维唯一数据源构建制造信息模型，广泛采用数字化工艺知识库和柔性制造系统，实现制造进度的可预测、可调整、可追溯。

3. 协同管理

为了实现产品全生命周期设计、制造、服务环节的高度协同，需要对各环节的任务执行进度、效果、关键节点、成本等进行监控评价，对备件质量、订单采购、材料仓储、物流配送等进行管理，同时为了约束各组织条块分割严重、利益驱动的短视化行为，平台需要制定行为规范确保各方统一整体利益最大化的目标。此外，平台上注册有产品基本信息、人力资源、软件资源、硬件资源，需要对这些虚拟资源的应用情况实时跟踪。

4. 协同运维

整机安装交付时，跟踪安装调试任务进度并对装备质量、产品备件进行过程监控。售后服务时，人工故障检测诊断会出现误判、信息传递缺失等情况，影响服务满意度，通过建立设备故障原因数据库和历史维修方案数据库，构建多专业协同的远程诊断系统和动态服务机制，能够及时响应客户维修服务需求，同时采用无线通信专线实现对装备使用性能、功耗、能耗等的远程监控，通过分析历史运行数据构建典型故障预测模型，预先制定装备维护维修方案并及时更换老化零部件，降低不必要的维修维护成本。在市场营销活动中，通过对客户（分销商或消费者）历史合同进行分类存储，构建客户档案，挖掘客户潜在需求，将应用数据反馈到产品研发改进、原料采购、计划排产等活动，为企业创造价值。

2.2.3 复杂重型装备网络协同平台协同逻辑

在数字化、网络化、智能化的基础上，构建网络化协同工作环境，已经成为企业提高生产质量、降低成本和提高效率的新途径。通过构建网络化协同服务平台，整合社会资源，提供从装备研发设计、生产制造、物流运输到安装交付以及运维服务全生命周期协同管理方案，为制造企业在目标、过程、组织、资源、信息五个层面的协同提供了可能。目标、过程、组织、资源、信息等五个协同要素相互影响、相互促进、相互耦合[12]。如图 2-4 所示，平台只有在上述五个层面上同时实现了协同，才能达到"总体大于局部"的协同管理效果。

1. 组织协同

通过网络协同服务平台，将企业、用户和联盟资源联系起来，形成一个以核心企业为主体的临时联盟。通过组织协调，实现对资源的集中式协同管理以及各部门之间的分工协作。从空间维度看，服务参与方之间在地域分布上较为分散，并且具有自主性，因此，必须建立一个以项目目标为主导、以核心企业及分布式项目参与方为主体、以联邦资源为基础的组织架构，通过职责和权利的有机结合，使联盟内各参与方充分发挥最大的作用，保证项目组织高效运转，最大限度地利用资源，达到系统目标。

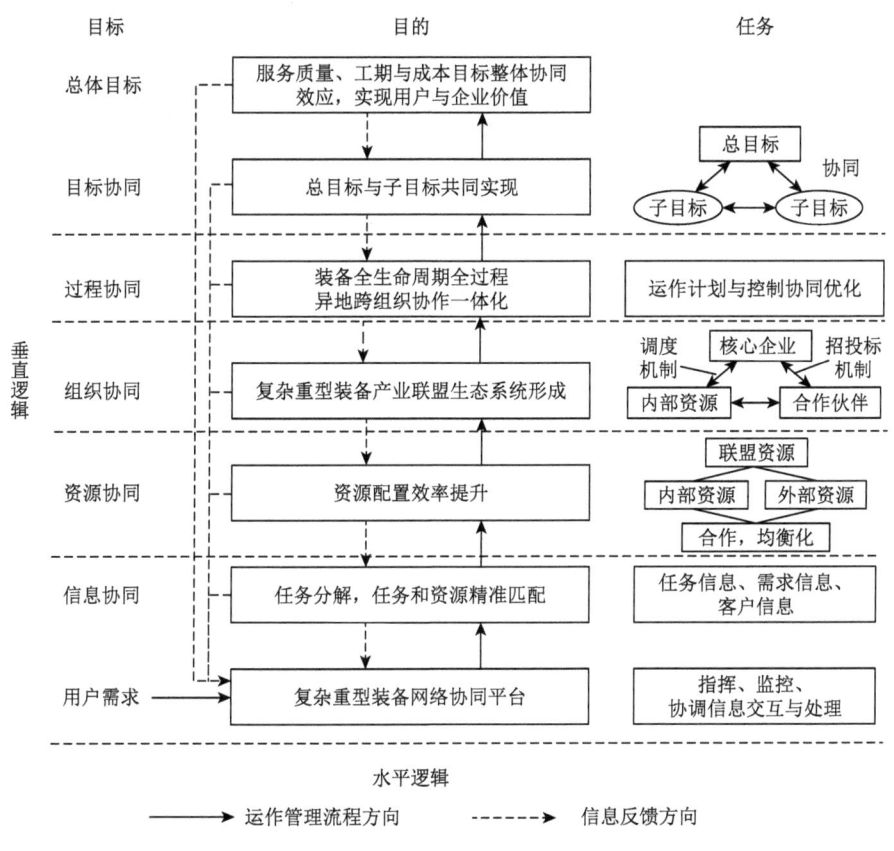

第 2 章 支持复杂重型装备个性化定制的网络协同平台制造模式

图 2-4 复杂重型装备网络协同制造平台协同逻辑[12]

组织协同既体现在企业内部组织形态向个体高效互联的网络式组织转化，也体现在企业外部存在着多个组织组成的价值网络，企业内部网络组织与外部价值网络高效运行与协作的核心是信任，获取合作关系的方式是契约设计。企业自身是各种契约缔结的集合体，协同的障碍在于个体和组织之间存在着不同的目标和利益，因此组织协同的关键是契约设计。

2. 过程协同

由网络协同服务平台对从装备设计、制造、物流运输到安装和售后服务等全过程进行实时监控、协调管理和集中调度，实现对生产流程的全面优化。从时间维度看，项目的整个生命周期可以分为需求分析、设计、制造、物流、安装调试和运维服务等环节，项目过程协同是指在信息协同的基础上，进行流程间的协作，消除项目运转过程中各种冗余和非增值的流程，以及由人力、资源等因素产生的影响过程效率提升的所有阻碍，从而整体优化项目运作过程，如图 2-5 所示。

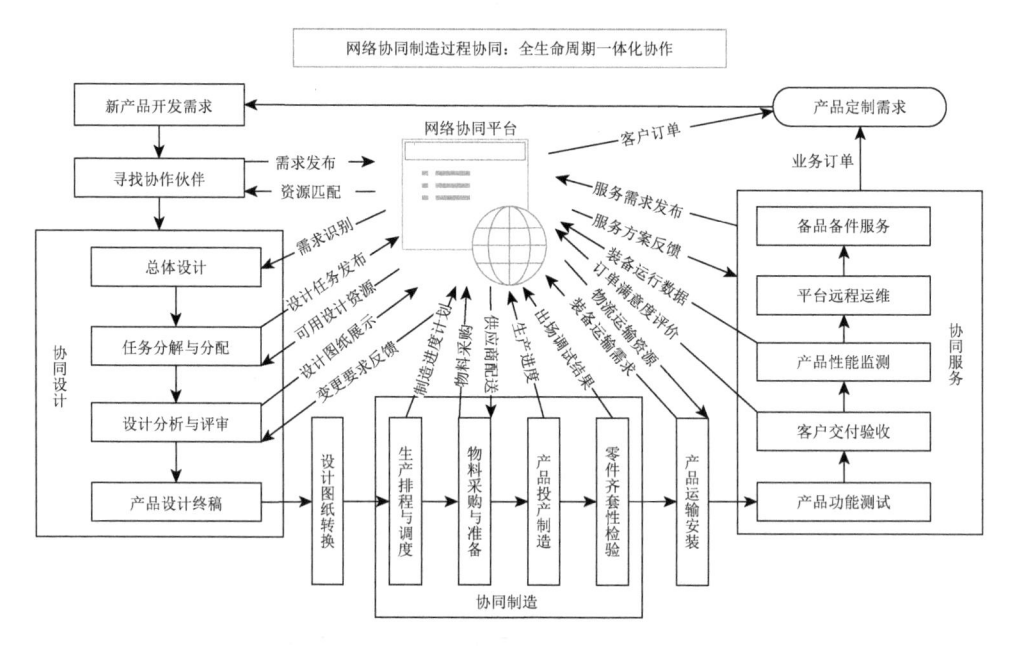

图 2-5　复杂重型装备网络协同平台过程协同

3. 信息协同

企业利用网络协同服务平台实现对项目信息的整合与控制，使得项目各参与方能够信息共享，达到高效、高质协作的目标。信息协同系统是组织、过程、资源和目标协同的前提与保证，因此，没有网络协同服务平台，企业的运营协调和优化问题就成了空谈。如图 2-6 所示，复杂重型装备网络协同制造的各个环节涉及不同的系统，系统与系统之间应可通过数据接口进行信息传递。不同信息系统的应用与数据接口的集成是实现项目信息及时充分共享和数据互联互通的关键技术手段，从而有效地降低沟通成本、抵御出错风险。信息维度上，项目在整个执行过程中将产生大量的、复杂的信息，对信息的正确、高效共享和传输是保证项目正常协调运转的基础。

4. 资源协同

在资源维度中，由于项目管理涉及的作业数量众多，逻辑关系错综复杂，需要的资源种类和数量也是多种多样的，如何有效地进行项目资源的协同管理与协调调度，是当前亟待解决的问题。联邦资源之间通过服务平台进行信息交流和协作交互并共同完成任务，通过协同机制实现资源的均衡分配与合理投入，使资源之间相互作用、合作和协调，实现各参与方目标一致性和功能互补性，最终协同完成大型复杂任务。

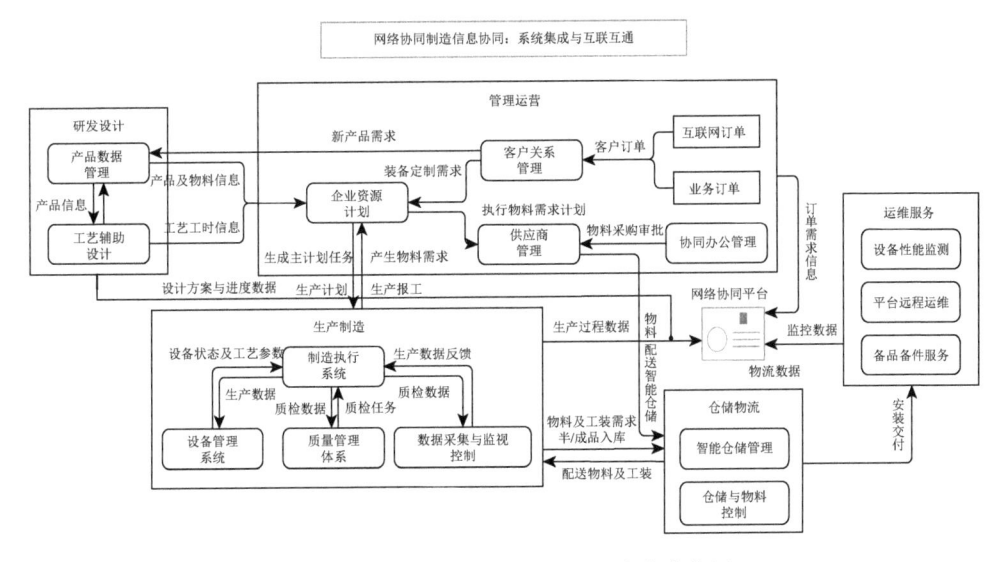

图 2-6 复杂重型装备网络协同平台信息协同

5. 目标协同

在目标维度方面，一般为多目标体系，其特点是层次性、耦合性。如项目目标可划分为：项目总体目标与子目标；用户目标、核心企业目标和联邦资源目标；质量目标、交货期目标和成本目标。但是，各目标之间相互作用、相互影响、相互耦合，在追求质量指标的同时，会影响到项目的交货期和成本指标；在追求交货期指标时，也会导致成本上升，品质下降。因此，只有通过多目标协同，才能取得整体最优的结果。目标协同的核心在于全局性、协同性和精益化，追求项目的总体最优。

可见，上述各层面的协同并非孤立存在，而是相互补充、相互制约、相互依存的。其中，网络协同制造平台是实现企业间合作的基础和技术途径，没有网络化协同制造平台，项目运作过程中就很难开展业务协作和流程优化。

2.2.4 复杂重型装备网络协同平台技术基础

复杂重型装备的研制将朝着数字化、网络化、智能化的方向发展，复杂重型装备制造业也将全面向服务型制造业转型。建立复杂重型装备异地跨组织网络协同服务平台是实现用户订单下达时动态快速响应协作性能的基础，该平台是需求和资源之间的桥梁，支持研制过程中的协同工作、数据发放接收、问题协调，可以提供应用服务管理、制造资源管理和访问控制等功能，平台应用层包括产品全生命周期动态管理模块，如发布服务、服务应用程序、任务分解、资源管理、招标管理、合同管理、项目管理、售后服务和在线交流模块，且所有参研单位和成品供应商在建立设计、制造、试验、材料等数据库时需形成统一的组织架构和标准规范，以实现在全网的资源共享。

平台的主要功能是为用户提供并发布服务需求信息，为闲置制造技术和资源提供资源集成平台，建立虚拟组织的项目管理与调度中心进行任务分配、计划和控制。如图 2-7 所示，用户必须通过平台与企业和其他制造资源进行交互，并对生产流程进行动态参与、实时监控和管理，平台通过以射频识别技术、嵌入式系统、无线传感网络等为核心的制造物联技术向用户展示重点项目的实施过程。项目总包方和用户可以轻松掌握、指挥和协调关键技术路线、项目质量和进度，并通过控制工程质量、进度、成本等因素实现远程监控和故障诊断服务。

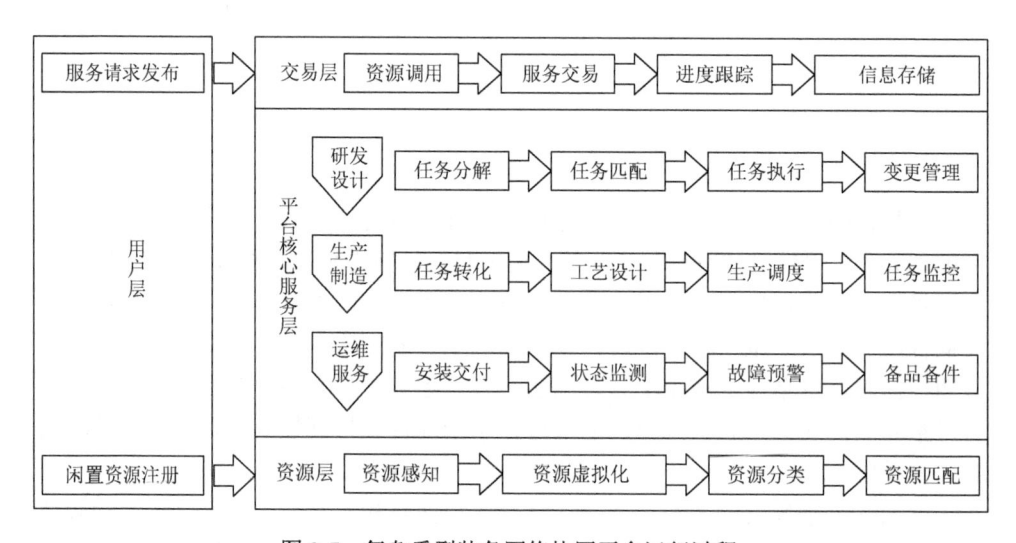

图 2-7 复杂重型装备网络协同平台运行过程

信息系统是开发复杂重型装备网络协同制造平台的基础，如图 2-8 所示，通过集成包括硬件设施、管理软件、工程软件、人力资源、信息资源、产品数据、知识中心在内的各种资源，开发包括基础能力系统、知识工程平台系统、数字化研发系统、智能制造系统、综合管控系统、智能运维系统在内的各种信息系统，实现企业基础信息化建设。通过对上述信息系统的一体化集成，平台能够以较低的运营成本实现需求发布、在线交流等基础功能应用，平台成员之间能够及时有效地沟通，敏捷处理用户个性化需求、各种突发事件以及动态的供应链协作关系。所有信息高度同步化、透明化、可视化，有利于用户和平台之间、各合作企业之间的信任和协调，实现整个供应链企业的共赢。

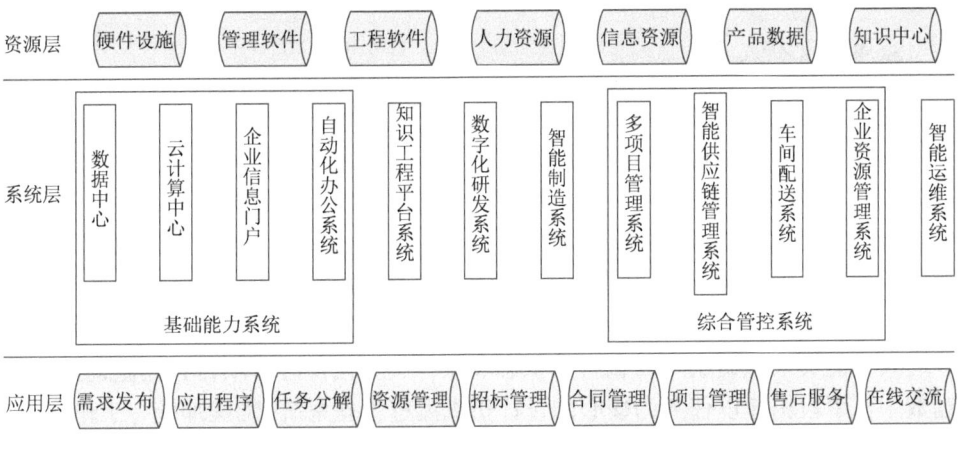

第 2 章　支持复杂重型装备个性化定制的网络协同平台制造模式　　· 41 ·

图 2-8　复杂重型装备网络协同平台技术支撑

1. 基础能力系统

基础能力系统包括数据中心、云计算中心、企业信息门户、自动化办公系统。复杂重型装备的设计、仿真、试验及企业的生产制造各环节中产生海量数据，由于缺乏统一的基础数据源，各应用系统相互独立且各接口集成技术不统一，因此数据信息孤立存储，数据集成缺乏规范化、标准化管理，需要构建复杂重型装备研制数据中心系统和云计算中心对数据存储、数据应用及数据管理进行总体规划，实现全生命周期数据管理，挖掘利用业务数据实现对决策支持系统的数据支撑。企业信息门户和自动化办公系统能够在技术层面实现统一用户管理、单点登录、多渠道接入、应用集成等多方面价值，在功能层面提供统一信息发布与内容管理、流程协同、多种协作沟通工具、报表中心等多方面的功能，在企业战略的有效贯彻执行、组织的统一管理、业务流程的核心管控、预算与绩效管理的展示、品牌宣传与企业文化建设、知识管理落地等多方面实现管理价值。

2. 知识工程平台系统

复杂重型装备领域知识繁多，更新变化快，导致知识积累困难、知识创新力度不够，企业在企业管理、产品研制、试验等领域积累与应用的知识和经验具有零散、非结构化、不系统、不规范、共享程度低、利用率低、流失严重的特点，企业在知识与各业务系统、工具软件、信息化系统的资源整合等方面存在问题和困难，严重制约装备研制周期和技术创新。因此，需要建立全面的、体系化的复杂重型装备知识工程，应用网络爬虫与大数据挖掘技术、语义分析技术、自适应学习技术等实现知识获取、知识更新与维护、知识主动推送、知识创新与共享，提高工作人员的业务水平与效率，进而提高产品研制质量并缩短研制周期。

3. 数字化研发系统

复杂重型装备具有性能要求严格、设计更改频繁、产品构型众多、零件材料及形状各异、内部结构复杂、空间十分紧凑、各类系统布置紧密以及零组件巨大等特点，其研制过程是一项多专业协同设计仿真的工作，极其复杂。复杂重型装备的研制过程执行和监控主要依赖大量协调会议和碰头会，项目决策相对于项目状态滞后，执行效率低，研制业务流程不够清晰和规范，也没有被整合到管理平台中，管理人员不能对业务活动的相关状态和工作进度实时监控。因此，为了使管理人员能够根据研制项目执行的状态和条件的变化及时对项目计划做调整，通过数字化手段构建以任务为核心的设计仿真流程管理系统、工程师统一工作平台、知识驱动的模块化设计软件、统一的研发数据中心，形成复杂重型装备数字化过程研发体系，全面监控研发过程中资源使用、任务进度、数据状态、基础技术应用，全面提高企业的研制管理效率、资源利用效率、专业设计效率，进而加强工作规范性和质量。

4. 智能制造系统

企业的生产方式逐步从大批量生产向多品种、小批量客户化生产的生产方式转变，订单不断调整，从而导致企业运营效率低下和发展速度过快之间的矛盾不断升级、生产组织越来越困难，企业随时要应对紧急插单、生产计划排程临时改变、工艺复杂等状况，此时要求企业对生产过程的管理和监控更加准时化、柔性化和实时化。物联网制造过程管控系统将物联网技术融合MES应用于企业的生产过程中，实现对作业计划和工厂、人员、设备等生产主体的实时跟踪，从根本上消除"信息断层"和"信息孤岛"，并实现对企业全方位的监控管理，达到快速响应市场和顾客的要求，从而从整体上提升企业的执行力，增强企业的影响力。

5. 综合管控系统

综合管控系统包括多项目管理系统、智能供应链管理系统、基于物联网的车间配送系统以及企业资源管理系统。多项目管理系统是基于企业内部打造的数字化项目管理协同平台将研发过程链中的每一个程序所产生的数据、文档在不同的步骤间无缝传递，使得系统研制不同阶段需要的工具、资源、人员、数据形成一个有效的整体，打通研制过程中管理与工程之间的各个环节，统一安排资源、人员和进度，跟踪任务进度和状态，准确评估设计人员的工作量，控制设计进度和质量，实现跨部门、跨专业的分布式、协同化设计过程。采用智能供应链管理系统，可以帮助企业在最短时间里寻找到最好的合作伙伴，有效协调控制供应链上各节点企业内外部协作过程中条块分割严重、利益驱动的短视化行为，将供应商、分销商、零售商等联系在一起进行宏观调控，以明确的绩效评估体系为整体利益最大化共同合作，实现多赢的结果。通过构建物联网环境下的机械产品装配过程物料监控体系，对生产过程中的多源异构资源及其状态数据进行实时感知与分析[13]。在此基础上，实现装备装配车间物料配送的透明性、准时性，能够基于车间的实时感知信息对物料配送方案进行实时修正，达到物料配送与生产运作的一体化，提高了车间物料配送的准时性与精确性，降低车间库存，保障生产计划的分解、排程和执行。企业资源管理系统的重点在于解决财务管理、销售管理、采购计划管理、库存和物流管理、生产计划与控制管理、品质管理、商务智能、全面预算管理、人力资源成本管理问题，进一步提高公司目前已有业务流程的执行效率和管理能力。

6. 智能运维系统

智能运维系统是基于故障预测与健康管理技术，对生产过程中产生的各项数据分析预测设备健康状态与部件剩余使用寿命，实现定期检修、预测性维护、故障报警和自适应处理，提前发现设备和生产的安全问题，消除安全隐患，降低运维成本，优化设备管理。

2.3 模型驱动的复杂重型装备设计/制造/运维一体化运营

互联网的发展为制造业提供了机会，使资源配置、研发方式、研发周期、产品性能优化、全生命周期管理和商业模式等产生了巨大的变革。在全球范围内进行产品设计、制造和服务的异地协作，开展数据传输、计算、共享等业务，以实现资源的有效配置，更好地满足客户对产品的个性化需求。复杂重型装备具有结构复杂、制造流程多，开发周期长的特点，在此基础上，通过网络、通信、传感、云计算、大数据分析等技术将复杂重型装备的设计、制造、运行维护等各个环节有机联系起来，开展以模型为基础的研发、设计、制造、运维服务一体化运作是未来装备制造发展的趋势。

中国制造业目前还处在以模型为导向的设计/制造/服务整合的初级阶段，主要体现在没有构建完整的基于网络的协作平台；目前，还没有一个能够实现高层次的设计和生产一体化的网络生产环境，生产流程的数字化水平不高；在服务和健康管理等涉及高附加值技术的领域进步不大；行业内目前还没有制定相关的规范制度、法规框架等[14]。支撑重型装备制造业协同的手段从单一的工具（如CAD）的应用，到MES、ERP、PLM等大型信息化系统的集成部署；从2D设计图样到3D设计模型，再到产品数据集。上述信息技术手段的利用能够提高新产品的开发速度和设计效率，对生产过程进行实时感知、数据采集、状态监控，推进各个环节的数据共享，从而实现生产过程的无缝衔接和企业之间的协同制造[11]。

模型驱动的复杂重型装备研发设计、生产制造、运维服务一体化运营机制可归结为，复杂重型装备各参研单位采用并行、协同的产品开发模式和基于网络的异地跨组织远程协作平台，建立产品的单一数据源，集成产品、工艺、工装和检验数据，不断实施数字应用系统和设计生产系统，保证异地合作的研发机构按照统一的流程和规范并行开展产品设计与制造活动。设计阶段以全三维建模为基础的设计制造技术，实现了面向装配与制造的模块化、联机并行的产品的数字化定义；在生产环节，利用分布式的实时网络环境，对生产过程中的产品进行管理和交换，从而达到数字化、自动化、智能化的生产；在运维阶段，通过对产品的生产、设计、制造等方面的缺陷进行实时监测和诊断，并对产品的设计、制造工艺进行反馈，使产品的设计和制造得到最优的改善。

2.3.1 复杂重型装备一体化运营实践与发展趋势

1. 复杂重型装备一体化运营现状

通常以挤压机为代表的重型装备产品包括机械结构设备、电气自动化系统和液压润滑设备，产品生产环节烦琐且开发周期长。在复杂重型装备行业跨组织分离的现象很常见，设计与工艺又是两个不同的部门，因此，在信息交流与沟通上，自然会遇到一些困难。另外，由于有些设计人员缺乏设计经验，缺乏基本的工艺知识，很难与工艺技术人员进行顺利沟通，因此设计任务的质量与进度产生差异，从而使设计工作难以进行有效的控制。传统的复杂重型装备研制流程包括需求分析、初步设计、总体设计、详细设计、仿真测试与改进、生产制造、安装交付等阶段，如图 2-9 所示。由于缺乏知识重用方法的支持，在重型机械传统设计与制造流程中，每个阶段以串行的工作顺序逐步执行，在产品的概念设计与方案论证之后，主要采用循环式的设计→仿真→齐套性检验→设计改进过程，通过产品方案试错法进行设计验证和改进，因此产品研制周期长、装备性能和表面质量不高，大大增加了设计和试验成本。

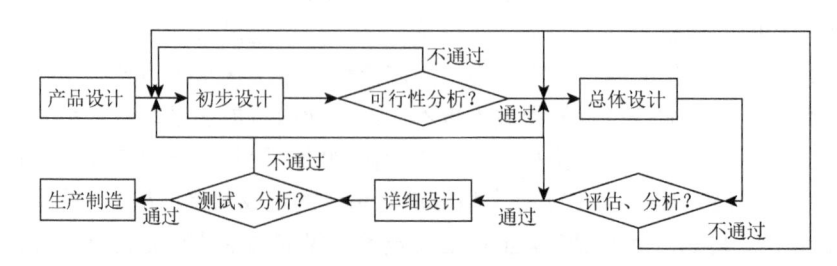

图 2-9 复杂重型装备的传统研制流程

近年来，中国重型装备行业相关企业在国家高端制造、智能制造的政策引导和支持下，从提高供应链网络化协同水平的角度在智能制造领域开展了大量工作，取得了一定进展，但是由于中国重型装备产业起步较晚，在技术和管理上成熟度不高，在推进智能制造的过程中仍然面临诸多挑战[15]。经过多年的努力，复杂重型装备行业相关企业在传统信息化建设领域已经取得了显著成果，基本完成了PLM、ERP和MES等系统建设，利用数字化建模和仿真工具进行工程设计，装备运行和维护过程初步实现了数字化和信息化。但是上述的信息化系统、工具、设备，并没有全面实现互联互通和数据源唯一，多数还是面向具体过程数字化、信息化构建的应用系统或工具。

2. 复杂重型装备一体化运营挑战

与发达国家相比，国内复杂重型装备设计制造服务及其一体化方面还存在较大的差距，具体表现在以下三个方面。

（1）尚未建立全网数据及资源共享的协同工作平台。在复杂重型装备产品研制中虽然建立了基于网络的异地跨组织协同工作平台，支持研制过程中的协同工作、数据发放接收、问题协调，但目前的协同平台只覆盖主机厂所，尚未扩展到所有参研单位和成品供应商。各研制单位分别建立自己的设计、制造、试验、材料等数据库，没有形成统一的组织架构和标准规范，无法在全网实现资源的共享。

（2）尚未形成设计和制造一体化的网络生产环境。全三维研制模式的形成导致制造数据信息量剧增，对制造部门的信息化水平和制造能力提出了更高的要求，下游的制造企业基于三维模型的制造技术体系尚未完全建立起来，目前正处于探索阶段。虽然已经具备了支持网络化透明化生产的数字化装备和网络基础设施并打通了技术路线，但实际应用还相对滞后，还没有形成设计与制造深度融合的同一网络制造环境。

（3）尚未形成数据从服务到设计、制造的闭环反馈。在复杂重型装备维护维修阶段虽然已经实现了装备安装交付技术状态和服务维修数据管理，但产品使用过程中监控记录的重点内容是产品的状态信息，健康管理手段还不够完善。由于网络的限制，产品使用过程中的监测数据还不能完整地反馈到设计和制造单位进行分析处理，难以实现对设计和制造的改进。

总体上看，当前重型装备制造业要全面向服务型制造业转型，应加快模型驱动的产品设计/制造/服务一体化技术研究，突破相关关键技术，将产品全生命周期的各环节有机联系起来，构建设计/制造/服务的一体化平台，全面优化产品数字化研制和服务流程，形成新的发展模式，促进服务型制造业的转型升级。

3. 模型驱动的设计/制造/服务一体化运营目标

模型驱动的设计/制造/服务一体化集成,是实现工业化和信息化高度融合的具体表现[16]。当前在世界各地开展产品设计、制造、服务的异地协作已成为可能,基于统一标准格式的数据传输、云计算、知识共享等服务,有利于资源的高效配置,满足了客户对大规模个性化定制的需求[14]。模型驱动的复杂产品设计、制造、运维一体化集成是未来高端装备制造业发展的趋势[16,17]。

传统的产品设计方式中,设计人员将设计模型、设计图纸和相关文件提交给制造部门后,整个设计流程就已经完成,面向制造的设计、面向装配的设计、面向维护的设计等都是在设计阶段进行的。基于模型的复杂产品设计与传统的设计方法具有很大的差异。图 2-10 所示为基于模型的复杂产品设计/制造/服务一体化运营过程,该流程从对用户需求进行分析到以功能/性能为导向的产品设计[18];同时,设计模型、文档等也要传递至制造环节,通过装配加工,最终生成产品的实际尺寸、装配参数和缺陷信息,并将其反馈给设计过程,使产品设计、制造、运维环节不断循环迭代,最终形成面向最终用户的产品实例,从而向用户交付具有唯一产品设计参数和模型的个性化定制产品。通过对模型的分析,可实现设计过程自动化,如仿真、代码的自动分析,以及设计文件的自动生成,从而使设计者从单调的重复工作中解脱出来,专注于设计图纸。

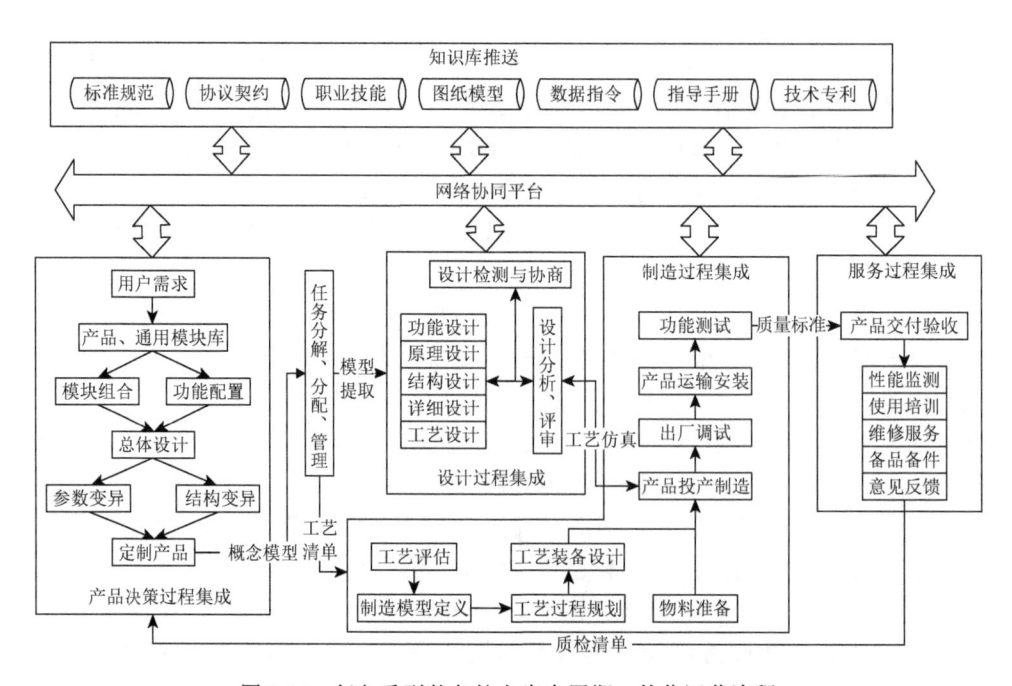

图 2-10 复杂重型装备的全生命周期一体化运营流程

从制造业的发展趋势上看，模型驱动的设计/制造/服务技术是未来的发展趋势，是实现数字化制造、智能制造的前提，在产品设计、工艺设计、工艺仿真、加工装配、性能检验等方面，都能极大地提升产品开发的数字化程度。

2.3.2 基于模型的系统工程概述

近年来，复杂产品的功能越来越复杂，在产品的异地跨组织设计中各个领域耦合关联，设计环节可重构。复杂产品设计面临的问题是：各系统之间的功能会发生不可预测的耦合、重叠甚至冲突，一些功能完善的子系统也会出现难以预料的行为。因此，在产品概念设计的过程中，对复杂产品进行系统的设计是非常必要的。从20世纪40年代开始，基于文档的系统工程为复杂产品的系统设计提供了强有力的支撑。但是，由于产品系统的复杂度日益提高，特别是在异地跨组织设计的情况下，基于文档的系统工程已经不能满足需求。

模型驱动的系统设计（model-driven systems design，MDSD），或称为基于模型的系统工程（model-based systems engineering，MBSE）正在为复杂产品的设计奠定基础。

从需求阶段，模型经过不断的演化和迭代，就可以完成产品的系统设计，其优点是：①模型的形式化定义能够清楚地描述设计初期的结构、功能和行为；②可以及早地进行仿真分析，找出许多不合理的设计方案；③为各参与方提供了一种通用的、无歧义的设计信息交换手段，特别是对于复杂产品在异地的系统设计十分重要[19]。因此，近年来，基于模型的复杂产品的系统建模和系统设计已经引起了国内外学者与产业界的广泛关注，且在建模语言和建模技术等领域有较大的发展。

相对基于文档的系统工程方法，模型驱动的系统工程的优势主要体现在以下四个方面。

（1）信息表达唯一性。模型具有直观、精确、唯一、结构化的特点，能够准确、统一地描述系统的各方面，并对系统的所有细节都有统一的认识。

（2）一体化设计。该系统模型能够为用户提供完整的、一致的、可跟踪的全生命周期一体化设计方案，从而减少产品各组成模块间的设计冲突，减少设计出错风险。

（3）知识积累和沉淀。成熟模式的知识表现为系统模型，便于获取、查询、理解和重用，并且重用程度也得到了极大的提升。

（4）早期全系统仿真。通过系统建模语言和辅助软件，可以对系统进行全系统、随时、全周期的仿真，及时地发现和修正系统中存在的问题。

当前，大多数基于模型的复杂产品系统建模的方法都是基于典型的V模型，如图 2-11 所示。很多学者拓展并延伸了该 V 模型，给出了一般系统建模的具体方法[20]。

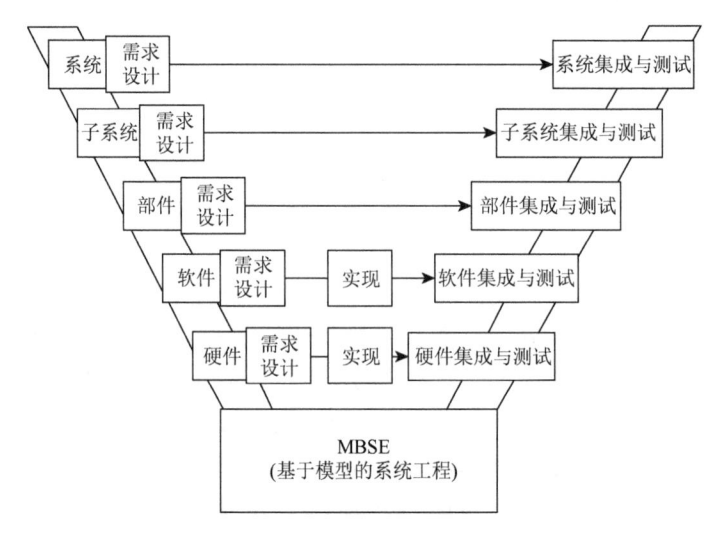

图 2-11　基于模型的系统工程

复杂产品的通用系统建模是将面向对象技术与传统的自上而下的系统建模相结合，以建立一个更灵活、更可扩充的体系，如图 2-12 所示。需求变更分析、因果分析等是实现需求变更、系统复用、设计演进的主要方法[21,22]。

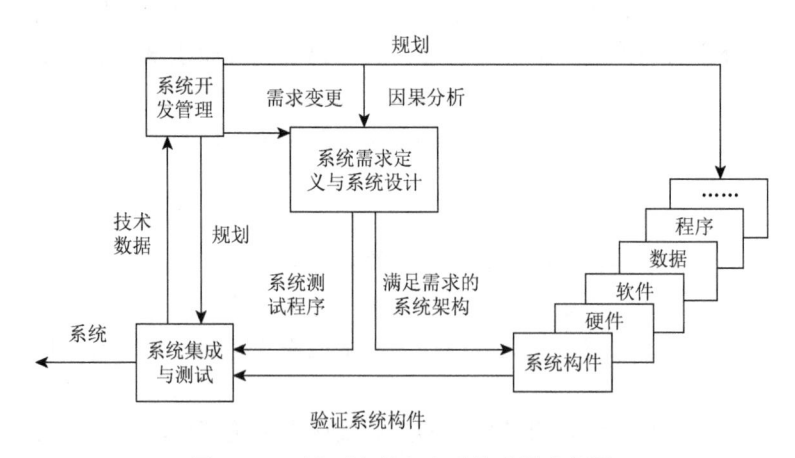

图 2-12　面向对象的复杂系统建模流程图

复杂产品的系统建模应主要包括以下六部分工作：用户需求分析、系统需求定义、系统逻辑架构定义、可用待选结构方案生成、待选方案评价与优化、系统验证与确认。用户需求分析的主要任务是通过因果分析的方法分析现有系统的功能、不足以及可能完善的地方，并通过任务模型建立一些高层的、体现用户需要的用例模型。

在复杂产品系统模型中，需要分析用户需求，定义系统需求，定义系统逻辑结构，生成备选结构方案，备选方案评价和优化，系统分析验证。用户需求分析的主要工作就是对已有的系统功能以及可能存在的不足进行分析并完善，然后利用任务模型，构建出符合用户需要的高层用例模型。系统需求定义的中心工作就是要满足用户在需求分析中所定义的任务模型，总体来说，系统是通过黑箱原理定义的[23]。逻辑结构定义的首要工作就是将系统分解为多个相互联系的逻辑组件，从而满足系统的要求。逻辑体系结构的目的是减少系统的需求变化对系统的设计造成的冲击，这是产品系统建模过程中一个非常重要的环节。备选结构方案的产生是将实际软件、硬件、数据和部件等实体组件之间的对应关系映射，使物理部件能够与系统需求相结合，从而对产品性能、可靠性、可用性、成本等因素进行参数化建模，以达到对产品性能的最优。最后的系统分析验证就是要验证系统的设计能否满足不同的用户需求，所以要对特定的验证计划、方法和程序进行研究，并设计相应的测试实例。

2.3.3 模型驱动的复杂重型装备一体化运营关键技术

1. 基于数字孪生的单一数据源管理

在智能制造系统中，数据是进行分析、判断、决策、系统优化的重要手段，数据的收集与共享是实现信息互联的重要手段。在智能化生产的各个环节，实现人员、物料、设备、零部件和整机之间的互联与信息共享；在此基础上，可以实时监测生产过程中的生产状态、进度，从而达到生产过程的透明化、生产过程的可控化。数字孪生技术是实现智能化制造的关键技术，它支持复杂产品设计、制造、运维服务的一体化集成开发，并解决了单一数据源的问题，提高了设计效率和重用率[24]。在数据传输的过程中能够做到无纸化，大大降低了设计和沟通成本，为企业的信息化建设奠定了坚实的基础。

通过建立数字孪生，开展从零部件到整机的生产、运行、维护等各个环节的一体化集成，全方位多层次地获取产品的多级数据和模型信息，从而达到对复杂重型装备设计、制造、运行和维护一体化运行过程中的早期预警、预测、学习和优化[25]。在产品的全生命周期过程中，将产品的多维数字化模型与实体信息数据结合起来，通过网络化协同平台，对各个生产要素进行综合分析，并对其进行动态控制，为客户提供柔性化、可重构的解决方案[26]。

2. 工艺知识的系统化建模与存储

利用典型的解决方案、经验数据、生产实例等知识，定义了一个内容全面、参数精确的模型，可以改变生产现场依靠经验的试错生产模式，从而提高生产效率、准确度和可靠性。要想把知识真正地应用到各种类型的信息模型中，就必须要把它们与现有的各种计算机辅助软件和数据库结合起来。在知识复用的过程中，将知识集成应用于制造过程的智能化，通过建立工艺过程、工艺参数、制造模型和工艺装备知识库，使企业的工程师知识和大量的生产实践知识通过数字化的方式进行数据采集与共享。

3. 基于CPS的互联互通

CPS技术可以应用于制造工艺模型表达、数字化加工、实时优化等方面，为建立自组织、自学习、自适应和自优化系统提供了支撑，包括生产加工工艺可视化分析、设备参数监测预警、生产排产优化、与MES对接的企业生产运营集成监控等[27]。通过CPS的智能化互联和应用验证工作的不断深入，可以实现不同车间、不同类型的设备的互联；对设备收集的资料进行分析，逐步建立设备监控的业务规范；建立设备网络和监测中心。

4. 基于工业大数据的优化分析

制造过程中的数据来源于产品设计、制造和维护的全过程，这些数据类型多样且规模庞大。复杂产品的生产过程中，所有的数据和信息都是以三维模型的形式呈现的，随着制造过程数字化程度越来越高，产品的非结构特性也逐渐增多，产品的需求分析、设计、制造、安装调试、维护等各个环节都会产生大量的文档、视频等，随着时间的推移以及产品型号的增加，这些数据的数量也会逐渐增加。同时，它还包括了大量的半结构性、非结构性的数据，如CAD设计图纸、相关网页、车间视频等，具有大数据的特点。

传统的精确建模和精细的计算方法难以对数据进行分析与处理，因此必须建立适合大数据的存储、分析和决策的方法。然后，针对多品种、多型号、多机型的全过程控制、基于扰动事件与多机型的实时灵活调度等方面，提炼和分析共性问题，实现多任务多型号产品的最优设计与快速柔性生产、基于大数据挖掘的产品开发过程优化决策，实现产品设计与制造流程的闭环，从而达到缩短开发周期、提高质量、节约成本的目的。

5. 基于工业互联网平台的一体化运营

工业互联网是数据流、硬件、软件、智能之间的交互。在工业互联网上，各种数据通过智能装置和网络储存起来,然后通过大数据分析工具进行分析和可视化处理,从而生成智能信息,决策者可以根据需要进行实时的决策。构建基于工业互联网的协同服务平台,支持大型复杂的项目管理、异构数据的共享、异构信息的可视化、异构信息系统的集成[14]。通过协同工作平台,支持跨组织协同开发模式和并行工程的组织实施,形成面向产品的开放式异地协同设计/制造/服务一体化体系,建立在线互动的健康管理体系、客户服务体系,实现产品全生命周期的网络化、智能化、柔性化生产。

6. 模型驱动的数字化设计/制造/服务技术

1)基于模型的定义(model based definition,MBD)技术

传统的复杂重型装备的设计管理方法存在着产品信息传递困难、产品数据管理烦琐、工程变更难以实施等问题,易导致设计数据传递中出现错误、效率低下、管理混乱、成本高昂等问题。三维设计模型能够完整、清晰地表达产品设计、制造、装配、管理等信息,并将设计、制造、检验、装配等信息整合到一个完整的三维模型中,实现了设计和制造信息的精确交换。基于模型的定义技术的三维设计模型作为承载产品研制过程的唯一数据依据,彻底打破了设计与制造和服务之间的壁垒,真正实现了产品全生命周期一体化运营。随着产品复杂程度的提高,产品定义技术朝着综合化、集成化的方向发展。基于模型的定义技术为实现产品生产过程的数据集成与过程集成提供了新的技术手段,对于简化产品数据管理、提高生产效率、降低生产成本具有重要意义。

2)基于模型的系统工程(MBSE)

从需求分析到产品实际交付、到使用与维护全过程,基于模型的系统工程是其核心。相对于基于文档的系统工程方法,基于模型的系统工程的优势主要体现在:具有直观、准确、唯一、结构化的特点,能够准确、统一地描述系统的各方面,能对系统的各部分进行统一的理解,为其提供完整的、一致的、可追踪的系统设计方案,将成熟的知识以系统模型的方式表达和储存,极大地提高知识的获取、查询、理解和重用的水平[28]。通过系统建模语言和辅助软件,可以对系统进行全系统、随时、全周期的仿真,及时地发现和修正设计中存在的问题。

3)基于模型的数字化企业(model based enterprise,MBE)

在近几年的信息化建设过程中,我国的制造业已经形成了一套先进的引进、吸收、快速转换的方法,并广泛地推广了系统工程建设和体系结构设计。实践表明,在组织管理、工程、制造等各方面的信息化建设中,所涉及的公共知识和方法主要集中在结构与流程、架构模型、流程模型的建立以及以模型为基础的企业的信息化建设[29]。模型驱动的数字化设计/制造/服务于系统生命周期各阶段,重点在于模型的生成、共享和传递,业务过程的结构化、显化和规范化,并在系

的整个生命周期中，以模型为基础的系统工程的延伸运用，是构建一个先进的制造环境的关键。

2.3.4 模型驱动的复杂重型装备一体化运营机制

基于模型的一体化运营，主要针对开发过程中的知识转换和重用程度不够，复杂系统功能和逻辑集综合设计仿真验证的不足，以及产品整个生命周期的数据接口尚未完全打通。由于该模型具有丰富的结构化数据，可以被各种类型的计算机所识别和参与，从而实现模型生成、仿真、制造指令等功能，因此在复杂产品研发和制造中，建模是非常必要的[30]。如图2-13所示，模型可以在产品的全生命周期中得到最大限度的应用，也可以帮助企业内外供应链的整合与协作，在数据空间中进行交互，降低实体空间的质量和时间代价，缩短交货时间，降低工程变更和产品瑕疵，改善产品首批交货的品质。

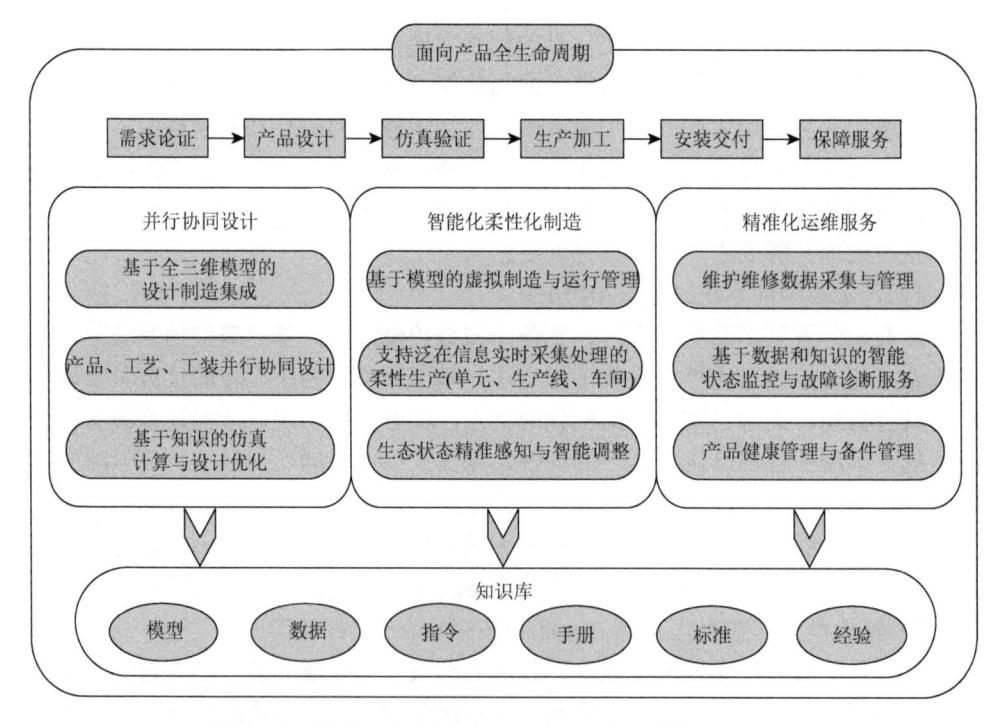

图 2-13 模型驱动的装备设计/制造/服务一体化运营内涵

1. 模型驱动的一体化设计

复杂重型装备的研发设计，包括概念设计、详细设计、仿真计算、工艺设计和工艺工装设计等各个环节的设计,在此基础上,由多个专业、多学科的设计人员,通过实时的网络设计平台开展新产品的开发,充分利用计算机资源与设计知识,以达到优化产品性能、缩短产品开发周期的目的。在数字设计中,以基于模型的定义技术为基础的全三维设计、多专业并行协同设计、面向制造的设计等先进的设计手段已广泛应用;采用模块化设计、关联设计的方法,对企业的业务流程进行了优化,加快了设计的迭代进程,使设计质量得到了显著的提升。

根据产品多品种、单件小批、高度定制的特征,以及现有的知识和数学模型,对顾客和市场的需求进行快速的分析与评估,产生初步的概念模型、设计方案和执行方案,经过反复的修正,最终确定出设计方案和执行方案;构建产品智能开发的集成模型,在网络化并行和协同设计验证的条件下,打通产品设计、工艺设计、检测、试验生产的全三维数字化链条,实现核心企业、科研院所、工厂等部门的并行协同研制,以及设计、制造、试验验证各关键环节的管控及数据分析决策。本节以产品设计与制造为主线,重点研究以知识为基础的快速制造、制造过程模拟/验证与优化,构建多技术集成的工艺智能设计平台,并在此基础上完成工艺规程的快速设计与制造过程的可制造性验证。

利用数字网络技术合作研发平台,多个企业和科研单位同时进行产品的设计与制造。在产品设计阶段,采用协作设计方法提高产品模型的适用性,由工艺人员和设计师共同努力,对产品的可生产性、零部件的可组装性进行综合评估,并提供改善的反馈,以及时改善产品的设计,避免不能生产或难以生产的情况,从而降低产品成本,提高产品质量,缩短产品开发周期。在产品设计阶段,针对已达成熟度的全三维模型,工艺人员以工艺性评价为基础,以零部件结构要素为主线,通过智能工艺技术分析与工艺信息定义相结合,全面提升结构件对工艺过程的适应性,提高设计效率和质量,减少设计返工。

2. 模型驱动的一体化制造

在复杂重型装备制造中,一方面,要构建网络化制造联盟,使制造资源共享,组织灵活,从而在新的业务流程驱动下,形成具有竞争优势的网络化制造企业,并借助精益的供应商网络来扩大制造能力;另一方面,为企业提供了一个安全的、可向下的、可重构、柔性化的架构,为分布式制造提供了一种数字化的、网络化的装备与制造系统。网络化生产可以使生产数据得到高效的管理,并为生产流程的跟踪与优化提供有力的支撑。在数字化制造领域,以基于模型的定义技术为基础,将制造模式从二维转换为三维,数字化工艺/模具设计与仿真、数字化制造/检测与数字化管理等技术已广泛地应用于协同研制平台。

模型驱动的一体化制造使生产效率得到了显著的提升,可以从知识库中提取出知识元,迅速形成相应的模型和参数,降低重复的编辑工作,从而更好地实现工艺参数的准确设计，通过准确的参数、成型装备和毛料来降低试错次数，缩短加工周期；产品质量改进主要表现在以经验知识、实时转化知识设计制造模型、工艺装备模型和装备控制参数，改善制造精度。

3. 模型驱动的一体化运维

复杂重型装备运维服务是指在使用、维护和维修过程中，基于与设计、制造相同的网络信息平台的过程监控、数据采集、健康管理和视情维护等。整个制造产业链的组成、产品的研发、销售和使用都在发生着巨大的变革，高效率/低成本、分布式/个性化的趋势正悄悄地改变着传统的大规模生产方式，对网络服务的安全性、数据采集方式的多样化提出了更高的要求，因此，必须要建立一个完整的产品故障和维护数据库，并建立一个支持多专业协作的远程诊断体系，以及专门的数据采集和分析方法。厂商可以利用网络协同平台获得大量产品在使用过程中的性能参数，并利用大数据进行分析，从而促进产品的性能和生命周期的健康管理。

通过健康管理，了解各产品的使用情况、安全隐患，对常见的技术问题进行统计、分析，并根据设计反馈对产品进行改进和优化，逐步建立起健康管理系统。人工根据经验进行故障诊断耗时长、执行复杂、容易出错、排错困难、审计能力低下等，无法满足实际的业务发展需要，且每次暂停服务时间的延长，都会造成一定的经济损失。通过自动化配置及发布，可以对装备进行自诊断、自维护和自恢复，从而减少维护人员的人数，减少装备维护费用，增强平台的竞争能力。

2.4 本章小结

复杂重型装备网络协同平台制造模式是以现代信息技术、云计算、物联网技术、智能制造技术为基础的，属于完全定制共享平台，是现有的云计算、敏捷制造、大规模定制、网络化制造等理念和技术的扩展，是《中国制造2025》提出的制造强国战略和"互联网+"的重要技术途径。面向异地、跨组织合作生产的网络化协同平台，以异地产品全生命周期的业务协同为目标，以项目管理为主线，构建并优化复杂重型装备全生命周期业务协同流程模型，支持复杂重型装备全生命周期信息集成和业务协同整体解决方案，为用户提供个性化、一站式服务。用户可以在平台的前台看到项目信息、产品信息、科技资讯、公司信息等，并将项目的需求信息发布到平台上。此外，复杂重型装备的产品开发涉及机械结构设计、电液与控制系统、机电一体化等学科领域，这些因素彼此影响构成强耦合，需要应用模型驱动的复杂重型装备设计/制造/服务技术实现一体化运营。

参 考 文 献

[1] 洪雪均. 大型仪器设备资源信息网络化共享平台的设计与实现[D]. 沈阳：沈阳工业大学，2014.
[2] 戴庆辉，张新敏，王卫平. 先进制造系统[M]. 北京：机械工业出版社，2006：434.
[3] YUSUF Y Y, SARHADI M, GUNASEKARAN A. Agile manufacturing: The drivers, concepts and attributes[J]. International Journal of Production Economics, 1999, 62 (1-2): 33-43.
[4] TSENG M M, JIAO J, MERCHANT M E. Design for mass customization[J]. CIRP Annals, 1996, 45 (1): 153-156.
[5] FERGUSON S M, OLEWNIK A T, CORMIER P. A review of mass customization across marketing, engineering and distribution domains toward development of a process framework[J]. Research in Engineering Design, 2014, 25 (1): 11-30.
[6] MONTREUIL B, FRAYRET J M, D'AMOURS S. A strategic framework for networked manufacturing[J]. Computers in Industry, 2000, 42 (2-3): 299-317.
[7] XU X. From cloud computing to cloud manufacturing[J]. Robotics and Computer-Integrated Manufacturing, 2012, 28 (1): 75-86.
[8] 张霖，罗永亮，范文慧，等. 云制造及相关先进制造模式分析[J]. 计算机集成制造系统，2011，17（3）：458-468.
[9] 江平宇，杨茂林，李卫东，等. 集体智慧研究综述及其社群化制造应用探索[J]. 中国机械工程，2020，31（15）：1852-1865.
[10] 战德臣，赵曦滨，王顺强，等. 面向制造及管理的集团企业云制造服务平台[J]. 计算机集成制造系统，2011，17（3）：487-494.
[11] 张海军，闫琼. 面向航空复杂产品的大数据制造[J]. 河南科技学院学报（自然科学版），2016，44（1）：68-73.
[12] 杨晓英. 云制造模式下大型装备成套服务运作协同与优化[D]. 镇江：江苏大学，2013.
[13] 陈宝通. 面向个性化定制的智能生产线预防性维护研究[D]. 广州：华南理工大学，2020.
[14] 陶永，王田苗，李秋实，等. 基于"互联网+"的制造业全生命周期设计、制造、服务一体化[J]. 科技导报，2016，34（4）：45-49.
[15] 王磊，卢秉恒. 中国工作母机产业发展研究[J]. 中国工程科学，2020，22（2）：29-37.
[16] WANG X, LIAO W, GUO Y, et al. A Design-Task-Oriented model assignment method in Model-Based system engineering[J]. Mathematical Problems in Engineering, 2020. DOI: 10.1155/2020/8595790.
[17] 刘玉生，蒋玉芹，高曙明. 模型驱动的复杂产品系统设计建模综述[J]. 中国机械工程，2010，21（6）：741-749.
[18] ZHANG J Y, ZHANG X N, GUO D K, et al. Application of model-based system engineering method in civil aircraft communication system design[J]. Journal of Physics: Conference Series, 2021, 1827 (1): 012201.
[19] 王崑声，袁建华，陈红涛，等. 国外基于模型的系统工程方法研究与实践[J]. 中国航天，2012（11）：52-57.
[20] 赖朝安. 产品开发复杂系统建模及其动力学机制研究[J]. 复杂系统与复杂性科学，2009，6（1）：86-93.
[21] IRIS G, DOMINIK W, JENS P. Role model of model-based systems engineering application[J]. IOP Conference Series: Materials Science and Engineering, 2021, 1097 (1).
[22] DESCHNER C. Enhanced model-based engineering for centrally managed configuration management in product lifecycle management[J]. SHS Web of Conferences, 2020: 77.
[23] 韩丹，王宗彦，白连科. 业务流程模型驱动的产品设计研发系统[J]. 中国制造业信息化，2007（21）：35-39，42.
[24] 李浩，陶飞，王昊琪，等. 基于数字孪生的复杂产品设计制造一体化开发框架与关键技术[J]. 计算机集成制

造系统, 2019, 25 (6): 1320-1336.
[25] 庄存波. 复杂产品装配过程管理与控制技术研究[D]. 北京: 北京理工大学, 2018.
[26] 胡秀琨, 张连新. 数字孪生车间在复杂产品装配过程中的应用探索[J]. 航空制造技术, 2021, 64 (3): 87-96.
[27] 高星海. CPS 与航空工业智能制造实践[J]. 信息技术与标准化, 2016 (11): 22-25.
[28] 郭宇, 臧睿, 周璐莎, 等. 基于模型的系统工程在航空发动机控制设计中的应用[J]. 科技导报, 2019, 37 (7): 96-101.
[29] 王岭. 商用航空发动机智能制造研究与探索[J]. 航空发动机, 2019, 45 (3): 91-98.
[30] 高星海. 从基于模型的定义（MBD）到基于模型的企业（MBE）—模型驱动的架构: 面向智能制造的新起点[J]. 智能制造, 2017 (5): 25-28.

第 3 章 复杂重型装备网络协同平台的演化运行机制

复杂重型装备网络协同平台将广泛的供应商网络与工业客户的按需制造需求连接起来，帮助工业客户简化了采购流程，并为他们提供了能够按时交付高质量零部件的合格供应商，同时增强了客户与供应商之间、集成制造商与供应商之间的协同效率和协同效果。此外，由于重型装备行业的特殊性，大多数供应商是中小企业，他们通常依赖少数关键客户，拓展业务和利用闲置产能的机会有限。平台有严格的程序对入驻在平台上的企业开展资质审核，能够保证企业信息、产品信息和项目交易的质量与可靠性，因此平台可以为这些愿意加入的供应商提供机会，让他们在常规客户之外发展业务。虽然平台确实为供应商和客户提供了价值，但很难说服客户使用平台来满足他们的制造需求。此前曾有过在制造业中创建平台的尝试，但由于缺乏足够数量的客户订单，供应商不得不从几家制造商那里争夺订单，因此平台上只有少数供应商参与，其他供应商不愿意注册。当前，关于平台如何提高其业务的可持续性的研究有限。平台在一个新兴市场的长期可持续性，以及平台是否能吸引足够数量的客户参与，并鼓励集成制造商和供应商入驻取决于其定价策略。平台必须做出的一个关键决定是为交付给终端客户的零部件制定合理的定价策略，为终端客户提供装备制造服务的集成制造商和供应商制定有吸引力的补贴策略。否则，平台会因为不符合客户对所需质量和交货期的价格预期而失去某些订单。

3.1 平台生命周期演化阶段

以服务平台为基础，抢占服务行业规则制定权，获取市场力量这一新的竞争焦点必将进一步压缩中国制造业服务业发展的历史进程[1]。这种背景下，仅仅依托原有产品进行服务化转型或者服务提升策略将难以持续获取源于服务业的利润，获取未来竞争优势与持续发展能力的重点是基于平台供给、定位服务生态系统，致力于成为产业规则的制定商，抢占可以改变产业结构、获取市场势力的有利位置和行业话语权。

平台上的各个生产厂商不是相互竞争的关系，而是通过协作来达到双赢。平台是否能够吸引到大量优秀的服务供应商入驻，这些服务供应商是否能够实现有效的合作，取决于平台的收益是否比其他项目的利润更高。由于项目定价已经在招标阶段敲定,因此项目总包商和生产资源的协同博弈能否获利、能否协同,主要取决于运营成本的平衡和项目协同效应的大幅提升。同时又要保证项目的安全、质量、成本和进度,使运营成本合理化,提高协同的效率,达到用户、项目总包方和合作伙伴都满意的效果,才是平台可持续发展的基础。

在平台发展的过程中,要想在竞争中立足,必须建立自己的核心业务优势,并以此为基础,发展衍生业务。所以,需要通过网络效应,将平台的双边用户聚集起来,形成一个网络协作平台,实现产品、时间和空间的阶段性突破,使整个平台生态体系进入一个成熟的阶段。在不同的发展阶段,平台不同的发展目标导致了不同的平台演化路径。为衡量平台生态系统在生命周期不同阶段的变化情况及其演变的规律,本书提出了影响平台演化的参数系统,并对其动态演进机理进行了探讨。如图3-1所示,分四个战略阶段分析平台不同发展阶段的运营策略。

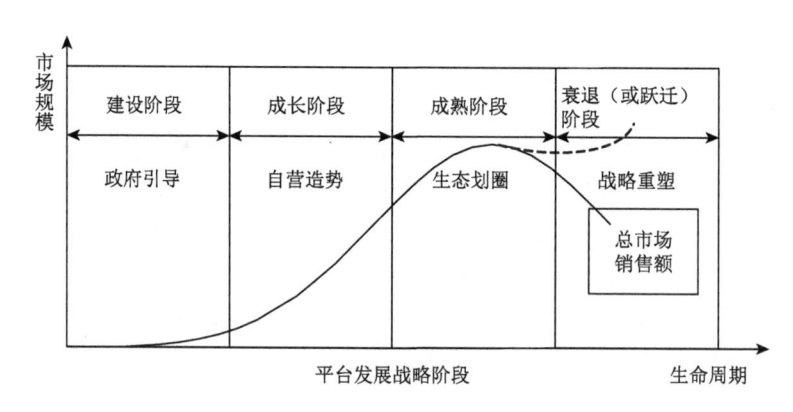

图3-1 复杂重型装备网络协同平台发展周期

3.1.1 建设阶段

21世纪,企业间的竞争已演变成了以企业为主体的产业生态体系和企业集群间的竞争,而与基于企业个体的竞争和价值创造的策略相比,基于企业集群或产业生态系统共同创造价值、共同成长的战略逻辑,更有可能获得可持续的竞争优势和发展前景[2]。平台企业拥有技术门槛、资源门槛,建设初期需要大量的前期投入。政府引导平台建设的同时,还应鼓励社会其他力量参与,以政、产、学、研协同的形式支持核心企业进行平台建设。政府引导的平台建设模式是能够利用政府和企业各自的优势,方便、快速地引导相关企业筹集项目建设资金,共同建设支持网络化制造的应用平台,优化重组包括国有资产在内的资源,协调成员之间在合作中产生的矛盾，提升平台的资源整合能力和共享性。该阶段的主要目标是政府、企业协同共建一个并行柔性化、可协作的开放式平台，实现平台基本功能的应用。

平台的功能是将社会资源集中起来，形成一个临时的、动态的联盟，以达到企业之间的合作，以及各种社会资源的共享和整合。这个平台是一个由功能产品向服务产品到价值网络的综合体系结构，支持多种业务、个性化定制的需要，与世界上最尖端的技术、工业资源相结合，在保证产品质量的前提下，大大缩短新产品的开发周期。

平台的主要功能是实现对整个产品服务流程的统一管理，打破区域的限制，实现制造资源服务的无缝、稳定和高质量的协调发展。所以，企业作为项目总包方，不仅要实现自身利益最大化，还要考虑合作者的利益，以使联盟整体的利益最大化。对于能保证项目按时、保质保量、效益最大化地完成的参与方要予以奖励，对存在违规行为如质量不合格、进度不能保证、不听从统一指挥甚至擅自变更或终止执行、相互之间结盟对抗等的合作伙伴，要予以惩处。

随着平台的不断扩大，越来越多的物流、广告、信息服务、营销服务等行业的服务主体逐渐被纳入这个生态体系中。为实现成员间的协作，维护生态系统本身的服务水准，平台生态系统需要加强其自身的鲁棒性，即当一个成员企业出现错误时，生态系统可以迅速地恢复其功能或运行的常态。平台型生态系统要加强这种特征，就必须建立起各种制度机制，以保证各成员间的关系与信息交流。

3.1.2 成长阶段

在平台自营阶段，平台的建设风险由平台自身承担，其投资回报周期较长，流程较为烦琐。在竞争和巩固自身地位的初期，如果平台没有积累到一定规模，那么可以在满足基本用户需求的情况下进行收费，甚至可以通过收取较低的费用逐渐增加用户规模。平台必须为自己的利益和其他参与者的利益在盈利方式上达成一致。同时，平台运营商可以通过平台服务需求方的数量来实现自身的规模效益，前提是平台运营商的价格不太高。在快速成长时期，其发展策略的关键在于：完善平台的功能、提升用户体验、拓展用户数量、保持收支平衡，实现持续、快速、稳定的发展。

如果这个阶段平台运作良好，那么它的成长性和竞争性就会更强，平台所提供的产品和服务会越来越多，平台的市场份额会扩大，平台上用户和服务提供商的规模也会大量增加，平台的经营规模和业务范围也会迅速扩大。此时，平台的组织生态已趋于标准化，各项规章制度逐步完善，开始实行标准化运作，具备了较强的创新能力和核心竞争力，平台开始受到客户、社会的关注，市场口碑迅速形成。否则，平台将萎缩退化。

在成长阶段，平台企业生态体系的目的是发展衍生业务，同时保持其核心业务平台的运作。保持核心业务运营的首要任务就是提高系统的流量，为平台上的企业创造无形资产增值、潜在产品或服务市场中的稀缺资源。随着平台服务的多元化发展，用户在不同的平台间进行迁移的成本越来越低，所以，平台生态系统必须把重点放在提高用户的黏性上，可以通过用户人数的增长速率来衡量系统的黏性。为了发展衍生业务，生态系统必须从价值终端发掘潜在的需求，并进行快速反应，这取决于系统成员能够在协作状态下迅速地进行创新，为终端用户设计并提供新的衍生服务，也就是说平台要具有可塑性。企业参与平台生态系统，旨在通过与其他企业合作，有效地提高企业的订单数量和企业的产品创新能力。因此，在平台从建设到成长的跨越式演进阶段，随着衍生服务的不断完善，系统成员的数目不断增多，核心企业作为领导者，必须进一步完善各种认证机制和规则体系，以提高系统的协作能力。系统协作度的提高，意味着随着时间的推移，系统的成员可以更好地集成和调用系统的资源，此时平台上的用户会更加依赖这个生态系统。

3.1.3 成熟阶段

当平台上的自营用户达到一定数量时，就能将产业链上下游的应用企业链接起来，形成自己的生态圈，在业界占有一定的地位。此时平台可以满足用户的基本需求，具有服务开放性和资源共享性，通过信息技术为用户提供服务，包括信息查询、技术创新、质量检测、法规标准、管理诊断和咨询、创业辅导、人员培训、设备共享等服务。服务平台充分发挥企业孵化器的网络作用，为企业提供设计、研发、生产场地、网络信息等共享资源，提供系统的产品使用培训和技术支持，为企业提供持续优化的服务环境和条件，以减少项目的风险和成本。在成熟阶段，平台的主要战略目标就是要尽可能地延长市场的繁荣期，不断地获取稳定的收益，并努力让平台进入一个新的增长周期，所以需要招募更多的优秀的供应商，将线上线下各种资源整合到一起。

随着平台上入驻的优秀成员企业越来越多，服务平台中规模经济和专业化经济等效应逐渐显现，因此依托于平台的企业更有竞争力，相应的业务和资源也会扩张。随着越来越多的公司聚集在平台上，平台将会是一个信息和知识的共享池，将会降低知识的外溢和吸收成本，提升整个联盟的创新能力和生产力，提升服务资源和企业的对外吸引力，加快企业的集聚速度并有效提升企业之间的协同效率。平台服务与"新产品"或者"新技术"相结合，改善了企业现有的服务资源协同、交互方式，从而达到降低成本、提高效率的帕累托改善。

3.1.4 衰退阶段

平台的衰落，有其自身的因素，也有外在的因素。平台的经济萧条并不一定就是平台的消亡，也可能意味着平台发展正处于一个低潮期。此时平台如果不想束手就擒等待衰亡，就要实现服务转型，必须采取缩减策略，即控制成本，剔除亏损业务，计划培育新的业务增长点。在经济衰退期，平台的战略目标就是寻求组织架构重组和价值链重塑，从而实现平台的再生。

企业对外部环境的适应性将直接影响和决定平台的生存与发展。如果企业能够积极地顺应环境，那么平台将会得到快速发展，否则，会导致平台供求失衡，逐步被环境所淘汰。通常，法律、经济、技术发展、产业变革等因素的变化会对平台的需求产生直接影响，另外，平台自身运营能力的落后也会严重制约整个平台的整体发展，因此平台需要设立专门的监督机构，对平台的协同效应进行风险监控，对平台的运行效率、企业的集聚数量、服务能力的升级等进行综合评价，并在必要的情况下建立预警机制。在实施的过程中，可以通过高校、科研院所等建立专门的评价机构，通过项目、基金等方式对平台的绩效进行定期评估。

3.2 平台盈利模式的演进与治理

随着工业化和信息化的发展，传统的生产和服务的结合越来越紧密。复杂重型装备网络协同制造平台的出现，为中小企业之间协作开发新产品提供了沟通渠道，将极大地提高企业新产品的研发速度和水平。网络协同平台作为一个商业化运营平台，盈利能力是平台实现持续、健康发展的推动力，本节对网络协同平台所能提供的业务以及实现盈利的具体方式与治理规则进行了分析。

3.2.1 盈利模式的构成要素

需求方可以利用平台服务网关，获得平台提供的相关新产品及创新服务。平台运营商通过整合能力和资源提供者，为中小企业和设计师等个人用户提供基于网络的能力和资源服务，并提供信用评价、质量管控、物流和结算管理支持。平台通过研发产品和提供服务获得收益，要寻找一种符合自己发展规律的创新盈利方式并铸就核心竞争力，就要基于独特的核心技术，进行个性化的定制服务，创造独一无二的增值业务。平台构建核心竞争力的盈利模式由三大要素构成，即利润源、利润点和利润杠杆，三者缺一不可。

利润源与平台产品或服务的购买者和使用者有直接的联系。其服务对象的主体是具有创新意识但规模小，自我创新能力弱，信息化水平不高，创新投资成本高等特点的企业。

好的利润点要瞄准目标顾客的需要，为构成利润源的顾客创造价值。平台立足于广大中小企业的创新需要，提供具有针对性的服务。其盈利模式主要有：新产品研发、新技术开发、技术服务及推广盈利、产品检测盈利、使用培训咨询盈利、电子商务盈利、知识产权保护盈利。

平台的利润杠杆包括基本增值服务和特色增值服务。基本增值服务指基于协同服务平台的一般增值活动，如信息检索、市场信息、政策法规等；特色增值服务指技术创新、产品开发、故障诊断、科技成果转化等增值服务。平台一般服务项目基本不收费，以提高目标客户群的参与积极性，提高用户基数。特色增值服务项目根据为顾客量身定做的特色服务项目的多少，分档次收费。

为了保证平台稳定、持续的商业运营，首要任务是对目标用户进行小规模的示范和推广。平台建设初期应提供免费期，免费服务和试用服务可以积累用户群体，建立成功案例，提高平台知名度，为后续的推广应用打下坚实的基础。在平台成长阶段收取供应商的会员费和交易服务费。当前主流的收费模式有使用率、限定次数服务获取权限、固定费用、百分比、阶段收费机制或完全免费。在平台成熟阶段，应采取月/季/年多阶段收费模式，以扩大集成制造商和服务供应商的数量。此外，需求方、制造商和供应商之间的比例应保持在合理的范围内，以平衡供需关系。

3.2.2 盈利模式阶段演化分析

企业如何正确地选择合适的盈利模式，既取决于对客户需求的精准判断，也取决于顾客的信赖。知识密集型服务企业的价值来源于知识的创造和使用，这就决定了企业的盈利将以知识创新为核心，并分成三大类。

1. 能力服务的盈利模式

在对客户市场的需求进行细分后，以信息分析和整理后的有用信息为基础，运用专业人员的技术知识和以往的经验，将具有不同程度的知识产品直接提供给顾客。在价值链中，价值来源于企业的内部，创新的方式是知识创新、组织创新和技术创新，顾客可以直接获得知识以及知识的支持，如平台通过直接向用户提供查询检索、数据处理等服务进行商业运营。在能力服务方面，平台起到中介作用，为终端用户选择最优的服务提供商和能力服务方案，并从成功开展业务的供应商那里获得佣金利润。平台扩展两种盈利方式：每笔业务提成和大客户分段提成。

2. 资源服务的盈利模式

这一盈利模式的重点在于为顾客提供技术支持与解决方案，而不是直接的产品。价值链的核心在于知识的传输，而创造价值的过程，不仅要靠公司的专业知识积累，还要与顾客进行更深入的、更细致的沟通，来分析顾客对所获得的知识的使用方式、使用目的，并与顾客现有的知识储备相结合。企业利用自身的知识创新能力为使用者提供知识解决方案，是知识服务创新的一个重要方面，如装备设计方基于平台为客户提供研发服务、工业设计服务、技术支持服务等。顾客获得的知识是价值较高的知识，也就是帮助顾客在自己的市场中建立起核心竞争优势，帮助顾客建立起一个完善的内部创新系统，提高企业知识服务的效率。

3. 整合创新要素的盈利模式

针对不同类型的设备使用问题，服务供应商基于现有知识和经验，利用各种技术和工具，协助顾客进行知识创新。这种盈利模式不再拘泥于单纯地针对客户问题提供解决方案，而是发展到完善客户的知识创新体系。例如，除了要在售后服务中为顾客遇到的设备维护与使用、故障处理等问题提供相关服务，还要帮助客户拓展企业的数字化运营水平。价值链的设计包括提供前端咨询服务、执行终端客户决策，并增加客户使用过程的追踪服务，及时提供设备的运行状况评价，以及运用先进的知识传输技术，如数据库信息分享等，提升客户的知识内化程度，将技术咨询顾问、人员培训、故障智能诊断等作为盈利形式。

3.2.3 盈利模式的治理策略

平台的补贴政策一般都是在平台建立的早期阶段，还没有形成用户规模，当平台发展到一定程度时，就必须要重新构建自己的盈利模式，重新构建自己的价值体系，提升用户黏性，从而获得更多的利益，维护平台生态系统的持续发展。

1. 创新收费模式，增加收益来源

盈利来源和付费方式决定了平台公司的盈利方式与方法，随着平台的收入增加，平台的运营费用也会增加，这就需要拓宽平台的盈利渠道，创新收费模式，提供更多的增值服务，激发更多的潜在客户，为公司创造新的利润源，获得竞争优势，从而对平台的业绩产生积极的影响。

2. 价值网络重构

通过与合作伙伴建立战略同盟关系，实现平台企业的价值网络重组。平台型企业要在双边网络效应的广度和深度、双边消费者差异化的基础上进行商业模式的设计，并通过成为扩展价值主体、开放部分而非核心业务、挖掘新价值获得边界等途径来实现价值的传递和增值。

3. 激发正向网络效应

平台通过提供免费服务或通过补贴和价格战略，降低了双边市场中一边用户群体的参与成本，增加了另一边用户群体的潜在收益，从而吸引双边用户到平台交易。因此，平台可以通过对某一方收费对另一方补贴来刺激其正向网络效应，从而提高其经济效益。

4. 维持平台双边群体规模

平台可以通过建立准入机制，提升用户的转化成本，筛选产生负面网络效应的群体来维持平台双边群体的规模。

1）设立准入机制，过滤负向网络效应用户

网络外部性所带来的用户规模的单纯成长，无法等同于正向网络效应的激励，关键是用户群体的质量。具有负向网络效应的用户群体，不但无法给平台和其他用户带来任何价值，而且还会影响他们所创造的价值，所以平台有必要设定准入门槛，以维持自身的信誉标准。例如，对企业资质进行审核，对服务供应商的项目进度和完成效果进行监督，对订单支付情况进行监督等，筛选不符合平台治理规则的用户。

2）提高用户的平台转换成本

在平台发展到成熟期时，平台企业要留住高质量的客户，避免他们脱离平台，或转而使用竞争平台的产品或服务。在平台上开发特色服务，培养客户长期使用习惯，签订有法律依据的合同，积累大量优质社会资源，可以有效降低优质用户的流失，增强用户的依赖性。

3.3 平台演化系统动力学模型构建

3.3.1 平台演化的关键因素识别

平台生态系统的演变是一个复杂的动态过程，涉及众多参与者（总包方、零部件服务供应商和终端用户）及各种因素，牵一发而动全身。因此，要深入理解影响平台生态系统复杂动态变化的各项因素，以及因素之间的因果关系，就必须认识平台生态系统的演化结构和性质，揭示平台生态系统演化过程中可能出现的各种问题及其内在原因，从而提前设计更为有效的决策。

平台生态系统演化过程受到各种内外因素的影响，平台生命周期演化过程可分为建设阶段、成长阶段、成熟阶段、衰退阶段等四个阶段。本节从平台生态系统演化的建设阶段、成长阶段和成熟阶段来分析识别推动平台演化的关键要素。

1. 建设阶段

平台在建成之后，首先要做的就是扩充用户基数。所以，平台首先要利用价格机制和补贴机制来培育双边平台的一边用户，然后通过间接网络效应的影响来吸引另一边用户，随后更多新用户带来的口碑就可以吸引更多的潜在客户，从而达到直接网络效应的效果。一旦有了一定的客户群，平台的价值就会大大增加，因为更多的客户会对总包方、零部件服务供应商产生更大的吸引力，其他边群体通过平台获取订单或提供互补服务的意愿更强烈。在平台建设初期，对双边用户群体（总包方、零部件服务供应商和终端用户）同时补贴，可以激发直接和间接网络效应同时发挥作用。此时，平台的用户来源包括：①平台经营者以及入驻在平台上的总包方或集成制造商自身项目带来的合作方；②平台用户跨边网络效应和市场口碑吸引到的其他边用户群体。

2. 成长阶段

在平台的用户基数达到临界点时，网络效应被激发，用户数量激增，平台生态体系也取得了初步的成功。平台运营商不需要太多的投资，就能通过现有的用户基数快速的传播，从而吸引更多的用户，达到自身的持续发展。扩大用户基础，激活网络效应，是企业在成长过程中取得成功的重要因素。当用户达到一定规模时，平台在满足用户基本需求的前提下，可以对其进行收费，其中包括对用户收取的会员费、对总包方和服务供应商收取的门槛费、对每个基于平台匹配并协同管控的项目订单收取佣金。

3. 成熟阶段

随着平台的发展，大量的潜在用户向实际用户转化，市场已经达到了饱和状态，爆发式的增长也趋于平稳，平台也进入了成熟阶段，此时网络效应难以继续发挥作用。随着用户基数的不断扩大，同边的用户群体和不同边的用户群体的关系越来越复杂，平台执行协同工作的难度也越来越大。特别是随着互补服务供应商的增多，市场竞争加剧，产生各种不确定性问题的概率也更高，对用户的使用体验产生了很大的影响。如果平台不能维持和提高自身的品质，就会在与其他平台的竞争中失去原有的用户，从而导致平台的衰败。因此，在成熟阶段，平台发展的关键在于平台治理策略与交易机制的设立，平台发展的核心任务从建立初期的扩大用户规模向维护和提升平台服务质量转变。

建立平台生态系统演化的因果关系图，必须先对影响平台发展的关键因素进行提炼，以上分析总结了平台生态系统演化中的三大要素：网络效应、平台质量、平台竞争。

3.3.2 因果关系分析与系统流图构建

在分析总结了网络协同平台用户规模扩张的主要影响因素和规律之后，运用Vensim软件模拟复杂重型装备行业中制造企业对网络协同制造模式的采纳行为，建立了基于系统动力学方法的网络协同制造模式平台演化模型。最后，综合考虑集成制造商佣金率、零部件服务供应商会费率等因素的影响，分别改变上述参数的大小画出平台用户规模变化曲线和平台利润变化曲线，找出显著影响平台用户规模和平台利润的因素及其最优值，有助于提前为平台设计更为有效的运营政策，避免平台发展出现瓶颈。

基于以上分析，本节利用 Vensim 软件建立了复杂重型装备网络协同平台演化系统动力学模型，如图 3-2 所示。

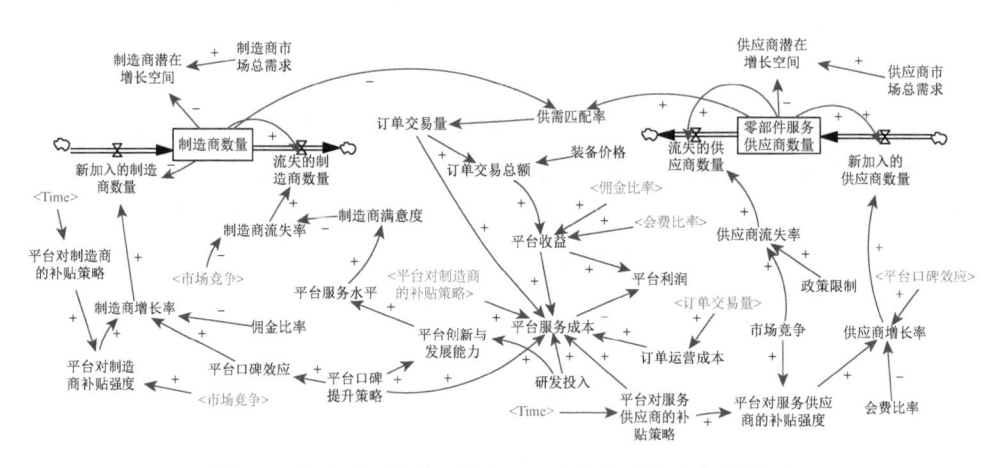

图 3-2　复杂重型装备网络协同平台演化系统动力学模型

3.3.3 仿真案例结果分析

根据系统动力学模型，本节采用 Vensim 软件模拟网络协同平台在四年内的演变过程。以每月当作一期，假定平台成立之初就有 10 家集成制造商因为项目合作

第3章 复杂重型装备网络协同平台的演化运行机制

的关系进驻,保持其他所有参数不变,分别观测佣金率、会费率变化对网络协同平台发展的影响。平台的收益受到了平台佣金比率、平台会费比率、平台制造服务价格、平台服务成本以及平台用户数量的影响,平台集成制造商数量会受到平台佣金比率的影响,平台零部件服务供应商数量会受到平台会费比率的影响。平台的收益由两部分组成:向平台集成制造商收取的订单佣金以及平台零部件服务供应商支付的会员费用。平台利润、平台集成制造商数量变化以及平台零部件服务供应商数量变化如图3-3所示。

(a) 会费比率为15%时,平台集成制造商数量随佣金比率的变化

(b) 会费比率为15%时,平台利润随佣金比率的变化

(c) 佣金比率为20%时,平台零部件服务供应商数量随会费比率的变化

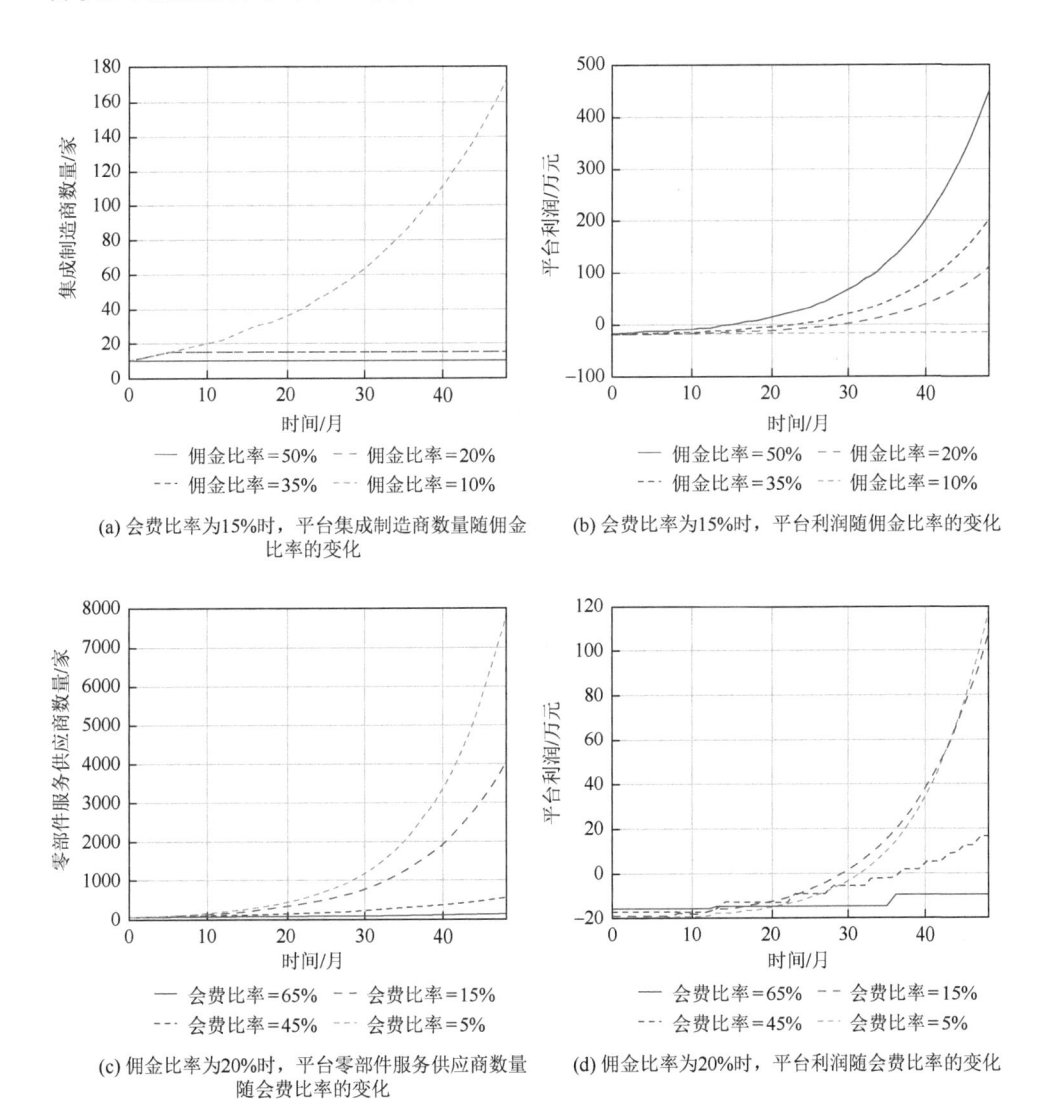

(d) 佣金比率为20%时,平台利润随会费比率的变化

图3-3 平台演化仿真效果

如图 3-3（a）和图 3-3（b）所示，随着佣金比率的增大，平台集成制造商数量的增长幅度不断减小，但平台利润的增长幅度不断增大。在佣金比率为 10%时，平台集成制造商数量随平台成立时间的推移迅速扩张且规模一直处于增长状态，由于平台的提成比例不高，不足以弥补平台投入的研发费用和运营成本，所以一直处于亏损状态；当佣金比率为 20%时，平台集成制造商数量在平台成立的半年内迅速扩张，然后趋于稳定，此时平台利润不断增加但需要在成立两年之后才能扭亏为盈；当佣金比率为 35%时，平台集成制造商数量同样在平台成立的半年内迅速扩张之后就稳定下来，且平台集成制造商数量与佣金比率为 20%时保持相同的增长比例，但此时平台利润几乎是佣金比率为 20%时的两倍；在佣金比率为 50%的情况下，平台集成制造商数量从平台创立之初就一直没有变化，自始至终都是第一批进驻平台上的那几家。从仿真结果可以看出，平台的佣金比率需要控制在一个特定的区间（20%~35%），当佣金比率过低时平台将一直处于亏损状态，这显然不可取，但佣金比率也不能设置得太高，否则平台的服务水平再高也不会有集成制造商愿意进驻平台。

如图 3-3（c）和图 3-3（d）所示，随着会费比率的增大，平台零部件服务供应商数量的增长幅度不断减小，但平台利润的增长幅度是先增大随后减小。不论所设定的会费比率如何，平台零部件服务供应商的数量都是迅速扩张且一直处于增长状态，但在会费比率为 45%时，平台在三年之后才开始实现极少的盈利，甚至当会费比率为 65%时，平台一直在亏损。仿真结果表明，在会费比率适当提高的情况下，即使平台零部件服务供应商数量的规模会受到影响，平台利润也会提高，但是当会费比率达到一定程度时，平台的盈利反而下降了，原因在于，平台零部件服务供应商数量减少所造成的利润降低效应，超出了会费比率增加所产生的收益增加的效果，因此平台合理的会费比率在 5%~15%。

3.4 本章小结

基于互联网的网络协同平台可以为远程客户提供快速、便捷的服务。平台主要研究项目包括产品创新开发任务与技术资源建模、基于网络的数字产品创新与开发、平台架构与运行机制等关键技术，能够为中小企业新产品快速开发提供信息服务的资源和能力。本章详细论述了平台的生命周期阶段演化过程及盈利机制，分析了平台推广模式、能力服务、资源服务等辅助盈利条件，最后通过构建系统动力学模型探索显著影响平台用户规模和平台收益的因素及平台最优盈利方案。仿真结果表明，必须把佣金比率控制在一个特定的区间（20%~35%），如果佣金比率太低，平台就会持续亏损；如果佣金比率太高，就不会有集成制造商愿意进驻平台；随着会费比率的增大，平台零部件服务供应商数量的增长幅度不断减小，但平台利润的增长幅度是先增大随后减小，合理的会费比率在 5%~15%。这些结果有助于提前为平台设计更为有效的运营政策，避免平台发展出现瓶颈，旨在使平台实现健康可持续发展。

参 考 文 献

[1] 吴义爽，徐梦周. 制造企业"服务平台"战略、跨层面协同与产业间互动发展[J]. 中国工业经济，2011（11）：48-58.

[2] 刘铁铮. 共享经济视角下海尔 HOPE 开放式创新平台创新模式的研究[D]. 济南：山东大学，2019.

第 4 章　基于创新生态系统的复杂重型装备产业联盟协同创新机制

产业联盟是以某一产品产业链为依托，或为其提供产品或产品服务，由政府引导、监督、促进，通过一定的合同或约束关系，形成一个较为密切的战略伙伴关系，这些联盟成员的发展目标相近且优势互补，在产品的共性技术的基础上，寻找新的产品标准、产品的定位和产品的协同，从而增强了企业的核心竞争能力[1]。联盟的成员一般都是业内的公司，或者是各个行业的不同部门，这样的合作既能降低风险，又能促进资源的有效分配，达到双赢的效果，扩大产业的发展空间，增强产业的竞争优势，实现超常规发展。

4.1　基于网络协同平台的复杂重型装备产业联盟构建

4.1.1　基于平台的产业联盟构建背景

现代重型装备行业的发展需要新技术和高质量，这给我国重型装备制造企业带来了新的挑战。

（1）客户需求动态变化且不可预测。用户对重型设备的个性化要求，除了功能指标和性能指标，还体现在安全性、可操作性、环境要求、寿命指标、成本指标等方面。在此基础上，要根据权重趋势的分析，来解决不兼容的问题，并且指标值也会随时间发生变化。

（2）大量的产品研发子系统和数据接口。为满足用户对装备的全面开发需求，产品研发系统包括机械、电子、液压控制和信息系统等多个子系统，并涉及许多基础配套的零部件。各子系统之间以界面相连，相应的子系统也有许多的界面，往往包含了硬件、软件、软硬件之间的界面，这些界面的数目要比子系统的数目多得多。

（3）缺乏跨学科的专业技术人员。现代重型装备的发展离不开多学科的支持，各专业领域的专业技术人员的参与是必不可少的。装备的研制效率既取决于工作的分工与组织的科学化，也与各专业人员的交流效率与合作水平有关。在实际应用中，很多专家往往会利用自己所掌握的知识来解决全局问题，从而使装备开发系统丧失了完整性和有序性。

（4）缺乏产品研发支撑平台。由于重型装备开发过程中存在着大量复杂的子系统和接口，没有一个人（专家）能够完全控制整个开发进程，因此需要一个平台来支持，平台支撑技术主要包括设计系统、辅助分析、仿真试验系统等。

（5）产品研制过程难以控制。要使重型装备研发进程在时间和空间上保持有序，就必须按照既定的标准严格执行开发项目，但由于研制过程中的组织、人力、可靠性、质量、周期等多种因素互相影响且不断变化，因此协调重型装备研制过程并保证有序性十分困难。

针对现代重型装备研制提出的新挑战，现代重型装备研制也由以产品为中心向以业务过程为中心的模式转变；并且，并行工程（concurrent engineering，CE）、系统集成（system integration，SI）、分布式制造（distributed manufacturing，DM）等先进制造理念正逐步应用到重型装备研制过程中，为缩短研制周期、降低生产成本、提高产品质量发挥了重要作用。这些生产方式逐渐改变原有重装制造业一所一厂的独立研制模式，慢慢转为跨组织联合合作的协同创新模式，可以整合各企业的优质资源，达到创新效益最大化。

近几年，我国的政策重点是推动重型装备产业的转型和先进制造、高端装备制造业的发展，多个政策的实施将加速淘汰落后产能，鼓励企业做大做强，优势企业将优先获取政策支持。我国经历了几十年的发展，目前已是世界重型装备制造大国，但还不是制造强国，原因在于自身创新能力较弱、产业结构不合理，与国际大型重型装备制造企业相比，企业规模较小，产品质量和技术水平较低。近年来，《中国制造 2025》《机械工业"十三五"发展纲要》《机械工业"十三五"质量管理规划纲要》《关于加大重大技术装备融资支持力度的若干意见》等一系列政策文件出台，都是为了加快发展和推动传统产业的技术进步与产业升级。除了上述政策导向，今后还将针对过剩产能，制定提高准入门槛、淘汰中小微企业落后产能等相关政策。总体而言，国家政策的实施有利于提高整个产业的发展水平，但在产业转型升级的同时，也会增加许多落后的企业面临的竞争和淘汰的风险，从而改变产业的竞争格局。

复杂重型装备产业联盟协同创新平台本质上是一种制度上的共享结构，旨在通过构建企业联盟间的创新机制来激励企业的创新意愿。加速建立平台，有利于提升企业创新能力，推动企业参与到行业联盟的研究中。通过建立产业联盟的创新平台，可以为企业创造一个良好的创新环境，促进企业间的联合创新。通过分析我国重型装备研发的需求及产业联盟的构建特征可以发现，加入产业联盟是企业技术储备的核心，是增强自主创新能力的重要来源。为此，平台需要积极推动产业联盟的创新。但是，企业、政府、高校、科研院所等各类创新主体是多样的，个人企业在创新能力、创新积极性等因素的制约下，难以承担起高端装备关键共性技术开发的重任，依托市场推进共性技术创新受到限制。因此，产业联盟创新是一项复杂的系统工程，需要对其进行系统性的建设。

4.1.2 协同学理论

协同学是一个针对系统间协作和自组织机制的研究。协同学理论是由复杂系统理论发展而来的，已广泛地应用于自然科学和社会科学领域。协同学的主要内容是：一个开放的、与外界的物质、能量、信息进行交互的系统，通过协同、合作和同步，使整个体系的结构有序地进化[2]。协同学理论包含了耗散结构理论、自组织理论和混沌理论，它们可以客观地描述各个系统由无序发展到有序，从而使整体超越个别行为总和的影响[3]。

协同学理论揭示了从无序到有序的系统和现象的一般规律。协同学三大原理指出，一个从无序到有序的开放系统，其关键不在于平衡或非平衡，也不在于它是否偏离了均衡状态，而在于各个子系统间的协同效应。这说明，在特定的环境中，任何一个开放的系统都能显示出一个宏观有序的组织架构。在此基础上，本章应用协同学理论，对企业联盟与集群环境之间的互动机理进行了分析。

4.1.3 协同创新的内涵

作为知识经济和网络经济时代的一种先进制造方式，协同制造强调了企业之间的合作与资源的全面共享，从而达到减少生产成本、提高生产效率的目的；合作创新是指技术供给与需求两方在合同基础上，根据各自的优势，将资源投入到技术创新中，按照协议进行风险分担和利益分配[4]；与以往的封闭、独立创新模式不同，开放式创新模式认为创新能够打破企业的界限，将知识、人才、信息、设施等资源整合起来，以弥补创新资源的不足，降低创新的不确定性，提高创新的速度，并使企业竞争力持续发展。与协同制造、开放式创新、合作创新相比，协同创新是一种更为复杂的创新组织形式，其关键在于形成以企业、高校、科研院所为主体，以政府、中介组织、金融机构为支撑的多主体协同联动的新型创新模式，以知识增值为核心、以实现重大科技创新为目标，实现知识创造主体与技术创新主体间的资源整合和深度合作[5]。

根据创新活动的内容，协同创新可以分为宏观、中观和微观三个层次：从国家层面上进行的合作创新是宏观层面的，对整个国家和整个社会的创新计划、政策和制度进行统筹；产业及区域协同创新是中观层面的创新活动，它的研究对象是行业和地区内各合作主体的创新行为；微观层次是指在企业内部成立研究所、高校和科研院所的工作人员参与到企业中来进行合作。

4.1.4 产业联盟概念界定

产业联盟的特征：一是产学研相结合，联盟中除了制造商，还包括科研院所和高校；二是整零结合，包括整机制造商和零部件服务供应商。随着生产规模的增大和交易的不断扩大，企业所进行的规模生产活动的专业化程度日益提高。此时，企业倾向于将外部交易内部化以减少交易费用，企业之间则可以采用合同管理来增加违约方的交易费用。因此，以合同为主导的行业联盟就产生了。产业联盟看似是一种伙伴关系，但实际上并没有抛弃公司基于市场交易的基本原理。然而，企业间的不可控因素使得企业在某种程度上采取了合作。如果仅仅依靠契约来管理，还会存在机会主义。在这种联盟中，存在着一种独特的运作机制，即竞争与协作。通过产业联盟，可以把企业整个价值链的增值活动都纳入到联盟中，从而减少了交易费用。

在对产业联盟的界定上，存在着两种不同的解读：一种是有效的竞争和合作的方式，另一种是在市场中企业间的关系[6]。

企业通过产业联盟的方式，可以更灵活地进行合作和独立运营，在机遇到来时，快速形成行业联盟，达成目的后，联盟也会随之解体。产业联盟可以将各个企业的资源优势结合起来，降低研发风险，加快研发速度。通过结盟，可以避免不良竞争带来的不良后果。产业联盟的成立，最初是为了避免竞争，或者减少竞争的激烈程度，以实现竞争和协作的平衡。然而，随着全球经济一体化的发展，行业间的竞争日趋激烈。企业通过结盟的方式来实现资源的补充，从而形成了一种新的行业组织，其竞争力比联盟内部的任何一个组成成员都要强。随着行业间的融合程度越来越高，企业面临的压力不仅来自行业之外的竞争者，在行业内的竞争也越来越激烈。产业联盟的存在改变了市场竞争方式，使企业从承受过去的恶意竞争到争取现在的双赢，从注重过去的短期利益到追求现在的长远竞争优势。

4.2 复杂重型装备产业联盟协同创新模式

4.2.1 基于平台的产业联盟特征

1. 产业关联性高、具备规模优势

产业联盟一般是指根据产品和服务的需要而形成的产业链，在产业链的各个环节中，各主体之间通过资源配置来进行竞争与合作，从而形成了一个巨大的产业联盟,其关联程度也很高,主要体现为工艺的衔接、技术的同源、商业活动的交叉。有些企业不仅是产业链中某个环节的供应商,还参与了产业联盟的技术规范的制订。制造企业、高校、科研院所作为平台的创新主体,具有悠久的合作历史、深厚的合作基础和广泛的合作领域。

2. 政府介入深

一方面,重型装备协同创新平台不仅是装备制造业相关创新主体与政府合作的载体,更是国家提升装备制造业创新能力、促进向高端装备制造业转型升级的重要支撑;另一方面,要建立重型装备产业协同创新平台,就必须建立健全政策支持体系,推进体制改革,创造一个有利于创新的生态环境。

3. 资源集聚与优势互补

联盟内的企业能够优先获取共享的资源、信息、知识、资本等,通过优势互补、专业化分工,实现创新,极大地降低了创新的不确定性,降低了创新的风险。联盟内部的企业也可以通过建立长期的合作伙伴关系来减少组织成本,增加创新的频率,从而保持联盟的持久创新优势。

4. 组织结构动态性

产业联盟是指在企业内部,针对企业内部资源的动态需求,通过对企业间的资源进行快速重组,使企业能够更好地适应市场的变化,因此联盟的组织架构与合作方式也会随市场需求发生改变。

5. 高端装备研制技术与创新成果转化

协同创新平台所承担的研究任务,往往是一些制约重型装备工业发展的瓶颈、共性技术、关键技术,需要大量的投入、不断的跟进,并承担巨大的风险。企业、高校、科研院所、政府等在凝聚重大需求、确定研发任务、整合创新资源、决策技术路线、转化科技成果等方面具有协同一致性,大大降低了技术转移的时间成本和开发难度,提高了创新成果转化率。

6. 基于契约关系开展联盟合作

对产业联盟的各个成员企业来说,重点是在某一行业的所有活动,包括讨论产品的共性技术,制定新的产品标准,建立新的产业联盟,这些联盟企业的需求和业务都是以产品为中心的,每一个成员都有自己明确的发展计划。创新是一个高投入、高风险、高不确定性的过程,单一的企业因资源的制约而无法达到创新的目的。联盟内部的企业协同创新必须以各个创新主体相互信任为前提,各个创新主体则要依赖于长期的合同或契约来保持协作。所以，创新主体之间应当建立合理的契约来达到企业协同创新的目标。

4.2.2 产业联盟协同创新要素

1. 主体要素

产业联盟的协同创新主体主要有企业、高校、科研院所、政府、中介机构等。企业与科研院所是协同创新活动的内在驱动力，政府与市场是协同创新活动的外在推动力。企业在创新活动中扮演着重要角色，一方面是为产学研合作提供经费，为创新活动提供资源，另一方面则是承担着科技成果的转化与产业化的任务。高校是人才的摇篮，科研院所不仅提供了大量的知识、技术，还提供了大量的研究成果和咨询、培训等服务。中介机构、金融机构、管理咨询机构等服务机构为协同创新活动提供技术、人才、管理和资金支持。政府作为创新活动的主导和调控主体，发挥着桥梁和纽带的作用。

2. 目标要素

协同创新目标是指创新主体在技术合作中所产生的成果，包括技术发明成果、技术开发成果和商业成果三类，具体是将技术论文、著作、技术发明成果通过实践考核、技术鉴定，转化为技术开发成果，然后投入生产，转化成具有良好市场前景的商业成果。

3. 资源要素

产业联盟要实现协同创新，就需要在知识、技术、信息、人才、资金等方面进行资源的投资和分享。企业的竞争优势与其所拥有的资源条件紧密相连，技术进步、知识集成和创新、创新人才的增多是协同创新最主要的表现。

4. 环境要素

环境要素对于提高企业创新能力具有重要影响与意义。支撑产业联盟协同创新的环境有基础设施建设、协同创新环境、政策法律支持、市场供求关系等。

5. 机制要素

联盟内部的协同创新机制是企业间合作创新活动的主要推动力，包括创新活动动力机制、创新活动运行机制和创新活动演化机制。其中，协同创新的氛围、法律与政策体系、创新主体之间的合作意愿、资源的流动、知识与技术的共享等方面都是促进企业之间协同创新的重要因素。

4.2.3 产业联盟协同创新模式分析

由于突破关键技术与核心技术需要大量资金投入、人员配备，且投资风险高、不确定因素多，独立企业凭借自身内部资源和知识储备能力往往难以实现突破性创新，这就迫使企业必须有效利用外部资源，建立联盟伙伴关系来获取创新所需的信息、知识、资金等资源。以"创新生态系统"为导向的产业联盟协同创新模式更强调系统开放性原则，它是以技术创新为耦合纽带，通常包含一个或多个创新主体之间的相互合作、资源共享[7]。企业通过联盟与其他合作伙伴间协同互补为用户提供技术支持、平台维护、知识指导、产品推广等增值服务，依附联盟发展创新生态系统更是企业知识积累和技术创新的必经之路。

产业联盟是指政府、企业、高校、科研院所、用户、中介机构在各方面的利益和企业发展需要的基础上，以提高产业整体的技术创新能力为目的，以具有法律约束力的合同为保证，通过深入整合知识、技术、资本、信息、政策等创新要素，实现协同开发、资源共享、风险共担、成果共享目标的创新合作组织[8,9]。核心企业搭建并整合网络协同服务平台，政府作为公共权力的代表提供资金支持、政策引导工作，具有协调各主体、调动多种科技资源的天然优势，能够为平台的持续投入提供保障，核心企业通过与合作伙伴进行多种形式的合作，多方共同参与优势互补形成产业联盟。

图 4-1 描述了复杂重型装备产业联盟协同创新模式。产业联盟的协同创新模式是指建立以复杂重型装备研制业务过程为纽带，以市场和产业需求为导向的高端装备网络协同研发平台，将分布在多地的企业、供应商、高校、科研院所、中介机构和用户乃至竞争者连成一体，建立跨地域的设计、生产和销售的网络联盟，寻求更大范围的资源配置，以更短的时间、更低的成本、更优的质量、更好的服务和更绿色环保的产品来满足用户需求，从而形成并行的、协同的产品数字化协同开发方式。产业联盟以产品研发项目为主导，通过合作组建开发团队、共同投资、共担风险、共享人才和成果的方式，实现产业共性标准和核心技术成果的转化与推广，达到降低研发成本和风险、培养综合型创新人才、积累知识产权的目的。这种多领域合作、共同研发的商业模式，打破了高校、企业、政府之间的合作壁垒，具有合作对象灵活、合作形式多样、成果转化途径个性化的特点，能够提供给每一个合作者所需要的研发成果，以满足他们未来技术的开发，实现各方利益最大化。此外，用户参与对于改进服务效率和用户体验至关重要，用户驱动的产业联盟开放式创新创造出一个更为积极的环境，能够对用户需求做出反应。

第4章 基于创新生态系统的复杂重型装备产业联盟协同创新机制

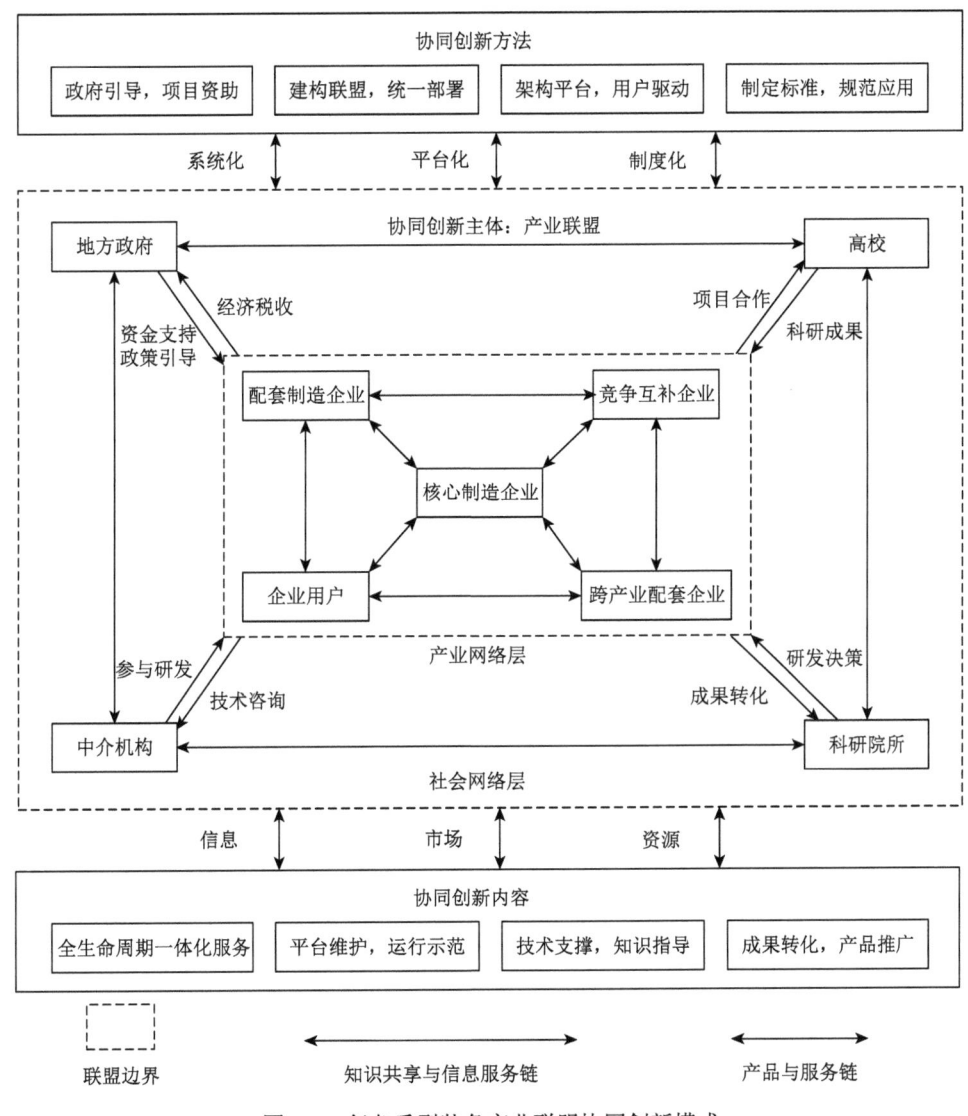

图 4-1 复杂重型装备产业联盟协同创新模式

产业联盟协同创新的实质是通过对传统的产品开发方式进行数字化改造，将装备研发技术、信息、资源等整合到一个协作环境中，从而使传统的重型装备研发流程发生根本性的改变。这主要包括两个方面：一是分布于不同空间位置的多家重型装备研制单位之间能够进行信息资源的共享和业务过程的协同；二是企业内部的组织架构也由传统的金字塔形多层次结构向网络式的扁平结构转变，以功能为核心的产品串行开发方式也向以流程为核心的并行协同开发模式转变，企业、研发团队和研发人员之间有多种形式的协作。

4.3 复杂重型装备产业联盟生态系统治理机制

对于异地协同制造,通过分析产业联盟内部合作伙伴的行为,由产业联盟的组建—运作—利益保障入手,讨论产业联盟开展协同创新活动的动力机制、伙伴选择机制和利益保障机制的问题。

4.3.1 动力机制

产业联盟的动力机制是指促进企业、高校和科研院所相互联合的一系列因素,内部和外部动力两方面的力量共同作用推动产业联盟协同创新,如图 4-2 所示。

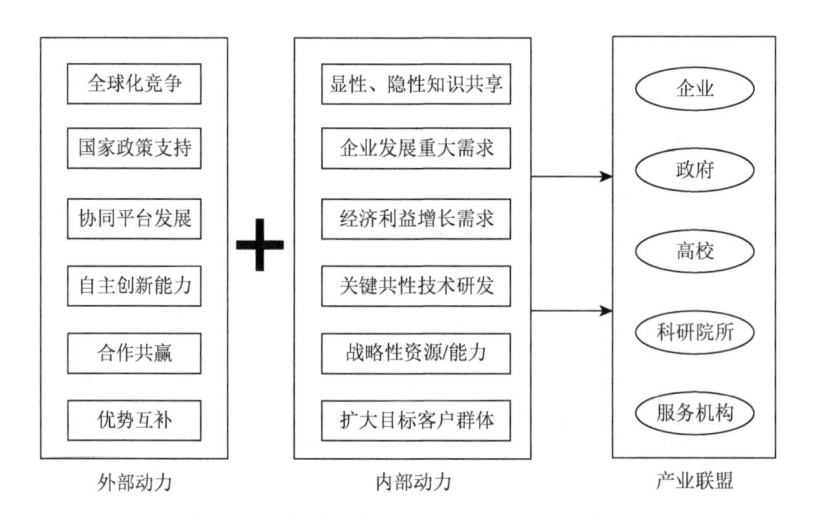

图 4-2 复杂重型装备产业联盟协同动力机制

产业联盟的外部驱动力是指由技术、市场、政策等方面的变革所产生的推动作用。随着现代科学技术的发展,社会的分工日益完善,企业、高校、科研院所之间必须加强合作,分工协作,发挥协同效应,才能满足当前经济发展的需要。随着全球经济一体化的发展,市场竞争的日益加剧,消费者的需求也在不断的改变。当企业通过信息察觉到某种商品的显性或隐性的需求时,一方面,企业会迅速寻找新的利润点,当自身单独开发风险较大或者不能独立承担研发任务时,就会向产业联盟寻求合作。企业要想在竞争中存活,可以参与产业联盟协同生产新产品,加强与高校、科研院所的协作,不断地进行技术创新,从市场中获得新的份额,增强核心竞争力。市场需求的强烈刺激和竞争的加剧,已经成为企业寻找产业联盟合作的最大推动力。产业联盟对整个国家的创新体系都有很大的影响，因此政府会制定相关的政策，以鼓励企业间的技术合作，如设立专项基金等。同时，人才市场对人才的需要与激励，也使得高校在产学研合作的基础上，积极培育高素质的复合型人才。

追求并实现自身利益均是促成产业联盟各类参与主体参与创新活动的主要内在驱动力。产业联盟对企业的利益驱动效应主要表现为：承担研发风险，缩短研发周期，抢占市场机会，获取更多的利润。企业利用高校、科研院所的人才进行技术合作，实现技术成果的商品化，从而实现经济效益的最大化；在合作创新的过程中，企业可以建立起良好的信誉，从而吸引更多的优秀人才，不断提高员工的技术水平，促进公司的持续发展。高校通过开展创新活动，拓宽科研视野，实现科研成果的社会价值，提高学校的教学质量，提高大学生的就业率，同时获得社会地位、名誉及奖励等社会效益；科研院所通过自主创新获得项目，得到人才和技术的支持，促进科技成果的转化率及高水平研究成果的输出率。

企业通过产业联盟进行协同创新，实现了纵向协作，在相关联的企业之间规定统一的技术和质量标准，并分享了闲置的人力、技术、装备资源；同时，还可以通过横向合作的方式，与行业内生产同类产品的企业进行市场细分，实现区域资源的共享，从而提升整个产业的综合竞争力和专业化程度，推动整个产业的发展。企业内部协同主要是为了减少组织成本、生产成本和学习成本，外部协同是为了通过资源共享减少交易的不确定性，降低企业之间的交易成本。

在产业联盟中，资源分享是一种动态的过程分析机制，帮助成员企业在项目关键进度节点获取相应的资源，清晰地了解整个项目的运作状况，以及各成员之间的相互关系。与产业联盟的项目协作模式相比，传统协作模式缺乏对项目流程的监督，使得项目总包方和项目成员对项目实施状况不了解，许多潜在的风险无法及时处理，造成许多不必要的重复劳动；另外，缺乏系统全面的资源共享机制，很可能造成对不明确资源信息的误解，各成员之间也无法对问题达成一致意见，各成员之间异地协作不及时，无法及时沟通项目中所发现的差错，造成大量重复的资源浪费。产业联盟内部和外部环境的不断变化，使得其始终处在一个动态的调整与发展之中，从而保证了企业协同创新维持在较高的运行水平。

4.3.2 伙伴选择机制

企业、高校、科研院所在选择进行协同创新时，首先要解决的问题就是如何选择合适的合作伙伴。各创新主体根据不同发展需求以及自身优势，以利益最大化为目标选择合作的对象，首先进行相关的信息检索和整理，然后再对各个备选的协作对象进行对比，最后进行选择。选择企业合作伙伴时，考察的是企业的核心能力、优势资源等相关软实力和硬实力。对高校和科研院所的选择主要是考察高校和科研院所的独特优势资源、创新经验以及技术贡献。通过对各候选对象在不同指标上的表现进行综合比较，可以有效地提升合作伙伴的选择效率及合作的成功率。

产业联盟的选择机制是指考虑产业联盟的创新性、网络性、协同性、动态性、互补性等因素，企业在选择合作伙伴时要清楚自己和对方的优势与短处，根据选择对象的特色资源和联盟的整体优势来科学地选择合作伙伴，产业联盟合作方应通过技术合作和优势互补达到各自的目标，见图4-3。企业结盟考虑的因素是：企业的业务范围、核心能力、技术优势、战略资源、口碑信誉、研发能力、智能制造水平、管理模式、市场营销能力以及对产业联盟的参与态度与发展需求；企业在选择高校、科研院所结盟时，主要考虑了高校、科研院所的特色专业优势资源及创新经验、科研成果的积累、应用的成效、对产业联盟的技术支持。

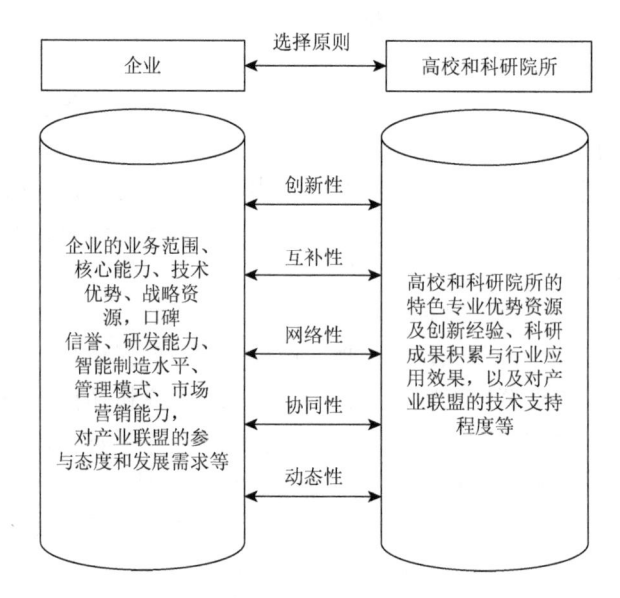

图 4-3 复杂重型装备产业联盟伙伴选择机制

企业在选择合作伙伴的过程中，应用数据挖掘技术对候选企业的产品和制造过程进行评估，获得生产成本、生产周期、加工质量等数据，并据此决定最优的成员。在这一过程中，选出最相似的产品和最佳的工艺处理方法，即选出最好的成员。采用多种评估方法，对产品的不同使用状况给予不同权重，强调了问题的侧重点和优先顺序，再赋予指标权重按照层次分析法对各成员的表现进行排序，以确定最接近需求的合作伙伴。对于平台上的虚拟企业或动态行业联盟的合作伙伴选择问题，首先从企业的角度建立制造资源优化模型，并进行资源评价和选择，选取评价指标，最后采用一种或多种综合评估的方法来确定最佳的合作伙伴。

合作伙伴的选择过程可以理解为：在面临市场机会或者收到订单后，企业会对项目进行分析和评估，从中挑选出能给企业带来最大利益的合作方开展合作业务，随后将任务分解为子任务，并对各个子任务所需要的核心能力进行分析，企业在对自身进行客观评估之后，开展针对子任务的利弊分析。对处于不利地位的项目，当与其他企业的合作所产生的效益超过了自身的利益时，可以考虑与其他企业结成战略同盟，从而使企业成为联盟的领导者。企业会选择不同的合作伙伴来完成各个子任务。首先，企业会对潜在的合作伙伴进行筛选，并向适合的合作伙伴发出邀请。对于符合条件的企业，按照一定的评估方法和程序，选出最合适的合作伙伴。这样，在选择合伙人的时候，就形成了一个协同战略联盟。

4.3.3 利益保障机制

产业联盟的利益保障机制是指在联盟运作中，如何使联盟内部各成员企业间建立信任，组建团队，促进团队之间的合理分工与积极协作，并形成保证联盟和谐运作的利益分配方式与激励约束制度，如图 4-4 所示。

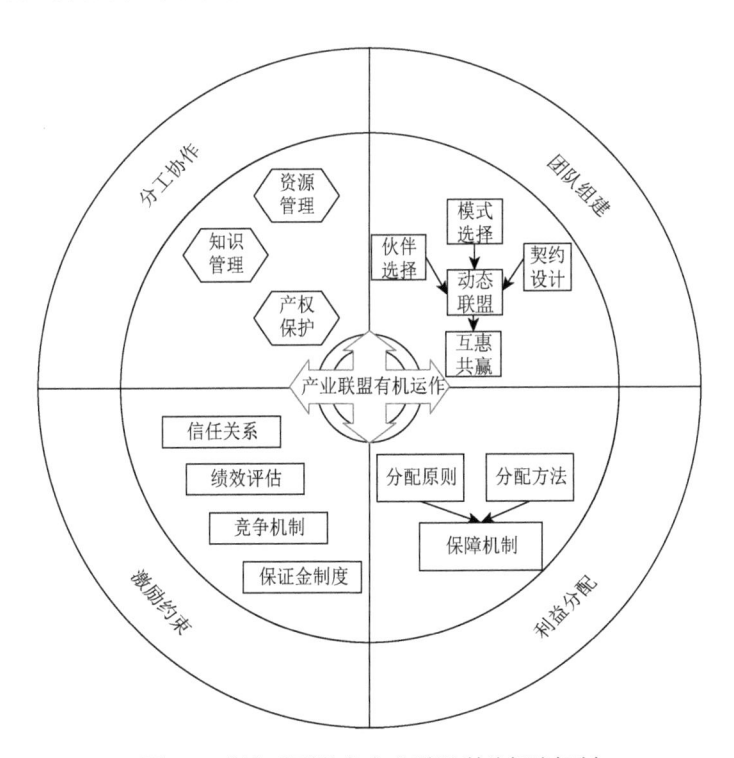

图 4-4 复杂重型装备产业联盟利益保障机制

1. 团队组建机制

产业联盟各方的合作经历及合作各方的声誉影响联盟各方的合作愿景，在合作初期，合作伙伴的承诺和保证会对双方的合作前景产生正面的影响。在产业联盟中，企业的特征对企业之间的信任关系的维持与加强有着直接的影响。例如，企业自身的业务能力、战略资源、品牌知名度等都会影响合作伙伴的信任度。此外，合作伙伴的相互依赖性、信息共享的水平以及双方组织的管理模式都会对彼此之间的信任产生影响。

但是，产业联盟合作伙伴之间信任关系的维系和加强，是以一定的硬性规则协议的制约为前提的。在产业联盟中，为避免一些投机行为的存在使得企业之间的信任关系破裂，必须从四个方面着手制定相关契约：第一，明确阐述企业协作的目标和宗旨，明确规范企业之间的合作活动，如共同生产某种新的产品或共同研发某项新的技术等；第二，增加投机行为的违约代价，当一方投机时，就会受到惩罚，防止某个成员企业为了谋取更高的利润而制订的排他性、限制性条款，这就是信任关系的保障；第三，要增强双方的利益联系，强化双方的信任度，解决好收益的分配问题，作为产业联盟发展的利益主体，联盟内各成员企业都会寻求实现自身的利益，此时合理、公正的利益分配机制能够确保双方遵守承诺，降低投机行为发生的概率；第四，建立成员企业退出条款，以避免某个企业对产业联盟做出不利行为导致联盟其他成员遭受更大的挫折。

2. 分工协作机制

在产业联盟中，各类参与主体所拥有的资源和优势不同。科学合理的分工原则和具体方法能够充分发挥各方的资源优势和主观能动性，实现利益最大化，形成复合型产业联盟内部的优势互补。企业的优势在于其具有领先的市场洞察力和敏锐的感知能力，能够及时地把握市场动态，专门针对客户需求开展协同创新合作，以达到科研成果的市场化推广；各高校和科研院所拥有大量的项目研究信息并掌握着前沿技术动态，拥有先进的技术、设备和高素质的科研人员，能够缩短装备创新研制技术的钻研时间，提高创新成果的产出率。所以，在具体的项目分工中，企业的工作重点是研究客户需求和市场发展趋势，提高产品一体化服务质量，把握销售和日常管理等经营事务；高校和科研院所则擅长在研发、技术改造、人才培养等领域开展工作。

产业联盟协同系统的运作实质上就是产品从技术概念的产生到研发、设计、制造、市场营销等各环节的工作。在任何一个环节，各职能部门之间都会进行信息的频繁交换，如果出现对技术的研究与开发不够了解、运营目标不同、信息沟通存在黏性，以及文化习惯的冲突等情况，都会使产业联盟的协同体系难以正常的运转,如果联盟内部的信息沟通不够充分,分工不合理,就会导致资源的利用和技术成果转化的执行力不强等问题,所以必须建立一个良好、高效的产业联盟资源协调机制,对联盟内部共享的知识和资源进行管理、调动和重用。另外,建立健全资源协调机制,既要建立规范的信息披露制度,又要强化对知识产权的保护,防止企业因为害怕信息泄露而不愿意共享其核心资源。

3. 激励约束机制

异地协作制造企业可以通过制度上对成员企业进行限制来避免组织成员做出有损集体利益的举动等风险,甚至可采用风险控制机制。为了防止成员企业对风险控制机制形成抵触情绪,联盟可以设置相关激励制度对其进行激励,这种激励不但能约束某些成员企业的投机行为,而且能正向促使成员企业自身向实现个人和集体的共同利益的目标努力。不同于风险管理体系,激励机制能够有效地激发成员企业承担风险的意愿,从而实现更高的回报。

良好的激励约束机制能调动联盟各成员的积极性,促进联盟持续高效运行。主要包括四个方面:第一,鼓励联盟成员建立起信任关系,信任可以减少交易的成本,促进资源的共享,也可以让所有成员企业切实感觉到实际的利益,产业联盟成员通过加强协作来获取联盟内部成员间的信任,这也是一种激励联盟发展的方式;第二,用绩效评估的方式来鼓励企业开展创新,通过构建一个健全的产业联盟绩效评价系统,使得联盟成员的利益与其所承担的风险和努力成正比,从而增强联盟成员的工作热情和成就感;第三,制定竞争机制,避免任何一个成员企业坐享其成,首先需要从质量、生产成本、交货期及柔性制造等方面对入驻联盟的所有企业的资质进行审核,其次制定一套企业备选制度,挑选优秀企业在必要时对协作组织中缺少贡献的企业进行替换,最后联盟应该定期评估各成员企业的业绩,根据组织的功能需要淘汰一些不合格的企业;第四,建立保证金制度,从产业联盟的长远稳定性出发,保证金制度可以避免一些企业低成本进入与退出产业联盟,对企业具有一定的制约作用,在确定保证金限额时,既不能过高,让处于成长阶段的承担不了,又不能过低,不能对成员企业形成制约。

4. 利益分配制度

产业联盟的利益分配合同保障机制,是指在联盟成立之初,由所有联盟成员共同商定,确定其利益分配的原则和方式,以保证联盟成员的利益。合同保障机制是保证联盟利益分配的基础,也是最关键的一项制度。只有当联盟成员的权利、责任、利益都清楚的时候,才能保证联盟在利益分配时的参照因素相对公平、合理,才能更好地衡量联盟成员的创新资源、努力程度、风险承担程度、核心技术能力的投入程度,而且合理的利益分配制度也有利于联盟的良好运作和管理。

创新主体利益分配方式需要综合考虑如下因素。

（1）企业的创新资源投入。联盟企业的创新资源既包括有形资产，也包括企业对研发项目投入的无形资产。企业的有形资源投资包括创新资金、创新人才、技术、设备等；无形资源投资包括专利技术、知识、能力、信息等，而资产的价值通常用市场价格来计量，不能用市场价格计量的要由专业人士进行估价。当其他条件相同时，企业所投入的创新资源的价值越大，其收益的分配比例也就越大。

（2）企业的创新努力程度。企业在协同创新过程中，如何有效地整合和利用内部和外部资源，是衡量其整体创新努力程度的一个重要指标。具体而言，联盟企业的创新努力主要体现在对研发项目的重视程度和完成的质量上，而研发项目的重要性可以从项目在整个行业的技术开发中的作用和地位来体现，完成的质量取决于项目的完成情况、资源的消耗、时间的跨度。

（3）企业的风险承担情况。联盟企业在技术研发和创新过程中所承担的风险程度各异，因此在收益分配上应着重考虑那些承担高风险的企业。另外，由于技术环境的改变，利益分配时也要考虑联盟企业的研发项目所产生的不确定因素以及联盟成员自身的投机行为所带来的风险。

（4）企业的核心技术能力。在产业关键技术、基础共性技术研发和创新遭遇瓶颈时，往往只有具备强大核心技术实力的企业才能攻克并解决技术难题，在计算创新资源时，由于不能对其核心技术能力进行精确的计量，所以在进行联盟收益分配时，可以从企业研发经费比重、专利数、高科技人才比重等方面评估其核心技术能力。

4.4 本章小结

复杂重型装备产业联盟是由政府、企业、高校、科研院所、用户以及中介机构组成的动态合作创新组织，通过深入整合主体、客体、资源、环境与机制要素，进行优势互补、专业化的分工协作，实现突破性创新成果的产出。为有效解决复杂重型装备产业关键共性技术发展问题，充分发挥产业联盟以企业为主体、用户需求为导向、产业联盟相结合的技术创新体系优势，本节基于创新生态系统视角，揭示了复杂重型装备产业联盟的构成要素，探究了产业联盟协同创新模式，并根据产业联盟合作伙伴的行为设计了基于创新生态系统的产业联盟协同创新机制，以实现联盟成员合作信任、资源共享、激励约束的目标，保证顺利开展创新生态系统背景下的协同创新活动。产业联盟通过合作全面提升联盟内成员的协同创新绩效，实现对重型装备行业重点领域的关键共性技术、前瞻性技术、关键业务流程等关键技术的突破。

参 考 文 献

[1] 柯旭东. 面向产业联盟的云制造服务平台框架研究及其应用[D]. 杭州：浙江工业大学，2017.
[2] 孙玲. 协同学理论方法及应用研究[D]. 哈尔滨：哈尔滨工程大学，2009.
[3] HAKIN H. Instability Hierarchies of Self Organizing Systems and Devices in Advanced Synergetics[M]. Berlin：Springer-Verlag，1984.
[4] 刘学，庄乾志. 合作创新的风险分摊与利益分配[J]. 科研管理，1998（5）：32-36.
[5] 李晓. 基于系统动力学的江西省政产学研协同创新研究[D]. 南昌：南昌大学，2020.
[6] 杨颖. 异地协同制造的组织模式与运行机制研究[D]. 石家庄：河北科技大学，2010.
[7] 王卓. 基于创新生态系统的产业联盟协同创新机制研究[D]. 哈尔滨：哈尔滨理工大学，2020.
[8] 颜永才. 产业集群创新生态系统的构建及其治理研究[D]. 武汉：武汉理工大学，2013.
[9] 方刚，谈佳馨. 互联网环境下产学研协同创新的知识增值研究[J]. 科学学研究，2020，38（7）：1325-1337.

第二篇 复杂重型装备网络协同制造平台研发模式

第 5 章 基于平台的个性化定制与异地跨组织的产品研发

5.1 复杂重型装备的个性化定制

采用产品的模块化设计，将不同重型设备分割成若干个相对单独的组件，并通过协同技术攻克设备并行协同设计的难题，使得各研究项目可以并行实施，提高了效率。另外，针对复杂重型设备实现个性化订制，可以满足用户的多元化要求[1]。

5.1.1 个性化定制的概念

随着社会生产力和科学技术水平的日益提升以及网络的普及，居民的消费要求逐渐呈现出个性化和多元化的发展趋势，传统的标准化、大批量生产方式也遭遇着前所未有的巨大挑战。企业通过网络技术进行企业与个人用户间的直接联系，从而建立了应用平台，并通过对用户行为和社会关系等的强大数据挖掘，精确预判市场、进行精准推广，同时通过网络平台的信息聚合与互动功能进行企业海量应用与企业间的交互连接，将企业大量个性化定制服务变为可能[2]。传统的渠道单一、封闭运营、单向流通的企业用户关系结构被突破，旧有的服务需求定向粗疏、市场反应落后等问题也得以缓解。

个性化定制产品是指以消费者的个性化需要为主导，以大规模产品和定制生产技术相结合，生产定制商品和服务的产品类型。具体理解是企业通过对消费者的差异化需求的了解，来完成商品的个性化定制。在个性化定制流程中，客户可部分参与设计、制造流程，企业将客户的要求利用大数据分析、云计算技术转化为具体信息，反馈到企业设计、制造和相关供应商的过程中，从而使定制商品迅速制造，实现个性化定制。

5.1.2 个性化定制的优势分析

个性化定制最大限度地便捷了用户对产品的设计要求，提高了用户定制产品加工的参与度。相对于传统的设计制造模式，个性化定制模式体现了面向用户、服务用户的思想，将使企业获得更大的效益。个性化定制模式作为智能制造中的一大关键点，对企业经济运营模式的转型和工业发展方向的指引起到了重要作用[3]。主要的特点及优势如下。

(1) 扩大市场，降低成本。互联网下的用户消费打破了地域、时间、空间限制，扩大了消费市场的规模，拉动用户数量；以订单为核心的定制模式大幅度压缩库存，各产线的运营均由用户订单决定，增加了制造流程的清晰度，降低了采购成本和过度加工浪费，从而增加了收益、减少了风险。

(2) 敏捷与管理创新。个性化定制缩短了产品的生产周期，满足不断变化的需求环境，对用户需求可以作出快速响应，体现在开发、配送、生产的敏捷性。同时加快了企业以"用户驱动制造"和"制造即服务"为理念的生产经营转型升级。在智能化定制时代，智能化管理系统应运而生，工业的 MES 的发展升级就是最好的体现。

(3) 增加用户的满足度。产品设计过程中提升了用户的参与度，个性化服务体系不仅可以完成产品结构、性能定制，还可以完成外观设计，提高了用户服务的质量。

5.1.3 复杂重型装备的定制模式

复杂重型装备具有结构复杂、零部件多、涉及面广、缺乏统一标准、创新风险与不确定性高等特点。对中国重型院的调研发现，目前复杂重型装备的定制模式较为固定。以挤压机为例，主体由挤压机和后部处理两个部分组成，用户在订购时可以对两种结构进行选择，如用户可以选择挤压机和后部处理都是国产的或都是进口的，还可以国产的和进口的结合使用，根据用户不同的需求自行选择定制。由此可见，目前复杂重型装备的定制模式较为简单。

5.1.4 基于互联网的个性化定制

基于互联网的个性化定制是以网络为平台，以实现用户的个性化要求、提升用户满意度为宗旨的新型生产管理模式。如图 5-1 所示，客户首先通过互联网登录到网络协同平台的定制板块，获得与自身对应的权限。平台在接收客户的技术业务申请信息后，将向相关的设计人员发出技术任务，设计人员接收到信息后将经过推理在知识库中获得技术业务信息，并将其结果提供给设计师以及工艺编制者确认[4]。经审核及更改后的产品技术功能信息重新发送至定制模块内的相关子进程，子进程更新知识库并指导用户完成对相关产品的访问、查询，以及对个性化产品的定制[3]。在用户获取更多的协作设计授权后，平台也会允许用户使用基于知识库的第三方协作设计功能。此外，用户的订购记录也将由电子商务系统管理，个性化定制内容则由 PDM（product data management，产品数据管理）系统识别、保存并管理。

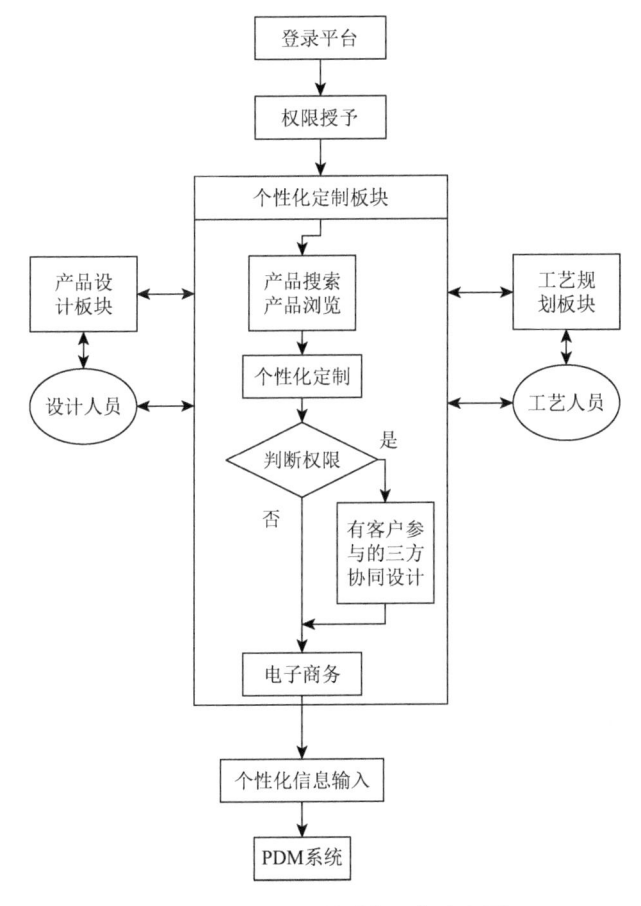

图 5-1　个性化定制系统工作流程图

5.2　异地、跨组织的协同研发模式

重型工业装备制造部门多，需要优化各种生产资源，提高设备产能，协同管理要求很高，需要主机设计商、主机厂家、设备供货商以及专业化制造单位之间做到高度配合，将科研、采购、生产、服务客服一体化。通过复杂重型工业装备网络协作平台，在整个产品研发过程中，实现理念规划、详细实施方案制定、模拟计算、工艺方案制定的异地化全程参与。

制造业目前已构成了复杂的产业链结构。制造业是无法凭借一家企业完成全部零部件的生产和装配过程的[5]。在汽车和摩托车生产中,有将近20%的零部件是由主机厂生产制造的,大约80%的零部件是由制造商生产并使用的[6]。大规模生产行业,尤其是多类型、大规模的生产企业,其生产线的协同化与整合形成了必然趋势与亟待进行的变革[5]。

网络化协同设计可以是企业内部的跨部门协同,也可以是不同企业间的协同,其共同对关键的产品进行研发并分解任务。网络化协同关系可以提高产品的研发效率、降低产品的研发时间和成本。国内目前有很多成功的网络化协同设计案例[7]。这些案例表明,通过协同,企业可以提高预期效益、降低研发成本、提高产品质量。

根据对国内某重型机械设计单位的调研,在产品研发的过程中,技术部门将产品的整体设计任务分解成子任务分发给单位内部的研发部门和外地的设计单位,实现异地跨组织的产品协同研发。其协同研发过程如下。

(1) 产品研发任务发布阶段。技术部门首先提出了产品责任,将产品责任和产品设计任务书、技术条件、产品依据、产品开发规划等的有关电子文档,一起印发给各技术开发部门和外地产品中心,由各部门针对设计工作目标和文档的内容提出反馈意见,由双方合作调整至双方审核后完全一致。

(2) 产品研发任务执行阶段。由总设计部门和设计机构共同确定产品的设计目标后,技术人员按照总产品设计目标和有关规定开始实施产品设计工作,并通过2D和3D产品设计程序完成产品设计。在产品开发工作实施过程中,技术人员将产品方案定期报送,与开发工作中各环节的设计输出(如项目设计描述、工艺设计描述、试制图样、零部件3D模型等)送至总部工程技术服务中心有关人员,通过总部的相关审核与产品设计细节信息即时反馈系统,完成对整个协同开发过程的质量控制。

(3) 产品研发任务验收阶段。在设计部门和设计中心做好了相应的工作后,服务中心进行最终结果的设计输出,由总部进行设计成果评审。在设计成果评审通过后,总部对设计结果进行整理存档,并录入到PLM平台上进行处理。

5.2.1 异地跨组织业务流程管理

复杂重型装备具有性能要求严格、设计更改频繁、产品构型众多、零件材料及形状各异、内部结构复杂、空间十分紧凑、各类系统布置紧密以及零组件巨大等特点,所以其研制过程既是一项庞大的系统工程技术,又是一种极其复杂的管理技术[8]。复杂重型装备研制的全生命周期是一个大的循环,每一个阶段又可以看成一个小的循环。每个循环过程中都存在研制数据和研制过程的管理。

对于研制过程来讲,进行过程执行和监控仍主要依赖大量协调会议和碰头会,项目决策相对于项目状态滞后,执行效率低;研制业务流程不够清晰和规范，特别是在设计阶段，单次设计循环的代价过高，设计过程和结果难以重现；规范化的业务流程没有固定下来，形成企业的经验财富；另外，企业的业务流程没有定义到相关管理平台中，管理人员不能对业务活动的相关状态和工作进度实时监控；对于数据管理来讲，底层的过程数据管理基本上还是以手工为主，先进的数据管理平台并没有充分发挥作用[9]。因此，为了清晰和规范复杂重型装备研制的业务流程，使管理人员能够根据研制项目执行的状态和条件的变化及时对项目计划做调整，适时决策，使数据及时、有效，实现复杂重型装备研制过程的集成。

跨组织研发过程存在明显的层次性，在协作成员之间，如企业之间、企业部门之间、部门内部之间都有不同层次的协作，形成多层次的协同关系，并将不同层次的产品信息与信息支撑工具和设计方法、仿真方法、优化方法等集成。因此，协同过程管理必须针对这种多层次的协同关系探索高效的集成和协同方法，并能够进行有效的管理。如图 5-2 所示，产品开发项目通过基于任务的分解，将复杂任务按照一定的逻辑关系分解，并选择合适的协作成员。根据开发的需求，可以按照任务的不同粒度进行细化，将开发任务从较高的层次分解到较低的具体层次。

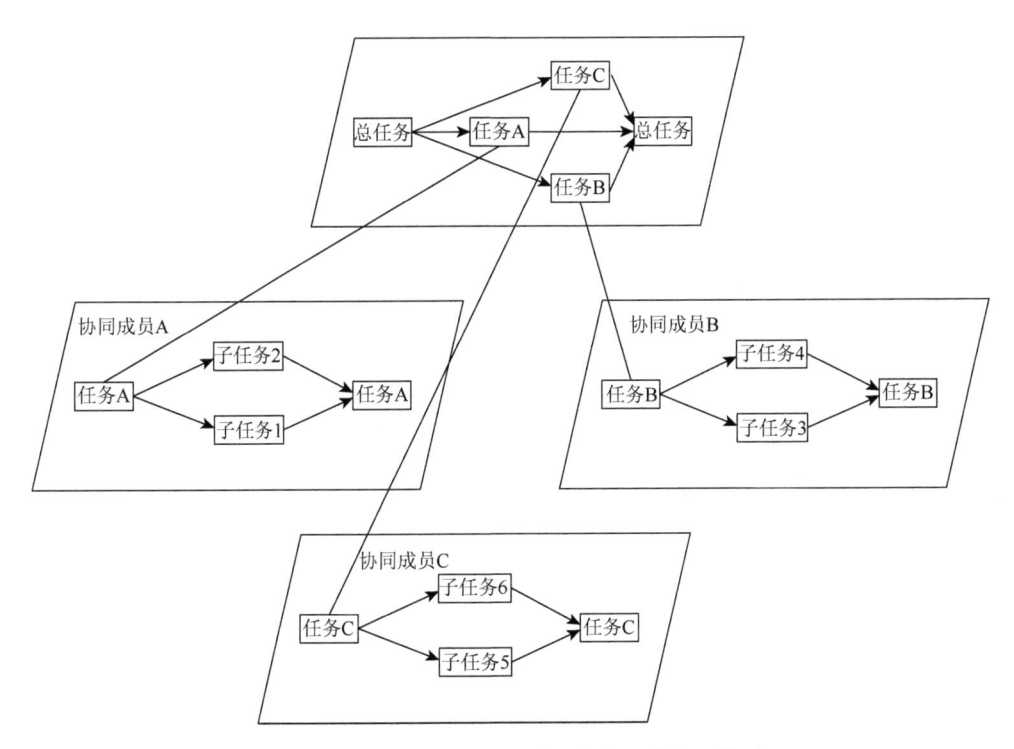

图 5-2　复杂产品协同开发过程的多层次协同模型

1. 基于数据共享的异地协同设计

在传统的协同设计过程中,主机厂作为牵头单位需要承担主要研发设计任务,但是仅负责极少数零部件的制造任务。主机厂成为用户和供应商之间的中介,或者说是沟通渠道。但是主机厂并不了解供应商的设计、工艺等标准,因此在设计相关产品时需要反复与供应商进行沟通,零部件的设计会在不同的供应商之间进行多次交互,从而导致研发效率低下。

造成上述问题的因素主要有:主机厂与制造商的技术业务流程不统一;主机厂与制造商的设计数据彼此独立,没有交互;主机厂和供应商的设计、制造工艺标准不统一,需要每次单独转换。

基于数据共享的异地协同设计可以解决研发和产品资源的异地、跨组织共享问题,便于各企业进行协同研发。

产品协同开发业务流程中,ERP 和 MES 等数据均从 PLM 导入。产品设计过程的设计数据、业务流程等都在系统中保存。工艺开发过程的工艺文档、业务流程、工装夹具设计数据也在系统中保存,通过与其他系统的集成,实现异地跨组织的设计数据共享(图 5-3)。

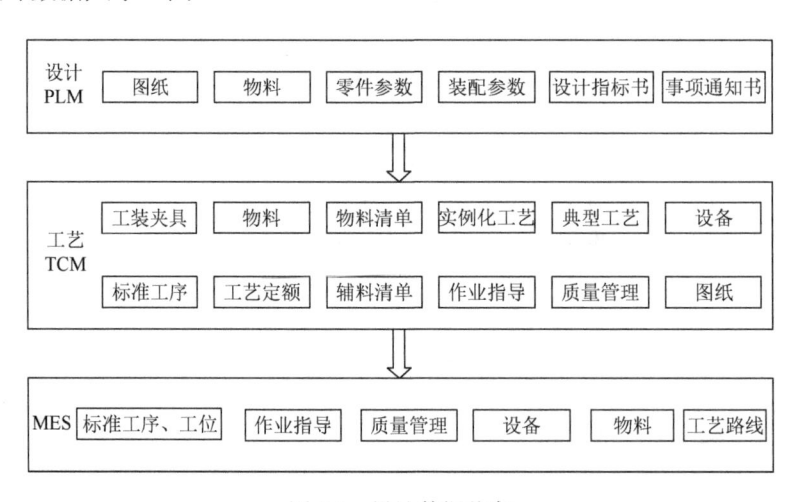

图 5-3 设计数据共享

注:TCM 为团队中心制造(team center manufacturing)的英文首字母缩写

2. 复杂重型装备产业链网络化协同

在异地工厂产业链网络化协同中,网络系统的集成与消息传递的可靠性是网络化协作顺利进行的重要前提。所以,合理的系统集成结构和全产业链企业集群网络化协同结构(图 5-4),是企业实现网络化合作的关键。

①基于产品数据共享的产品多地协同设计
- 产品协同开发业务流程
- 研发数据协同
- 设计、工艺文档共享
- 专利、智库数据共享

②基于研发资源共享的产业链企业集群协作开发
- 研发资源多地共享
- 产品资源多地共享
- 客户订单协同订单下达
- 供应商资源多地协同共享

③产业链企业集群网络化协同系统集成与互联互通
- 系统集成架构
- 产业链企业集群网络化协同网络架构

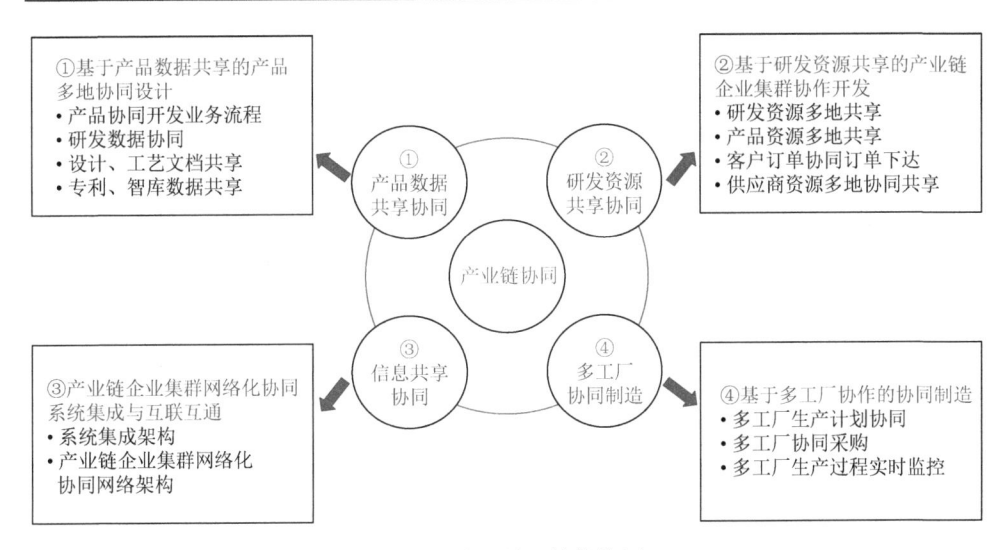

④基于多工厂协作的协同制造
- 多工厂生产计划协同
- 多工厂协同采购
- 多工厂生产过程实时监控

① 产品数据共享协同
② 研发资源共享协同
③ 信息共享协同
④ 多工厂协同制造
产业链协同

图 5-4 产业链网络化协同

5.2.2 跨组织的知识共享

知识资源共享也能够从个人层面和机构层面上进行。从个人层面上来看，企业内部人员之间的知识共享主要是通过交流与互动，共同协助创造新认识。知识共享能通过提供机会，共同提出解决办法，从而最大限度地增强团队创造力与效能并为企业整体创造竞争优势。从组织层次上来看，组织之间的知识资源共享是认识超越组织界限双向流通的过程。跨机构的知识共享通过捕捉、组合、复用和迁移已驻留于机构中的基于实践的专业知识，并把这种知识提供给其他组织机构来实现[10]。

跨部门的协作，包括联合研究、合资、特许合作、长期采购合同、供应链合作、知识链与知识网络。然而，并不是任何的跨团队合作，都会产生知识共享。知识共享是一个社会的互动文化，涉及跨部门个人和组织之间的知识、经验和技术的互动。只有在企业与其他机构共同建立以知识创造为目标，以知识流通与资源共享为特色的共同合作伙伴关系时，企业成员之间才会进入知识共享的合作流程。跨组织知识共享关系是具有共同目标或目标的个人或组织之间的一种联系和网络，组织会员进行学习、经验、信息与联系双向交流。当存在战略、组织的文化关系时，由于成员的信息资源共享，这些跨机构的信息伙伴关系可以理解成一种连贯的合作关系，参与联合行动决策。尽管各种形式的伙伴关系是不同的，并符合各种社会的个别要求，但成功的正式伙伴一般有着一致的关注点、互利的战略和管理方法，以及促进信息共享运动的组织方式。

5.2.3 数据的异地协同

围绕复杂重型装备的研制过程，通过数字化手段构建各个专业系统，并以全数字化性能样机为对象，与业务应用紧密融合，形成复杂重型装备过程研发体系，全面监控研发过程中的资源使用、任务进度、数据状态、基础技术应用，以及将在研究过程中产生的知识经验进行有效固化，建立研究管理流程模式、研究专业设计模式和研究数据系统，形成以知识经验为驱动的研究流程，全面提高企业的研发管理效率、研究资源效率、专业设计效率，加强工作规范性和质量，从而更好、更快地研发出高质量、高可靠性的复杂重型装备。

针对当前复杂重型装备研制的现状，借鉴国内外成熟、先进的设计思想和技术，构建一套实用性强、灵活性高、可扩展的基于系统工程的协同研发系统是很有必要的。通过此系统对企业复杂重型装备的设计仿真工作要求、工作方法、流程关系进行梳理；实现知识、方法和经验的封装、工具软件的集成、流程的固化和管控、过程数据的有效管理、知识的管理与应用，以及现有异构系统、工具软件的整合；提高现有信息系统的利用率、促进知识沉淀、减少中间消耗、增加推进力度、规范工作程序，提升系统综合研制水平和核心竞争力。具体实现以下目标[8]。

（1）建立以任务为核心的设计仿真流程管理系统，实现硬件和软件的设计仿真的多专业过程协同，有效支撑多专业、多部门、多人的协作和资源的合理分配，整个研发过程透明、可控，保证对型号研制状态和进度的有效控制。

（2）基于工程师统一工作平台，通过多种集成方式对相关设计、仿真工具软件［如CAD、CAE（computer aided engineering，计算机辅助工程）、EDA（electronic design automation，电子设计自动化）等］和自研程序进行集成，打通各类工具软件之间的数据流，实现跨学科的数据流通，提高设计迭代的效率，进一步实现多学科协同联合设计仿真。

（3）基于知识驱动的模块化设计，将设计仿真过程中的规则和方法封装为知识组件后，在后台驱动各种软件完成建模、计算、分析、数据处理等软件操作过程，减少烦琐的手工操作，提高工作效率，同时通过工程模块的封装实现知识的积累和重用，降低人员技术门槛。

（4）构建基于知识驱动的复杂电子设计系统，将设计知识与软件工具相结合，形成可视化的专业设计模板，基于模板构建模块化、流程化、向导化的复杂电子专业设计系统。

（5）建立统一的研发数据中心，通过数据关联管理、动态建模等技术实现对数据的分类、集成、存储和管理，并进一步实现数据的关联更改和历程管理，保证数据同步和协调。

(6）为企业提供一个数字化的协同研发环境，系统可以不断扩充和完善，从而实现实用化和可持续发展，为设计能力的不断发展奠定坚实的基础。

总结实际数据交换中出现的问题，在异地协作研发过程中，要确保协作各方的有效沟通与交流，协作数据的共享交换就必须符合以下几个条件。

（1）数据交换流程中的信息管理。数据交换流程中首先要处理协同信息的信息管理问题，协同信息的管理工作涉及信息的保存与信息的传递。信息存储器一方面以文本的方式存放产品设计说明书、2D图样、3D数学模型等信息，另一方面以图像或数据的方式存放零部件性能、零件构造数据、BOM结构资料等数据；不仅需要确保检索和阅读的信息便利，也必须确保数据方可以更快捷、简单地使用以非文字方式存放的信息。

（2）数据交换流程和信息的一致性。数据完全性一方面是为了保证信息的准确传递，但有时由于连接比较困难，会出现文件信息在传递过程中出现断裂的现象，数据接收方接收到的信息比数据共享方的协议信息少；另一方面是为了保证数据信息的安全性，如当以协议信息为构件时，所传递的信息中除结构图、数据模型等信息，还有文件内部的关系数据、结构的设计数据、设备装配信息等其他有关文档类型的信息。

（3）数据交换期间的数据一致性问题。在数据交换流程中，由于没法确保双方数据信息的整体性，因此会导致双方数据信息的不统一。但是，由于产品开发本身就是个长周期的流程，在整个产品开发周期中，可能会有许多版本的协同数据信息。经过数据交换后，如果共享数据的设备设计变更，或者形成了新版本，那么就必须和接收方共用最新版本的数据信息，以确保在通信流程中双方数据信息的统一性。

（4）数据交换环境中数据传输的及时性。数据交换中的时间不但包含通过互联网传送数据的时间，也包含在数据进行时的非发送时间、导出或转化为文本内容的时间。要有效获取信息，就必须在减少信息传输距离的同时，缩短信息传递过程中的非传输时间。例如，数据传输时常停顿，或者网络很不稳定，需要重复传送数据，发送时间往往是正常数据传输时间的几倍。

（5）合作数据中的安全保护系统问题。协作数据的安全方面包括数据管理阶段的访问控制方面和数据阶段的安全性方面。在管理协同数据时，必须管理好对数据的存取权限，以保证数据存取与访问的安全；在数据传输过程中应该进行相应的安全策略，以保护数据在传送过程中不被非法访问、盗用或修改。

由于装备生产的复杂程度很高，其生产的典型特点有：多家工厂共同研制、多所多厂共同试制、多厂多部门协同配合、多所多厂分级研制[11]。在生产方面，要求对产品信息在整机、单元体/大部件/控制系统、设备和附件等中进行逐层分析、传递和反馈，在研发上则要求从客户—产品设计—生产—测试的整个生命周期流程中实现双向的传播协调[11]。在整个协同研制中，小数据协同作为技术核心，以大数据协同为基础，实现了业务流程协作。将企业数模的数据文件流，与工厂信息中转流程中的产品销售数据流结合，形成了跨组织的协同平台，以达到产品销售数据流与信息化在异地对各厂所的有效沟通。

利用PLM系统的跨站主副本传递机制，对PLM系统进行适配与开发，从而能够将增量产品数据定期传递至PLM站点，PLM站点将数据发送到定期配置目标实体以满足需要。

产品协同开发，实质上是通过数据的互动完成的。产品协同开发流程中，要实现交互的数据中包含了许多产品协同数据类型[12]。在产品研发工作发布时，设计公司将产品研发工作细分为若干个子项目。在向异地公司或开发管理中心下达任务前，公司必须完成任务发布审查，在审批合格后发出各项任务。在各项任务发出后，公司需要及时将有关开发工程任务书、技术文件、项目参考资料等信息发送至责任承接方。此时的产品研发技术任务书等文档一般都是在审核工作完成后产生的正式文档，技术文件嵌入有签名、水印等识别信息，不可以进行更改。在异地厂家或设计中心接收到产品研发工作后，按照所接收到的项目信息，判断责任的可执行性，根据责任方提出问题或修改意见，并将问题或改进意见及时反馈到设计总公司。总部将根据情况和修改意见，沟通确认工程任务是否要求更改，但要求工程变更较重时需对已产生的工程任务书内容进行调整，在形成了最新版本的工程文档并重新进入项目审批程序之后，再把重新生效的工程文档内容和责任下送到异地厂家或设计中心；不要求是完成状态，工程更改较严重的需告知异地厂家或设计中心并直接启动工作，重新启动项目的正常运行操作。

在项目设计的实施中，异地企业的产品设计机构按照项目管理需求的任务设计参考资料完成具体的产品设计工作。首先，按照项目管理需求完成方案设计，编制方案设计说明书，作为阶段设计结果，提交给总公司负责批准。其次，进入产品设计发展阶段，编制工艺技术设计说明书，提供具体的工艺技术设计项目，由本地设计部门对技术设计实施审查，并编制技术设计审查文件。然后，在设计阶段，工艺技术设计师必须通过2D制图软件或3D建模软件对产品或部件实施工程设计，从而获取有关产品或部件的2D图样和3D数据模型。最后，在实施图样或建模设计时，必须对图样实施联合审核。完成技术设计后，需要创建产品设计任务书。

在设计产品任务的最后检验阶段，由外部厂商或产品设计中心把产品设计任务的可交付结果，提供给产品设计结果评价中心。设计任务输出通常包括设计确认报告、2D图纸、文件类型数据（如3D数字模型和文本）或数字数据（如组件属性信息和BOM结构信息）。设计交付物审查通过后，将所有设计交付物数据录入PLM系统，进行管理与保存。

一般而言，在异地合作开发流程中，双方必须提供的协同数据包括：项目建议书、设计研究说明书、零元件图、零件数模等以文档形式出现的数据信息，以及有关文件性质、零元件特征、BOM 构造等以文本或数据形式出现的信息。

本项目由政府设计部门与工程设计机构联合开发设计。过程中，通过使用本地 CAD 软件和 3D 设计软件以及相应的工程设计文件、2D 图样、3D 建模等，在各自协同下实现工程设计目标。在本地的 PLM 平台上，捕获和处理设计目标。另外，PLM 系统中还能够记录文件属性数据、软件和数据库的关联数据、部分属性数据、部分关系数据、部分文件关系数据等。在需要获取设计信息的文件中，将有关数据文件直接从 PLM 系统中输出，或者使用一般的 FTP（file transfer protocol，文件传输协议）文件传输软件实现数据共享。这种协作数据方式具有共享数据管理等功能特点。

（1）共享数据的保存和管理：通过部门间技术中心和异地设计中心共享与交换，相关的电子数据保存在服务器上。协作数据以文档的形式存放，设计文件则以文件夹的形态进行管理。在这种数据管理模型下，文件类型根据结构信息（零件、零件属性等）转化为文件格式，增加了设计人员的工作负担。这种格式并不直观。在查询数据时，往往需要一定时间来查找合适的文档、打开文件，或在文档内容中读取所需要的数据。文件夹结构形式的文档管理也不能直观地体现文档内容和文本中历史信息之间的关联。

（2）数据版本问题：当产品数据需要设计变更时，PLM 会根据新版本数据更新数据，但设计人员数据可能不会共享，由于与其他设计部门合作可能会导致数据的通信版本不一致，从而导致大量重新的设计工作。

（3）数据共享时效问题：在数据共享中，开发者从 PLM 下载文件后设计一个 FTP 文件夹，收件人和开发者再通过电子邮件或即时通信软件收到数据共享消息。

（4）关于控制对共享数据的访问的问题：如果使用了共享 FTP 目录系统，可通过设定文件夹的目录权限来控制对共享数据的访问。拥有目录授权的用户才能把电子文档直接下载到输出目录，无须监控数据。

（5）数据交换的文件传输问题：异地设计者检索和上传大数据（如零件的 3D 数据模型）时，文件传输过程将会非常费时，而且在数据传输流程中也经常会发生加载或上传时连接中断的情况。重传操作也增加了数据传输的成本，因此需要产品设计部门格外重视数据传输流程，这样会产生额外的时间，从而严重影响了联合开发的进程。

设计与制造单位往往存在异地、跨组织的关系，不能通过内部局域网络互联，因此技术研发部门可先将成果进行整合，再上传到复杂重型装备网络与系统中进行后续应用。工程设计资料中仅包括原始设计资料的一个原始文件，但研发部门或在工程设计中保有权利的所有者复制了与原始设计资料完全一致的信息。同时可以让设计研发部门对数据进行处理，包括类型、属性、条件等，对数据组织的访问进行限制。

5.3 复杂重型装备异地、跨组织协同设计模式

5.3.1 某型号挤压机的设计过程中的多方协同

协同设计过程中的任务分解如下。

（1）机械设计单位。当 EPC（engineering procurement construction，工程总承包）模式总包方将任务下达给相关人员时，机械设计单位开展复杂产品机械部分的协同设计工作。同时，机械设计单位会向液压和电气部门提交机械产品的初步设计方案。

（2）液压设计单位。收到机械设计单位的初步设计方案后，液压设计单位开展复杂产品液压部分的协同设计工作，制定相应的液压部分设计方案。

（3）电气设计单位。收到机械设计单位的初步设计方案后，电气设计单位开展复杂产品电气部分的协同设计工作，制定相应的电气设计方案。

（4）基建设计单位。接收基建设计任务，开展基建协同工作，提交基建初步设计方案。

在机械、液压、电气和基建设计单位制定初步设计方案后，统一将方案提交到机械设计单位，然后进行内部审查。内部审查通过后，机械设计单位向 EPC 总包方提交复杂产品整体初步设计方案。EPC 总包方在接收到全部初步设计方案后，组织用户召开项目会进一步讨论设计方案的可行性。

5.3.2 各方在设计过程中的工作流程

（1）挤压机设计过程：设计输入（合同、技术附件、设计任务书）→方案设计→方案设计审查→详细设计→详细设计审查→设计输出。

（2）主要零件设计过程：根据设计方案确定零件形状尺寸→确定零件材料及成形方法→零件详细设计→设计验算（有限元计算）→设计优化→设计输出。

（3）机械设计完成→提供液压设计任务书、设备布局图、液压缸接口尺寸→液压原理图设计→设计会审（机械、液压）→液压系统及配管图设计→提供电气设计任务书→电气系统设计→设计会审（机械、液压、电气）→设计输出。

如图 5-5 所示，在用户发布复杂产品的需求之后，EPC 总包方开始立项，承接该产品的项目建设工作，然后对项目进行任务分解，同时监控项目的整体进度。

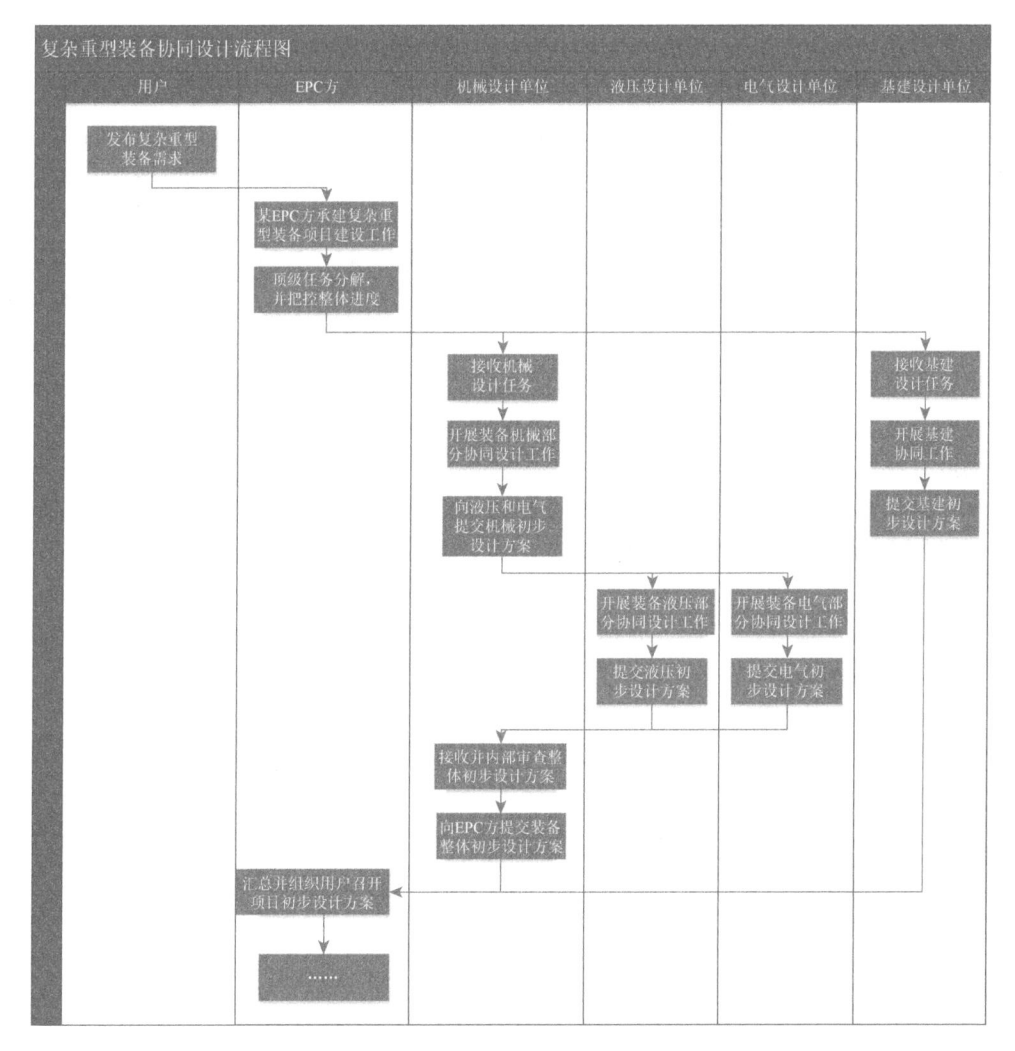

图 5-5　复杂重型装备协同设计流程图

5.3.3　基于 CrownCAD 异地跨组织的协同设计

在全产业链协同设计模式中，产品设计的整个研发工作全部在主机厂进行，零件的研制工作则在主机厂和零件制造商中间往返迭代。这个模型的缺点如下：一是当完成整机设计后，主机厂单独负担过重的工作，使得产品设设计时间延长；二是制造商与主机厂对设计方案的不断替换造成工作效率降低、花费大量资金与时间[5]。

在异地跨组织的设计过程中存在的问题有：各组织的数据管理模式不同、设计图纸的标准不统一、由于设计变更导致的设计效率低下等。对于数据处理方面，可使用复杂的重型装备或者网络协作平台实现数据处理的异地协作，以及对数据处理技术状况实行管控，主要分为首次录入工程设计数据控制和更改工程设计数据控制两个模块。当设计数据在 CAD 工程设计软件系统中完成工程设计时，利用 CAD 与复杂重型装置网络协作平台的接口将工程设计数据录入到网络平台上，此时首次记录的设计数据状况为"可更改"，具有权限的使用者（一般为设计研发方）有权对其进行更改，当设计数据达到相应成熟度时，由设计研发方对设计数据启动审签过程，按"工程设计→校对→审查→工艺→会签→标审→批复"的次序予以签字，数据结果签字完成后，其状况由"可更改"转为"已受控"。同样，操作系统自行对审签统计形成审签快照，并实行多版本技术状态信息管理，受控后的设计数据仅容许系统权限使用者执行查询，其他使用者（包括设计研发方）均没有权利更改。

当用户提交变更，对受控的设计数据进行修改时，由设计研发方在确认修改类别之后启动修改过程，更改完成之后再重复上述流程，设计数据变为"已受控"状态。此外，设计变更的过程以电子流程的形式进行管理，变更的结果以结构化的形式进行管理，并提供变更过程的监控以及历史版本查询功能，具体流程见图 5-6。

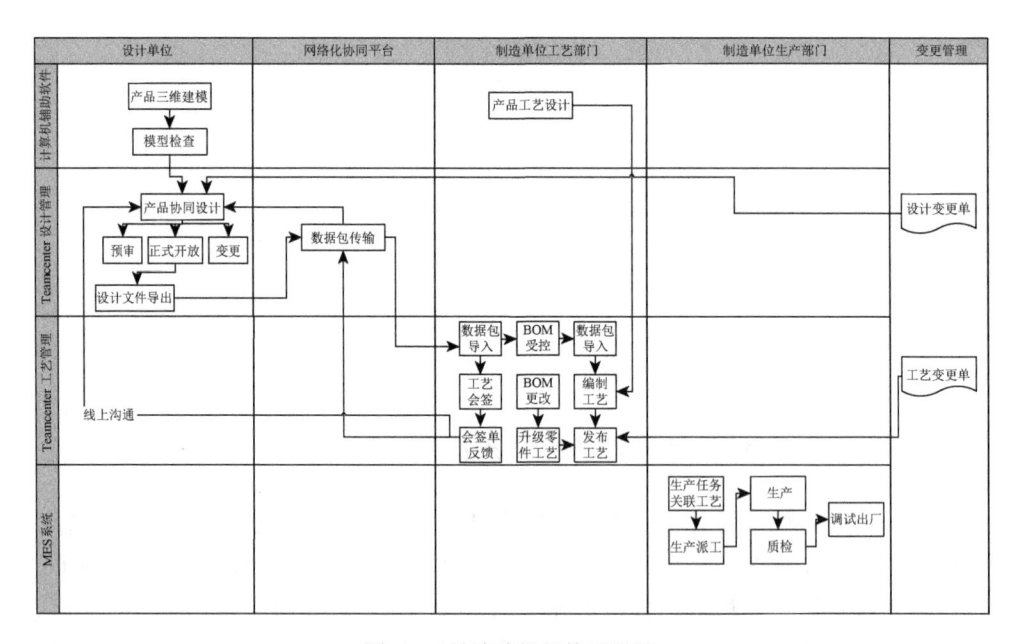

图 5-6　异地跨组织协同设计

集成产品设计环境是现代精益设计系统的基础，该环境以设计任务包为核心，把基础知识、辅助设计方法、仿真手段和方法、设计标准、规范，以及人员

第 5 章 基于平台的个性化定制与异地跨组织的产品研发

和团队合作等内容整合在一起,构成了一种围绕着设计任务包的由学习与仿真共同推动的高效数字化协同设计体系。综合设计环境(子平台)由精益研发平台提供的协同设计环境和在其上运行的贯穿整个项目过程的辅助设计、分析和管理工具组成。

由山东华云 3D 科技有限公司开发的 CrownCAD 软件可以很好地解决异地跨组织的协同设计问题。CrownCAD 是业内第一个、完全独立的基于云架构的 3D CAD 系统。通过任何位置或者端口打开网页可以实现设计的协作共享功能。除了具有一般 CAD 设计软件系统的设计、仿真等特点,CrownCAD 还具备以下云架构的优点。

(1)安全完整的版本管理。通过对云端储存、传输数据的加密,确保数据的安全性。不仅可以记录用户创建模型的完整历史,使用户可以查看任意历史的模型;还能够通过版本节点与分支的概念,实现版本控制,更易于用户进行设计评审。此外,内置的 PDM 可以降低中小企业信息化成本。

(2)创新便捷的协同设计。基于云计算,实现了创新、安全、快捷、多终端的协同应用功能。支持创建团队,实现团队成员间的高效协作。在数据安全方面,通过严格的权限控制及版本控制,确保数据的安全性。采用多种技术手段减小数据传输量,结合即时通信技术实现实时响应,从而提高协同的效率。另外,该软件还支持跨越 PC(personal computer,个人计算机)端、手机端、PDA(personal digital assistant,掌上电脑)终端、智慧屏等多种终端设备的协同设计和评审。

以下展示复杂重型装备水轮机的某一零部件的协同设计过程。

首先,在 CrownCAD 中创建项目,画出相关零件图(图 5-7)。

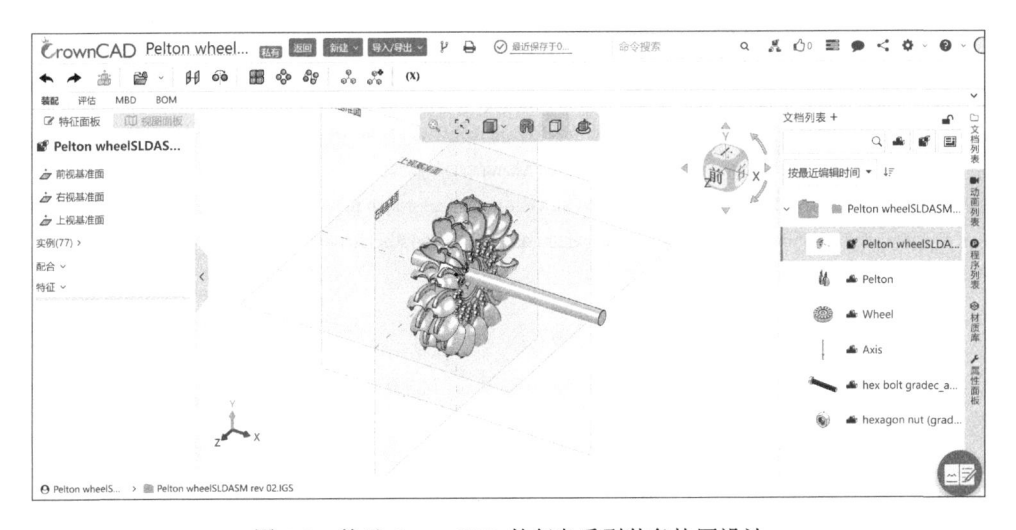

图 5-7 基于 CrownCAD 的复杂重型装备协同设计

然后，通过项目分享功能，将项目分享给项目组的成员，项目组成员可以编辑或者只读，权限由项目创建人授予。项目组成员编辑过后会实时更新，所以成员都可看到最新版的内容，同时也可以查看编辑时间和人员。基于 CrownCAD 进行设计，可以有效地解决复杂重型装备产品设计过程中异地、跨组织的问题。

5.4　本章小结

本章研究了复杂重型装备的异地协同设计模式，其中涉及个性化定制、异地跨组织的协同研发，并通过实际案例对该模式进行了分析。

参 考 文 献

[1] 武鹏. 产品个性化定制与信息可视化系统的设计与实现[D]. 西安：西安电子科技大学，2019.

[2] 刘佳，许锋，李虎，等. 网络化集成制造平台下个性化定制系统研究[J]. 机械制造，2005（8）：44-46.

[3] 龙慧敏. 工业设计视角下产品个性化定制分类模型构建及应用研究[D]. 武汉：武汉理工大学，2019.

[4] 王伟，孙炳能，刘博，等. 基于异地工厂互联的产业链网络化协同[J]. 机械设计与研究，2021，37（3）：172-176，81.

[5] 汤华茂. 基于语义的产业链网络化协同设计模式及关键技术研究[D]. 重庆：重庆大学，2010.

[6] 焦合军，赵群力，李松涛，等. 云计算环境下基于语义 Web 的协同设计系统[J]. 机械设计与研究，2015，31（5）：75-79，96.

[7] ABELSON P H. Global manufacturing competition[J]. Science，1986，232（4755）：1181.

[8] FAWCETT S E. Strategic logistics in co-ordinated global manufacturing success[J]. International Journal of Production Research，1992，30（5）：1081-1099.

[9] MONROY C R，VILANA ART J R. Strategic positioning of global manufacturing virtual networks in the aeronautical industry[J]. Technology Analysis & Strategic Management，2010，22（5）：631-647.

[10] ORTIZ A，FRANCO R D，GASQUET P G. Information technologies for manufacturing networks[J]. Studies in Informatics & Control，2011，20（1）：5-6.

[11] SHIN Y，SHIN W. A telebiometric system mechanism model and biometric network protocol for the security of networked manufacturing[J]. Journal of Intelligent Manufacturing，2010，21（5）：595-605.

[12] TURSI A，PANETTO H，MOREL G，et al. Ontological approach for products-centric information system interoperability in networked manufacturing enterprises[J]. Annual Reviews in Control，2009，33（2）：238-245.

第6章　基于网络协同平台的知识共享机制

6.1　复杂重型装备设计研发过程中的知识增值和加工

6.1.1　知识获取

结合复杂重型装备研发业务完成复杂重型装备研发专业知识体系的梳理和构建。对现有信息化系统中使用的复杂重型装备研发的相关知识，以及散落在企业内的设计人员手中的知识资源进行聚合，将其归类整理后，根据知识的来源、专业、产品、表现形式、粒度、属性等维度来对知识进行管理，建设知识的多维分类体系，统一构建各专业知识库[1]；同时建立相应的资源库和各类数据库。对各类型的知识进行深度挖掘，从机器智能和人工维护两个层面对知识进行整理、清洗、转换，最后形成显性的结构化知识，其中挖掘的对象包括文本、各应用系统、数据库、数据中心等知识源[2]。

知识获取作为知识管理的前提和基础，一直受到知识管理相关领域的广泛关注，它强调对存在于组织内部知识的整理积累。研究者从各自的观点、理论框架和研究范式出发探讨知识获取的方法与模型。目前，围绕着组织如何获取并管理知识的问题形成以下两条研究主线。

（1）通过促进对隐性知识的获取，在认识、分析和综合等形式化分析的基础上，把隐性知识资源转变为组织内可控的显性知识资源，再进一步运用管理显性知识的方式进行科学管理。这些工作的重点在于：采用专家访问、课题研究等手段推动隐性信息的获取与认知，同时利用数据挖掘、信息发现等技术，最大限度地促进隐性信息的显性化。实际上，早在20世纪六七十年代，人工智能和专家系统等知识工程研究领域的学者就已经开展了大量的关于隐性知识显性化的研究工作。专家之所以成为专家，主要在于他们拥有专业知识，特别是长时期地从实践中总结和积累的经验与技能，从而产生了如何表示专家头脑中的隐性知识的研究思路。这一时期，用于描述专家个人隐性知识的模型主要是启发式规则，基于启发式规则的专家系统在本质上是一种由大量专门知识与经验组合起来的计算机程序，它根据一个或多个专家提供的特殊领域知识和经验进行推理得到新的方法和技术。20世纪90年代以后，隐性知识显性化的研究思路发生了很大的变化，知识工程领域开始与认知心理学相结合，关注认识主体的内部世界，包括主体对外部世界的内部反映、主体所拥有的用于推理和规划行为的知识及相关规则等。与此同时，情境建模、认知地图等成为研究隐性知识的有力工具。近年来，隐性知识显性化的研究更加注重与组织知识管理实践相结合。例如，杨献磊[3]在确定了一个面对决策工作的核心型隐蔽意识概念的基础上，进一步给出了其更加形式化的概念与表达方式，从而给出了面对决策工作的核心型隐蔽意识"两阶段法"获得方式，可实现从"专家的隐蔽意识——初始状态隐蔽意识——构造化隐蔽意识"的认识过渡与获得方式。

（2）将人这一真正的隐性认识载体放在科学研究的核心，利用人和人之间的直接互动，传播和共享人类难以显性化的经验与技术，从而促进个人隐性知识在组织内部的应用与创造。这方面研究的关注点是：如何最佳地培育企业文化和制定激励制度，以促进员工之间的知识交流与共享。隐性知识的固有特征，决定了其无法用话语、文本等形式全面地表述，但学者已经通过隐喻、讲故事、深度对话、现场观摩、体验、人机辅助、传帮带等方法研究了隐性知识的获得过程和创造规律，可以说明，这种非正式的学习环境是正常知识创造、隐性知识验证、传承和管理的大自然土壤。在对非正式隐性知识学习环境的研究中，实践社区（communities of practice）成为一种重要的、卓有成效的形式，已经被广泛实践和总结成较为系统的理论，也有丰富的案例供人们研究。同时，信息技术作为构建非正式学习环境的关键性技术要素，为隐性知识管理提供诸多可资利用的工具，也是组织管理隐性知识所不容忽视的。特别的，组织可以结合专家地图、语义网络、决策树、鱼骨图、社会网络等工具作更为直观的定性或定量分析，并按照新的组织方式重新构建人际网络，以促进人与人之间的直接交流与共享。

知识获得是团体或个人获得并吸收外界所产生的知识及自身产生的不同于已有知识的新知识的社会互动行为[4]。一方面，知识成为一个巨大的团队优势，也成为团队在激烈的、动态的世界中取得竞争优势的根本。此外，知识获取也成为促进员工协同合作行为的重要因素。另一方面，在雇员从外界或同伴间获得了新知识、新技能之后，按照直接互利原则，雇员就会相应地向知识供应商予以直接利润的回报，通过这种重复性行为，也增进了彼此间合作。另外，员工还利用内部知识的获取活动，把外部知识通过与别人合作、交流而内变成自身可以反复使用的东西，从而与别人共享。在这种互动过程中，根据间接互利原则，员工为了更好地构建人际关系网、保持距离和加强人际联络以谋求更长久共同利益，会展现出更多的利他、助人等活动，由此推动了员工间合作活动的产生发展[5]。

6.1.2 知识管理

通过语义识别技术，基于复杂重型装备研制特点把知识资源池中海量的知识进行多维度自动分类，同时基于知识本体论构建知识超级词表关系，形成知识地图，建立知识之间的语义关联关系，形成面向复杂重型装备全生命周期的知识体系。同时构建相对应的知识分享机制和评价机制，高效提升知识的利用率[6]。

知识在人类生产生活过程中具有重要的价值和作用，甚至可被看作一种无形资产。例如，在社会分工过程中，拥有更多知识的个体和组织，比其他同类个体和组织具有更多的资源优势与竞争优势。知识的创造、更新、传播和使用，需要良好的内部条件和外部条件。内部条件包括主观能动性、思维方式、观念等。外部条件包括环境、交流方式、信息化工具等[7]。

当前，无论从事实体经济、虚拟经济工作，还是政治、行政、法律、文化、科学技术、教育、医疗等工作的人都是知识工作者，既需要知识服务，又需要为创新知识提供知识服务[8]。

对于企业来说，外部环境很重要，内部环境同样重要。也就是说，为企业生产提供产品（服务）、创造价值和社会财富，提供良好的外部环境是全社会的责任与使命。把外部环境提供的知识服务与企业内部环境提供的知识服务组成的知识服务体系称为广义的营商环境。

由于社会生产力的迅速发展，资金、劳动力和土地等传统生产要素的地位越来越弱，人们又迎来了一个崭新的发展时期——知识经济时代，知识产权开始作为一个企业迅速发展壮大的重要基础资源。在以知识为核心的经济时代，企业成为社会经济活力的最主要源泉。通过以价值为核心的管理，企业的竞争力随着其价值的提升而提升。在提升企业价值的过程中，知识发挥的作用更加突出，知识管理变得至关重要。

知识经济与农业、工业经济位于同一层次。知识经济是以信息为根本的社会经济，属于新的意识形态，充满无限活力。信息化的发展通常要经历三个阶段：工业化、城镇化和智能化。技术创新是知识经济增长的基础。知识经济的前沿领域是与信息相关的知识、科技与研究等。在新的历史时期，两个主要的工作就是教学和历史科研，最关键的资源是人。

6.1.3 知识的范式化

协同设计模式的范式化，一般以工作流为抓手。通过柔性工作流程进行的管理工作可以是整个系统设计管理工作，也可以是总体设计讨论、物理方案设计或软件方面的管理工作。这部分管理工作是由工程设计负责人把工作包再划分为工作过程分派而来的。设计工程师得到各项任务后,通过工具步骤或技术流(组件或模块)来进行管理工作。在管理工作进行移交时,将数据保存到过程或数据系统中。

将在众多项目或流程设计中大量使用的多人协作流程归一化、普适化和标准化,并利用软件实现项目流程建模,从而实现设计人员间的协作配合与范式化。通过标准的流程范式模块,设计人员能够迅速完成项目流程建模和任务分配的工作下发。设计实施部门接收到任务信号后,进行任务的接受、实施和反馈。将结果计入流程数据管理。结合过程管理和数据管理,管理人员能够完成对协同的过程和任务的跟踪。

协同流程的目标控制是研发管理者(如设计科室主任)的工作,是实现协同研发目标分配、责任下达和研发进程跟踪的重要方式。研发人员可先利用可视化平台调用下一个范式,其次完成多人多专业的协同工作流程设计,然后完成流程中对目标工作名称的设定及更改(如任务描述,开始、结束时间,责任承担者等),迅速实现协同工作分解。

研制管理人员将协同设计流程启动后,各任务节点研制人员会收到相应的任务提醒信息。研究技术人员接受具体的研究任务后,可以完成任务信息查询(如任务描述、开始日期、完成时限、上下游任务等)。确认无误后,即可进行任务启动。在项目实施流程中,研究队伍内部的工作过程是自主进行的,并且能够通过既定工作流程的技术流模板快速完成任务。

6.2 面向流程的知识工程方法

6.2.1 知识体系的构建

知识体系的构建一般分为知识获取、知识管理和知识创新三个部分。

(1) 知识获取。结合复杂重型装备研发业务完成复杂重型装备研发专业知识体系的梳理和构建。对现有信息化系统中使用的复杂重型装备研发的相关知识,以及散落在企业内的设计人员手中的知识资源进行聚合及归类整理后,根据知识的来源、专业、产品、表现形式、粒度、属性等维度来对知识进行管理,建设知识的多维分类体系,统一构建各专业知识库;同时建立相应的资源库和各类数据库。对各类型的知识进行深度挖掘,从机器智能和人工维护两个层面对知识进行整理、清洗、转换,最后形成显性的结构化知识,其中挖掘的对象包括文本、各应用系统、数据库、数据中心等知识源。

(2) 知识管理。通过语义识别技术,基于复杂重型装备研制特点将知识资源池中海量的知识进行多维度自动分类,同时基于知识本体论构建知识超级词表关系,形成知识地图,建立知识之间的语义关联关系,形成面向复杂重型装备全生命周期的知识体系。同时构建相对应的知识分享机制和评价机制,高效促进知识的利用率[6]。

(3)知识创新。对于知识创新,建立知识创新广场,聚集复杂重型装备方面的多领域专家库,通过知识创新广场为各级人员持续提供知识资源,扩大视野,提高业务能力。

6.2.2 知识工程系统

知识维为精益研发系统的三个技术层面之一,代表企业的创新能力建设。企业知识积淀与运用的层级决定着企业研究的智能程度,层级越高,企业研究的智能程度越高。因此,企业知识工程建设成果将成为企业精益研究的基石,企业可以通过建立先进开发模型(研发过程、员工协作过程、开发工具流、技能流)、结构化数据库、虚拟化资源库、标准化数据库等,根据精益开发模型,将这些资料与知识库组合起来,并遵循精益开发的逻辑,建立企业精益开发系统。知识工程体系架构如图6-1所示。

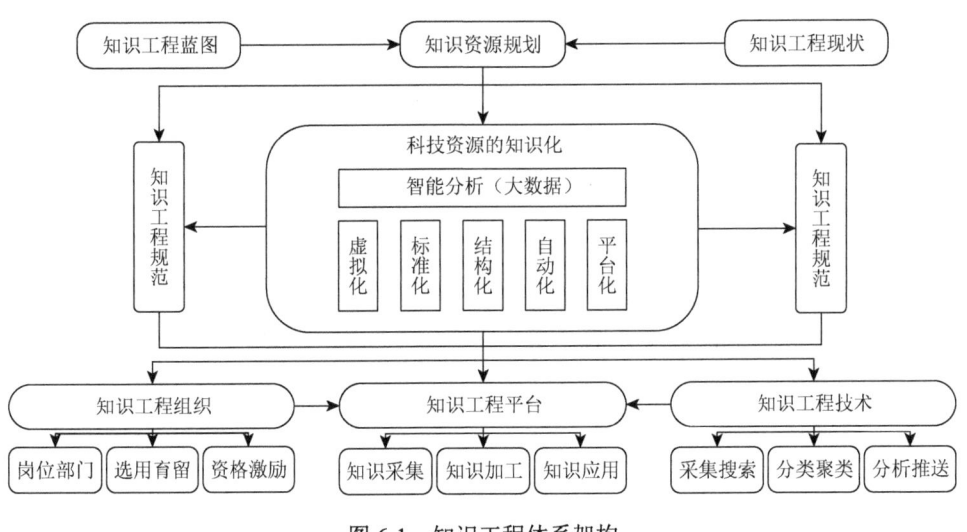

图6-1 知识工程体系架构

6.2.3 知识工程平台

由于复杂产品研发企业存在众多种类的工程软件和个性化打造的研发管理系

统,知识工程系统平台作为工程设计技术人员的工作平台,需要相关软件在平台进行集成。信息技术体系的构建需要充分考虑前瞻性,如果供应商的现有产品功能或可以自定义的其他产品能支持未来的商业应用会相当合适[9]。

知识工程平台可以实现跨部门(组织)的协同设计,在流程中需要来自各个领域的知识,同时要把工作任务所需的数据上传到平台上,再由平台将任务转交给下游。

其中,要求与知识工程系统平台完成整合的学科体系,包括以下两种。

(1)单向集成。只从标准规范系统、竞争标杆系统、专利研究系统等专业系统中获取相关知识,这样的系统集成相对容易。根据知识工程系统平台的要求,专家系统开发了相关的知识抽取接口,可供知识工程平台调用。

(2)工作平台。如检验管理系统、工艺设计管理系统。集成是双向的,因为这些专用系统可以对相关部门的工作项目和流程进行管理。

以技术研究与生产为基础的科研院所是中国"工业强国"建设的中坚力量,其技术研发重点具有以下特点[10]:商品特性为单台套、小批量、变体积;制造特征为开发、制造、生产和服务的全要素化;人才特征为需要形成能力生产密集和技术人才密集。以上特点叠加装备快速开发、交付并形成人才需求,成为当前中国制造业发展的重点课题。

为了满足企业产品设计开发周期短、对产品设计要求比较高的需求,在大数据分析推动的数字化时期,企业唯有将基础大数据分析资源掌控在自己手里,才可因此获得更大的经营价值,从而增强企业的核心竞争力,知识工程[11,12]是发现基础信息来源的主要方法。面对大数据、网络新社会的来临,智慧工程的基本需求也正在悄悄改变。

从组织的角度,感兴趣的是企业如何实现从内部大量数据资源中提取知识,将部分专家的智慧转化为组织的智慧,快速将知识转化为组织竞争力的核心。从以设计师为代表的知识用户的角度来看,对如何让知识获取更方便,如何获得"量身定制"的个性化知识很感兴趣。希望"使用"知识,而不是花费大量时间"学习和消化"它。站在以专家为代表的知识持有者的角度,让知识共享更加便捷,为知识创新提供激励,展示技能,提供公允价值激励,获得组织认可更为重要[13]。

知识工程的实施需要支持工具的帮助。信息平台的出现可以满足企业知识软件资产存储和使用的需求,提高知识管理的效率。传统的知识工程平台、多视角、个性化的应用、管理和服务面临亟待解决的问题。

基于子服务架构的知识工程平台(图6-2),使知识工程体系的所有应用领域构件子业务化,所有应用领域构件可以针对整个企业或政府部门建立自己的子业务,如果一个单位或政府部门知识库平台上的请求、检索等子业务发生了故障,也不能影响其他企业或单位的相关知识业务。

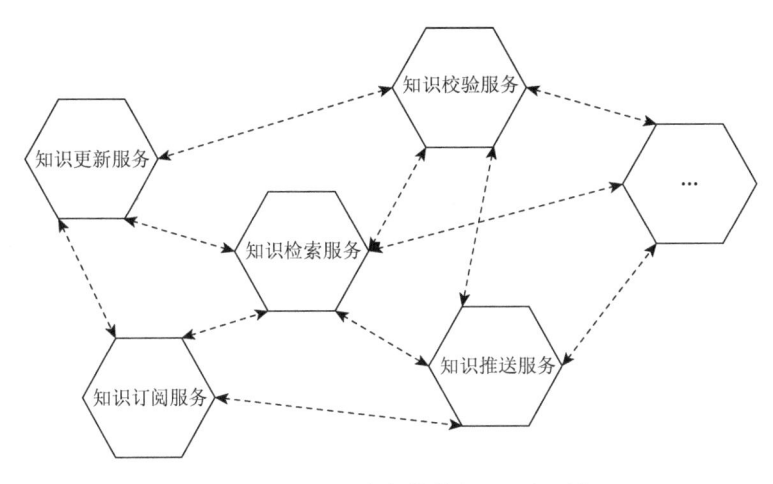

第6章 基于网络协同平台的知识共享机制

图 6-2 基于子服务架构的知识工程平台

通过知识获取将各个应用系统、基础数据库中的数据资源抽取到知识资源池内，经过过滤和处理形成知识库、资源库、数据库，然后进行统一管理，为各业务系统和工具软件提供丰富的知识应用，最后通过知识反馈进行评估和改进，形成闭环。并且建立完善的知识管理保障体系，通过规章制度和激励机制，促进员工对知识的积累、分享和应用，以保证知识管理系统的高效、持续且有序运行。

知识工程平台首先对复杂重型装备研发过程中相关的数据资源进行交换、整合与归类，其次通过知识管理子系统利用多种知识表示方法实现对知识的结构化存储以及智能管理，再次通过相关知识应用的业务系统和软件对知识进行应用，然后经过全息化（基于大数据）工具集对知识进行加工，通过知识推理、知识推送为用户提供知识检索和知识推送服务，最后运用知识反馈检查知识库系统的应用效果，形成闭环的改进提升，同时加强知识创新与知识再生。

知识工程集成系统，能够实现对信息的采集、汇聚、加工、处理和运用。知识工程集成系统一般包括数据收集接口、数据库、知识处理体系和知识应用架构。其中，知识生产平台将开发（集成）各类知识生产工具，以完成科技信息的知识化。知识生产应用框架包括知识库管理、业务管理等系统的嵌入式接口和知识库服务客户端。产学研知识工程平台框架如图 6-3 所示。

知识交互过程如图 6-4 所示。知识的交互性可以从设计单位和制造商进行知识与信息交互的深度和广度来分析。深度指设计单位和制造商交互的层次性，分为单层和多层。单层指设计单位与制造商直接交流。多层指设计单位不但与子系统级或模块级制造商交互，而且可能与制造商的制造商进行交互。这种多层合作可能是串联的跨层次合作，也可能是网络式一体化融合式的合作，多出现于经常出现的虚拟集成组织。广度指设计单位和制造商在合作过程中，知识与信息交互的范围。这种交互由浅入深分别为订单数据交换、制造规范交互和专家知识交互。

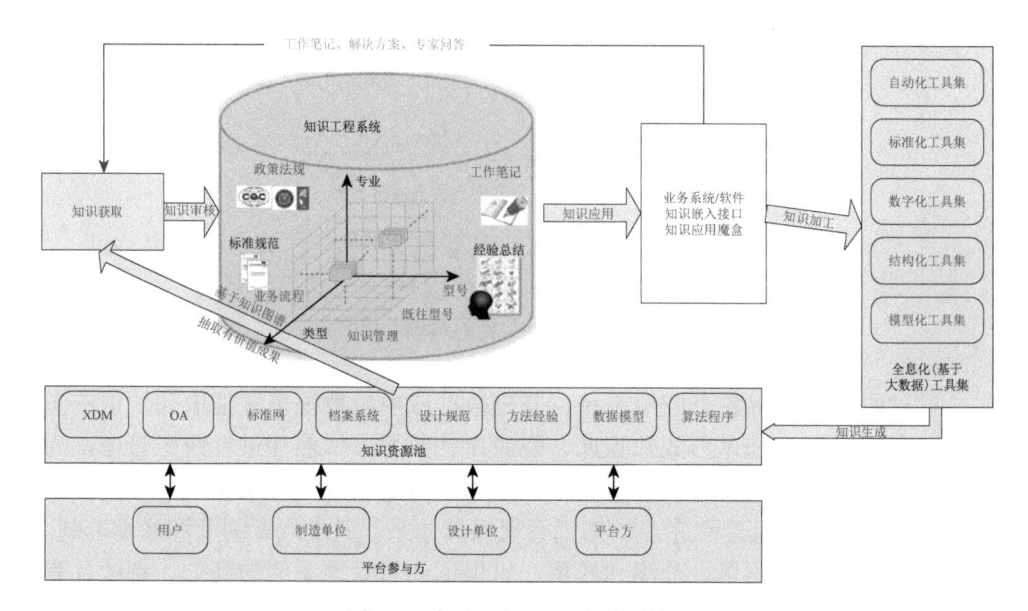

图 6-3　产学研知识工程平台框架

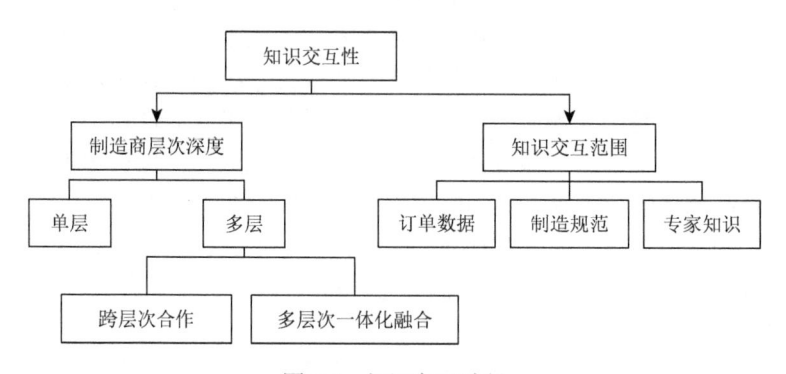

图 6-4　知识交互过程

6.2.4　知识图谱辅助产品设计

当前企业、科研院所投入了巨大的财力、人力，引进了数量众多的商业化软件，如设计软件、仿真软件和数据管理系统、MES 等大型信息化系统，然而这些资源、软件、系统大多呈现出分散无序的状态，各自为政地管理一部分数据或信息，伴随着研发业务数量的不断增长，以及对产品质量、研发效率等要求的不断提高，研发数据量的指数级增长，数字化研发过程中信息化建设和应用的不足之处逐步显现出来。

（1）信息化软硬件资源利用率低。缺乏硬件资源管理和调度手段，不能充分发挥硬件资源共享优势，应用效率偏低；软件资源分配缺乏合理性，使用过程中没有应用高效准确的数据整合、信息统计方法导致软硬件资源购置及分配缺乏有效的依据。

（2）设计数据等资源复用率低。企业研发信息数据资源，如设计用基础性数据的缺乏造成设计随意、规范性差，对后续工艺、生产甚至物资管理、计划调度、交付等带来各种问题，产品三化无法落地，产品设计复用率较低，整体研发水平和能力很难提升。

（3）工程研发流程规范性差。目前的研发状态多是人员口头通知的方式进行设计工作上下游配合，无法实现信息化协同模式，没有结合业务实际发挥设计软件和研发平台的一体化流程优势，设计人员和管理人员总需要处理各环节的流程缺失、规范度低等造成的节点延误、返工、推诿等研发之外的问题。

因此，需要通过基于知识图谱的知识精准推送在协同设计平台中将大数据和信息高效传递给研发协同的相关角色，实现数据实时共享，以方便产品研发任务的进行。

1. 知识图谱在产品研发中的应用

在谷歌知识图谱的基础上，知识图谱（knowledge graph，KG）的概念被正式提出，其本质为基于语义网络的结构化知识库（knowledge base，KB），即具有有向图结构的知识库，以符号形式描述物理世界中的概念及其相互关系，对于大数据时代的高效知识管理、知识获取、知识共享具有重要的意义，从实际应用的角度，可以简单地把知识图谱理解成多关系图（multi-relational graph）。在知识图谱中，通常用"实体"（entity）来表达图中的节点，用"关系"（relation）来表达图中的边（图6-5）。实体指的是现实世界中的事物，如人、地名、概念、药物、企业等，关系则用来表达不同实体之间的某种联系[14]。

在产品的设计和研发中引入知识图谱，首先需要考虑知识图谱的引入能否有效地提高产品的研发效率、降低研发成本。对于复杂重型装备来说，其产品在研发过程中需要用到研发的知识库、数据库、专家库等内容，通过调用以往的研发设计经验对新产品的研发和设计进行补充与完善。

在网络化平台上，结合知识图谱的产品研发过程如图6-6所示。

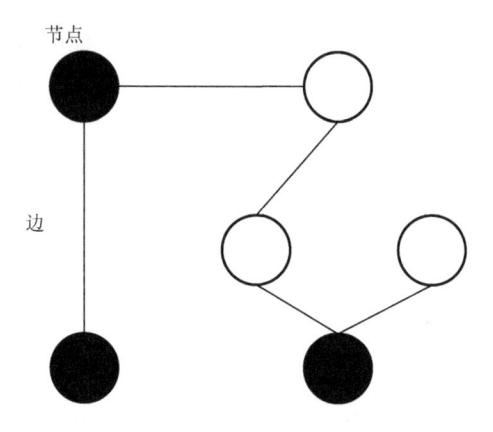

图 6-5　多关系图

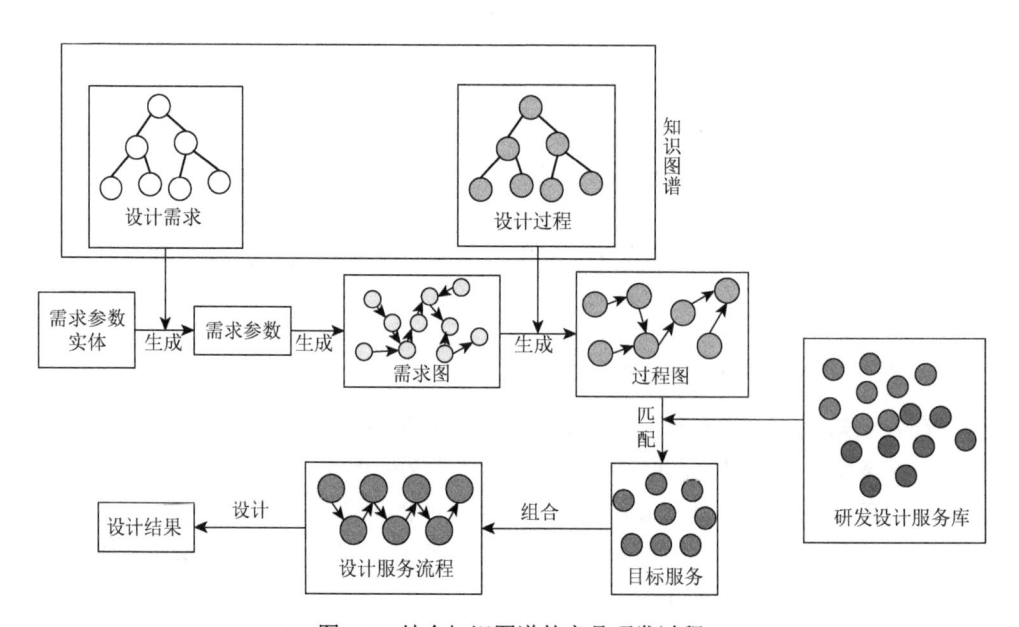

图 6-6　结合知识图谱的产品研发过程

　　管理员登录系统后，负责知识图谱的管理，即构建设计需求本体和设计过程本体，不仅可以对本体的上层实体和任务实体进行添加、删除、修改等操作，还可以对实体关系进行操作；服务提供人员通过系统提供的注册、登录页面登录系统后，可以对设计服务进行添加、管理[15]。首先，服务提供人员发布的设计服务可供设计人员按需获取、使用；设计人员通过系统提供的注册、登录页面登录系统后，可以对设计任务进行管理，查看设计任务执行状态。其次，输入需求文本后，系统识别需求参数实体。根据设计需求本体，自动获取并补全可能缺少的设计需求参数，继而生成设计需求图。再次，将设计需求图和设计过程本体进行匹

第 6 章 基于网络协同平台的知识共享机制

配生成设计过程图。然后,将设计过程图中的节点和设计服务库中的设计服务进行匹配,获得满足设计任务的目标服务。通过算法,将目标服务进行排序、组合生成设计服务流程。最后,按照服务流程路径依次调用封装好的设计服务完成设计任务,获得设计结果。

2. 知识精准推送模型

面向产品研制的全生命周期,主动向各级人员实时推送精准有效的知识,让工作人员能够更高效地在各业务系统、工具软件中方便快捷地应用知识,提高工作人员的业务水平,从而提高产品研制质量、缩短研制周期。知识推荐系统的总体结构如图 6-7 所示,包括三大层面:设计知识资源层、设计知识库构建层和设计知识服务层。

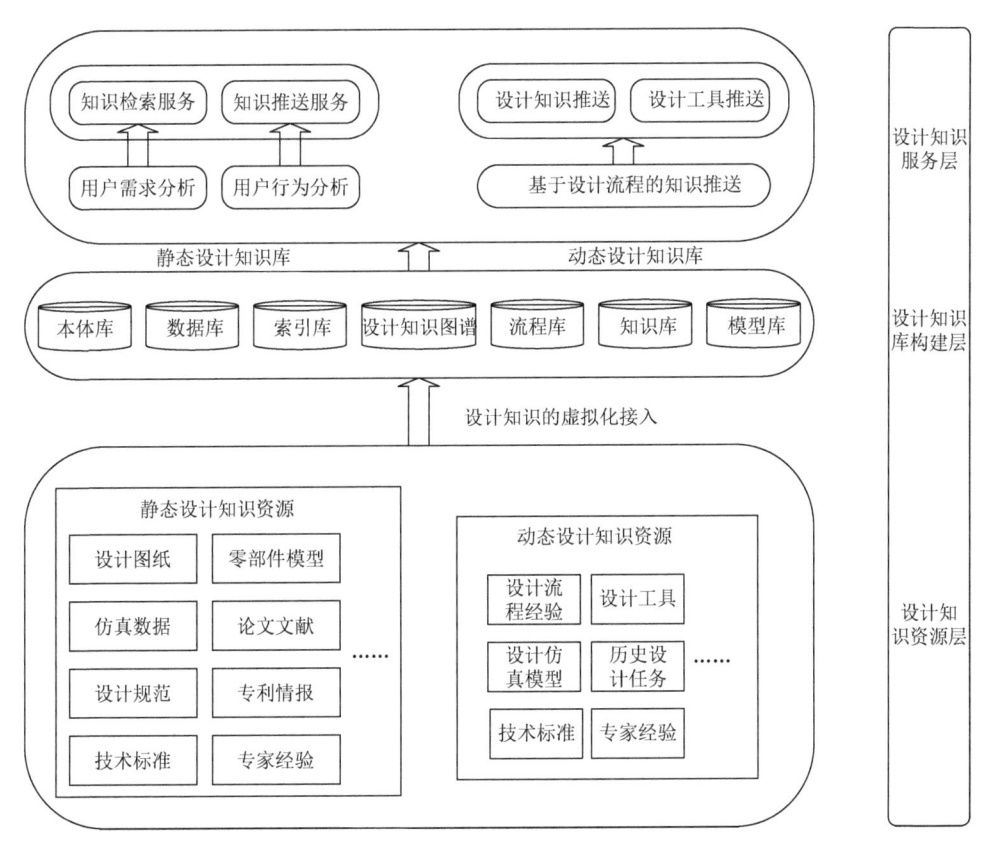

图 6-7 知识推荐系统的总体结构

设计知识资源层主要为与产品设计相关的各类静、动态知识资源,是实现设计过程知识智能推送的基础。具体包括工艺文档、技术文件、论文文献等静态设计知识资源，以及设计工具、专家经验、历史设计任务等动态设计知识资源。设计知识库构建层主要是基于设计知识资源层的各类产品设计静、动态知识资源，构建的产品设计知识图谱、产品设计知识库、设计工具知识库等一系列知识库，用以完成对复杂重型装备产品设计静、动态知识的有效管理。设计知识服务层主要包括面向产品设计过程的静态、动态两种知识服务方式。其中，静态设计知识服务是针对产品设计静态知识资源，分别实现基于用户需求及用户行为的设计知识检索以及知识推送服务；动态知识服务基于动态设计知识资源特征以及产品设计流程。知识推送模块可以让研发设计人员接收到与其工作相关的各种推送内容，方便其进行设计，以此提高研发效率。

3. 基于知识推送平台的复杂重型装备研发

本节以 40MN 油压单动卧式短行程前上料铝挤压机为例，说明基于知识图谱的精准推送如何辅助产品设计。图 6-8 简要展示了挤压机部分零件知识图谱的原型图。基于挤压机的零件知识图谱，构建出知识推送平台的知识库。

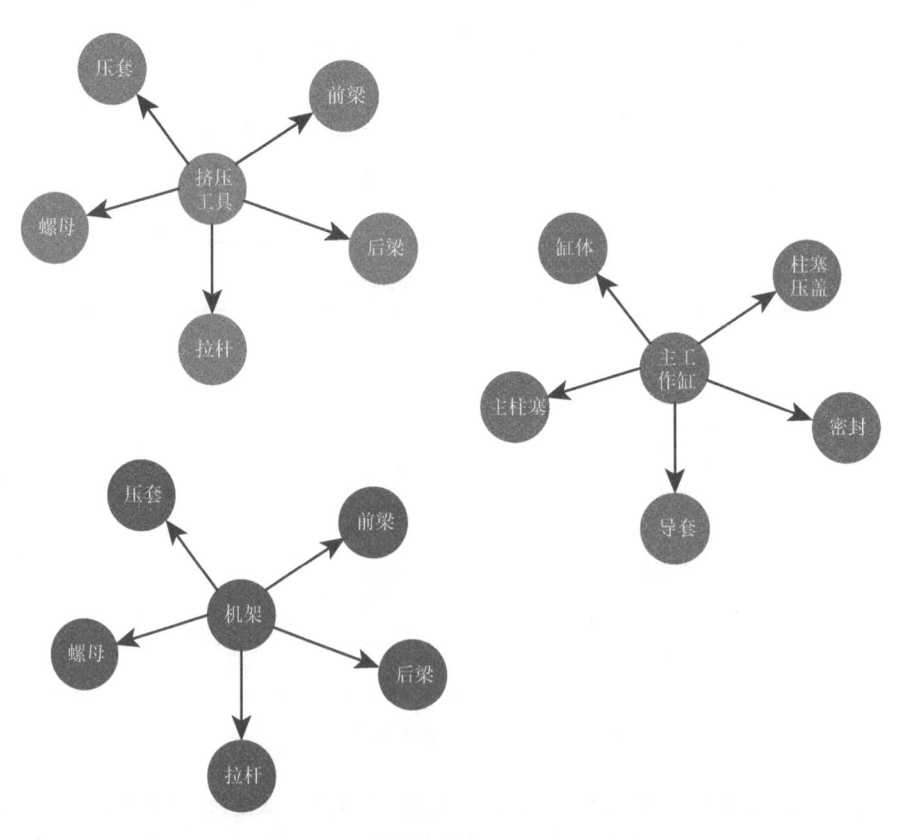

图 6-8 挤压机部分零件知识图谱

第 6 章　基于网络协同平台的知识共享机制　　·117·

通过设计知识推送平台（图 6-9），设计人员可以通过相应的服务和功能进行辅助设计。

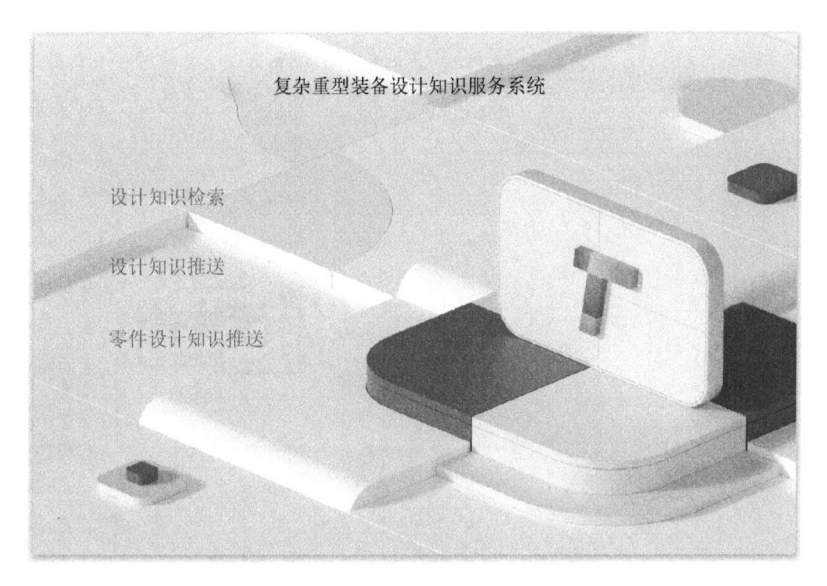

图 6-9　复杂重型装备设计知识服务系统

例如，知识检索功能（图 6-10）可以对产品的零部件设计图纸、参数、标准等数据进行检索。

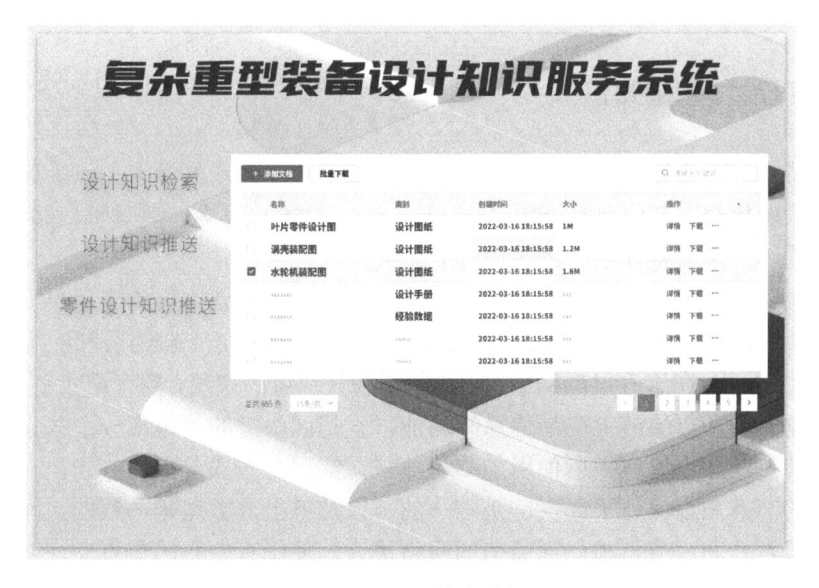

图 6-10　知识检索功能

设计知识推送功能（图6-11），设计人员在设计零件的时候会主动推送相应的设计要求、参数等信息。

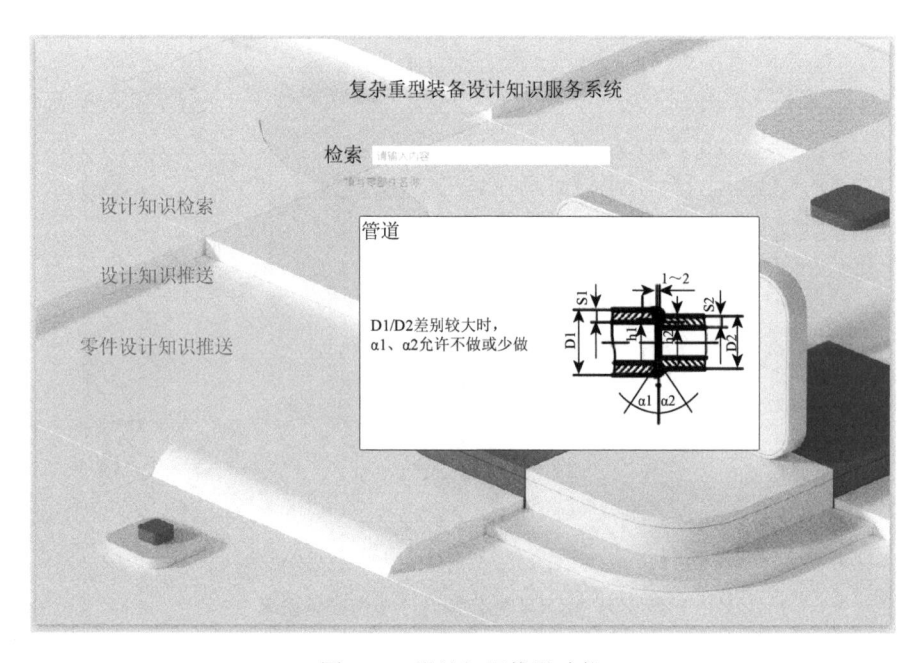

图6-11 设计知识推送功能

6.3 基于区块链的数据加密技术

6.3.1 区块链基础知识

比特币的提出让其底层技术，即区块链技术，成为新的学术热点。区块链是多种技术的集合，其中包括P2P（peer to peer，对等）网络、密码学、共识算法、智能合约等。本节将详细介绍区块链的相关技术。

区块链自底向上分别为数据层、共识层、网络层、合约层和应用层（也有学者将区块链基础架构分为数据层、网络层、共识层、激励层、合约层和应用层[16]），如图6-12所示。在这五层架构中，数据层作为区块链的底层，拥有记录链上数据、保证数据安全和封装链上交易信息等功能，也是区块链的关键部分；共识层封装了各个节点在共识过程中所使用的共识算法，实现分布式节点的共识，对位于世界各地的节点来说保证了区块链是唯一的，以及链上的数据是一致的；网络层为区块链节点之间、节点与外部通信的网络协议，使没有中心的节点完成数据的传播；合约层即智能合约，智能合约存储于链上的某个区块中，当有行为触发时自动执行，为区块链上的节点行为提供自主管理的功能；应用层可以根据不同的需求实现不同的功能和特性，开发不同的去中心化应用。

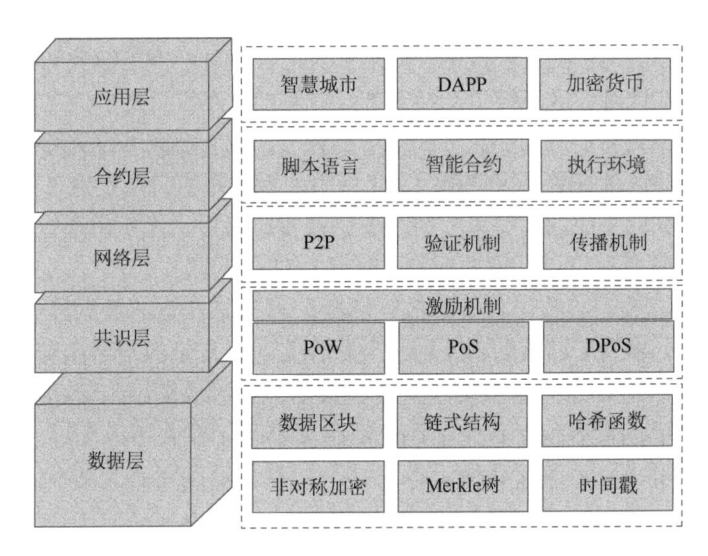

图 6-12 区块链基础架构

区块链面向世界各地的节点，链上记录的数据完全透明公开，结合密码学中的技术为链上数据的安全和完整提供保障。在区块链中，每一个区块都可以分为区块头和区块体两部分，区块头包含整个区块的信息，如前一个区块的哈希值、时间戳、目标哈希、Merkle 根、版本号和随机数等，可以唯一表示一个区块；区块体包含一个 Merkle 树，Merkle 树的叶子节点是当前区块记录的所有交易信息的哈希值，如图 6-13 所示。

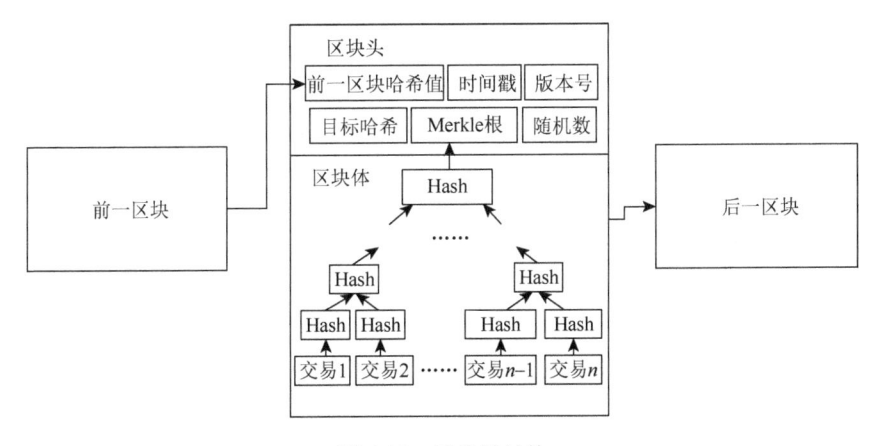

图 6-13 区块链结构

（1）公钥加密体制。公钥密码机构是，假设使用者同时拥有一种密钥（公钥和私钥），公钥将对明文执行口令，私钥对密文执行解码，但由于公钥与私钥都是不同的密钥类型，加解密的步骤也是不同的，因此这种加密算法也称为非对称密码算法。在以比特币为例的区块链中，每条交易记录都对应不同的公私钥对，用于生成数字签名和地址等。区块链上交易双方是对等的，并没有提前建立信任关系，数字签名用来确保交易信息的完整性和不可抵赖性，每个比特币的交易都需要一个有效的签名才能够记录在整个区块链上。比特币的地址是由节点利用公钥经过两次哈希以及编码运算后生成的字符串，用来表示接收比特币。比特币通过加密的归属，在获得私钥密码后就可以获得对应地址比特币的处置权。

（2）哈希函数。哈希函数又称散列函数，可以将任意的数据经过压缩处理，转成有限长度，并且压缩后的值不能恢复成原数据。常见的哈希函数有 SHA-256、SHA-512、MD5 等，这些函数常用来校验数据。在区块链中，数据被记录在每一个区块中，除了创世区块，每个区块的哈希都会被记录在下一个区块头中，以此构成一条哈希链表。如果区块链上存在某个恶意节点试图修改某个区块记录的数据，修改记录的数据之后的区块哈希值与下一个区块中记录的该区块哈希值不相匹配。因此，恶意节点想要修改某个区块中记录的数据时，必须修改该区块之后链接的所有区块。随着交易的增多，区块后面所链接的区块越多，区块链越长，并且区块链为了同步到世界各地的节点，每个节点都有可能存储区块链副本。随着链上节点数量的增加，篡改数据的难度增大。因此，如果恶意攻击者想要修改区块链上的记录，就计算复杂度而言是不可行的。

（3）Merkle 树。Merkle 树又称为哈希树，是一个可以把所有数据的哈希值以树形的结构来描述的数据结构。Merkle 树在区块链中的应用场景为快速验证，区块链中使用的是二叉 Merkle 树。在每个区块中，区块体记录了当前区块中的所有交易数据，以树的形式组织在一起，叶子节点包含当前区块内一次交易数据的哈希值，非叶子节点存储两个哈希值的哈希。根据哈希算法的特点，两个节点在共识过程中，只需比较 Merkle 树根节点的哈希值，即可判断两节点持有的交易数据是否是一致的，不需对比区块中记录的所有数据就可以快速验证交易。

区块链网络采用 P2P 网络架构，如图 6-14 所示，在区块链网络中，所有节点都处于对等的地位，任意两个节点可以进行通信，每个节点都可以独自进行交易事务或者区块信息的广播、新节点的发现等服务[17]。P2P 网络是由对等体组成的分布式网络，没有中心节点进行集中式管理。在中心化网络中，服务器为网络中所有节点的请求提供响应，一旦中心服务器无法响应，则整个网络不能继续运转。对于 P2P 网络中各个节点都有响应请求的功能，当节点通信时直接进行点对点传输，计算成本由网络中所有节点协作承担，因此 P2P 网络可以极大地包容节点失效的故障。在区块链中，当节点试图在区块记录数据时，以交易为例，为了确保链上交易信息的一致性,该节点会将交易信息以及数字签名等相关信息广播到网络中,P2P 网络中的其他节点在收到广播信息后对交易进行校验,并传输给其他相邻节点,最终实现系统中节点数据的同步。在此过程中,激励机制将加密货币作为奖励,激励节点提供算力以维持整个网络的顺利运行。

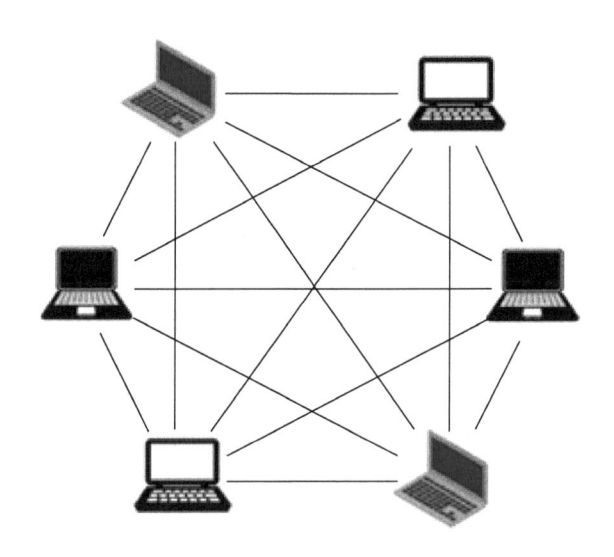

图 6-14　P2P 网络模型

在区块链中,没有中心化的管理者统一操作区块链的运行。如何保证分布式系统中所有节点都拥有相同的数据,并且能够在某个问题上意见一致,是分布式计算的基本问题之一。共识机制为保证分布式系统中所有参与节点账本数据的一致性和正确性提供了保障,因此共识机制是保证区块链能够顺利运行的核心部分。在所有采用区块链为基础服务的领域中,目前应用较多并被普遍接受的共识方式大致有 PoW(proof of work,工作量证明)、PoS(proof of stake,权益证明)和 DPoS(delegated proof of stake,授权份额验证)。

(1) PoW 共识机制。在首次提出并运用区块链的比特币系统中使用的共识机制就是 PoW,其关键在于链上所有节点通过公平的计算能力竞争,以确保分布式账本中数据的一致性。在比特币系统中,共识的过程就是比赛求解数学难题的过程,率先解决问题的节点拥有当前区块的记账权,全网承认该区块为最新区块。然而 PoW 共识机制的安全性是基于系统的整体算力的,当恶意节点控制 51%以上的算力时,就会破坏区块链分布式的特性,即 51%算力攻击。因此只有当区块链中有足够多的节点参与计算时,区块链才能保证记账权的随机性。但是,足够多参与计算的节点都付出大量计算成本,每次仅有一个节点获得记账权,这就造成了计算资源的严重浪费。

（2）PoS 共识机制。针对 PoW 计算资源严重浪费的问题，一些学者提出了 PoS 共识机制。PoS 共识机制的实质是采用权益证明来代替 PoW 的计算能力竞争，权益是参与节点对拥有加密货币的数量和拥有时间的综合考量。在 PoS 共识过程中，权益决定了挖矿的难度，权益越高的节点，其挖矿难度越低，一定程度上避免了计算资源的浪费，从而加快区块的生成。PoS 共识机制的安全性是基于系统的整体货币的，攻击者只有长期拥有系统发售 51%以上的加密货币时，才能发起 51%的攻击，因此 PoS 机制在成本上限制了 51%攻击。

（3）DPoS 共识机制。PoW 与 PoS 中每个节点都拥有"挖矿"的权利，而在 DPoS 中，采用"民主集中式"的代表方法，即系统中所有节点将权益作为选票，评选出小部分的节点作为授权代表，授权代表创建新的区块，并将交易打包记录在当前区块中，维护区块链的正常运行。DPoS 共识过程中，所有节点持续投票选举授权代表轮流对区块链进行管理。相比较 PoW 机制和 PoS 机制全部节点通过解决数学难题来争取记账权，DPoS 无须用数学难题限制节点，大幅减少竞争记账权所浪费的资源，极大地提高了出块时间，可以有效解决算力浪费和 51%攻击。但是记账权掌握在一小部分节点手中，区块链分布式账本的特性被极大削弱。

6.3.2 区块链在数据安全方面的应用

密钥为数据的安全提供保障，在不同场景中的密钥管理都需要满足实际的安全需求。密钥管理涉及密钥从生成到销毁的各个环节，主要包括密钥生成、密钥分发、密钥验证、密钥存储和密钥更新[18]。密钥管理的流程如图 6-15 所示。

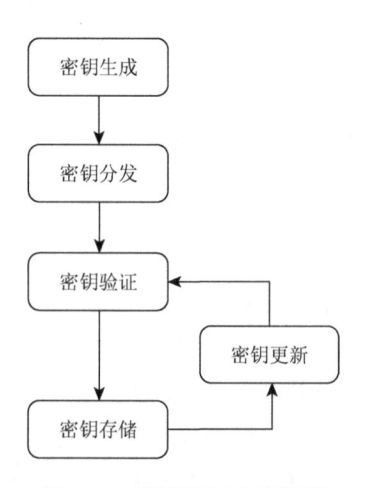

图 6-15 密钥管理的流程图

从通信对象的角度来看,密钥可以分为用于单播通信(即点对点通信)的单播密钥和用于组通信的组密钥。在单播通信中,密钥用于保护通信信息,因此如何在通信之前创建信任关系以及会话密钥是密钥管理的研究重点,这与所使用的加密体制有关。在基于对称加密体制方案中,加解密钥相同无须检验密钥,但安全性较低,容易受到恶意节点的攻击;在采用公钥加密体制时,密钥的安全以及公钥的真实性需要额外的计算成本,而且加密过程比较复杂,不适合用于轻量级场景中。在单播通信密钥管理中,存在信道的可靠性、信道的带宽、可信第三方等问题。在自组织网络中,组密钥及其管理具有广泛的应用。组密钥应用场景中,群组中所有组内成员共享一个密钥。组密钥管理方案可以分为集中式、分散式和分布式[18]。在集中式的方案中,密钥服务器(key server,KS)统一为组内成员创建密钥。在分散式的方案中,所有组内成员共同分享一个密钥,大的群组被分为几个子组,由组密钥服务器(group key server,GK)为组中的所有成员提供服务,每个子组都有一个子组密钥服务器(subgroup key server,SGK)负责管理该子组密钥。在分布式的方案中,所有组内成员共同协作完成组密钥的生成和分发工作。组密钥管理需要考虑组内成员动态变化时的密钥安全问题,每当有组外成员想要加入群组时,为了避免新成员获得前者的组密钥,以致可以解密未经授权的前者包,应生成新的组密钥并将其分发给所有组成员,包括新加入的成员。成员离开组或从组中逐出后,为所有合法用户更新组密钥,使离开的成员无权再知道组中多播的信息包。

传统的数据共享平台基本都是基于第三方服务器进行数据的存储和交换,用户上传数据后无法看到平台内部的操作,只能被动地信赖第三方服务商,数据在共享过程中的完整性和机密性难以得到保障,本节基于区块链设计了一种分布式的供应链数据安全共享模型,如图 6-16 所示。

该模型主要由供应链数据所有者、供应链数据消费者、客户端、区块链和 IPFS(interplanetary file system,星际文件系统)分布式网络组成。数据所有者主要通过客户端对数据进行发布和加密。数据消费者通过客户端根据访问控制机制对需要的数据进行访问。客户端以可视化的方式为数据所有者和数据消费者提供面向不同终端的数据共享服务。区块链网络是基于以太坊搭建的联盟链网络,用于存储 IPFS 的文件信息访问地址和访问控制策略。IPFS 分布式网络主要用来存储数据所有者的加密数据,可以很好地解决区块系统的存储瓶颈问题。

在本模型架构中,主要使用基于 IPFS 分布式系统的链下存储技术。将供应链质量数据存储在 IPFS 中,IPFS 根据内容返回一个哈希值,不仅可以使用这个哈希值来索引原始数据,还可以通过哈希值判定原始数据是否被篡改。链上存储部分主要存储 IPFS 分布式系统根据质量数据返回的哈希值和数据所有者设置的访问控制策略。实现供应链数据共享分为以下三个阶段。

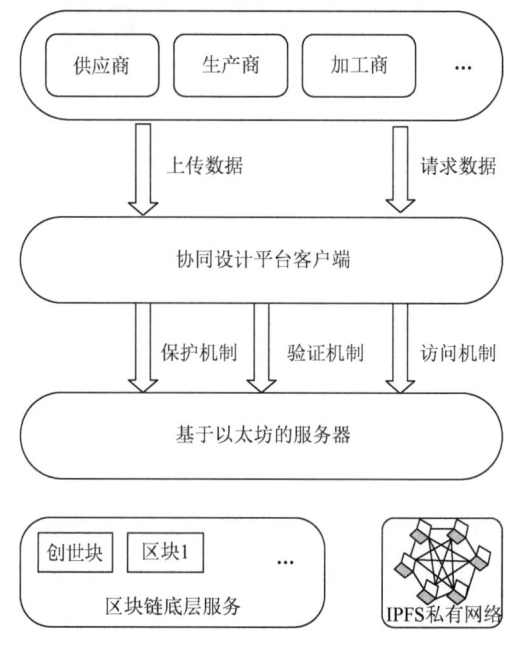

图 6-16 基于区块链的数据安全共享模型

（1）数据发布。数据所有者将供应链中的产品数据通过客户端的数据发布功能完成数据的加密和上传。供应链数据的元数据提取后放到区块链上，将数据加密后存储到 IPFS 分布式网络中，减轻区块链的存储负担。

（2）数据请求。数据消费者可以通过客户端在系统中查找所需要的数据，并根据访问控制方式向数据所有者发起访问请求。

（3）数据共享。如果数据消费者的自身属性满足数据所有者设置的访问要求，则消费者可以通过访问控制方式得到所需要的数据。

考虑将复杂重型装备的产品设计作为案例进行分析，在复杂重型装备的产品中选取水轮机进行分析。其中，水轮机的设计分为机械结构设计和电气结构设计。机械设计单位主要负责水轮机的设计，电气设计单位主要负责发电机的设计。在各自制定好初步的设计方案后，在协同设计平台上进行提交，设置相应的权限进行管理，只有特定的用户才可以查看设计方案。用户在提出修改意见后，相关的设计部门进行修改，由于区块链的应用，每次修改数据都被记录在平台上，方便日后查看溯源。

6.3.3 协同设计过程中的数据安全问题

复杂重型装备具有性能要求严格、设计更改频繁、产品构型众多、内部结构复杂等特点,所以其产品的设计过程既是一种庞大的系统工程技术,又是一种极其复杂的管理技术[1]。此外,在复杂重型装备产品的协同设计过程中也存在一些数据安全的问题。

(1) 数据交换过程数据的安全性。由于复杂重型装备产品的特殊性,其设计数据需要严格保密,因此在协同设计的时候,需要对数据的访问权限进行严格的控制和授权,从而保证数据的安全储存和访问。数据传输过程中,平台也应该保证其安全,如可以通过区块链对数据进行加密传输,保证数据不被篡改、窃取,同时也能追溯数据的来源和去向。

(2) 数据无法选择性共享。复杂重型装备产品的设计是需要多方异地协同的一个过程,在协同设计的过程中,各个单位需要共享各自的相关数据,从而方便开展设计工作。但是由于涉及各单位的相关利益,部分数据不便和外部共享,因此需要对数据进行选择性的共享,数据需求方只能使用部分数据,其他数据只有查看权并无使用权。

(3) 数据被用于牟利。在协同设计的过程中,设计单位会和制造单位共享产品零部件的设计图纸等重要设计文件。但有时会有设计单位按照图纸制造订单外产品,然后自行销售以牟取利益。对于这种问题,可以考虑采用更加先进的数据加密方法对数据进行加密,同时也要对使用数据的权限进行限制。

6.3.4 协同设计过程中的数据加密

在复杂重型装备产品设计的过程中,涉及多个部门、单位异地协同完成,因此设计数据需要共享。那么,在共享数据的过程中就可能存在数据被泄露的安全问题,还有可能涉及未经授权而使用数据牟利。例如,设计单位把图纸发给制造单位后,制造单位利用设计图纸制造出零件进行售卖,或者将图纸复制向外出售,都会对设计数据的拥有方造成损失,并且会泄露涉密数据。针对此类问题,本书考虑采用联邦学习模型来解决复杂重型装备在产品协同设计过程中的安全问题。

1. 联邦学习模型

联邦学习模型最早是由谷歌引入的[19],联邦学习的主要目标是以分布在多个设备上的数据集为基础,构建机器学习模型,防止泄露重要数据。联邦学习模型的基础定义为:假设有 N 个参与方 $\{F_1, F_2, \cdots, F_N\}$,他们各自拥有的数据集记为 $\{D_1, D_2, \cdots, D_N\}$,每个数据集的所有者都不希望将自己所拥有的数据暴露给第三方,但是又需要每个参与者的数据来进行一个共同的设计任务。传统的方式自然是把所需要的数据整合在一起,使用 $D = D_1 \cup D_2 \cup \cdots \cup D_N$ 来共同对机器学习模型 M_{SUM} 进行训练。而联邦学习系统是一个协同的过程,在此过程中,数据的拥有者

协同训练模型 M_{FED}，同时每个参与者并不用将自己的数据共享给其他成员。设 V_{FED} 为联邦学习模型的精度，V_{SUM} 为传统方式的模型精度。存在非负实数 δ，使得 $|V_{FED} - V_{SUM}| < \delta$，则称该模型具有 δ 精度损失。

联邦学习的类型分为三种：横向联邦学习、纵向联邦学习和迁移联邦学习，不同的数据类型划分对应着不同的学习方式。横向联邦学习适用于各参与方掌握相同的数据特征，但是数据的样本不同。纵向联邦学习恰恰相反，各个参与方掌握的样本相同，但是数据特征不同。迁移联邦学习应用于参与方掌握的数据特征和样本都有较少的重叠。对于复杂重型装备产品的设计来说，采用横向联邦学习最为适宜，针对复杂重型装备的设计过程中，各方掌握了相同的特征，也就是都与复杂重型装备相关，但是数据样本不同。例如，设计单位掌握的样本是产品设计的相关理论数据和经验数据，制造单位掌握了产品制造出来后的运行、调试等相关的数据。采用的横向联邦学习算法（算法6-1）如下。

算法 6-1　横向联邦学习算法

假设 N 个参与方用 n 来编号；A 为参与方客户端最小的数据集单位，B 为本地客户端的时间记录，η 为数据学习的效率。

```
服务器开始工作：
    Initialize ω₀
    for each round t = 1, 2, ⋯ do
        m ← max(C·K, 1)
        Sₜ ← (random set of m clients)
        for each client k ∈ Sₜ in parallel do
            ωₜ₊₁ ← ClientUpdate(k, ωₜ)
        ωₜ₊₁ ← Σ(k=1 to K) (nₖ/n) ωᵏₜ₊₁
ClientUpdate (k, ω):  //Run on client k
    ℬ ← (spilt Pₖ into batches of sizes B )
    for each local epoch i from 1 to E do
        for bach b ∈ ℬ do
            ω ← ω - η ∇ℓ(ω; b)
    return ω to server
```

其中，ω 为机器学习模型中损失函数的参数，损失函数通过加权平均法算出；n_k 为每个客户端上的 batch 数。

对于复杂重型装备的协同设计，采用联邦学习模型进行数据安全的保障，图 6-17 是各个项目参与方与协调方的联邦学习模型。在复杂重型装备产品的设计过程中，各个项目参与方在网络协同平台上上传各自的数据，如设计单位对于产品中机、电、液零部件的力学性能分析、有限元分析、电路分析以及液压系统分析等数据，制造单位在生产制造过程中的生产数据（废品率、材料损耗等）。在各项目参与方将其数据上传到网络协同平台之后，项目总包方（协调方）对数据进行整合，再把各项目成员所需其他成员的相关数据进行加密后发给各项目成员。

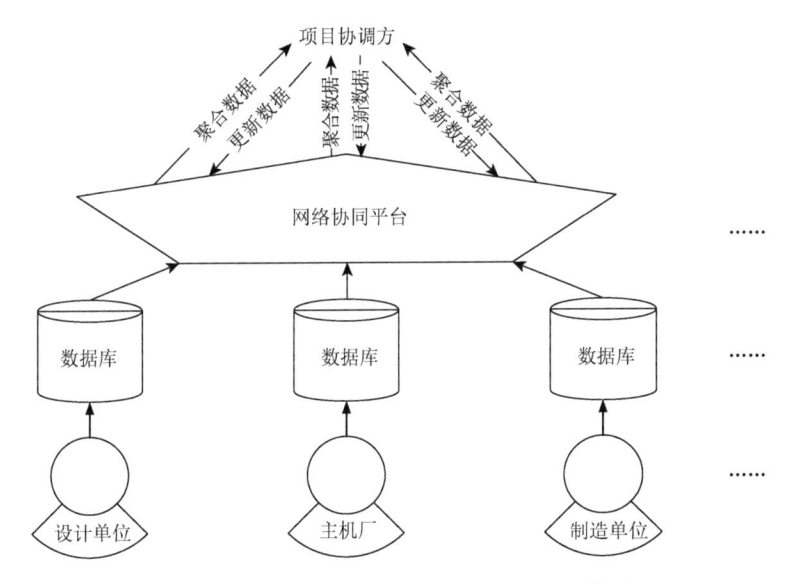

图 6-17 复杂重型装备产品设计联邦学习模型

2. 雾协同加密算法

随着 5G 的发展，基于雾计算（fog computing）的研究逐渐增多[20,21]，利用雾计算中基于数据加密的研究也成为近年来的研究热点[22]。本书考虑采用雾协同云访问的方式对数据进行加解密，具体的系统模型如图 6-18 所示。

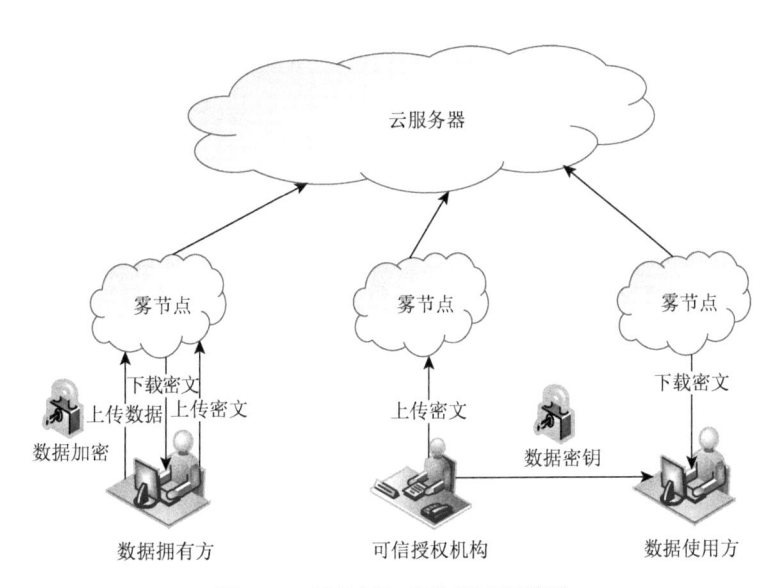

图 6-18 雾协同加密数据过程模型

该加密方法的主要算法过程包括系统初始化、数据加密、密钥生成和数据解密[23]，具体步骤如下。

（1）系统初始化。首先，执行 Start(λ,U) 算法，输入安全参数 λ 和全局属性 $U=\{A_1,A_2,\cdots,A_n\}$，输出每个用户的身份标识 UID。其次，构建循环加法群 $G=\{G_1,G_2,G_T,\rho,e\}$，并计算 $e(g,h)$，其中 g 为生成元数，n 为随机群元素 $h_1,h_2,\cdots,h_n \in G$ 的个数，对应着 U 中的 n 个属性。然后，授权机构选择随机数 $\alpha,\beta \in Z_q$。最后，由授权机构输出公钥 PK 和系统主密钥 MSK：PK $=(g,g^\alpha,e(g,g)^\alpha,h_1,\cdots,h_n)$、MSK $=g^\beta$。

（2）数据加密。首先需要用户（数据拥有者）制定适合自己的访问策略，然后生成部分加密密文 CT $=\{U,V,e_v\}$，其中，v 为用户的访问策略。最后，数据拥有者通过加密规则部分加密密文 CT，生成 CT′ $=\{E_k(M),R,U',V',e_v\}$，通过雾节点发送至服务器。

（3）密钥生成部分是由可信授权机构执行算法 Key(PK,MSK,A,UID) $\rightarrow$ (SK$_{\text{UID}}$,FK$_A$,SK$_A$)，其中，A 为用户属性集合，SK$_{\text{UID}}$ 为身份密钥，FK$_A$,SK$_A$ 分别为雾节点密钥和用户密钥。

（4）用户对数据进行解密。Decrypt(PK,CT′,SK$_{\text{UID}}$,FK$_A$) $\rightarrow$ CT″，其中 CT″ 为部分解密密文，当用户使用者输入部分解密密文和用户密钥时，如果成功解密就会得到明文 M。

6.4 知识的保护、共享和激励机制

6.4.1 知识的保护

对于知识共享这种行为，以个人的视角来看，知识共享是一种积极的行为，无论工作或者获得成果——要么积极分享自己所了解的，要么积极向其他人介绍自己想了解的。从管理的观点出发，知识获取是为方便团队人员进行知识的学习，增进学习交流，提高团队知识水平，提高完成个人和团队任务的水平，最后的目的是使整个团队"知晓"该知识[24]。

知识共享的研究领域主要包括信息传播、组织学习、知识转移、沟通、认识市场、人力资源管理等六个角度[24]。从计算机技术的角度出发，针对无法编码的经验数据，信息技术者能够利用记录法寻找具备解决某种特殊条件能力的经验知识分布；针对所有可以编码的全面专业知识，计算机技术能够协助建立结构化的信息系统、知识库或者各种培训系统；针对部分外显性或部分内隐记忆的新型知识库，计算机技术能够创造一种存放个案实例的图书室或资料库，包括电子布告

栏或讨论区[25]。管理的角度和技术角度的观察完全不同，从管理的角度来观察认识信息共享，认为意识信息共享是一个以形成组织知识和信息为目的的管理的能动性步骤。但从意识转移的角度出发，知识共享活动又包括社会性、外化、综合化、内化等四个阶段[26]，通过从隐性知识向显性知识不断转移使社会中的科学知识不断地增长、创新和发展。从沟通视角的知识共享理论，明确了知识共享活动是科学知识的内部相互作用的行为活动，是一个不断对技能知识的各种形式重复的动态的流程安排[27]。认知市场经济角度的分析指出，在组织中出现了一种性质与商品交易市场和金融服务交易市场相近似的知识交换市场经济，以及一个交易市场定价制度和酬劳的相互支付关系，认识买卖双方可以在自愿的原则下进行买卖，并希望可以利用市场交换而获取利润。人力资本经营角度的深入研究尤其重视职工个人主观动力在知识产权资源共享中所起的关键作用，职工个人身为知识产权资源共享的参与者，一旦不愿共享知识，组织的知识产权资源共享目标将无法实现。所以，激活职工个人共享知识的动力有着十分关键的意义[28]。

在知识产权视野中，信息获取活动是以产权保护方式存在的信息收集、传递和获取活动[29]。作为对个体主体智力劳动成果的有效激励，知识产权可以通过无形物权的方式，由我国立法赋予主体在特定时间内行使专有权。然而在知识共享进程中，非均相主体却存在着因知识的特殊属性而导致的知识流失问题。此时，知识产权的特殊归属就会通过专有、排他等作用，限制非均相主体对知识创造功能的实现，从而大大降低了知识共享程度。但是，由于知识产权主体一般都具备授权、转移、信托、质押和拍卖等实体财产所特有的商业特征，因此政府应利用知识产权的商业特征建立公平合理的权利分配制度，从而提升知识共享程度。由此可知，通过信息共享的异质主体与投入的信息客体，同时具备法律、技术、外部条件和服务等四大特征，从而使信息资源的共享产生了不同的作用。

1. 法律属性特征分析

异质性主体知识产权的法律属性是指法律所赋予权利人可以就其掌握的专利行使的专有或者垄断权，并通过保护权利人的权益来鼓励持续创造。但是，随着法律权力的强大保护，异质性主体基于对各自核心知识产权的维护和主体竞争力的维持，知识产权法律属性从某种意义上却妨碍了异质性主体知识产权共享的顺利进行。如图6-19所示，法律属性对知识产权共享活动的主要负面影响就表现在共享实现路径上被阻碍。专利性质在异质性主体竞争力上体现得越关键，法律属性对私有专利的维护也就越强势，进而阻碍异质性主体知识产权共享活动的顺利进行。

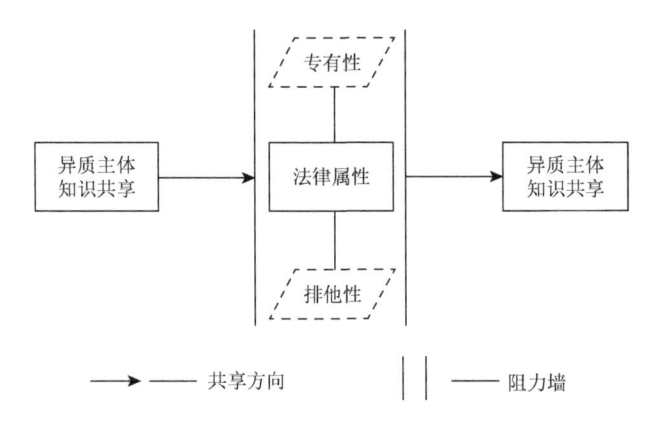

图 6-19　法律属性对知识共享的影响

2. 创新属性特征分析

泛知识资源时代背景下，产品与技术创新也成为协同的重要任务。在知识产权资源共享中，异质性主体之间通过投入彼此互补的知识资源，来实现创新属性之间 1+1＞2 的协同效应，并以此提升知识产权资源共享能力与效益。具体地，在认识协同中异质化主体意识的集体创新属性，表现为在生物多样性中和异质化意识经凝聚、发挥、糅合，进而产生价值溢出的集体智力劳动所产生的结果，因此也带有鲜明的个体创造性特征。创新属性对知识共享的影响，如图 6-20 所示。例如，中国重型院作为设计研发的一方具备创新能力，在进行设备的研发和设计时会有第三方的设计人员参与，共同完成整个项目或者项目中部分的研发设计工作。技术创新特性可以在知识资源共享中起到磁场作用，引导异质市场主体产生共同行动，并充分发挥技术创新特性的协调作用和效率，从而达到知识资源共享的终极目的。

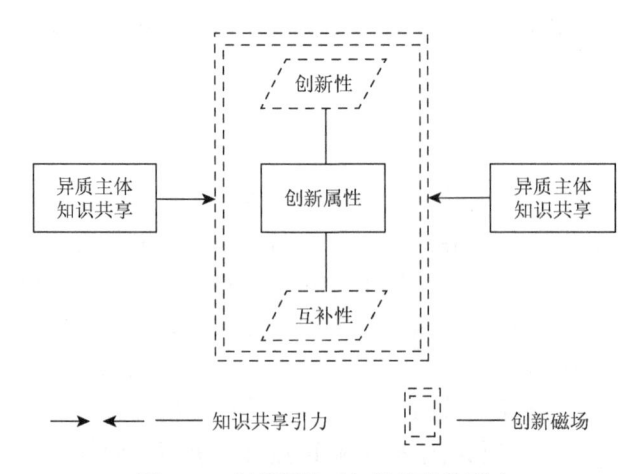

图 6-20　创新属性对知识共享的影响

3. 外部属性特征分析

非均相主体知识产权的外部属性，主要反映了知识共享的主体私有知识产权将会冲破所有权边界限制的自由传播。对于知识共享来说，要求非均相主体有核心知识产权，但是核心知识产权的外溢对非均相主体来说无疑是一个经济损失。共享创新过程容易发生机会主义行为和产生企业信任危机，更加大了是非均相主体公共领域外的专利遭到盗窃的可能性。所以，是非均相主体之间进行充分的专利共享与转移将导致私人专利向其他私人专利转移，导致专利被其他人无偿利用、复制或盗用，知识产权的所有者会丧失其专利的独占性与排他性，极大限度地削弱了是非均相主体的共享能力。在调研时了解到，当前中国重型院为了在知识共享中保护其知识产权不受侵犯，在知识共享（主要为设计图纸等资料）时将知识进行预处理（如对设计图纸进行加密、只共享设计图纸的 PDF（portable document format，便携式文档格式）版本不共享蓝图）以保护知识产权不受侵犯。

图 6-21 是外部属性引起的知识流失过程。因为市场外部条件的客观存在，市场具备了外溢特征，机会主义、信任危机等的出现也强化了市场外溢，所以市场可以冲破产权边界的束缚，被别人免费利用或复制。

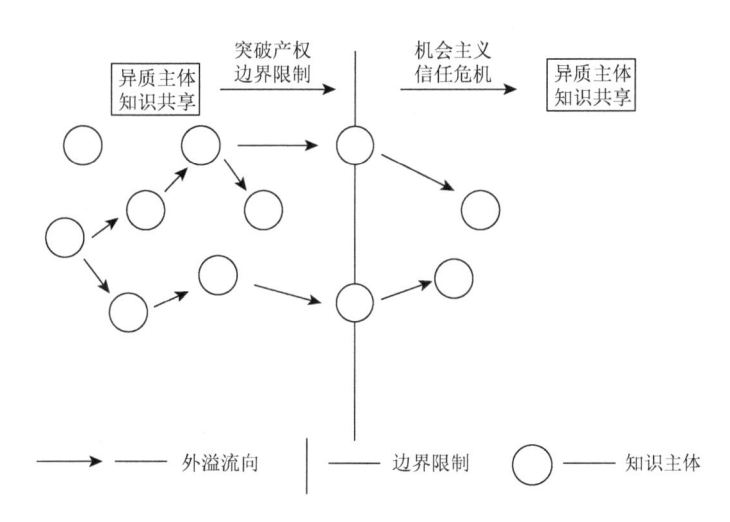

图 6-21　外部属性引起的知识流失过程

4. 商品属性特征分析

异质主体知识产权的商品属性主要表现在，专利保护主体作为人类智力劳动所创造的结果，具备了授权、转移、出资、信托、拍卖、质押、商业特许经营等有型实体具备的所有商业属性，价值可通过使用它而节约的社会必要劳动来衡量。另外，知识产权权利人能够因使用专利而获得报酬，也可以通过转让这种权利或者用这种权利去控制其他主体而获得收益，实质是一种无形财产。同时，还可通过社会交易发挥使用价值，满足不同异质主体的需要。因此，协同创新知识共享在某种意义也可认为是知识产权交易行为，交易的特殊性在于交易的目的是进行知识创新活动。中国重型院的设计研发部门内部的知识也有商品的属性。不同研发设计部门在产品设计完成后会产生许多和设计有关的显性知识与隐性知识，这些知识在下一次设计时可以被调用或参考，从而提高研发效率。但是不同的设计研发部门之间的任务并不相同，但是涉及的设计内容可能会有重合，例如，A部门想借用B部门的某设计图纸，这时B部门并不能直接将图纸交给A部门，一是因为设计图纸涉密，即使企业内部其流通也需要上级的批准；二是对于各个设计部门来说，每一次的设计和研发都意味着人力、财力和时间的投入，同时也是部门绩效的重要组成部分，如果各部门之间可以随意进行知识共享，则会对部门间的绩效考核造成一定的负面影响。因此，中国重型院的设计研发部门的负责人在调研时表示，在实际设计和研发中，如果出现部门间需要资料的共享，首先需要向上级领导请示，在上级领导批准后部门间可以进行无偿的相关设计资料的共享或交换，有时也会向提供资料的部门支付一定的成本费用。

在知识经济时代，这种基于知识产权的智力成果商品化、财产化正日趋成为异质主体广泛参与大众创新、开放和协同创新的主要收益回馈机制。如图6-22所示，商品属性对协同创新知识共享的影响正是异质主体基于对凝结在知识中创新价值的需求，在利益的驱动下，通过复杂重型装备网络协同平台，借助知识商品属性的可交易特性，实现协同效益。

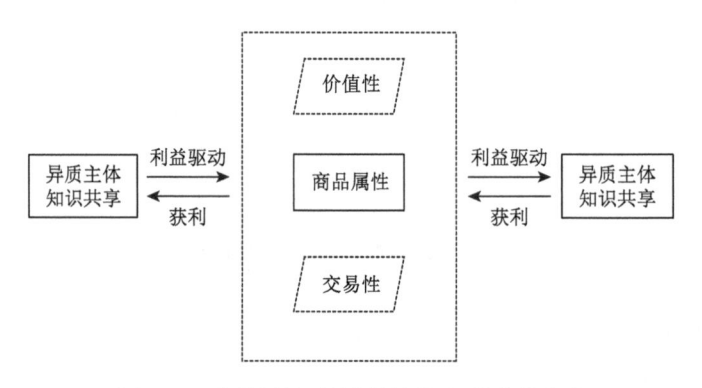

图6-22 商品属性对协同创新知识共享的影响

通过以上对知识属性的分析可以发现：异质主体参与协同创新的目的既着眼于通过知识共享与多方合作，获得基于异质主体知识聚合、发酵、融合形成新的附加值知识而带来价值溢出，也期望自身知识的保值增值，从而保持自身的竞争优势和持续发展。

在公司内强化专利的管理工作，建立复杂的专利数据共享系统。通过系统集中管理公司内的发明专利和著作权，实现专利信息的集中、整合开发和资源共享，研究工作者能够便捷充分地使用已有专利信息资料，充分促进内部技术创新活动，从而高效全面地保护知识产权。专利信息共享平台和管理系统如图 6-23 所示。

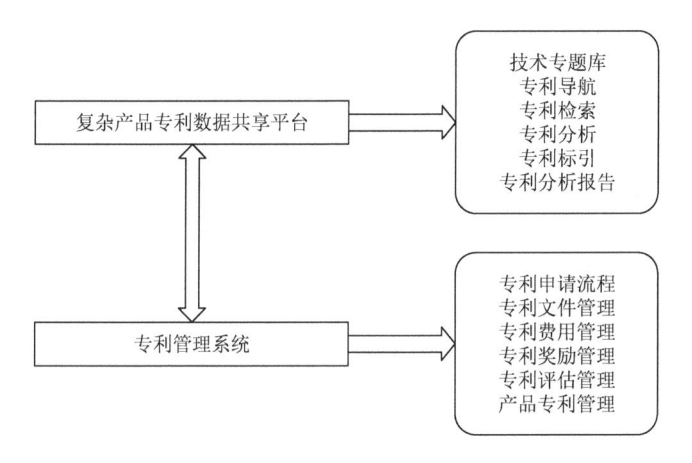

图 6-23　专利信息共享平台和管理系统

6.4.2　知识共享的激励机制

1. 社会交换理论

社会行为模型指出，人类会从主观的效率利益观点出发，寻找一个可以最高利益、最低成本的行为。也就是说，人类会在从事某种社会活动以前就权衡其所可能的成本与收益，而且只是在利益大于成本费用之时，人类才会从事这个社会活动。具体地，在网络平台情境中，成员在共享信息时做出了收益和成本双方的对比，当信息收益大于成本费用时，知识共享才是有价值的，成员才会继续分享知识。

社会交换理论发展于 20 世纪 60 年代，其理论奠基人是霍曼斯和布劳。霍曼斯提出人们之间的交换是行为的基础形式，总是基于成本收益的原则[30]。霍曼斯在总结行为主义、市场经济和现代人类社会学理论的基石上明确提出了关于社会交换的六种主要命题方式，即成功命题方式、激励命题方式、社会价值命题方式、剥夺或满足命题方式、攻击赞同命题方式、理性命题方式。

并非所有的交换都是社会交换，社会交换必须具备的条件：交换双方、交换物和交换支持。也就是说，必须存在交换的双方且双方都有对方想要的资源，在完全信息的假设下，双方只有通过交换才能满足自身的需求。交换支持既包括交换的外部环境（如组织氛围、激励机制等），也包括交换双方采取的交换促成手段[31]。其中，外部环境类交换支持对于交换活动的顺利进行起着至关重要的作用。

2. 信息甄别理论

信息甄别被界定为在市场交易中没有私人信息的，当事人为减少非对称信息对自身的不良影响，可以区分各种类型的由交易对方所提供的某种交易信息或契约。

罗斯查尔德与斯蒂格里茨于 1976 年共同考察保险市场后，首先指出了信息甄别的概念，认为通过一定的合同安排，缺乏信息的一方可以将另一方的类型识别出来，实现有效率的市场均衡。类型识别有两种方式：信息传输和信息甄别。信息传输的功能顺序不同于信息屏蔽的功能顺序。在信息传输中，个人信息的所有者采取第一个行动并将该类型的信息传输给受害者。信息过滤是通过提供各种合同，从个人信息的所有者中识别信息弱势方。在虚拟社区的早期阶段，成员拥有个人信息，其知识水平不为他人所知。并且为了躲避知识分享压力，成员有可能故意隐藏自己的类型信息。信息的不对称使得虚拟社区知识产出低于最优水平，社区管理者应该采取信息甄别而不是信息传递，提供一种契约让成员有选择地展示其类型。

在信息不对称的情况下，参与者只有在自身利益最大化前提下才会真实地显示出个人类型。激励相容理论也是个人信息甄别理论的基础。对激励相容制度研究的中心思想是在既定的机制下，假设真实显示给个人的私人信息是所有参与者的占优方式，那么这种机制就将满足激励相容性。在为某种经济行为目标的系统设置中必须符合这样的要求：第一，对参与者有限制，提高其参加交易的主动性；第二，激励相容约束，使得参与者能够在实现个人利益的基础上达到整个经济活动目标。

3. 选择性激励理论

网络平台上所有的知识都是公开的，在应用和消费上有非排他性和非竞争性。不管成员是否参与了知识这一集体物品的供给及其在参与中的努力程度如何，都能同等地分享知识。这使得每位成员都想通过"搭便车"而坐享其成，共同利益不足以促使成员采取一致行动。因此，奥尔森也表明除非参加者的数量非常有限，甚至除非具有某些强迫措施或特殊机制，否则理性的个人将无法采取措施以达到自身利益，即团体作战的困境。为了克服这一集体行动的困难，在制度建设方面奥尔森提出了选择性激励机制。

一般情形下，选择性激励主要表现为物品、货币等的激励。但是，经济激励并不是选择性激励的唯一表现形式，选择性激励还包含以名望、地位等体现的社会激励。经济激励与社会激励的作用是同等的，都可以激励成员承担集体物品的供给，促使个体理性向集体理性过渡[32]。

选择性激励之所以能够解决集体行动的困境，是因为其解决了外部性问题。贡献者可以参加集体物资的生产活动，除了可以得到集体物资，还可以得到一些私人利益，包括奖金或声望等，从而弥补其付出的成本。其他成员也一起负担着集体物品的供应成本，而这个成本就相当于从贡献者处得到的收益，此时不参加集体行动所获得的净利润也与参加集体行动时无异，因此成员不会继续选择搭便车行为，而是主动参与到集体物品的生产中。选择性激励机制是将个人利己行为的机制设置作为促进利益达成的途径，由此完成了个人利益和集体利益的结合。

4. 网络协同平台的知识分享激励机制

网络中协作研发平台的大部分知识来自少数成员的贡献。然而，由于他们的外部性，这些成员并没有尽一切努力向平台提供知识。成熟的网络平台现在能够区分成员类型和贡献，平台成员的"选择性激励"已成为当前层级激励为平台管理者机制提供设计思路的关键。由于网络协同研发平台的目的是通过丰富平台知识库吸引更多的成员加入，最终实现协同研发平台的商业价值，因此对"潜水者"实施惩罚是一种不理性的行为，网络平台唯有采取对知识共享者的奖励才能达到这一目的。通过奖励继续做出贡献的成员，在线平台基本上抵消了知识共享的成本。为了个人利益的最大化，会员将尽最大努力分享知识，使平台的集体利益得以实现。

综上所述，网络协同研发平台知识共享激励框架如图6-24所示。

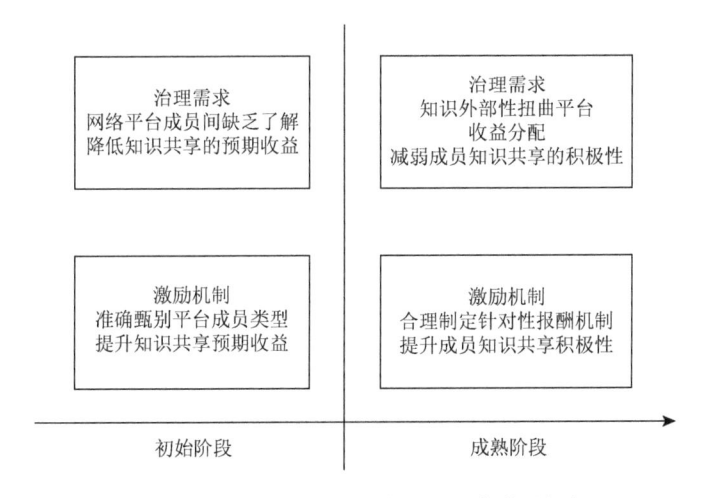

治理需求 网络平台成员间缺乏了解 降低知识共享的预期收益	治理需求 知识外部性扭曲平台 收益分配 减弱成员知识共享的积极性
激励机制 准确甄别平台成员类型 提升知识共享预期收益	激励机制 合理制定针对性报酬机制 提升成员知识共享积极性
初始阶段	成熟阶段

图6-24 网络协同研发平台知识共享激励框架

但是，由于复杂重型装备网络协同研发平台的特殊性，即各参与者都掌握一系列的核心技术，并不能随意地在平台上共享。这就给平台的知识共享激励机制的实施带来了一定的困难。为此，考虑从以下几种情况对知识共享进行讨论。

（1）存在合作关系的参与者。在网络协同研发平台上各参与者可以通过平台进行项目的合作，合作过程中必然会出现双方需要交换数据或者信息的情况。在这种情况下，双方（多方）对知识共享拥有自主权，同时其可通过平台进行知识的共享。例如，在某复杂重型装备进行设计制造的过程中，制造方可以在平台上查看、调用相关的设计图纸、参数等数据；设计方可以有选择地上传数据，并对数据赋予一定的权限；用户则可以通过平台实时了解产品的进度，并提出相应的意见。因此，所有在平台上共享的知识仅限于该项目内部的成员查看，平台上其他参与者无权查看。

（2）无合作关系的参与者。网络协同研发平台中很多参与者之间并无合作关系，对于此类用户，如果其中一方想获取其他参与者的知识（包括设计图纸、数据等），那么他们可以通过平台进行知识共享。由于涉及知识产权以及知识的保护，平台用户之间可以协商，在平台上签订相关协议并向知识提供方支付费用（如有需要）。经过共享的知识可以发布在平台上，其他需求者依然可以与知识提供方联系，从而获取知识。

5. 用户参与创新过程中的知识共享激励机制

伴随日益激烈的市场竞争，顾客需求逐渐呈现个性化和多样化，无形中驱使着企业必须以更短的时间和更低的成本来开发更符合市场需求的新产品。然而，企业调研发现，顾客参与的缺失极大地降低了产品创新的效率[33]。顾客参与产品创新能够帮助企业有效整合顾客需求信息，提高新产品开发能力。企业必须打破新产品开发的传统模式，积极引导顾客参与企业产品创新过程，并以此捕捉顾客的潜在需求，共享顾客知识和能力，继而提高新产品开发的成功率，增加企业的市场竞争优势。顾客参与能够为企业的产品创新活动带来新的思路、知识、需求信息等资源，帮助企业加速研发进程，提高新产品的市场接受程度，并以此影响最终的产品创新成效。顾客与企业产品的创新是彼此之间基于知识共享来联合解决问题的过程。例如，Homans 认为成功的新产品开发来自顾客参与，顾客和企业研发人员的知识共享将会加快新产品开发的进程[34]。然而，顾客与企业研发人员的产品创新活动是一个复杂的互动过程，他们对产品创新的贡献源于其自身对利益的需求，所以主观上并不愿意与其他成员共享知识，因而合作开发难以达到预期的效果[35]。此外，产品创新成员的个人知识不仅包含显性知识，还包含隐性知识，如企业研发人员在过去的产品开发过程中累积的相关经验和能力，顾客在以往的消费行为中学习到的相关知识和购买、使用经验等。这些隐性知识的共享在很大程度上也会受到产品创新成员间文化以及技术能力差异的影响，进而影响团队成员知识共享的意愿和相互之间的信任。总之，由于个人利益的驱动，顾客与企业研发人员的知识共享很难实现预期的"零阻碍"沟通，这种低效率的信息互动行为必然会在一定程度上影响新产品的新颖程度、实用性能等竞争优势，从而降低新产品的创新成效。

6.4.3 基于平台的隐性知识显性化

在平台上构建实时交互的工具（如腾讯会议），将非结构化的隐性知识进行共享，通过会议的形式记录下来。此外，还可以利用虚拟会议室，营造真实的会议氛围。

在平台通过会议的形式记录并传递隐性知识，专家的相关专业知识只存在于脑海中，因此需要及时地将其建议、经验等知识以文字化的方式记录下来。同时，对于相关产品设计人员来说，有些设计知识并没有通过文件的形式记录下来，只能凭借相关经验获取。对于这种知识，设计部门也可以在平台上不定期地召开项目会，由经验丰富的设计人员进行分享，通过会议纪要等形式记录下来，以便新的设计人员参考。

6.5 本章小结

本章主要侧重网络化协同平台上知识共享机制的研究，其中理论知识方面研究了知识管理方面的相关内容，如知识获取、知识管理等；数据安全方面研究了基于区块链的数据加密技术以及协同设计过程中的数据安全问题。

参 考 文 献

[1] FAWCETT S E. Strategic logistics in co-ordinated global manufacturing success[J]. International Journal of Production Research，1992，30（5）：1081-1099.
[2] 李晖. 跨组织业务流程协同关键问题研究[D]. 济南：山东大学，2010.
[3] 杨献磊. 基于星型网络的多厂所协同研制平台关键技术[J]. 中国高新科技，2020（16）：118-119.
[4] 方明. 异地协同研发过程中基于分布式 PLM 的数据交换研究[D]. 武汉：华中科技大学，2017.
[5] 盖印. 面向生产现场问题的知识获取与分析方法研究[D]. 大连：大连理工大学，2016.
[6] 尹婵娟，朱晓峰，黄霞. 近 10 年来我国知识获取研究综述[J]. 情报理论与实践，2011，34（9）：123-126.
[7] 黄爱华，黄卉卉，刘文，等. 社交媒体使用、知识获取与员工合作行为[J]. 华南理工大学学报（社会科学版），2021，23（3）：45-57.
[8] 徐荣振. 基于案例推理与知识推送的智能化变型设计研究[D]. 济南：山东大学，2018.
[9] 王小健. 石化企业多源知识发现与管理方法研究[D]. 北京：北京交通大学，2020.

[10] 葛新权. 基于知识管理的广义营商环境建设与保障[J]. 知识管理论坛, 2021, 6 (3): 127-133.
[11] 宋云涛. 制造研发企业基于流程的知识工程系统平台建设若干问题探讨[J]. 时代汽车, 2020 (21): 31-32.
[12] 杜军, 马永红, 李英霞. 军工科研院所核心竞争力评价研究[J]. 哈尔滨工程大学学报, 2015, 36 (5): 736-740.
[13] 李春荣, 耿静, 孙军旗. 飞机研发知识工程系统构建[J]. 航空科学技术, 2017, 28 (3): 69-73.
[14] 贺庆. 基于知识工程的作战行动计划制定研究[J]. 中国电子科学研究院学报, 2018, 13 (3): 231-238.
[15] 周凤拯. 大数据背景下知识工程平台建设[J]. 信息技术与标准化, 2019 (10): 84-87.
[16] 盛泳潘. 面向知识图谱的学习算法研究与应用[D]. 成都: 电子科技大学, 2020.
[17] 王康. 基于知识图谱的机械产品智能化设计建模与云服务平台[D]. 杭州: 浙江工业大学, 2020.
[18] 曹傧, 林亮, 李云, 等. 区块链研究综述[J]. 重庆邮电大学学报（自然科学版）, 2020, 32 (1): 1-14.
[19] 邵奇峰, 金澈清, 张召, 等. 区块链技术: 架构及进展[J]. 计算机学报, 2018, 41 (5): 969-988.
[20] 王巍. 群组密钥管理的理论与关键技术研究[D]. 西安: 西安电子科技大学, 2008.
[21] 陈星宇, 吴锋, 张宏斌. 基于用户参与的复杂重型装备协同研发模式[J]. 重型机械, 2021 (1): 15-20.
[22] KONEN J, MCMAHAN H B, RAMAGE D, et al. Federated optimization: Distributed machine learning for on-device intelligence[J]. 2016. DOI: 10.48550/arXiv.1610.02527.
[23] SICARI S, RIZZARDI A, COEN-PORISINI A. 5G In the internet of things era: An overview on security and privacy challenges[J]. 2020. DOI: 10.1016/j.comnet.2020.107345.
[24] ZHANG C. Design and application of fog computing and Internet of Things service platform for smart city - ScienceDirect[J]. Future Generation Computer Systems, 2020, 112: 630-640.
[25] ZHANG P, LIU J K, YU F R, et al. A survey on access control in fog computing[J]. IEEE Communications Magazine, 2018, 56 (2): 144-149.
[26] 龙浩, 张书奎, 张力. 基于属性加密的雾协同云数据共享方案[J]. 计算机工程与设计, 2021, 42 (1): 31-37.
[27] 任栋莹. 浅析企业内部知识共享机制[J]. 商品与质量, 2011 (S7): 70.
[28] 郭艳新, 康淑瑰. 高校科研团队显性知识与隐性知识共享机制研究综述[J]. 山西大同大学学报（社会科学版）, 2020, 34 (6): 104-108.
[29] 陈晓莉. 企业内部知识共享机制研究[D]. 武汉: 武汉理工大学, 2006.
[30] 谌小平, 钟映竑. 基于知识需求的企业知识管理研究[J]. 价值工程, 2012, 31 (23): 159-160.
[31] 杨刚, 王磊, 宫丽莹, 等. 区域创新集群知识转移模式研究[J]. 图书情报工作, 2012, 56 (20): 97-102.
[32] 蔡启明, 许宸豪, 张磊. 知识产权转移运行机制研究[J]. 管理现代化, 2021, 41 (1): 77-80.
[33] 马超, 钟婷, 王建, 等. 损失规避下具有零售商努力效应的风险分散契约[J]. 管理工程学报, 2020, 34 (1): 242-250.
[34] HOMANS G. Social behavior as exchange[J]. American Journal of Sociology, 1958, 63: 597-606.
[35] 赵姗. 社会交换理论下国有企业知识型员工激励研究[D]. 青岛: 中国海洋大学, 2014.

第7章 基于用户参与研发的平台价值共创

复杂重型装备的系统结构复杂、技术领域广泛、研发过程复杂、生产工艺复杂等，协同研发是十分重要的环节。该平台使用了基于模型的系统工程的方式并结合项目管理，能够对设计的工作进行分析，各方的技术人员能够在平台上对相应的项目信息进行编辑和提交，同时还能够查询同一个项目的其他工程技术人员的设计进展以及实现状态。对于用户来说，在产品设计时间截止前可以在平台上提出设计变更需求，从而方便设计人员及时进行修改。此外，本书提出将知识图谱和知识的精准推送运用到网络平台上协同研发过程中，为研发设计人员提供方便，从而提高研发效率。

通过调研发现，在实际生产中，常见设计研发模式有以下三种。

（1）自行设计+制造外包。设计研发方将设计图纸和加工制造企业进行共享，让后者进行生产制造，在此过程中由于涉及相关的企业机密（设计图纸），因此双方会在法律上建立契约关系，从而达到保护知识产权的目的。

（2）设计制造外包。用户将产品需求提供给具有一定设计能力的生产制造企业，由于该类型企业长期负责生产制造相应的零部件，经验丰富，生产成本低、设计和制造周期短。对于一些常用的零部件，用户可与企业签订长期的供货合同，从而节约生产和研发成本。

（3）联合设计。在设计研发过程中，由于时间紧迫、任务量大，企业往往会和第三方设计企业进行联合开发。在对中国重型院进行调研时，该企业在研发设计的过程中会将部分设计业务外包出去。但是为了保护知识产权对于涉密零部件的设计，第三方企业的设计人员只能在中国重型院进行现场设计，并不会拿到蓝图或相关的设计文件和资料。具体流程见图 7-1。

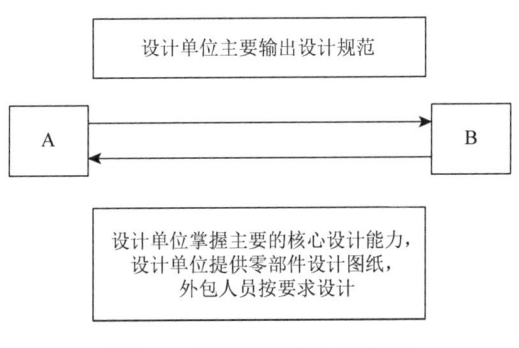

图 7-1 联合设计的知识交互

针对用户的每一个调整，设计部门可以及时跟进调整，并与制造厂和零部件供应商沟通方案调整的可操作性，进而实现设计环节的快速高效联动[1]。通过研究用户参与研发的机制，确保设计人员与用户实时交互，指导复杂重型装备物理样机和数字样机修正，提高装备整体性能。

7.1 传统研发模式及用户需求分析

7.1.1 传统研发模式

1. 产品研发管理的方式

产品研发是企业为了满足客户或者消费者的需求，将产品形态、材料、性能、技术、工艺及品质等方面的信息收集及整个新产品开发过程的管理活动。自19世纪中叶以来，外国公司高级管理人员逐渐关注生产与技术的理论体系，主要探讨重点在公司生产管理方面[2]。随着人类社会和科学技术的发展，流程管理体系越来越完善。行业内标杆企业研发管理主要采用以下两种方式。

（1）IPD（integrated product development，集成产品开发）。IPD作为一个产业发展的基本模型、理念与方式，其思路主要出自《产品及生命周期优法》一书，该书详尽阐述了新时代的产品开发模式。为达到产品能被高效开发、产品上市时间缩短、产品净利润增大的目标，在业界最佳实践要素的框架指导下，基于流程体系重构和产品重整两个方面，首次应用了IPD的方法。

IPD认为产品开发应关注市场，及时响应市场需求，从某种意义上说是一项投资活动。从一开始就正确定义产品概念，明确市场需求，确保产品的投资效益。IPD着重打造一个跨企业、跨部门及不同系统的有效合作与沟通。企业通过充分调研市场，完成战略性产品布局，实现新产品研发，达到快速抢占市场的目的。为了实现迅速将产品推向市场，从而占领市场份额，该团队以项目集管理作为牵引、及时拉动以使得决策有效及时。通过并行工程、模块化以及结构化的方法来提高开发效率。

（2）SGS（stage-gate system，门径管理系统）。SGS是由罗勃特·库伯在19世纪80年代创造的新制造（new product development，NPD）过程的管理方法。设计新商品的门径设计以新商品的全生命周期为主线，按步骤规划商品的过程，并明确了设计产品的过程控制目标。研发活动从开发某个具体的产品上升到更具战略意义的价值层面。为了取得有力的竞争地位和占有市场份额，企业建立时必须进行周密的调查和分析，对企业设计和新产品开发的构思十分关注，力图以此形成行业壁垒和提高行业地位。SGS注重企业资源整合能力，采用科学的入口控制和业务流程整合控制,对产品的各种阶段化过程做出判断,按研发阶段的轻重缓急实施,以达到实现资源价值利用最大化的目的。

2. 产品研发面临的问题

在对一些企业进行调研之后,总结并归纳了其在产品研发过程中面临的问题。

1)跨组织、部门协作困难

产品开发是一个全面的过程,几乎要求公司全部的职能投入。这就是公司各部门投入到产品开发流程中,产生的部门配合与协同的各种问题,不论在管理方法上是采取项目架构、职能框架还是矩阵架构。

(1)各部门对产品的成功标准并没有统一的理解。例如,工艺部门认为只要将产品成功转入中试阶段就是成功的,生产部门所理解的成功标准则指产品生产的过程和工艺的稳定,产品部门所关心的是产品如何上市、销售情况如何。各部门在产品活动中并没有共同的任务,是造成跨部门合作障碍的主要原因。更有甚者,产品活动被认为是研发部门的主要工作,而其他部门则只是义务地协调,这与产品项目的实质意义就差得太远了。

(2)在项目管理运营方面缺乏合理的运营方式和管理机制。大部分公司都会通过项目管理组的形式来管理产品开发。但是,实际上有责有权、运转有效的项目管理组少之又少。更多的是,项目经理的身份更像是一种行政管理者、信息工作者和技术负责人,而并非企业领导人,同一个项目管理中也没有真实的跨部门合作组织,职能人员所掌握的权利和职责远比项目管理组多,对职责的界定很混乱。如果出了问题,项目管理间就会互相埋怨和推诿责任。此外,跨部门合作的困难还源自对民主思想的不支持。一些企业习惯办大事各自为政,本位主义思想和官僚作风问题突出,构成了跨部门合作的"土壤"不足。

2)不重视技术积累及平台建设

产品设计研发的过程也是一个知识不断积累的过程,其中会产生和研发设计相关的显性知识与隐性知识,如有些企业对知识管理和技术积累不够重视,从而造成研发效率不高、研发成本投入较大;有些企业会拘泥于现状,并不想花费人力、财力去实现平台化,从而造成组织间或行业间并不能很好地进行知识共享,用户和企业之间不能很好地进行设计交互。

3)缺乏有效的科研人才的评估与鼓励措施

如何对研究人员实施适当的评价与鼓励是一直困惑着我们的问题。因为研究项目的创造性与不确定性,对研究项目和研发队伍的考核相当艰难。例如,要考核项目实施过程的错误率,通常越复杂的项目计划实施效率越低、差错就越大,而且项目组工作人员也越辛苦,所以如果他们的绩效结果低,将会极大地挫伤研究工作者的积极性。因此,企业内部对研究工作者的培养一直在定量和定性之间、在成果数量和质量之间、在近期和长远之间摇摆,找不到一条有效的考核办法。

在矩阵架构下如何对研究人员考评,也是个难题。研究人员面临过二次及以上的上级,关于绩效关系如何划分,项目考评与部门考评如何结合,项目权重如何定,如何对在技术开发部门之外的职能部门中参加过产品开发工作的研究人员进行考评,等等。绩效考核的方式不科学不合理也造成了薪酬激励制度没有依据,从而产生了不公正感,严重影响了研究人员的工作积极性。

7.1.2 用户需求分析

对目标用户的消费需求分类主要有以下四个过程:定义产品属性、选择目标用户、获取用户需求、用户需求的可行性分析与需求确认。

(1) 定义产品属性。在工业设计的最初阶段,设计研发人员常常使用草图或其他绘图工具来传达自己的观点,而这种工具不仅是联系设计研发人员和使用者之间的重要媒介,更是传播设计研发人员知识与经验的重要明确表示。另外,信息的图形化表示是客户筛选设计方案的理想方法,客户能够通过它来挑选适合的方案。

(2) 选择目标用户。为了识别用户需求,必须有效地选择目标用户。复杂重型装备产品的目标用户较为固定和单一,选择并确定目标用户不是关键的步骤。

(3) 获取用户需求。在获取用户需求之初,平台需要对用户需求模板进行定义,然后让用户通过填充模板内容来呈现其需求,其中包括项目用户和项目工程师(研发设计人员)的交互,以便设计研发人员能够充分地了解用户的需求。

(4) 用户需求的可行性分析与需求确认。对用户的需求进行可行性分析首先需要判断用户的需求是否明确;其次需要讨论产品现有的功能是否可以满足用户的需求,有时虽然用户提出的需求看似需要新增功能,但是往往是可以通过原有功能实现的,这样就不用花费时间去设计新的功能[3];然后需要考虑的是现有团队(包括企业自身团队和外包合作的团队)能否在任务期限内完成项目;最后还需要考虑成本和收益。如果上述内容都分析到位,那么就可以确认用户的需求。

7.2 用户参与研发的动因分析及参与方式

7.2.1 用户参与研发的动因分析

经济全球化的来临和市场竞争日益加剧,企业面对着减少生产开发周期,满足多样化需要,降低成本和提高质量的压力。但单纯凭借企业的力量是无法完成的,必须利用用户参与的优势,才能做到生产研究与产品开发投资的减少和开发周期的减少。用户参加新产品开发指企业从产品的理念层面和设计阶段让用户加入，从开发新产品的初期阶段一直延续到新产品的商业化阶段，其主要涉及新产品的研发过程与产品创造。用户不但能够成为企业开发新产品的主要设计来源，而且能够成为新产品开发的主要创造主体[4]。企业促进用户参与创新的动因主要有以下几点。

（1）快速获取新产品开发所需信息。国内外学者在对技术创新的研究中，都强调了创新信息在降低创新不确定性和提高创新决策有效性中的重要作用。按照现代信息处理思想，技术创新也可以被视为在不确定性条件中所进行的信息处理活动，创新只有在快速高效的获取创新信息的基础上才能使技术创新活动更高效地开展，获得更多的市场机会和取得更好的绩效。企业创新的数据源可以包括内部资料源和外部数据源，数据正是作为企业外部的创新数据源，能够带来大量有意义的数据。

（2）提高新产品开发的效率。传统的企业产品模型中对客户需要的判断都是借助产品中最前端的市场预测技术完成的，但是市场预测中必然产生的巨大风险，使得客户的需求往往无法充分地转化为新产品。同时，完全了解消费者的需求往往是花费时间的一个不正确的行为，即使消费者明确了解的需求，往往还是不能够明确地或者完全地提出产品需求。让消费者负责，让消费者担当创新者的职责，将产品的测试任务交由消费者，不仅可以有效地了解消费者偏好，还能够减少失败循环，缩短研发周期。

（3）降低新产品开发的成本。成功的新产品需要两个主要的信号：一个是有关需要和应用状况的信号（由用户产生）；另一个是关于解决问题的信息（由企业产生），需求信号在从应用向企业的传导过程中其正确性和完整性肯定会降低，因此这些信号的关键元素很可能是黏滞的。将这两类信息产品整合到一起并不是件简单的事，还要花费巨大的成本与时间。所以，从信息黏性的角度看，用户和企业之间协同开发新产品才是最富有经济合理性的[5]。通过客户参与的产品互动，能够有效克服因为黏着信息的存在所产生的开发成本问题，有效减少企业产品开发成本。

（4）满足用户多样化的需求。传统的大规模生产是通过较低的成本来满足用户需求，但在买方市场时代，用户需求的差异化越来越明显，他们不再关注产品的价钱，更在乎产品能否满足自己的独特需求。当用户初步具有某种需求时，制造商很难准确了解用户的需求，不愿意大规模生产，因此无法提供能满足用户特殊需求的产品或服务。用户的个性化需求得不到充分满足就成为用户参与创新的一个直接动因。

（5）降低市场营销成本。客户进入企业产品市场，需要企业和客户间良性的交流，企业和客户的良好接触与交流，才能增强企业对客户的吸引力，从而对企业保有与开发自己的市场份额产生积极作用。另外，企业用户还会作为新产品开发的支持者，或者作为义务营销员向其他用户做宣传推广；企业还会采取一些更有效的搜寻渠道，以获得不属于其业务范畴的新的用户资源，从而扩大其市场范围。

（6）制造商激情。当制造商认识到用户参与产品创新对企业新产品开发的重要性时，他们会非常重视用户在产品开发中的作用，尊重用户的特殊需求[5]。为及早占领市场，他们会积极邀请用户加入企业的产品创造过程中。如此，制造商会得到用户在创新产品概念与技术创新等方面的帮助，用户既避免了自己开发产品并将其市场化的风险，又满足了自己个性化的需求。

关于用户数据的信息获取是一种知识获得的过程，不同于内部的信息获得，关于用户数据的信息获得分为三个阶段，如图 7-2 所示，利用用户的显性信息、支持数据并使其隐性信息外部化和共享信息的外部化。

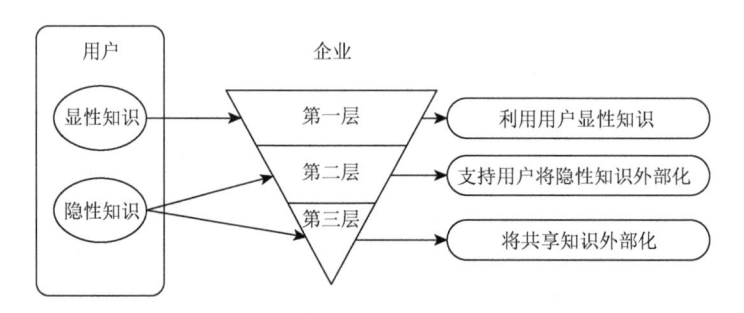

图 7-2 用户知识获取层次图

7.2.2 用户参与研发的方式

应用参与型产品技术创新，正是利用信息供给与需求、科技与市场的相互结合来完成厂商和用户之间的互动式技术开发，在这一过程中，厂商和用户之间通过在信息和科技上的交流与互动，共同进行产品创新技术开发，以实现他们所追求的共同目标，从而达到了"双赢"。用户参与的互动式产品开发新方法，大致有两类：领先用户参与技术创新和基于工具箱的用户参与技术创新。

（1）领先用户参与技术创新。领先用户是指一个技术的生命周期初期使用这个技术的客户。与领先用户交互研究的方式是企业寻找新产品开发机遇的有力手段，如图 7-3 所示。领先用户往往对市场上将来的主流产品非常敏锐，为了实现自己的需要，在使用产品过程中利用自身的技术积累，通过不断的试错以求设计方案的革新，并能给制造商带来有实用价值的设计方案和全新产品概念。制造商通过与领先用户的互动式协作可以得到突破性的最新产品概念与信息，并选取最有市场前景的突破性产品原型进行研究，能够大大减少企业开发新产品的时间和成本。借助并充分利用领先用户和企业的互动式研发的优点，也可以研制出崭新的产品。

第 7 章 基于用户参与研发的平台价值共创

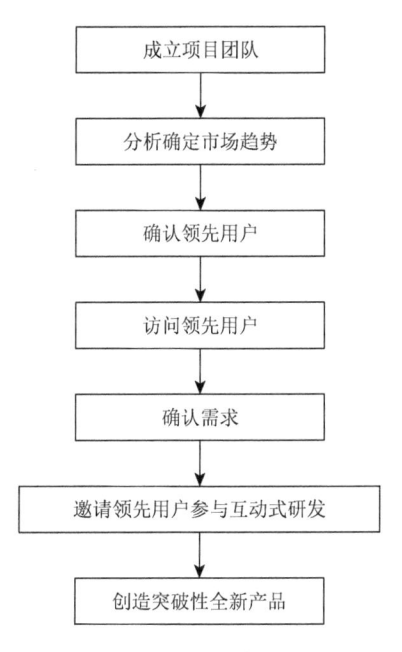

```
成立项目团队
    ↓
分析确定市场趋势
    ↓
确认领先用户
    ↓
访问领先用户
    ↓
确认需求
    ↓
邀请领先用户参与互动式研发
    ↓
创造突破性全新产品
```

图 7-3 领先用户参与的研发过程

（2）基于工具箱的用户参与技术创新。基于工具箱的用户参与创造方法，即厂商把创新产品分成与用户使用有关和与企业技术有关两个部分，用预先制定的用户创造工具箱将与用户使用有关的部分交由用户实现。这个新方法将厂商与用户密切连接在一起，进行互动式的产品研发，缩短了企业产品研发的生命周期。

在基于工具箱的应用创新模型中，如图 7-4 所示，用户应用合适的工具箱完成了产品的部分设计工作，将设计后的产品方案交由厂商制造。这种产品创新模型有个很突出的特征是将产品所创造的界面前置。基于这种模式，新的动机也发生了变化。传统的创新方式下，制造商都是按照用户需要来研发新品，同时要将开发成本转嫁给尽可能多的用户。在基于工具箱的产品创新方式下，用户进行产品创新是为了满足自己的个性需求，几乎没有期望将开发成本转移到其他用户身上。

对于复杂重型装备制造企业而言，最大的挑战是如何在创新和研发过程中联结内部与外部知识，用户正是外部知识的来源。在创新过程中，用户是积极的参与者和知识的共同创造者，用户参与的创新是协同研发的重要结果。通过对设计院、制造企业的实地调研，提出了复杂重型装备的四阶段用户参与创新的研发过程模型[6]，如图 7-5 所示。本模型明确了创新和研发过程中每个阶段的活动以及参与者，通过分析可以看出，在创新研发的每个过程，用户都有参与，在有的阶段甚至处于主导地位。针对用户的每一个调整，设计部门可以及时跟进，并与制造厂和零部件供应商沟通方案调整的可操作性，进而实现设计环节的快速高效联动。通过研究用户参与创新机制，确保设计人员与用户实时交互，指导复杂重型装备物理样机和数字样机修正，提高装备整体性能。

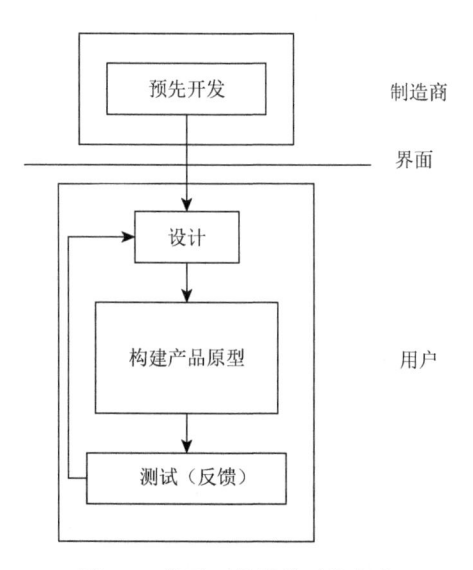

图 7-4　基于工具箱的开发方式

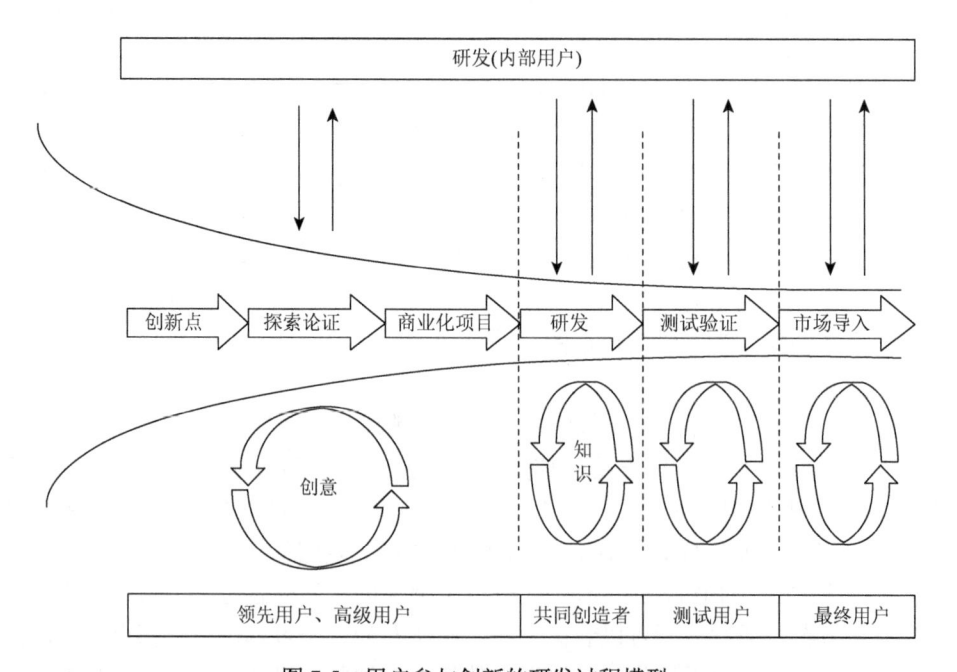

图 7-5　用户参与创新的研发过程模型

7.3 产品研发阶段的价值创造模型

7.3.1 复杂产品协同开发集成化过程管理

1. 过程管理功能结构

集成化过程管理将项目管理的通用功能进行了集成，过程管理功能结构如图 7-6 所示。

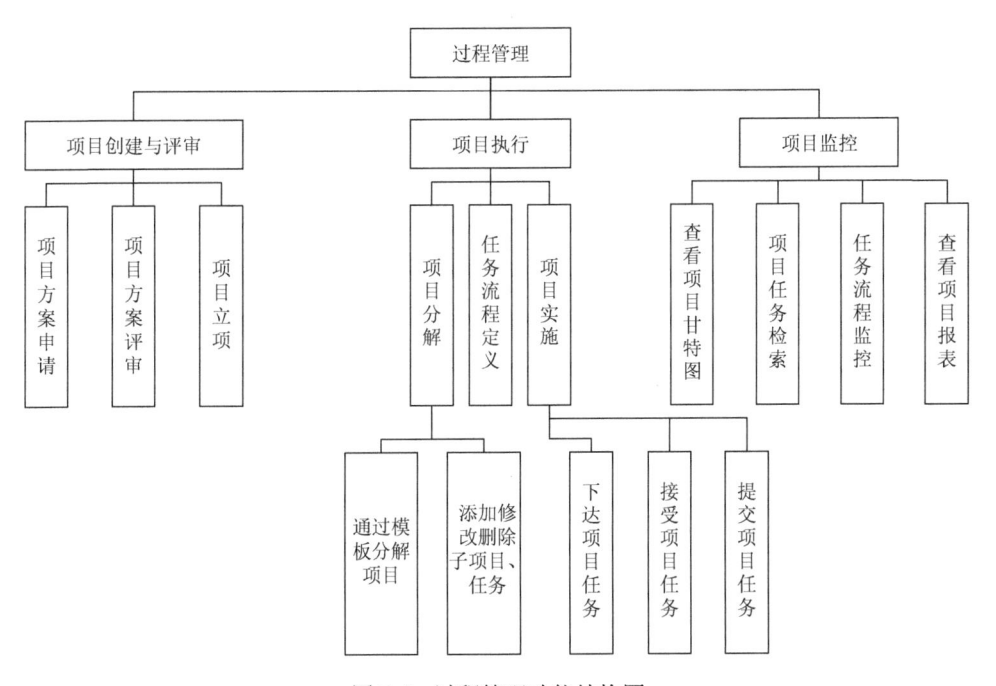

图 7-6 过程管理功能结构图

过程管理以项目管理为核心来组织各种功能，便于企业用户按照项目的方式来组织和共享数据。通过项目管理模块从宏观上实现对任务的资源分配、时间调度和跟踪，为企业提供一套时间成本计划、执行和控制管理手段。通过工作流管理模块从微观上实现工作过程中自动化的协调、控制和通信等。

2. 复杂产品协同研发过程

基于上述集成化过程管理框架，复杂产品协同开发过程如图 7-7 所示，具体的步骤如下。

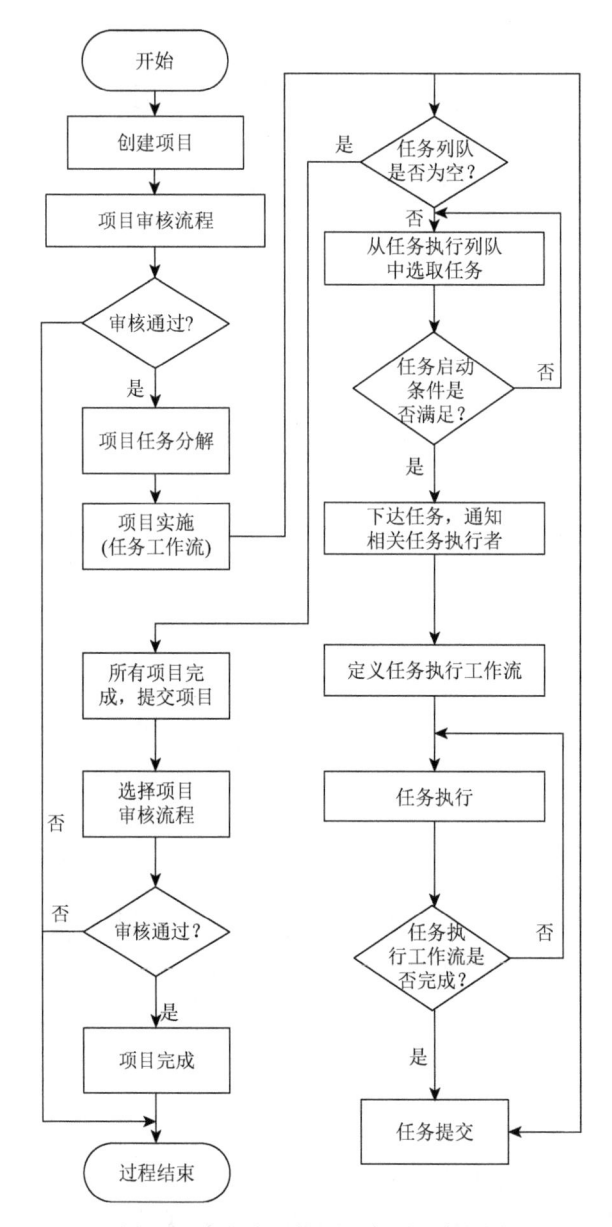

图 7-7 复杂产品协同研发项目流程图

步骤 1：根据用户需求创建项目，确定项目的各项指标。

步骤 2：从项目流程模板库中选择项目审核流程，对项目进行审核，如果审核不通过，则结束整个过程。如果审核通过则对项目进行立项。

步骤 3：将审核后的项目根据产品功能模型按专业领域进行分解，建立项目层次结构树，包括项目、子项目、任务和活动。

步骤4：开始项目实施。

步骤5：对每个执行的任务进行检查，如果符合启动条件，即下达该任务给相关执行者，否则选取下一个任务。

步骤6：接受任务的执行者按照任务的要求执行任务。

步骤7：运行任务执行工作流，实现具体的任务。如果任务工作流执行完毕，则提交任务。

步骤8：所有的任务都完成后，提交整个项目。执行项目审核流程。

步骤9：如果项目审核通过，则整个开发过程结束。

7.3.2 基于IPD管理模式的复杂重型装备产品开发

1. 企业实施IPD的关键因素分析

（1）企业高层对IPD的大力支持情况。企业高层对IPD的大力支持情况分为直观的和间接的。直观大力支持情况包含企业高层对IPD给予高度重视、带头实施IPD技术开发的整个过程、对IPD开发项目全面授权等；间接扶持如对科技研究与技术开发的大力支持，建立合理的研究人才评估与鼓励政策，平衡企业内的各种重要层次的战略人才等。企业高层的大力支持对IPD的顺利实现起了非常关键的作用。所以，企业要顺利实现IPD，一定要取得高层的大力支持。

（2）专业知识资源共享的过程。专业知识的资源共享可以减少在产品开发初期，设计过程中所出现的问题，与设计问题之间是负相关的，即设计问题与产品开发成本、产品研制时间与价格，以及客户满意之间是负相关的，通过减少设计问题可以减少产品开发成本，减少产品开发研究与开发时间，从而增加客户的满意度。为此，企业可以通过搭建知识共享的系统，建立信息资源共享的环境与制度，甚至可以通过建立定期共同学习信息的制度来提高在产品的企业成员内部关于信息的共享程度，如关于客户的专业知识、在企业内部人员的各种岗位的专业知识、关于供应商的产品信息、关于IPD流程的专业知识等。

（3）企业的发展战略规划水平。企业的发展策略和计划水平是由一个路线图，特别是产品策略计划指导产品的走向。发展策略计划是一个很重要的创造价值的项目连锁机制，不仅指企业在早期产品概念开发阶段的活动，也是指企业对项目环境如何作用和团队内部力量如何继续产生效果，并随时可以在动态开发环境中做出调节。企业制订产品的发展策略计划时，要根据社会主义市场经济的基本原则，要具有技术先进性、明确地定位产品开发时所要面对的目标客户群。在建立产品战略规划时，往往需要建立跨部门机构、跨部门的研究队伍，负责建立产品开发策略及计划并做出决定，以形成完备的计划过程，并通过丰富的大数据资源与信息进行数据分析并获得对市场的洞察，强调使用各种专业的管理方式与工具。

（4）项目管理能力。企业专案管理主要体现在以下三个层面：组织的全流程管理知识水平，各部分都以顾客需求为核心、对客户需求的全面认识与了解，把客户需求化为对产品和项目的有效结构化的产品过程。各步骤都要在全面考虑其相关要素之后进行。企业首先要提升对项目组织的全流程认识，确保各部分都是以顾客利益与需求为核心完成的产品项目，这样就可以增加企业开发新产品的效率；其次，要根据社会伦理道德客户的需要，但又不能自己臆想客户的需要，这样就可以让企业新产品项目具有更高的顾客需求；最后，在执行IPD的流程中，各个步骤都必须全面考量各影响因素，要防止出现前步骤的错误实施使得以后的步骤都没有意义，这不仅会导致资金的损失，还会导致相应的企业危机。所以，要提升执行IPD的专案管控能力，就可以从上述三点来着手采取措施，提升团队的整体流程能力，正确理解顾客诉求，以及在每一个步骤执行中都必须全面考量各相关元素。

（5）协作水平。IPD项目人员的沟通协同能力，主要分为两个方面：在产品团队内部的高效交流，与产品人员内部工作上的高效协作。组织内的高效信息沟通可以提高资讯的传播与沟通，内部工作的高效协作能够减少组织内工作的盲目化与无序性，因此能够提高组织的效率与项目的品质，有效地减少企业产品的成本。所以，企业能够通过建立适当的激励机制来提高工作人员的交流与合作，进而使其产品更加高效。

2. 基于IPD的产品开发流程

在复杂产品的设计过程中，基于IPD的产品开发流程如图7-8所示。其中分为市场管理、流程重组和产品重组三个流程。市场管理中包含对于客户的需求进行分析和优化投资组合，这两个工作由市场部门负责，主要针对新产品研发前的市场调研以及需求分析。流程重组中，有跨组织的协同管理和项目管理，由于复杂产品涉及多个专业、部门、组织的协同研发设计，因此在立项后需要对任务进行分解，再由各个组织进行协同设计。产品的重组主要涉及异步开发，由于不同的组织负责的内容不同，有时会存在需要异步开发的情况，如在设计挤压机的过程中，机械设计单位需要首先制订设计方案，液压和电气设计单位需要接收到机械结构设计方案后再开始设计工作。

图7-9介绍了详细的基于IPD的复杂产品异步设计流程。

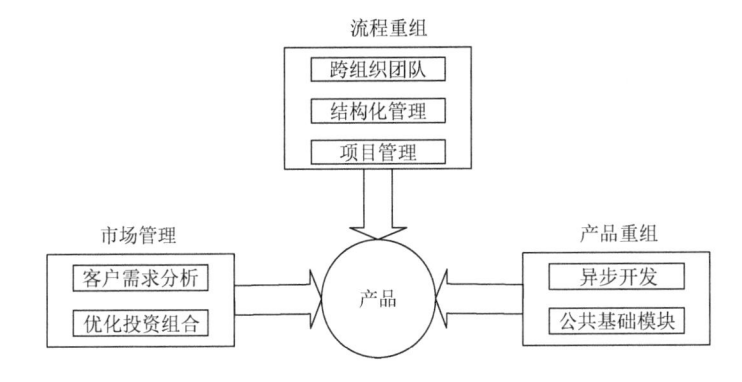

图 7-8　基于 IPD 的产品开发流程

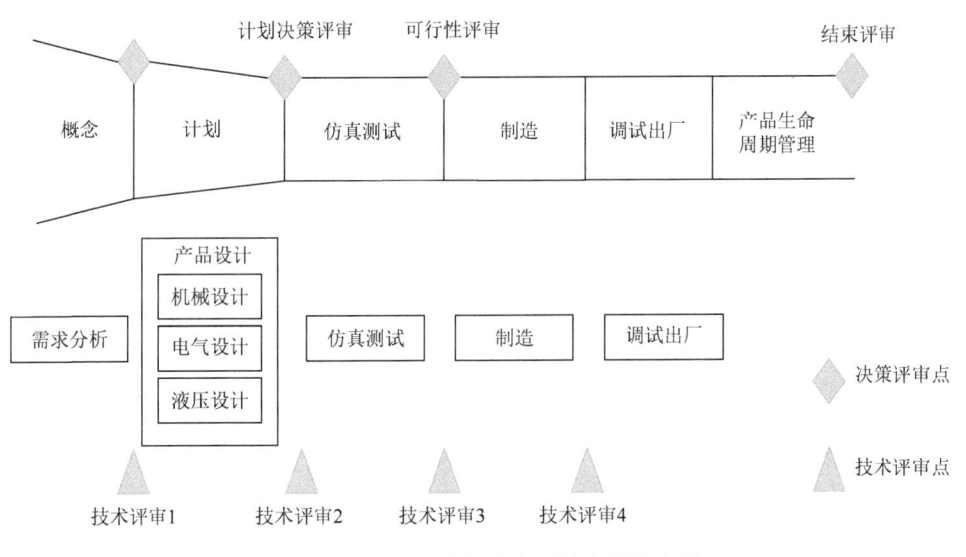

图 7-9　基于 IPD 的复杂产品异步设计流程

7.4　本章小结

本章研究了基于用户参与研发的平台价值共创，其中有对于研发模式的分析以及用户参与研发的动因分析。此外，本章还研究了复杂产品研发的集成化管理。

参 考 文 献

[1] 付刚. 选择性激励：走出集体行动困境之路径选择[J]. 长春教育学院学报，2012，28（9）：65-66.
[2] 姚山季，王永贵. 顾客参与新产品开发及其绩效影响：关系嵌入的中介机制[J]. 管理工程学报，2012，26（4）：39-48，83.

[3] CHANG T J, YEH S P, YEH I J. New product knowledge sharing: Antecedents, the moderating role of OCB, and the consequence of NPD performance[J]. 管理学报, 2006, 23 (4): 437-455.
[4] 王要武, 蔡德章. 成员合作对知识共享的影响机制分析[J]. 预测, 2008 (2): 32-37.
[5] 吴伟. 企业新产品开发过程中的用户参与研究[D]. 沈阳: 东北大学, 2009.
[6] FAWCETT S E. Strategic logistics in co-ordinated global manufacturing success[J]. International Journal of Production Research, 1992, 30 (5): 1081-1099.

第三篇 工艺驱动的复杂重型装备网络协同制造模式

第 8 章　工艺驱动复杂重型装备生产

复杂重型装备的设计—制造协同过程,遵循经典的设计—制造—改进循环往复的研发模型,具有设计更改频繁、质量控制严格等特点。通常,为了控制复杂重型装备的研制进度和质量,工艺人员需对设计方案进行工艺性审查,避免发生难以制造的问题,同时工艺设计人员需要利用计算机辅助工艺软件,通过对装备总工艺路线、制造工艺路线、装配工艺路线、工装夹具设计开展工艺性审查,暴露隐含的工艺问题,从而保证产品质量,缩短研制周期,降低生产成本等。

然而,当复杂重型装备的生产过程全部数字化、平台化、协同化后,如何进行多学科、跨单位、跨地域的工艺管理就成为一大难题。如果要使复杂重型装备的生产过程顺利实施、安全落地,就必须解决这个工艺管理问题。对此,本章展开了讨论。

8.1　复杂重型装备工艺驱动相关概念

复杂重型装备的工艺管理通常可以划分为工艺预审和工艺会签两个阶段。工艺会签的形式是工艺设计人员发布二维工艺流程及附加信息给会签人员,会签人员根据职责范围,对相关工序对照工艺规程进行审批工作。本节将对当前传统的复杂重型装备工艺管理、审签现状进行梳理,并基于复杂重型装备网络协同平台设计相关工艺管理系统架构与工艺会签流程。

8.1.1　复杂重型装备工艺信息概览

工艺信息通常是指在工艺设计、修订过程中所使用及产生的信息,是工艺管理系统的基础信息。通常,工艺信息主要涉及加工材料信息、加工工艺信息、加工设备信息、工/夹/量具信息、工时定额信息、收纳入库的工艺规程等信息,一般可以从技术要求、测试大纲、工艺流程图、工序过程卡片、工序作业指导书实施细则及技术流程中得到。复杂重型装备产品工艺复杂、材料众多、规格多样,对用户特殊要求理解不到位,容易造成错误,为产品质量埋下极大的隐患。复杂重型装备工艺管理概念术语如表 8-1 所示[1]。

表 8-1　工艺管理概念术语

信息条目	具体内容
工序基本信息	工序号、工序名称、工作内容、特性符号等
零部件基本信息	零件号、版次、密别、零件名、型号、零件数量等
材料信息	材料类型、材料编号、处理设备信息等
热处理信息	描述装配工装热处理、表面处理的要求
工装会签信息	三维模型，如主几何、模型几何、辅助几何等
PMI 信息	尺寸、公差、表面粗糙度、注释、标记、工艺属性等
技术要求信息	工装功能、设计注释等
版次记录	记录装配工装版次以及说明等
更改记录注释	记录更改时间、更改依据、更改内容等
工装派工单信息	请制编号、请制内容、要求进度、请制数量、工装请制类型（刃具、夹具、模具、量具），装配工装缩水量、拔模量、切边量等
工艺检验相关信息	工序信息，如工序号、工序名称、工作内容、特性符号等
检验设备	如量具、三坐标测量、专用卡钳等
检验方法	检验类型，如叶片型面检验、叶片通道面积检验、螺纹检验、齿轮检验、零件的多尺寸综合检验等

如果以信息形式化表达的观点来看工艺信息，尽管所有信息中都可以表达出具有特征、属性值和关联集的三角组实体，但是工艺信息中还包括了非结构化的字符串、带有复杂关联关系的图形信息，甚至还有关于事件、过程的信息等。所以，工艺信息是由不同的类型所组成的。工艺信息的复杂性和动态性问题造成数据结构的复杂性和实现上的问题。

8.1.2　复杂重型装备工艺管理现状

首先，目前中国有大量设计院所、制造企业对于工艺的管理还停留在传统的二维工艺环境中，或者仅仅将工艺相关材料存放在设计人员的计算机中，只达到了工艺管理初步的数字化，未实现真正的电子化[2]。工艺审核人员只能花费大量时间从工艺规程和标准中找到与所审批工艺文件相关的内容，这样的审签流程不仅耗费大量的人力、时间，也缺少可追溯性和查阅性。现有工艺管理手段只能对任务进行下发，缺乏任务提示和过程监控记录。任务执行情况大多只能通过口头沟通，缺乏有效的管理工具。

然后，图纸变更缺乏有效的管理手段。工装设计更改需要设计人员发出工装更改单，审签后更改单归档，图纸升版，整个过程大多手工进行。在更改后，原图与更改单同时生效，但由于管理问题，图纸和更改单分别存放，造成更改单的查阅不够直观。工艺会签所需要的二维工艺图纸也无法直接呈现几何数据，这就为工艺会签技术人员正确掌握工艺会签有关信息带来了相当大的难度。

最后，工艺知识没有被有效地分类进行集中管理。由于当前计算机辅助设计软件的广泛应用，数据多以电子的形式存放，造成企业知识财产一定程度变为个人财产（产品数据个人管理）。通常个人计算机的安全防护性能较差，对工艺数据的可靠性等方面构成了一定的威胁。即使将数据存放到服务器，在没有统一管理的情况下，相关电子文档查找困难，版本不一致，进而造成重复设计，没有办法有效利用已有的设计经验等。

8.1.3 复杂重型装备工艺会签现状

复杂重型设备项目的技术设计人员在编写主制技术规程时，往往会牵扯到其他行业内的工艺技术文件设计，为了确保有关技术设计的正确性和有效性，必须与专业设计人员磋商，核签相应的技术文档，这一流程称为工艺会签。工艺会签是一个非常重要的业务环节，相关会签内容通过后，成为生效状态，发布给下游相关人员，进行相应的业务内容操作。以典型的复杂装置——航空发动机为例，目前航空发动机企业的加工工艺会签分为内部会签和外部会签，其中内部会签是指本单位的各有关部门之间对待会签内容的磋商核签，如工装派工会签、超声波可检验性会签、测试会签、线切割会签等；外部会签是指本单位和外部单位间对有关工艺内容的磋商核签[3]。工艺会签数据的集成与发布具有以下意义。

（1）将分散在工艺规程和附加信息中的各种加工工艺会签相关数据在一个文件中集成并展示，可以使会签人员进一步明确会签业务内容，降低加工工艺会签数据的查询难度，避免因人为因素导致会签相关数据的遗漏。

（2）加工工艺会签人员不需要查阅整本工艺规程和附加信息进行会签，只需对独立的加工工艺会签数据发布文件中相关信息进行签署，从而可以提高会签效率。

（3）规范了加工工艺会签过程和加工工艺会签内容。

近年来，随着国家、地方重大工程项目的不断推进，复杂重型装备如金属成型机械、港口机械、核电设备、风电设备、海工装备等不断投入使用。然而，相关装备工艺文件会签、审核的效率问题越来越突出[4]，主要问题可梳理如下。

（1）为技术文档的写作留出的时间不足。目前，在某些型号产品的开发过程中，由于时间节点设置不当（如审签完成时间节点都在月底），技术文件会签工作流于形式。

（2）单人校对难以满足复杂产品的需要。随着装备复杂程度的不断提升，以及涉及多学科、多专业领域，单个审查人员需要校对多种文件，其专业深度、广度远远不够，不可能单方面承担设计文件的全面检查。

（3）各级审签人员责权利不统一。设计人员主观上更关注本人承担的设计任务，对审签工作关注不够、责任追究不利，因此也出现了工作流于形式问题。

8.2　基于网络协同平台的工艺管理

上述种种工艺管理的不便，使得我们有必要借助网络协同平台，构建一套工艺管理系统和工艺会签流程，从而形成可挖掘的工艺知识体系。这样既可以便于项目组寻找有相关制造能力的服务提供商，又可以在装备生产的流程中随时随地方便地把控修改、更新、返工等种种事项。同时，工艺知识涉及的领域非常广，因此其数据量、信息量非常庞大。这需要构建完善合理的知识结构，加速装备的生产进程。

8.2.1　网络协同平台工艺管理需求

复杂重型装备网络协同平台上的工艺管理系统应当通过对知识内容进行关系分析与信息的加工提取，包括体系框架关系、工艺技术相关信息（包括名称、技术分类、工艺特点、可共享的技术指标、适用范围、主要应用领域等），梳理出完整的工艺技术体系知识结构。工艺管理系统实施管理后，一方面通过管理系统内保存的技术资料和数据信息资料帮助平台的相关方做出技术判断，另一方面还要提供联合工艺会签所需要的交互平台、办公软件、电子签章、更新管理等。所以，通过复杂重型工艺的协同系统，工业过程管理的整个运行过程实际就是对工艺信息和数据的访问、使用、管理与控制的整个过程。为适应技术的需要，应该设置工艺资料库来对这些资料进行管理与保护。

同时，该工艺管理系统对工艺知识具有获取、表示、检索和推送等机制，向设计/制造方工艺人员及工艺会签人员提供知识相应接口，可实现信息管理（如知识的获取、表示、检索等）和数据管理（增加、修改、删除、更新等）等功能的系统，它影响着工艺使用的集成化、智能化程度[5]。具体而言，平台使用者对工艺管理系统主要有以下几点功能需求。

（1）良好的人机界面。合理、友好的人机界面是系统必须具备的。通过知识的可视化展示，将完整的工艺技术体系知识结构展示在系统中，使得用户可方便地浏览相关知识。

（2）智能化的联合工艺会签。需要把设计数据工艺性审查要素表集成到会签节点中，让工艺人员对照审查要素表审阅文件，同时在审查要素表中填写意见信息。

（3）知识维护功能。工艺知识不是一成不变的，因此系统需要有合理的知识维护功能,来实现知识的增加、修改和删除等扩展操作,从而维持知识体系的合理性和时效性。

(4)知识检索功能。知识检索是工艺系统的最重要的一项功能,通过合理的知识检索机制,用户可查询到符合其检索意图的知识,从而更好地促进知识的重用。

8.2.2 网络协同平台工艺管理系统设计

在工艺管理需求的基础上,本节提出相应的复杂重型装备网络协同平台工艺管理体系架构,如图 8-1 所示。该体系将依附于平台发挥作用,主要包括以下部分。

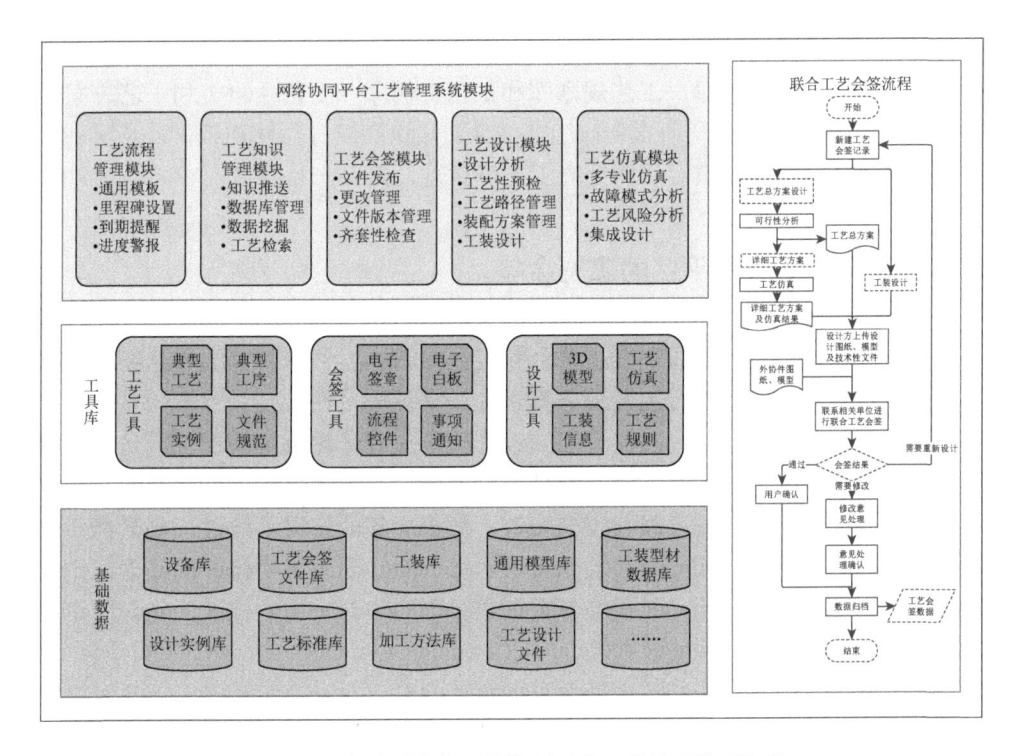

图 8-1 复杂重型装备网络协同平台工艺管理体系架构

(1)工艺流程管理模块。模块包含通用模板、里程碑设置、到期提醒、进度警报等功能,用于监督设计方、制造方进行工艺路径的设置,以及在执行工艺路径时对进度的把握。

（2）工艺知识管理模块。维护工艺标准库、加工方法库、工装库等数据库，便于工艺路径的制定，以及工艺检索的执行。

（3）工艺会签模块。定义联合工艺会签流程，在此基础上支持工艺文件的发布、更改、齐套性检查等功能。

（4）工艺设计模块。以相关计算机辅助工艺软件和三维模型为核心，支持工艺总方案、详细工艺方案、工装方案、工艺试验、详细工艺设计等的可查看、可互动、可展示功能，便于尚不具备高度数字化能力的中小服务提供商使用。

（5）工艺仿真模块。支持开展多工艺连续仿真，将制造过程中机加、焊接、装配等各专业的仿真分析工作集成，实现数据在平台上的传递，包括产品结构、设计模型、各类设计技术文档、各类工艺文件、3D 模型等[6]。

（6）工具库。提供包括工艺相关工具、会签相关工具、设计相关工具，用于支持上述五大模块的功能。

（7）基础数据。在不涉及敏感技术、商业机密的基础上，建立典型专业工艺知识库，包括工艺资源库、工艺规则库和工艺实例库（工艺经验类和工艺方案类数据），涵盖标准规范、科研报告、工艺文件、知识产权等显性知识，以及研制经验、技术诀窍等隐性知识，从而提高工艺可靠性，确保产品质量。

8.2.3　基于网络协同平台的工艺会签

工艺管理系统中包含的联合工艺会签流程如图 8-2 所示。其流程从新建工艺会签记录开始，紧接着进行工艺总方案设计。接下来，在工艺总方案的基础上，进行详细工艺方案设计，同时并行工装设计。在进行计算机辅助的工艺仿真并得到结果后，设计方上传图纸、模型和技术性文件，与外协件相关信息合并，此时可以召集项目组相关方进行联合工艺会签。如果会签的结果是通过，则只需用户确认后即可归档发布；如果会签的结果不尽如人意，出现不可修补的错误，则需要返工，流程需从头开始；如果会签的结果是需要进行一定的修改，则需要责成相关方进行修改，并经确认后发布。

针对产品设计—制造流程中所要求的更改问题，在产品下游设计人员发觉设计过程产生问题时，必须及时向上游的相关产品设计人员递交更改申请书。在递交更改申请书时，必须说明有关更改的起因（Why），谁要求更改（Who），更改什么（What），更改何时生效（When）等问题，并将更改申请书递交给有关方加以审查与认可。当修改请求获得通过时，可以开展更具体的修改实施。如果是在装配流程中要求进行的工艺修改，则问题被反馈至原工艺设计方处理。设计方向平台系统中下达了工艺修改单并对原有工艺设计进行了修改，在系统中修改完成后再上报给平台的工艺会签系统，完成后审批。审批完毕后，系统自动将原来工艺替换为最新的装配技术，安装人员按照新版本工艺进行操作。

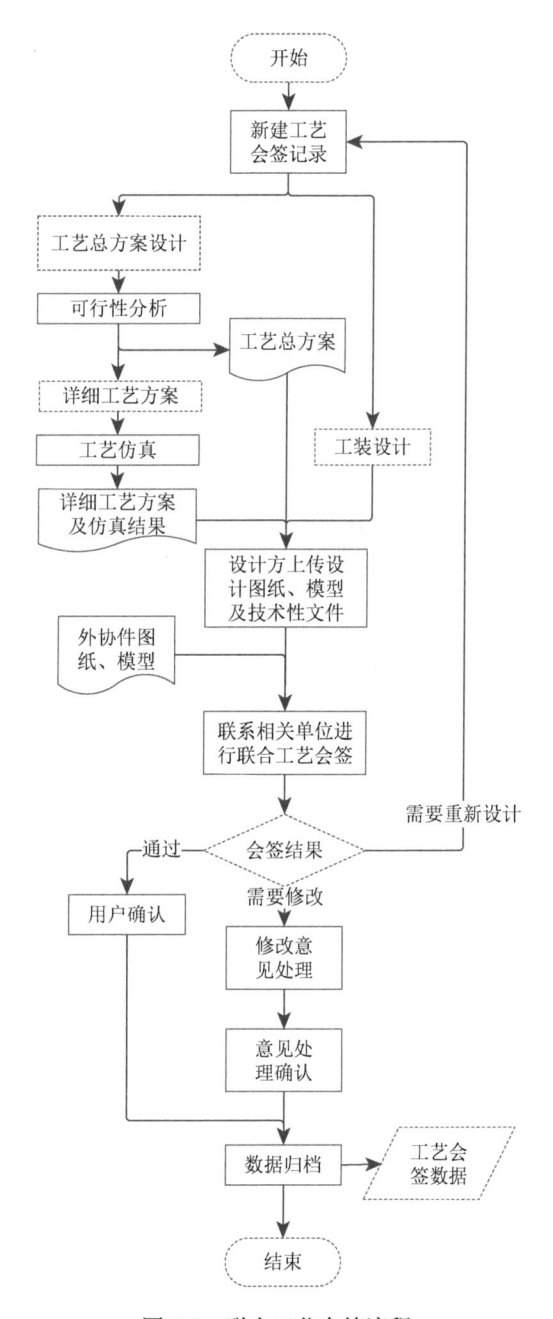

图 8-2 联合工艺会签流程

在产品设计过程中，当设计技术进步或发现旧数据存在错误或问题时，数据就需要更新；并且，设计人员有时需要查看以前的历史数据，这就要求在数据更新的同时保留旧的设计数据。工程上使用版本来管理数据在设计过程中的更改变化。版本用来描述设计过程中变更结果的状态，版本信息必须能够反映最新版本与历史数据版本之间的派生关系。

复杂重型装备的制造涉及不同种类的工艺会签，每一类都涉及大量的数据，并且不同种类的工艺会签相关的数据存在差异。因此，对于复杂重型装备网络协同制造生产过程中的工艺会签流程，有必要建立基于本体的工艺会签数据模型。针对不同类型的加工工艺会签数据（加工工艺会签模型和加工工艺会签数据集成文档），选择合适的、轻量化的发布载体来展示[7]。

在工艺管理系统中，不同版本的数据可分为工作版本、提交版本、发放版本、归档版本和冻结版本。系统的版本管理功能可以管理业务对象（如部件、零件、数据集等）和数据对象（如各种文档）的动态变更历程。项目组一般采用线性版本模型。当版本变更时，系统在原来数据编号后按照时间顺序自动为版本添加一个版本号，版本按照顺序进行标记。对象版本升级之后，默认使用最新版本的数据对象，并且版本升级后要向相关用户（组）发送版本更改通知，确保数据的用户使用最新的数据进行相关设计。系统保留了数据的各个版本，当设计者需要对历史版本进行查看时，便可用数据的版本号来检索历史版本数据。

8.3　本章小结

本章针对复杂重型装备网络协同流程中遇到工艺管理的问题，在分析该平台运行实际的基础上，提出网络协同平台工艺数据库架构，并设计了工艺联合会签流程和工艺数据管理等流程。通过数据库的开发和流程的应用，提高了制造协同的效率，并为后续对工艺数据的存档、管理、认证进行了标准化。

参 考 文 献

[1]　殷磊磊. 基于MBD的飞机—装配工装协同变更技术研究[D]. 南京：南京航空航天大学，2017.
[2]　吴剑锋，万峰，袁佳晶，等. 卫星设计数据工艺性审查系统研究[J]. 智能制造，2018（Z1）：53-55.
[3]　陈睿. 航空发动机零件加工工艺会签数据集成发布技术研究[D]. 南京：南京航空航天大学，2015.
[4]　鲍智文，苗宇涛，岳盼想. 航天产品技术文件审签有效性研究[J]. 质量与可靠性，2016（5）：18-21.
[5]　仵永亮，王贺，丁志强，等. 基于两化融合管理体系的航天产品制造数字化工艺设计能力建设[J]. 智能制造，2019（Z1）：59-63.
[6]　徐永坤. 航空发动机零件机加工工装并行设计技术研究与实现[D]. 南京：南京航空航天大学，2016.
[7]　宋豪杰. 军工工艺知识库系统设计与开发[D]. 南京：南京理工大学，2017.

第 9 章　基于网络协同平台的复杂重型装备制造协同

复杂重型装备制造过程中存在大量的不确定因素，主要来自订单到达的不确定性、产品加工的多样性、制造服务供给的可靠性以及制造协同的灵活性。这些因素往往造成生产进度难以控制，进而拖延装备制造的项目进度。本章将从装备生产的进度协同、质量协同和数据协同三个方面讨论网络协同平台支持的复杂重型装备生产的制造协同。

9.1　装备生产进度协同

在装备制造业领域，目前还面临着许多影响产品设计和加工制造协同的因素，如传统制造业生产的设计—制造方式依然采取串行模式，即产品设计生产工作流程相互隔离，某一个工作完成了才开展下一个工作，这样生产效率会显著降低，且生产结构设计、工艺性分析、虚拟仿真等工作往往在三维环境下完成，工艺流程规划、加工生产等工作流程以二维图和文件为基准，造成了设计数据和加工工艺流程数据、生产流程数据等彼此隔离、自成体系的局面。此外，由于传统的基于二维图表、文档和三维设计模型的工程设计信息传递方法会使得数据源不统一，阻碍信息交流，导致工程设计技术人员对工业生产过程不熟悉。这些问题也对装备设计—制造的过程协同、数据协同和知识协同提出了极大的要求与挑战。

9.1.1　基于 MBD 的设计—制造协同

复杂重型装备串行的设计阶段和技术准备过程的消耗时间长，严重拖慢了装备制造的生命周期。利用系统串行开发方法，制造和工艺部门间的技术实施交底欠缺，造成技术开发项目的重复性，无形中加大了开发成本和时间。由于产品设计、生产协同工作少、技术实施交底欠缺，工程图纸变更频率大，因此复杂重型装备研制质量不高。

由此可见，产品设计需要突破原始的串行研制模型，设计工作加快将图纸设计工作与技术文档的编制同步，并且分阶段地向研制方预发工程设计数据。制造人员并行进入主要部件的设计关键环节，并根据设计预发的数据，进行设计文件可制造性能审核和有关技术交底，同时进行初步工序设计、毛料准备等部分的生产准备工作。通过流程的并行，就能实现工程设计—制造协同，减少了设备开发周期。

目前，企业中常见的设计—制造协同方式通常基于并行工程和计算机集成制造系统，通过对设计制造业务流程再造，使得设计与制造过程能并行开展以提高产品研发制造效率，或通过企业信息系统的集成实现设计与制造信息系统的协同，提高企业信息自动化程度[1,2]。与此同时，随着计算机辅助技术、云计算、知识工程等信息技术的发展，许多新型的产品设计和生产协作模式与合作方式也得到深入探索和运用。基于建模的产品定义（model based definition，MBD）技术是一项通过把绘图与注释过程直接整合到产品三维建模中来完善并促进整个产品设计、生产与测试过程的关键技术，该技术以产品的完全数字化概念为依据，通过建立贯穿产品整个生命周期的可视化生产过程，进行与产品的协同，目前已在航空航天、海工船舶、设备制造等行业得到广泛应用[3]。

MBD设计与制造的协同主要涉及MBD模型共享的设计与制造业协同以及基于建模仿真的产品设计与制造业协同两部分内容，如图9-1所示。MBD模型上的产品设计—制造协同以整合设计、技术和生产数据，及其设计信息的完整MBD数据集为前提。在对MBD数据的完整描述的基础上，通过针对商品全生命周期中各个层次的技术要求进行不同层次的MBD注释，可以形成包括三维设计模型、三维工艺模型等不同层次的MBD模式，从而形成了重塑一个电子化的产品管理过程和实施采用MBD模式的与商品全生命周期协同的过程平台[4]。

设计制造协同研究、制造过程中，产品设计数据分析的传送既可随行动分批，也可随时、单点地完成传送，不仅使产品设计过程的时间叠加有效利用，更便于设计生产单位实现对数据分析的精细化处理，数据分析能力也可获得有效提高。产品设计、制造各有关方利用网络协作平台，可以即时进行产品设计—制造的并行化操作。并行协同工作过程严谨地根据产品设计完善度对产品设计阶段的产品设计数模进行技术审查，以保证产品设计目标符合制造方完成相应操作的必要条件。当部分产品设计目标已经实现时，生产方即完成了相应工艺工作（如初始工艺技术路径的规划、工序资料规划、工装资料规划），同时也并行展开技术准备。联合工艺会签作为重要的审核步骤，需要由各方就设计目的、工艺、材料、质量、检验等进行确认，并以文档、合同的形式存入平台。其余有关审核、会签、意见处理、发布等节点要求均在网络平台上体现。发布后，结构方案的所有资料冻结，程序终止。在设计阶段完成技术设计图后，由设计工程师进行选材报告，技术人员进行整机层面的技术合理性和经济效益分析报告，分别通过设计会签、技术会签的方式确定。

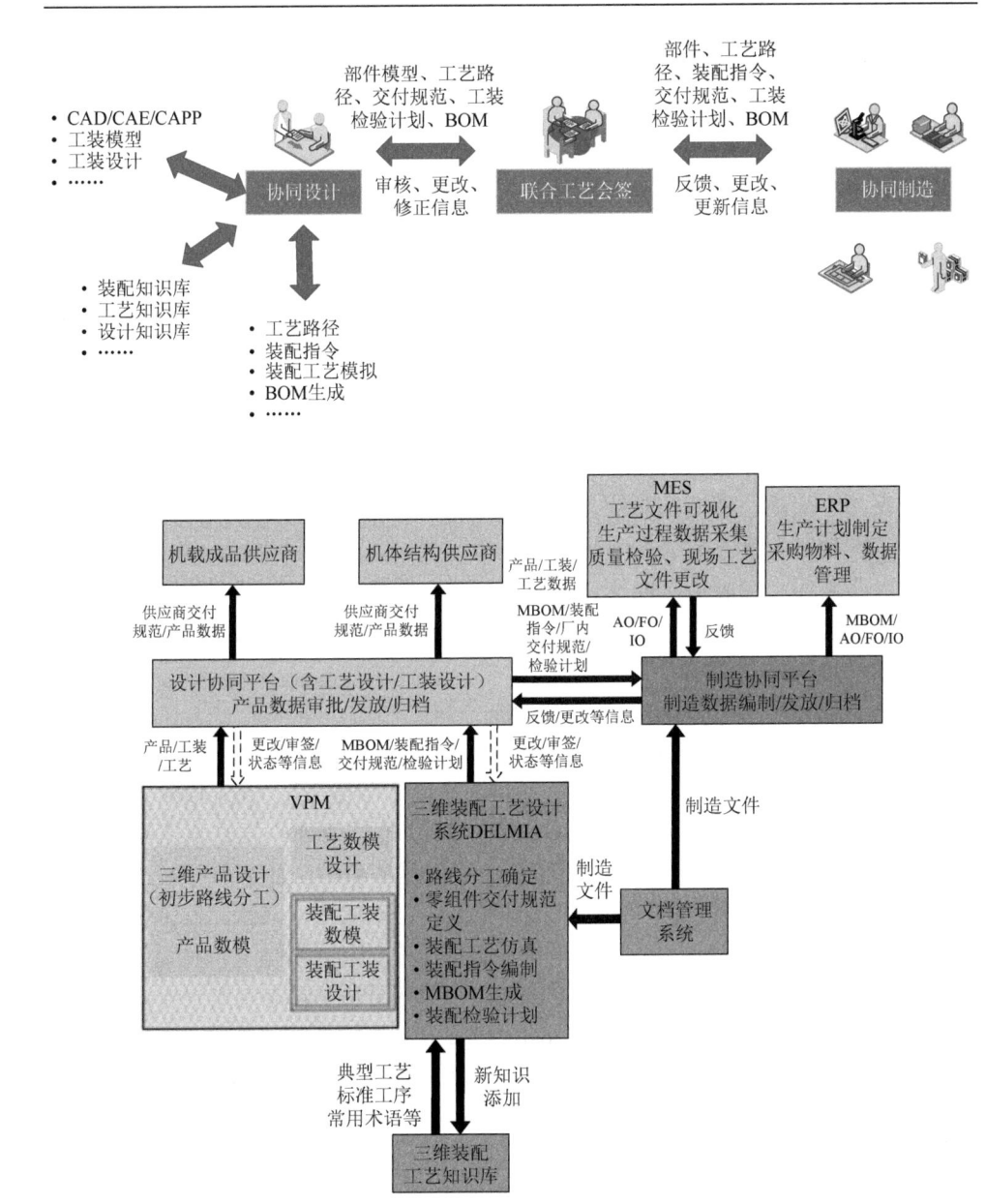

第9章 基于网络协同平台的复杂重型装备制造协同

图 9-1 设计—制造协同流程

产品设计开发阶段需要进行对全面设计图和毛坯图的协同开发。工程设计技术人员按照确定后的设计方案图纸，在原始版本基础上修订并编写真正的设计模型或二维施工图（凡是使用 MBD 工程设计的产品，应编写真正制造模型。凡是使用二维工程图当作设备研制生产根据的，应编写二维工程图）。归档后，正式设计模型以及二维施工图保持在公开状态。在工程技术研究阶段完成正式产品型号的设计批准公布之后，各研制方应编写好工艺评审报告和毛坯图纸，并由研究所人员实行联合会签，共同负责做好生产准备，所用的维护保障手册在该期间由有关方协助编写。

9.1.2 动态制造任务—制造服务匹配

学界发表了大量关于制造任务—制造服务匹配、任务指派、服务组合等方向的文献，但仍有一些关键问题未得到解决。例如，动态环境下的制造任务—制造服务如何匹配？在大多数相关文献中，都假设匹配在静态环境中进行，即制造服务的属性值（如服务价格、服务时间、服务声誉及可用性等）总是可用和可访问且保持不变的。然而，在动态的网络环境中，服务状态［如当前用户数量、服务器工作量等、服务质量（quality of service，QoS）］和网络状态（如网络延迟、吞吐量、带宽等）会随着时间变化。而且，制造服务提供商所拥有的生产系统的运行状态（如空闲、忙碌、故障等）在不同的时间段也有所不同。因此，将 QoS 值描述为动态[5,6]是非常必要的。

为解决动态环境下制造任务—制造服务匹配问题，本节提出了一种基于张量分解（tensor factorization，TF）的两阶段预测优化服务组合方法。该方法分为预测和优化两个阶段，与现有方法不同的是，本节增添了 QoS 预测方法，作为制造任务—制造服务匹配的预处理过程，以获得时间点内候选制造服务的平均个性化 QoS 值。由于大多数时间动态 QoS 值是非负的，故本节开发了一种基于张量分解的制造任务—制造服务匹配预测器 NTFCSC-P，该预测器将各候选制造服务的动态 QoS 值映射到相同的低维潜在因子空间中，以建立低秩近似。当期望的 QoS 值数据被成功预测时，该方法的第二阶段开始。动态制造任务—制造服务匹配定义为一个多目标优化问题（many-objective optimization problem，MaOP），本节开发了一种名为 GrEA-X 的改进 MaO 进化算法解决该问题。GrEA-X 优化器通过多个变异操作符和简化的配对选择程序来增强其在给定时间限制内的开发能力。

定义 9.1（子任务-服务-时间张量，即 TSTT） 给定 I，J 和 K（K 是时间点的总数），则 $y^{|I|\times|J|\times|K|}$ 是一个子任务-服务-时间张量。$y^{|I|\times|J|\times|K|}$ 中的每一个元素，y_{ijk} 表示针对子任务 MT_i 的制造服务 s_{ij} 在时间点 k 的 QoS 属性值。每项 QoS 属性值（如服务价格、可得性、声誉）都有各自的子任务-服务-时间张量进行表示。$y^{|I|\times|J|\times|K|}$ 中已知的元素的集合被标识为 $\varLambda$。

阶段 1：基于张量分解的动态 QoS 值预测。

本节所提出的 NTFCSC-P 预测器在 TSTT 上执行正则多项式分解（canonical

polyadic factorization，或称 CP 分解，Tucker 分解的一种特殊情况）。与 CP 分解相比，Tucker 分解在核心张量[7]上会耗费更多的时间。同时，CP 分解的数学形式更加简洁[8]。因此，本节采用 CP 分解作为 QoS 预测的方法。利用 CPF，将 y 分解为 R 秩一张量，即 $A_1, A_2, \cdots, A_R$。其中 R 为张量近似的秩，如图 9-2 所示。

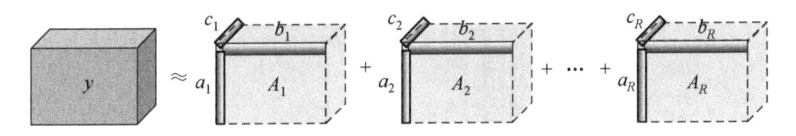

图 9-2　TSTT 上的 CP 分解

定义 9.2（秩一张量，rank-one tensor）　如果 $A_r^{|I|\times|J|\times|K|}$ 可以表示为潜向量 a_r，b_r 和 c_r 的外积，即 $A_r = a_r \circ b_r \circ c_r$（∘ 计算两个向量的外积），则 A_r 是一个秩一张量。潜向量 a_r，b_r 和 c_r 的长度分别为 I, J, K。

如图 9-3 所示，a_r，b_r 和 c_r 实际上分别是潜伏因子矩阵 $A^{|I|\times R}$，$B^{|J|\times R}$ 和 $C^{|K|\times R}$ 的第 r 列向量。这些矩阵最终构成了 CP 分解中的第 r 个秩一张量 A_r 和 y。因此，y 的 rank-R 近似可以表示为

$$y \approx \hat{y} = \sum_{r=1}^{R} A_r \tag{9-1}$$

y 中每个元素 y_{ijk} 可表示为

$$y_{ijk} \approx \hat{y}_{ijk} = \sum_{r=1}^{R} a_{ir} b_{jr} c_{kr} \tag{9-2}$$

其中，a_{ir}，b_{jr}，c_{kr} 和 $\hat{y}_{ijk}$ 分别为 a_r，b_r，c_r 和 $\hat{y}$ 中的元素。

为了减小张量近似下的信息损失，需要提出原始 TSTT 与预测 TSTT 之间误差的损失函数，该损失函数通常用两个张量之间的距离来定义：

$$L = \frac{1}{2} \| y - \hat{y} \|_F^2 \tag{9-3}$$

其中，L 为损失函数，$\|\cdot\|_F$ 算子计算的是所封闭张量的弗罗贝尼乌斯（Frobenius）范数，如式（9-4）所示：

$$\| y - \hat{y} \|_F = \sqrt{\sum_{i=1}^{I}\sum_{j=1}^{J}\sum_{k=1}^{K}(y_{ijk} - \hat{y}_{ijk})^2} = \sqrt{\sum_{i=1}^{I}\sum_{j=1}^{J}\sum_{k=1}^{K}\left(y_{ijk} - \sum_{r=1}^{R} a_{ij} b_{jr} c_{kr}\right)^2} \tag{9-4}$$

则式（9-3）被转化为

$$L = \frac{1}{2}\sum_{i=1}^{I}\sum_{j=1}^{J}\sum_{k=1}^{K}\left(y_{ijk} - \sum_{r=1}^{R} a_{ir} b_{jr} c_{kr}\right)^2 = \frac{1}{2}\sum_{y_{ijk}\in\Lambda}\left(y_{ijk} - \sum_{r=1}^{R} a_{ir} b_{jr} c_{kr}\right)^2 \tag{9-5}$$

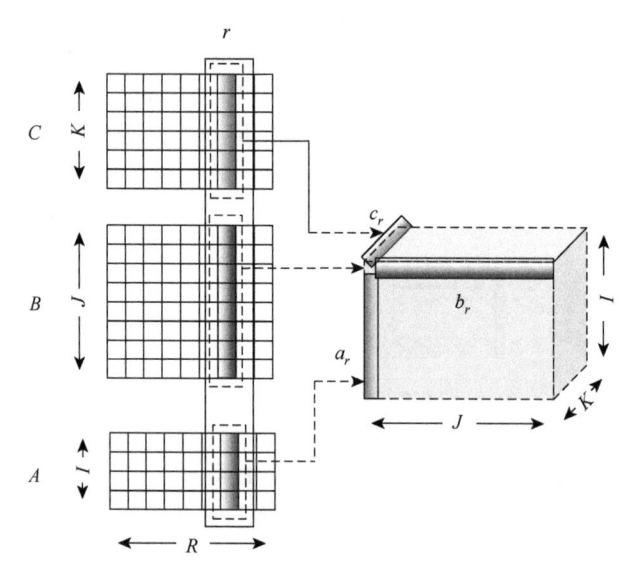

图 9-3　潜因子矩阵和秩一张量

由于 y 中已知元素的不规则分布，式（9-5）是不适当的。因此，引入 Tikhonov 正则化：

$$L = \frac{1}{2} \sum_{y_{ijk} \in \Lambda} \left[\left(y_{ijk} - \sum_{r=1}^{R} a_{ir} b_{jr} c_{kr} \right)^2 + \lambda \cdot \sum_{r=1}^{R} \left(a_{ir}^2 + b_{jr}^2 + c_{kr}^2 \right) \right] \quad (9\text{-}6)$$

其中，λ 为正则化常数。在实际应用中，TSTT 中的 QoS 数据都是非负值。根据式（9-6），QoS 值预测问题可以表述为

$$\min_{A,B,C} \frac{1}{2} \sum_{y_{ijk} \in \Lambda} \left[\left(y_{ijk} - \sum_{r=1}^{R} a_{ir} b_{jr} c_{kr} \right)^2 + \lambda \cdot \sum_{r=1}^{R} \left(a_{ir}^2 + b_{jr}^2 + c_{kr}^2 \right) \right] \quad (9\text{-}7)$$

s.t. $\forall i \in \{1,2,\cdots,I\}, j \in \{1,2,\cdots,J\}, k \in \{1,2,\cdots,K\}, r \in \{1,2,\cdots,R\}$

$a_{ir} \geq 0, b_{jr} \geq 0, c_{kr} \geq 0$

首先，进行增量梯度下降来寻找式（9-7）中的目标函数的局部最小值。

$$a_{ir} \leftarrow a_{ir} - \alpha_{ir} \frac{\partial L}{\partial a_{ir}} = a_{ir} - \alpha_{ir} \left[\sum_{y_{ijk} \in \Lambda} -(y_{ijk} - \hat{y}_{ijk}) b_{jr} c_{kr} + \lambda a_{ir} \right], \quad (9\text{-}8)$$

$\forall i \in \{1,2,\cdots,I\}, r \in \{1,2,\cdots,R\}$

$$b_{jr} \leftarrow b_{jr} - \alpha_{jr} \frac{\partial L}{\partial b_{jr}} = b_{jr} - \alpha_{jr} \left[\sum_{y_{ijk} \in \Lambda} -(y_{ijk} - \hat{y}_{ijk}) a_{ir} c_{kr} + \lambda b_{jr} \right], \quad (9\text{-}9)$$

$\forall j \in \{1,2,\cdots,J\}, r \in \{1,2,\cdots,R\}$

$$c_{kr} \leftarrow c_{kr} - \alpha_{kr}\frac{\partial L}{\partial c_{kr}} = c_{kr} - \alpha_{kr}\left[\sum_{y_{ijk}\in\Lambda} -(y_{ijk}-\hat{y}_{ijk})a_{ir}b_{jr} + \lambda c_{kr}\right], \quad (9\text{-}10)$$

$$\forall k \in \{1,2,\cdots,K\}, r \in \{1,2,\cdots,R\}$$

如前所述，非负性对所有 QoS 数据都是必不可少的。式（9-8）～式（9-10）可以识别出更新规则中的负项。接着，调整步长，也就是式（9-11）中的 α_{ir}，α_{jr} 和 α_{kr} 以消除负项[9]：

$$\begin{cases}\alpha_{ir} \leftarrow \dfrac{a_{ir}}{\sum\limits_{y_{ijk}\in\Lambda}(\hat{y}_{ijk}b_{jr}c_{kr}+\lambda a_{ir})}, & \forall i \in \{1,2,\cdots,I\}, r \in \{1,2,\cdots,R\} \\[2mm] \alpha_{jr} \leftarrow \dfrac{b_{jr}}{\sum\limits_{y_{ijk}\in\Lambda}(\hat{y}_{ijk}a_{ir}c_{kr}+\lambda b_{jr})}, & \forall j \in \{1,2,\cdots,J\}, r \in \{1,2,\cdots,R\} \\[2mm] \alpha_{kr} \leftarrow \dfrac{c_{kr}}{\sum\limits_{y_{ijk}\in\Lambda}(\hat{y}_{ijk}a_{ir}b_{jr}+\lambda c_{kr})}, & \forall k \in \{1,2,\cdots,K\}, r \in \{1,2,\cdots,R\}\end{cases} \quad (9\text{-}11)$$

将 a_{ir}，b_{jr}，c_{kr}，α_{ir}，α_{jr}，α_{kr} 和式（9-8）～式（9-11）中的更新规则相结合，可得

$$a_{ir} \leftarrow \frac{a_{ir}\sum\limits_{y_{ijk}\in\Lambda}y_{ijk}b_{jr}c_{kr}}{\sum\limits_{y_{ijk}\in\Lambda}(\hat{y}_{ijk}b_{jr}c_{kr}+\lambda a_{ir})}, \quad \forall i \in \{1,2,\cdots,I\}, r \in \{1,2,\cdots,R\} \quad (9\text{-}12)$$

$$b_{jr} \leftarrow \frac{b_{jr}\sum\limits_{y_{ijk}\in\Lambda}y_{ijk}a_{ir}c_{kr}}{\sum\limits_{y_{ijk}\in\Lambda}(\hat{y}_{ijk}a_{ir}c_{kr}+\lambda b_{jr})}, \quad \forall j \in \{1,2,\cdots,J\}, r \in \{1,2,\cdots,R\} \quad (9\text{-}13)$$

$$c_{kr} \leftarrow \frac{c_{kr}\sum\limits_{y_{ijk}\in\Lambda}y_{ijk}a_{ir}b_{jr}}{\sum\limits_{y_{ijk}\in\Lambda}(\hat{y}_{ijk}a_{ir}b_{jr}+\lambda c_{kr})}, \quad \forall k \in \{1,2,\cdots,K\}, r \in \{1,2,\cdots,R\} \quad (9\text{-}14)$$

阶段 1 的目标是得到当前时间点（即 $k=K$ 时）的制造服务矩阵 $\boldsymbol{D}$，则有

$$\boldsymbol{D}_{ij} = \begin{cases} y_{ijK}, & y_{ijK}\in\Lambda \\ \hat{y}_{ijK}, & \text{其他} \end{cases} \quad (9\text{-}15)$$

计算 CP 分解有很多方法。本节借鉴交替方向法优化损耗函数 L。该方法的主要步骤是每次固定两个潜因子矩阵，然后更新另一个潜因子矩阵，并持续迭代该步骤，直到所有组件都更新完毕。算法 9-1 给出了 NTFCSC-P 的框架。

算法 9-1　NTFCSC-P 框架

Input：$\Lambda, I, J, K, R, \lambda$
Output：D
1. 初始化 A，B，C，D，以及循环计数器 $n \leftarrow 1$
2. while 未达到终止条件 do
3. 　$A^{(n+1)} \leftarrow$ 式（9-12）based on $(\Lambda, J, R, \lambda, A^{(n)}, B^{(n)}, C^{(n)})$
4. 　$B^{(n+1)} \leftarrow$ 式（9-13）based on $(\Lambda, J, R, \lambda, A^{(n+1)}, B^{(n)}, C^{(n)})$
5. 　$C^{(n+1)} \leftarrow$ 式（9-14）based on $(\Lambda, K, R, \lambda, A^{(n+1)}, B^{(n)}, C^{(n)})$
6. end while
7. for $i = 1$ to I
8. 　for $j = 1$ to J　　% 更新 D 中的元素值 %
9. 　　if $D_{ij} == 0$
10. 　　　$D_{ij} \leftarrow \hat{y}_{ijK}$
11. 　　else
12. 　　　$D_{ij} \leftarrow y_{ijK}$
13. 　　end if
14. 　end for
15. end for

NTFCSC-P 计算复杂度分析如下。

阶段 1（即算法 9-1）的整体计算复杂度主要取决于初始化，更新矩阵 A，B，C，及得到矩阵 D 的复杂度。式（9-12）的复杂度为

$$O(式(9\text{-}12)) \approx O(3R \times (|I| + |\Lambda|)) \to O(R \times (|I| + |\Lambda|)) \quad (9\text{-}16)$$

类似地，推断出式（9-13）和式（9-14）的复杂度分别为 $O(R \times (|J| + |\Lambda|))$ 和 $O(R \times (|K| + |\Lambda|))$。一般情况下，在一个稀疏张量中，若 $|\Lambda| \gg \max\{|I|, |J|, |K|\}$，则式（9-16）的计算复杂度近似为 $O(|\Lambda| \times R)$。在这种情况下，如果合理地省略常数和低秩项，阶段 1 的整体计算复杂度为

$$\begin{aligned}O(阶段1) &= O\{(3n+1)(|I| + |J| + |K|)R + 9nR|\Lambda| + 2|I\|J| + 1\} \\ &\approx O(nR|\Lambda|)\end{aligned} \quad (9\text{-}17)$$

其中，n（迭代计数器）和 R（张量 TSTT 的秩）均为正常数。

综上所述，提出的 NTFCSC-P 能够对具有动态制造服务的 QoS 属性值进行预测。接下来将提出多目标优化的制造任务—制造服务匹配模型，并基于预测的 QoS 数据（式（9-15）给出）提出算法。

阶段 2：多目标优化制造任务—制造服务匹配模型。

基于阶段 1 中预测而成的 QoS 数据矩阵 D，可以将具有时变 QoS 属性值的动态制造任务—制造服务匹配转换为一般的 MaOP。集合、参数和决策变量见表 9-1。

表9-1 集合、参数和决策变量

集合、矩阵和参数	定义
MT_i	云制造任务 MT 中的 i 号子任务，$i = 1, 2, \cdots, I$
MS_i	子任务 MT_i 的所有合格候选制造服务的集合
s_{ij}	子任务 MT_i 的 j 号候选制造服务，$j = 1, 2, \cdots, J$
$Q_{time}(s_{ij})$	执行制造服务 s_{ij} 所需的时间
$Q_{cost}(s_{ij})$	制造服务 s_{ij} 的价格
$Q_{emi}(s_{ij})$	执行制造服务 s_{ij} 产生的碳排放
$Q_{avai}(s_{ij})$	制造服务 s_{ij} 的可得性
$R(s_{ij}, s_{i'j'})$	从制造服务 s_{ij} 所在工业区到 $s_{i'j'}$ 所在工业区的物流距离
$k_{ii'}$	指示子任务之间的执行顺序。假设子任务 MT_i 是子任务 $MT_{i'}$ 的前序任务。在顺序结构中，$k_{ii'}=1$。在循环结构中，$k_{ii'}$ 是个大于 1 的整数，表示从 MT_i 到 $MT_{i'}$ 的循环次数。在循环结构中，$k_{ii'}$ 表示从 MT_i 的执行概率 $MT_{i'}$。其余情况，$k_{ii'}=0$
σ_i	MT_i 的执行次数
p_{veh}	使用物流车辆的固定成本
p_{time}	超时的惩罚成本
p_{emi}	超额碳排放的惩罚成本
v	物流速度
p_{trans}	每公里物流成本
ef	燃料消耗的碳排放因子（kg/L）
f	发动机功率系数
τ	燃料热值（kJ/L）
W	物流车辆自重
w_i	子任务 MT_i 完成后的产成品重量（kg）
γ	柴油机功率参数
β	空气摩擦参数
e_{ij}	执行制造服务 s_{ij} 的直接碳排放（kg CO_2）
Ψ	电力消耗间接形成的碳排放（kg CO_2/kW·h）
E_{ij}	执行制造服务 s_{ij} 的总电力消耗（kW·h）
x_{ij}	如果制造服务 s_{ij} 被选中执行 MT_i，取值为 1，否则为 0

QoS 属性值可以作为一个制造服务的性能指标。静态 QoS 属性值通常由制造服务提供商或云制造平台方提前确定。动态 QoS 属性值通常是历史数据，用来衡量制造服务在特定时间点的性能。本节选取几个典型的 QoS 属性作为动态制造任务—制造服务匹配问题的优化目标。这些 QoS 属性分为正向和负向。正向的 QoS 属性值越大越好，负向的越小越好。本节使用一个元组来表示单个制造服务 s_{ij} 的 QoS 值，即 $Q(s_{ij}) = \langle Q_{\text{time}}(s_{ij}), Q_{\text{cost}}(s_{ij}), Q_{\text{emi}}(s_{ij}), Q_{\text{avai}}(s_{ij}) \rangle$，它对服务时间、服务价格、执行服务产生的碳排放、服务可得性等 QoS 属性的值进行建模。

在工程实践中，制造服务的加工时间并不是预先确定的，可能是时间动态的[10]。总时间 Time 表示完成所有给定子任务所需的最小时间：

$$\text{Time} = \max_{\text{MT}_i \in \text{MT}} \text{FT}_{ij} \qquad (9\text{-}18)$$

$$\text{FT}_{ij} = \text{ST}_{ij} + \sigma_i Q_{\text{time}}(s_{ij}) x_{ij} \qquad (9\text{-}19)$$

$$\text{ST}_{ij} = \begin{cases} 0 & , \text{pre}_i = \varnothing \\ \max_{i' \in \text{pre}_i} \left(\text{FT}_{i'j'} + \dfrac{k_{i'i} x_{i'j'} x_{ij} R(s_{i'j'}, s_{ij})}{v} \right) & , \text{其他} \end{cases} \qquad (9\text{-}20)$$

FT_{ij} 是当 s_{ij} 被选中来服务 MT_i 时，MT_i 被完成的时间点。式（9-18）的 FT_{ij} 可由式（9-19）得到，式（9-19）的 ST_{ij} 表示 MT_i 预计的开始时间，第 2 项为服务时间。式（9-20）定义了 ST_{ij} 的计算方式，此处 pre_i 表示工作流中 MT_i 的所有前序子任务的集合。总时间 Time 是需要最小化的属性。否则，本节设定如果总时间没有在要求的时间约束内完成，可能会产生罚款。

总成本 Cost 包括服务组合过程中发生的所有成本，如服务价格和供应链操作中产生的成本（如库存成本、物流成本等）。在 Web/网格/云服务在线市场中，服务价格或物流成本需要是动态的[11]，才能适应网络协同制造平台，从而实现最优匹配，获得最大的系统价值。总成本 Cost 包含云制造过程中所有与成本相关的因素：

$$\text{Cost} = \sum_{s_{ij} \in \text{MS}} \sigma_i Q_{\text{cost}}(s_{ij}) x_{ij} + \sum_{s_{ij}, s_{i'j'} \in \text{MS}, i \neq i'} \left[k_{ii'} x_{ij} x_{i'j'} R(s_{ij}, s_{i'j'}) p_{\text{trans}} + p_{\text{veh}} \right] \\ + \max\{0, (M - c_{\text{time}})\} \times p_{\text{time}} + \max\{0, (En - c_{\text{emi}})\} \times p_{\text{emi}} \qquad (9\text{-}21)$$

其中，等号右边第 1 项为总服务成本，第 2 项为计算总物流成本。第 3 项和第 4 项分别为超时和超额碳排放的惩罚成本。

碳排放总量 Emission 是指服务组合过程中的碳排放总量，如制造、运输、发电等。这里的碳排放是指以 CO_2 当量为代表的温室气体（CO_2、CH_4、N_2O、SF_6 等）排放总量：

第9章 基于网络协同平台的复杂重型装备制造协同

$$\text{Emission} = \sum_{\text{MT}_i \in \text{MT}} \sum_{s_{ij} \in \text{MS}_i} \sigma_i Q_{\text{emi}}(s_{ij}) x_{ij} \\ + \frac{ef}{\tau} \cdot \sum_{s_{ij}, s_{i'j'} \in \text{MS}, i \neq i'} R(s_{ij}, s_{i'j'}) \left[\frac{f}{v} + \gamma \beta v^2 + \gamma (W + w_i) \right] \tag{9-22}$$

其中，第1项和第2项分别为执行制造服务和运输活动产生的碳排放总量。制造过程的碳排放可分为三类：化石燃料排放（直接由化石燃料消耗产生）、间接能源消耗（如发电产生的碳排放）和其他供应链操作产生的间接排放（如工件材料转化为加工废料）。因此，$Q_{\text{emi}}(s_{ij})$ 计算如下：

$$Q_{\text{emi}}(s_{ij}) = e_{ij} + \psi E_{ij} \tag{9-23}$$

服务可得性 Availability 描述制造服务的非占用时间比率，在 0（完全不可用）和 100%（始终可用）[12]之间波动。在本节的场景中，服务可得性 Availability 的计算方法定义为

$$\text{Availability}_{\text{seq}} = \prod_{(\text{MT}_i \in \text{MT}) \cap (k_{i'i} = 1)} Q_{\text{avai}}(s_{ij}), \quad \forall \text{MT}_{i'} \in \text{MT} \tag{9-24}$$

$$\text{Availability}_{\text{par}} = \prod_{(\text{MT}_i \in \text{MT}) \cap (k_{i'i} = 1)} Q_{\text{avai}}(s_{ij}), \quad \forall \text{MT}_{i'} \in \text{MT} \tag{9-25}$$

$$\text{Availability}_{\text{sele}} = \sum_{(\text{MT}_i \in \text{MT}) \cap (k_{i'i} \in (0,1))} k_{i'i} Q_{\text{avai}}(s_{ij}), \quad \forall \text{MT}_{i'} \in \text{MT} \tag{9-26}$$

$$\text{Availability}_{\text{cir}} = \prod_{(\text{MT}_i \in \text{MT}) \cap (k_{i'i} > 1)} Q_{\text{avai}}(s_{ij}), \quad \forall \text{MT}_{i'} \in \text{MT} \tag{9-27}$$

式（9-24）～式（9-27）分别定义了按顺序、并行、选择和循环结构计算服务组合中 Availability QoS 值的方法。服务组合中 Availability QoS 值的计算传统上将其他结构转化为顺序结构，因此并行的、选择的和循环结构的制造服务的可得性应首先根据式（9-25）～式（9-27）进行汇总。最后，根据式（9-24）组成组合后的 Availability QoS 值。

因此，给定一组 QoS 属性，本节有如下定义。

定义 9.3（全局 QoS 约束） 全局 QoS 约束是一组 QoS 值，即 $\langle c_{\text{time}}, c_{\text{cost}}, c_{\text{emi}}, c_{\text{avai}} \rangle$。每个全局 QoS 约束是正向 QoS 属性的下界，或一个负向 QoS 属性的上界。需要全局 QoS 约束来限制组合服务的相应 QoS 性能以满足用户的需求。

多目标制造任务—制造服务匹配问题建模如下：

$$\text{Minimize} \left\{ \text{Time}, \text{Cost}, \text{Emission}, \frac{1}{\text{Availability}} \right\} \tag{9-28}$$

$$\text{Cost} \leq c_{\text{cost}} \tag{9-29}$$

$$\text{Availability} \geq c_{\text{avai}} \tag{9-30}$$

$$\mathrm{FT}_{i'j'} + \frac{k_{i'i} x_{i'j'} x_{ij} R(s_{i'j'}, s_{ij})}{v} \leqslant \mathrm{ST}_{ij}, \forall i' \in \mathrm{pre}_i, s_{ij} \in \mathrm{MS}_i, s_{i'j'} \in \mathrm{MS}_{i'} \quad (9\text{-}31)$$

$$\sum_{j=1}^{J} x_{ij} = 1, \quad \forall \mathrm{MT}_i \in \mathrm{MT} \quad (9\text{-}32)$$

式（9-28）为目标函数，目标是寻找最小总完工时间、最小总成本、最小碳排放和最高服务可得性的制造任务—制造服务匹配解决方案。式（9-29）～式（9-30）表示所有的目标值都要服从各自的约束（见定义 9-3）。在本节中，c_{time} 和 c_{emi} 被描述为软约束，即总完工时间和碳排放能够一定程度上超过各自的约束，但超过的部分会产生惩罚成本计入总成本。式（9-31）允许子任务在所有前序子任务都完成后开始执行。式（9-32）确保每个子任务都必须由制造服务执行。

为了解决本节的四目标制造任务—制造服务匹配问题，提出了一个名为 GrEA-X 的 MaOP 算法。GrEA-X 是经典的多目标进化算法 GrEA[13]在探索能力方面的强化版。为了适应快速变化的网络环境，尽快为用户提供良好的服务组合解决方案，GrEA-X 修改了构建交配池的方式，引入杂交变异算子，提高种群多样性。

传统上基于网格的多目标进化算法在优化实践中存在一定的局限性，可能由于：①在多目标网格环境中计算成本和数据存储呈指数级增长；②网格环境中自然有其独特的主导关系和拥挤标准等，但通常被以往文献忽视了。

为了解决上述缺点，GrEA 采取了几项主要的改进（见算法 9-2）。首先，用个体中心的方法而不是盒中心的方法生成 Grid_setting（第 3 行），即提取种群的极端解，并将其作为边缘超网格的中心。因此，网格环境在演化过程中对种群是自适应的。其次，引入三种基于网格坐标的适应度标准，即网格排名（GD）、网格拥挤距离（GCD）和网格坐标点距离（GCPD）（第 4～5 行、第 7 行），摒弃拥挤解，实现收敛性和多样性的平衡。最后，将密度估计扩展到个人所在超盒的邻近超盒中的所有解。如果添加任何新的个体，同时考虑基于网格的邻域和主导情况（第 7 行），则被选择个体的适应度将在环境选择过程中更新。

算法 9-2　GrEA 的基本框架

Input：P（种群），numPop（种群规模），div（目标空间里划分的网格数）
Output：P
1. $P \leftarrow$ 初始化（P）
2. while 未达到终止条件 do
3. 　　Grid_setting（P）
4. 　　Fitness_assignment（P）
5. 　　$P' \leftarrow$ Mating_selection（P）
6. 　　$P'' \leftarrow$ Variation（P'）
7. 　　$P \leftarrow$ Environmental_selection（$P \cup P''$）
8. end while

对于编码方案，本节采用实数编码，每个染色体的长度为子任务的数量。染色体上第 i 号基因的取值为 s_{ij}，表示对于子任务 MT_i，选取其候选服务集中的第 j 号服务（也就是 s_{ij}）进行组合。为便于理解，本节举例说明。如某一染色体编号为[2 4 5]，意为总共有三个云制造子任务 MT_1、MT_2 和 MT_3，分别选取 s_{12}、s_{24} 和 s_{35} 三个制造服务来执行。

算法 9-3 给出了本节所提出 GrEA-X 算法的伪代码。首先对种群进行初始化。在主循环中，非支配排序过程将种群划分为多个支配前沿（第 3 行）。选择所有锋面中的非支配锋作为交配池，产生后代。本节只引入非支配排序来选择有希望的个体进行交配，而不是 grid_setting 和 fitness_assign 过程。修改的原因在于，在早期实验中发现，在一次运行的几次迭代之后，种群中的大多数解决方案（70%～80%）都被包含在非支配前沿。因此，没有必要在网格环境下进行种群间的个体选择，因为非主导前沿的解决方案就足以形成一个交配池。

算法 9-3　本节提出的 GrEA-X 的基本框架

```
Input: P（种群），numPop（种群规模），div（目标空间里划分的网格数）
Output: P
1. P ← Initialize（P）
2. while 未达到终止条件 do
3.    F ← Nondominatedsort（P）        % F = (F₁, F₂, ···, Fᵢ, ···) %
4.    F₁ ∈ F              % 选取种群中非主导前沿 F₁ 作为交配池 %
5.    P' ← ∅
6.    for p ∈ P do
7.        if rand ≤ Cr then
8.            随机选择 q ∈ F₁
9.            p^offspring ← SBX_crossover（p, q, pc）
10.           P' ← P' ∪ {p^offspring}
11.       else if rand ≤ Cr + Mr then
12.           p^offspring ← Polynomial_mutation（p, pm）
13.           P' ← P' ∪ {p^offspring}
14.       else    % 基于差分进化进行变异 %
15.           随机选择 q, m ∈ F₁
16.           for i = 1 to I
17.               xᵢ^offspring = xᵢ^p + F × (xᵢ^q - xᵢ^m)
18.           end for
19.           p^offspring ← Calculate_QoS_values（x^offspring）
20.           P' ← P' ∪ {p^offspring}
21.       end if
22.   end for
23.   P ← Environmental_selection（P ∪ P'）
24. end while
```

变异过程从算法 9-3 的第 6 行到第 21 行。它采用了 SBX（模拟二进制）交叉、多项式变异和差分进化（DE/rand/1/bin）三种变异算子。这些算子是通过提前定义的参数 Cr（交叉率）和 Mr（突变率）来选择的。种群中的每一个个体都将通过任一操作符进化，从而有效地增加了种群的多样性。最后，实现 environmental_selection 过程，以在组合种群中选择最佳的 numPop 个体，形成下一次迭代的种群。

在算法 9-4 中，与 GrEA 类似，GrEA-X 采用非支配排序从原始种群和进化种群的合并集合中选择个体。首先，根据支配关系（第 2 行）将个体划分为多个前沿 $F_1, F_2, \cdots, F_i, \cdots$。为了生成规模为 numPop 的下一代种群 Q，将这些前沿中的个体依次添加到 Q 中（第 3~5 行）。然后，如果当添加前沿 F_i 时 Q 的大小刚好超过 numPop，则称 F_i 为临界前沿。为了去掉 Q 中多余的个体，本节为临界前沿 F_i 设定了一个网格环境（第 7 行）并进行了适应度的分配（第 8 行）。第 9~14 行循环遍历并丢弃的适应度值最差的个体。第 10 行和第 13 行中过程的细节与 GrEA 中的版本一致。由于篇幅限制，此处不赘述。

算法 9-4　Environmental_selection（P）

Input：P（种群），numRep（外部存档集规模）
Output：Q（下一代种群）
1:　$Q \leftarrow \varnothing$
2:　$(F_1, F_2, \cdots, F_i, \cdots) \leftarrow$ Nondominatedsort（P）
％ 用非主导解排序方法求 P 中的支配前沿 $(F_1, F_2, \cdots, F_i, \cdots)$　％
3:　$Q \leftarrow F_1 \cup F_2 \cup \cdots \cup F_i$
4:　**if** $|Q|$ = numRep **then**
5:　　return Q
6:　**else if** $|F_1 \cup F_2 \cup \cdots \cup F_{i-1}| <$ numPop $< |F_1 \cup F_2 \cup \cdots \cup F_i|$
7:　　Grid_setting（F_i）
8:　　Fitness_assignment（F_i）
9:　　**while** $|Q| >$ numRep **do**
10:　　　从 F_i 中找到最差的个体，q
11:　　　$Q \leftarrow Q \setminus \{q\}$
12:　　　$F_i \leftarrow F_i \setminus \{q\}$
13:　　　为 $\forall p \in F_i$ 更新适应度值
14:　　**end while**
15:　**end if**

对于算法 9-3 演示的 GrEA-X 框架，主要的计算开销花在非支配排序 Nondominatedsort（第 3 行）和 Environmental_selection（第 23 行）上。非支配排序需要 $O(MN^2)$ 次计算，其中 M 为目标个数，N 为种群规模（即本节中的 numPop）。

在 GrEA-X 的主循环中，如果考虑一次迭代的复杂度，基本操作的最坏情况复杂度如下：第 2 行需要 $O(M(2N)^2)$ 次计算，因为总体 $P\cup P'$ 的大小为 $2N$。在最坏的情况下，$2N$ 个解都在 F_1 里，则需要清除 N 个最坏的解。Grid_setting（第 7 行）需要 $O(MN^2)$ 复杂度来构建网格环境，而 Fitness_assignment（第 8 行）需要 $O(MN)$ 复杂度来分配初始适应度。第 9~14 行的循环最多需要 $O(2N\log(2N))$ 复杂度。总的来说，GrEA-X 最坏情况下的计算复杂度是 $O(MN^2)$。

9.1.3 装备生产进度管理

定制装备产品的生产过程中，控制各产品零部件的加工进度，保证其进度协同性极其重要。装配产品的加工和装配两阶段中，产品装配工序能否准时开展直接受其部件齐套性的影响，部件的组装又受到该部件下零件的齐套性影响，装备产品的装配作业在企业中通常由专门的装配小组负责完成，实际中存在的零部件不齐套是严重影响装配小组进行正常作业开展的约束因素之一。装备产品往往结构复杂，通常由多个零部件构成，各个零部件由于其工艺路线的差异加工过程相对独立，因此整个产品的生产过程的离散程度很高，生产过程也会存在制约整个产品生产进度的关键零部件。这类零部件加工过程更为复杂，对资源的要求也会更高。拥有众多关键零部件的装备产品生产完成过程是自下而上的，下层的零部件即使缺少一件都会导致上层的部件或产品无法完成。实际生产中，零部件装配工序缺件的问题是极其普遍而又难以控制的，因此对零部件进度的高效协同是定制装备产品制造过程管控的重点。

定制装备产品的生产制造过程需保证订单产品零部件的进度协同，分批生产加剧了这种进度协同管控的困难性。一方面，拆分客户订单后所得到的各个产品生产批次本身具有更紧的交货期，更紧的交货期给进度协同控制带来了更高的要求。另一方面，在与客户协商各产品批次交货期时，因于分批生产模式下装配作业车间的复杂性，往往难以给出准确的交货时间节点，一旦发现产品可能拖期，必须加紧各个零部件的加工，可能会导致车间负荷的瞬时波动，对于产品生产过程的平顺性及零部件的协同性造成巨大的不利影响。

所以，在定制设备生产制造的整个流程中，应同步考虑生产速度与组装时间，并以组装为驱动力促进零部件生产中的定制企业之间的协作，用组装方案来引导各参与生产的企业制造工作方案的实施[14]，同时利用网络与生产技术对各企业的生产时间与集成厂商的组装速度进行即时监测，实现制造过程的透明化。当各种影响因素导致实际制造时间和计划发生偏差时，及时启动重新调整方案并重新生成合理的装配和工艺作业规划，以保证定制装备产品的准时交付。

定制装备产品生产进度协同流程如图 9-4 所示。首先，制造服务需求方通过网络协同制造平台发布订单需求，平台根据用户的要求以及加工工艺树对制造任务进行分解，之后将不同的制造任务分配给相应的制造企业进行加工，各制造企业运用平台实时反馈加工作业进度；其次，根据集成制造商装配各零部件的时间节点以及装配计划执行进度，拉动各制造企业加工作业计划的制订和调整，并及时对比实际进度与计划进度的偏差值，判断偏差是否超过一定阈值以及偏差产生的原因，若偏差来源于加工过程且该零部件处于关键路径，则应立即启动重新调度方案，如引入其他类似制造服务提供企业从而扩充生产能力；否则，可对进度偏离的相应企业的生产计划进行调整修改；若偏差来源于集成制造的装配过程，则对集成制造商原有的装配计划进行修改。

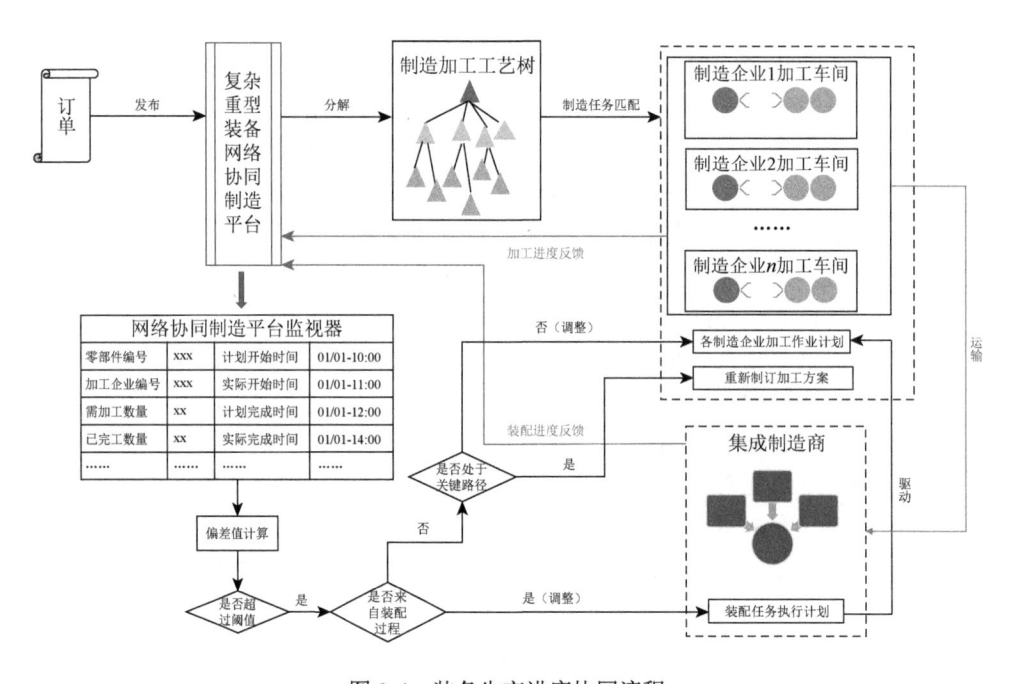

图 9-4　装备生产进度协同流程

装备生产进度协同的关键在于网络协同平台的进度监督和进度反馈，通过该平台，各企业可以及时查看定制化产品所处的研制阶段，在不同阶段加工的时间，实现装备产品研制过程的透明化。与此同时，网络协同平台可以自动对比实际生产进度和计划生产进度，在计算偏差值后及时锁定出现偏差的阶段及相关企业，帮助企业调整加工作业计划，保证最终产品的按时装配和交付。

9.2 装备生产质量协同

在传统装备生产模式下，质量管理的重点集中于工业企业内部的生产过程，并不重视企业外部的生产过程。此时，在平台各相关方之间尚未形成一条连续、可追溯的质量链条，而是被一系列相对封闭的"质量黑箱"所割裂。所以，在进行复杂重型装备的协同制造时，将各个阶段割裂开来各行其是，会对装备整体质量管理的效果带来影响。本节将立足于本网络协同制造平台，针对复杂重型装备的质量协同问题展开讨论。

9.2.1 复杂重型装备质量协同管理现状

如前所述，复杂重型装备生产上下游节点（即制造服务提供商）之间是一种纯粹基于订单约束和验收约束的质量关系[15]。在服务提供商内部，质量过程相对封闭，节点之间缺乏或无法展开质量管理方面的合作与协调。同时，项目启动、设计、制造、运维等各个阶段都会相互影响，因此需要实现各个阶段、各个平台方之间数据、信息、资源的共用共享，进行复杂重型装备的质量协同。

但是，传统的质量协同化管理模式已经不能满足和解决对复杂重型设备的工程项目全生命、全方位、系统化、敏捷化品质控制的需要，暴露出了以下几个问题[15,16]。

（1）装备生产项目质量管理模式不健全。复杂重型装备产业是面向订单的生产行业，与一般的离散型产业的管理模式不同。复杂重型装备物料具有种类繁多、数量大、生产周期长、质量要求高、外协件和自制件兼有、物料成本相差大等诸多特点。目前对于复杂重型装备的外协件、特殊件质量管理依然不够完整，物料质量管理缺乏相应的管理策略，管理模式有待完善和改进。

（2）缺乏系统性的协同。大多数复杂重型装备在进行质量管理的过程中，仍是分段式管理，制造商和供应商之间管理信息沟通困难，内部质量与外部质量控制无法有效支撑协同研制，尚未形成有效的协同质量管理框架。随着服务提供商之间壁垒的进一步打通，复杂重型装备的质量管理已经不单单是某个企业或某个部门自身的事情，众多的盟友企业或部门共同决定着其质量，在保证自身质量的同时，彼此之间应该相互协调、相互合作共同参与到其质量的管理工作中，使复杂重型装备的总质量得到提升。

（3）质量信息共享困难。重型装备协同研制中涉及许多的质量信息，包括物料信息、客户需求信息、产品参数信息、研制进度信息、工艺信息等，不但数量巨大，而且十分分散，需要对相关质量信息以合理的结构进行管理，并实现质量问题的跟踪、处理、汇总和追溯。但是，目前复杂重型装备协同生产过程中，产品质量信息依旧共享困难，难以追溯，容易被篡改。

（4）传统质量控制方法存在缺陷。目前相当一部分复杂重型装备的零部件提供商或制造服务提供商对于关键过程的控制，仍是通过经验确定的，缺乏科学的方式方法完成关键过程的识别。同时，大多数制造服务提供商对于关键过程的管理仍处于对质量指标进行事后检验、校对的阶段，普遍存在滞后性。在对关键件的管理上，部分服务提供商运用了控制图。这虽然一定程度上解决了滞后性的问题，但是由于传统控制图控制是以统计抽样为基础，所以存在一定误判、漏判的现象，且效率较低。

（5）设计质量得不到保证。复杂重型装备设计质量存在的主要问题有设计难度大、协作面广、设计更改频繁等几个方面。主要表现为：缺乏对客户的需求的有效把握，造成设计出的功能或者服务不能完全满足客户需求；部分设计服务提供商缺少标准化的管理流程规范，造成无章可循或有章不循，不能对设计质量进行有效控制；服务提供商资源集成共享程度不高，造成各个设计阶段存在"脱节"的现象，使复杂重型装备设计质量一直得不到有效的保证。

9.2.2　平台质量协同管理系统

针对前面所述复杂重型装备质量协同管理现状，本节提出复杂重型装备网络协同制造平台质量协同管理系统，如图 9-5 所示。该系统嵌入网络协同制造平台，并在装备制造全生命周期中发挥作用。体系包含如下模块。

（1）设计过程质量管理。根据复杂重型装备设计研发过程中质量管控的主要特征和要求，构建基于复杂装备质量特征管理、支持协同研制开发环境下的设计过程质量管理子系统，以进行面向产品整个生命周期的设计质量管理工作，并支持以设计质量特征管理为核心和主线的产品设计流程品质管理与监控，主要功能包含：设计产品质量特征管理、工程设计品质评价管理、规范标准编制与管理等。

（2）制造过程质量管理。通过构建与复杂重型工业装置及国际化协同生产环境相适应的生产过程品质管理子系统，以达到对生产过程中品质数据收集和统计分析的数字化，主要涉及：基于架次的生产过程品质跟踪和标识、不合格品过程的质量管理和监控、重要产品品质特征的生产过程监测等。

（3）质量服务。构建面向制造服务提供商服务过程的质量管理信息子系统，实现对复杂重型装备使用与服务相关业务的支持，主要功能包括：装备质量记录、用户质量反馈、服务提供商资质证明管理、质量远程维护等。

（4）基础数据。构建面向复杂重型装备质量管理体系的数据基础和功能接

第9章 基于网络协同平台的复杂重型装备制造协同

口,实现对复杂重型装备设计质量、制造质量与质量服务相关业务的支持。基于装备生产、使用与维修过程中的质量信息,以及工艺会签、用户反馈等间接信息,为装备生产质量的协同提供依据。

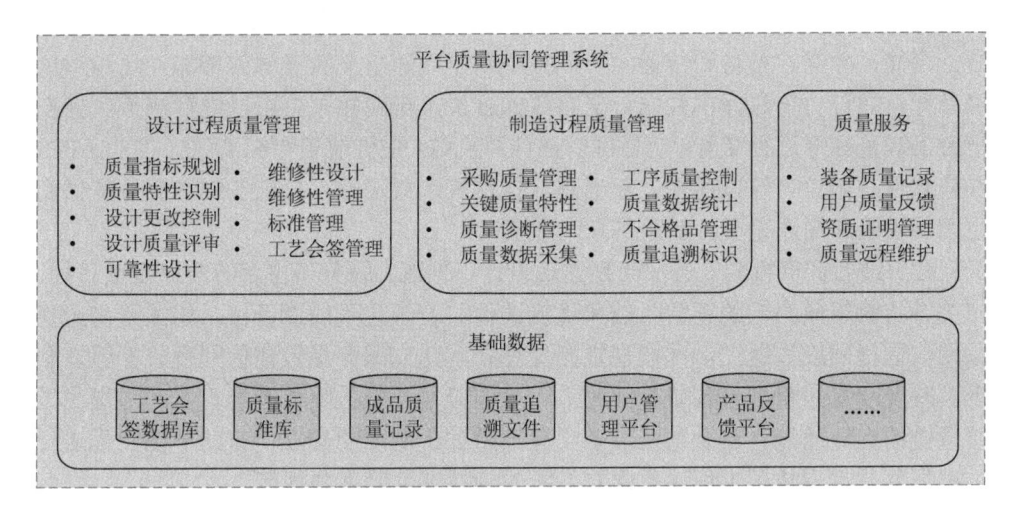

图 9-5 复杂重型装备网络协同制造平台质量协同管理系统

复杂重型装备质量管理系统主要功能包括但不限于如下若干项。

(1)质量规划管理。实现对过程或子过程的质量目标及任务等管理。

(2)设计质量控制。实现基于用户驱动的产品设计质量控制。

(3)采购质量管理。要求各服务提供商采购原材料时进行质量检验与控制,并提供具有专业资质的检测机构出具的质量或可靠性证明(如适用)。

(4)工序质量控制。对产品制造过程的质量问题进行追溯,及时将生产中出现的问题反馈到相应的服务提供商,协调服务提供商之间的工作,减少质量损失。

(5)质量诊断管理。平台为用户提供产品质量问题的远程诊断以及远程预防性维护服务。

(6)用户反馈管理。为设计、制造、外包、零配件提供商等用户提供质量咨询、质量检验、报告在线验证服务,同时通过对客户反馈的分析为装备产品质量的持续改进提供准确可靠的信息支持。

(7)质量数据统计。以提供决策支持为目标,提高决策人员的决策效率和效益。

在质量管理系统的基础上,本节拟从以下方面构建装备工程项目质量协同的管理机制。

(1)信用机制。平台设定信用评价标准,并结合区块链信任技术和共识算法,对服务提供商进行基于服务质量、产品质量、商品质量以及相关方评价的信用评价。信用机制作为利益分配、奖励惩罚的一个参考,与相关方利益挂钩,作为激励和约束各参建单位的手段，对于享有高信誉的服务提供商可以给予更多、更高端的合作的机会。

（2）信息共享机制。与项目相关的各方可以在线下以物流方式运输物理设备，并通过线上客户端提交图纸、数据和文件等电子材料。系统将信息通过相关流程进行存储、分类、备份和传递，可以实现共享。随着交流资源的增加，逐步形成信息库。通过对信息库中数据、资料等的分析，平台相关方可以进行决策，并在平台上对目标方进行交互。交互可以在计算机端、手机端（网络、邮件、工业APP、办公软件、微信）等以通知、新消息、推送等形式进行。打破各制造服务提供商之间的界限和沟通壁垒，减少信息沟通成本[17]。

（3）绩效评价机制。若按计划实现设计、制造、服务和售后的预定质量目标，相关方将获得原约定的正常收益和优良评价。若未达到质量目标，相关方需查找原因，进行回应和返工，并按规定接受惩罚。建立服务绩效评价制度，不但有利于及时发现复杂重型装备质量问题，而且明确了各服务提供者的职责，并提高了质量链的运行质量。复杂重型装备工程绩效评价制度的建立，有助于在工程进行中根据复杂重型装备工程性质建立系统的绩效评价制度与规范。

9.3 区块链保障下的数据协同

数据协同在复杂重型装备网络协同制造平台扮演着重要的角色。但是，由于平台工业大数据来自各个服务提供商，产业环境复杂多变，数据处理规模巨大，且无法确保安全。根据在不同服务商之间收集的数据，并且与根据同一服务在不同时段收集的数据之间无法彼此联系，从而无法建立针对该产品整个生命周期的数据关联。更为严重的安全问题，将是由于在数据保存、传送和应用过程中产生的数据泄露或被修改的风险。平台各层面临各种类的网络攻击威胁，如攻击者会重点攻击平台最底层——设备层的传输媒介和物理设备，攻击数据传输层的控制命令和路由信息，以及工业服务层的软件系统漏洞和用户隐私[18]。传统的安全策略和方法并不能应付各种规格的不同连接方法的CPS系统所遇到的安全问题。企业的数据大多存放在中心化的系统云端上，部分数据不免需要相关技术，一旦出现数据泄露问题，会给企业带来巨大的风险。

为了解决平台数据安全问题，本节将区块链技术引入本网络协同平台。区块链信息技术，是一项采用密码学方式的去中心化的数据库系统信息技术。2008年，中本聪（Satoshi Nakamoto）首先阐述了关于区块链与比特币的关系概念[19]。区块链是一个去集中的分布式记账体系，比特币是在这种体系上支撑的所有"以数据形态存在"的币种。区块链的最大优点就是可以用最小的成本解决网上交易的资产地址鉴别问题和个人征信问题,并且可以通过点对点的交易方式避免传统集中式的清算结构,从而大大提高了整个经济系统的运作效能。

9.3.1 区块链技术基本概念

区块链呈现一种链式结构,由各个区块(Block)首尾相接而成。每个区块包括区块头和区块体,区块头中包括了版本号、前个区块哈希值、Merkle根、时间戳、难度值和随机数,哈希值使得各个区块首尾相连形成链状结构。所有的链上信息都包含在区块体中。上链的信息全网公开透明,不可篡改,可追溯查询。每个节点使用公钥的哈希值作为自己的数字地址,具备一定的匿名性。交易是比特币网络中传播和存储的基本数据实体,常利用数字签名实现代币等数字资产所有权的转移。交易不仅要经过验证,还要在打包成区块后经全网节点达成共识,才会被记录到比特币的区块链中。

比特币中采用的工作量证明(PoW)机制保证网络中节点共同维护一份相同的区块链账本。工作量证明的实质是求解一个满足部分碰撞的哈希值的原像,节点竞争完成工作量证明求解的过程称为挖矿,这些节点称为矿工节点(或称矿工)。矿工通过挖矿来竞争记账权,即对区块链进行写操作的权限。矿工挖矿成功后,可以将打包好的交易区块连接到区块链末尾,并获得一笔比特币奖励保存在区块中。挖矿生成区块的过程也是比特币的发行过程。初始区块奖励50枚比特币,每4年减半,直至达到最小的单位不能再减半,系统中比特币总量约2100万枚。

区块链通过密码学方法、时间戳等信息共识方法,可确保各节点数据库的信息统一,使交易信息可及时查证、透明可追溯、不可否认,以及无法修改。在区块链中,所有彼此互不信任的节点之间均能够通过信息发布和验证交易、点对点沟通、数字加密等手段实现信任一致,而不存在信息中心化的信用机制。相比以往的中心化信息,区块链通过哈希函数的单向性和抗冲撞能力、数字签名、防伪验证等能力以及分布式协议的容错功能,显著提高了攻击者恶意修改、伪造或者否认信息内容的入侵风险与成本,以及信息的可靠性。

9.3.2 网络协同平台区块链技术部署架构

首先,根据节点是否能自由加入或退出区块链网络参与记账,区块链可以划分为公有链、私有链和联盟链。

(1)公有链。普遍应用于数字货币交易,最具有代表性的是比特币和以太坊。它们的区块链网络完全开放,任何用户和组织可匿名加入分布式网络参与交易和竞争新区块的记账权,链上数据全局可见,但记账性能较低,每笔交易确认时间较长。

（2）私有链。与公有链相反，对参与节点具有严格的身份准入限制，数据写入和访问权限由单个组织的运营者完全控制，偏弱中心化的网络，但数据或交易达成共识时间较多，记账效率更高。

（3）联盟链。介于公有链和私有链之间，可实现"多中心化"，是企业级区块链应用中最常应用的分布式网络架构。它允许多个组织作为联盟成员协同记账，并仅允许特定组织加入该网络。尽管每个组织都拥有全量账本，但仅能写入/读取与自身相关的数据，其他链上数据需授权才可见，具有很强的隐私保护机制，更多适用于不同组织之间的B2B（business to business，企业与企业）交易。相较于公有链，联盟链的参与记账节点数量有限，可以更快达成一致性共识，数据上链的吞吐量更高。

参考的网络协同平台区块链技术部署架构如图9-6所示。

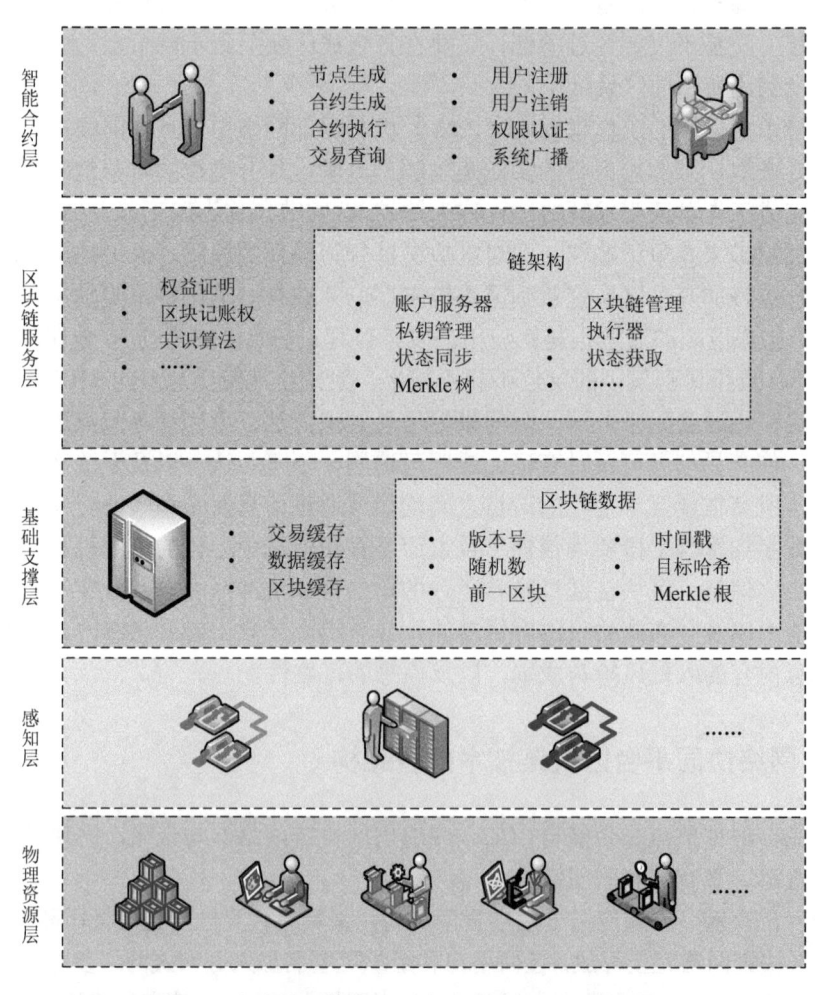

图9-6 参考的网络协同平台区块链技术部署架构图

区块链基础架构一般包含如下层级[20,21]。

(1) 智能合约层。封装了区块链的所有具体技术功能和应用案例。为激励更多节点加入区块链的运作，在各层引入经济机制，并设置了一定的激励发行机制和分配方式，以惩戒不遵守经济规则的节点，从而促进了整个体系向着良性循环的目标推进。

(2) 区块链服务层。区块链服务层是整个区块链体系中的核心，重点提供各类共识条款，如工作量证据、权利证书等。另外，该层还封装了各种脚本程序、算法机制和智能技术等，让整个区块链都具备了可编程特征。

(3) 基础支撑层。描述了所有基础信息模块的链式架构，包括公钥加密算法、时间戳、Merkle 树和哈希函数，也是所有区块链信息技术发展中最底层的结构。区块链将把所有技术融合到一起，形成一种更加安全的新型信息存储方式。

(4) 感知层。引入了 P2P 网络、消息传输机制和认证机制等，使区块链具备了自主组网能力，传播机制和认证机制则明确了消息传递协议和信息校验技术。利用传播方式和验证体系，区块链的各环节都可以进行安全校验和记账。

(5) 物理资源层。在各服务商处的物理制造、计算、检验资源。

9.3.3 基于区块链技术的数据协同流程

基于区块链技术的数据协同流程如图 9-7 所示。首先，必须在平台上进行系统的初始化，先给每一个工业服务提供商和系统分配一个公私钥位置，随后再根据系统位置向地址发出一个微小交易，并备注该服务提供商信息，然后进行系统初始化流程。该笔交易将记载工业服务提供商的入驻平台的日期、公开密钥位置和详细参数等，并将其上链，从而建立了全网唯一的索引标识符，为后续项目进行不同阶段（如数据采集、服务维护、服务下架等过程）进行了前期准备，使得不同阶段的数据上链并通过网络服务提供者地址间形成了相互关系，全网唯一、不容伪造，从而方便了对历史数据的检索和验伪。

其次，项目组内的各服务提供商会与平台、其他服务提供商进行平凡的数据交互（模型、文件、资料、进度传递）。当平台上完成一项交易动作时，交易节点服务提供商把交易内容形成一条记录。数据会首先上传给进行区块链数据处理的相关模块。模块收到数据后，会形成这条交易记录的信息摘要，并利用该服务提供商的私钥对数据进行签名，用私钥加密后全网传播。

此时，部署区块链的平台通过共识方式在选择了授权节点之后，将其签名以及所收集的信息保存在 IPFS。储存信息是指 IPFS 操作系统中的数据索引哈希，利用该索引哈希可以从 IPFS 操作系统中获取储存信息。由于哈希值具有唯一性以及不可逆性，在任何不能搜索哈希的情形下均无法收集到数字明文，从而提高了

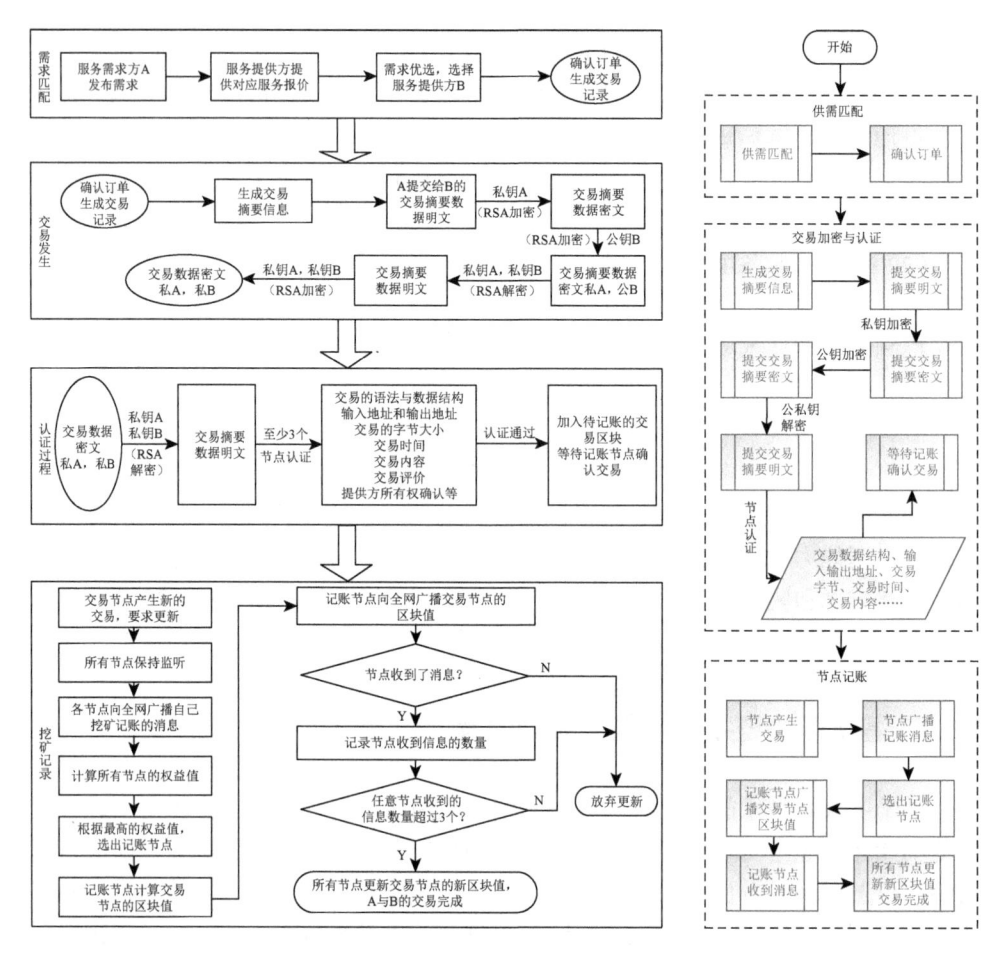

图 9-7 基于区块链技术的数据协同流程

数据稳定性。因为在 IPFS 体系中,如果有数据索引哈希即掌控了所有信息的权力,区块链系统则是完全开放透明的,所以将所有数据索引哈希存在于区块链前都要使用系统的公钥对数据索引哈希实行管理保密。使用已加密的密文或数据信息摘要所发出的协议对上链统计信息执行上链,协议的发出方为信息系统的公钥加密位置,收到方为统计信息公钥加密位置,该项交换导致数据索引哈希可以将该统计信息标记在区块链上,从而建立了新的链,但无法修改。各节点在连接到同一个模块以后,通过哈希算法进行校验,通过后可以将新内容放到自己的交易区块链系统。

在需要使用数据之前,可以首先在区块链上获得该信息的索引哈希值及时间戳、制造服务商信息和关联数据等,由上述数据分析便可证实此份信息的实际效力。对该数据哈希索引密文破译后,通过破译获得的明文,在 IPFS 系统内搜索所要的信息。IPFS 会回复其相应的信息明文和信息标签，根据签名来确定信息的准确性和信息的出处。

至此，该系统基本实现了从数据搜集到数据保存、调用的全过程实现，并提高了在各个环节数据的安全要求。

9.4 本章小结

本章主要讨论复杂重型装备制造过程在本网络协同平台中的各项协同问题。对于设计—制造阶段的协同问题，本章主要提出了适合设计—制造过程需要反复迭代更新、工艺审核的流程设计，以及基于 MBD 的装备设计与修改；对于生产进度的协同问题，本章主要分为服务匹配和进度管理的论述，并提出了相应的解决方案；对于装备生产质量协同，本章提出了平台质量协同管理系统架构，其可以依托平台运行；对于在制造过程中的数据协同问题，本章提出了在网络协同平台部署区块链技术，利用密码学技术和共识算法对平台数据协同进行加密、上链，从而保证了关键业务数据的安全、私密性。

参 考 文 献

[1] 唐林. 全三维环境下的设计制造集成技术研究[D]. 长沙：国防科学技术大学，2011.

[2] 张振宇，许多. 设计制造协同平台的构建与关键技术[J]. 航天制造技术，2012，5：71-74.

[3] 张文祥，张宝，刘志学. MBD 技术在设计与制造协同中的应用[J]. 机械工程师，2018（6）：54-56，59.

[4] MILLER M D, ALVAREZ R, HARTMAN N. Forward an extended model-based definition for the digital twin[J]. Computer - Aided Design and Applications，2018，15（6）：1-12.

[5] LARTIGAU J, XU X, NIE L, et al. Cloud manufacturing service composition based on QoS with geo-perspective transportation using an improved Artificial Bee Colony optimisation algorithm[J]. International Journal of Production Research，2015，53（14）：4380-4404. doi：10.1080/00207543.2015.1005765.

[6] YUAN M, CAI X, ZHOU Z, et al. Dynamic service resources scheduling method in cloud manufacturing environment[J]. International Journal of Production Research，2021，59（2）：542-559. doi：10.1080/00207543. 2019.1697000.

[7] KOLDA T G, BADER B W. Tensor decompositions and applications[J]. SIAM Review，2009，51（3）：455-500. doi：10.1137/07070111X.

[8] LUO X, WU H, YUAN H, et al. Temporal Pattern-Aware QoS Prediction via Biased Non-Negative Latent Factorization of Tensors[J]. IEEE Transactions on Cybernetics，2020，50（5）：1798-1809. doi：10.1109/TCYB. 2019.2903736.

[9] 仵永亮，王贺，丁志强，等. 基于两化融合管理体系的航天产品制造数字化工艺设计能力建设[J]. 智能制造，2019（Z1）：59-63.

[10] KUNDAKCI N, KULAK O. Hybrid genetic algorithms for minimizing makespan in dynamic job shop scheduling problem[J]. Computers & Industrial Engineering，2016，96：31-51. DOI：https://doi.org/10.1016/j.cie.2016.03.011.

[11] WU Q, ZHOU M, ZHU Q, et al. VCG Auction-Based Dynamic Pricing for Multigranularity Service Composition.

IEEE Transactions on Automation Science and Engineering，2018，15（2）：796-805. DOI：10.1109/tase.2017.2695123.

[12] LIU Z Z，CHU D H，JIA Z P，et al. Two-stage approach for reliable dynamic Web service composition[J]. Knowledge-Based System，2016，97：123-143. DOI：10.1016/j.knosys.2016.01.010.

[13] YANG S，LI M，LIU X，et al. A Grid-Based Evolutionary Algorithm for Many-Objective Optimization[J]. IEEE Transactions on Evolutionary Computation，2013，17（5）：721-736. DOI：10.1109/tevc.2012.2227145.

[14] 唐丽华. 面向吹瓶机制造的装配与机加工作业协同方法研究[D]. 广州：广东工业大学，2015.

[15] 葛涛. 核电工程项目质量链协同管理研究[D]. 武汉：武汉大学，2015.

[16] 石焱. 航天产品的质量链管理问题研究[D]. 绵阳：西南科技大学，2017.

[17] 黄莹，周福新，李清立. 基于质量链的建设工程项目质量协同管理研究[J]. 工程管理学报，2016，30（4）：116-120.

[18] 彭昆仑，彭伟，王东霞，等. 信息物理融合系统安全问题研究综述[J]. 网络安全学报，2016，7（7）：20-28.

[19] NAKAMOTO S. Bitcoin：A peer-to-peer electronic cash system[EB/OL]. [2019-02-22]. https://bitcoin.org/bitcoin.pdf.

[20] 袁勇，王飞跃. 区块链技术发展现状与展望[J]. 自动化学报，2016，42（4）：481-494.

[21] 杜兰，陈琳琳，戴丽丽，等. 基于区块链的云制造平台系统架构模型[J]. 信息技术与网络安全，2019，38（1）：101-105.

第10章　基于协同平台的设备安装、调试和运输

对设备的安装是将组成设备的各个部件依照要求和工艺组成整体的过程。在设备的安装过程中，只有选择合理的装配方法和有效的安装工艺，才能保证组装效率，确保安装质量和安装精度。在复杂重型装备的安装过程中，由于设备大且重，因此会对搬运和安装带来不便。

同时，复杂重型装备均为超长、超宽、超高、超重等特殊物理规格的大件设备，且大多是在指定重型制造企业采用特殊工艺生产的贵重设备，在一定空间或时间内无替换品，如大型水轮机叶片、大型发电机定子、燃气轮机、核电蒸发器、稳定塔等，单价高，制造周期长。该类设备大多是重大工程的核心装备，一旦出现问题，会带来巨大的经济损失和社会损失[1]。

由此，本章将具体讨论基于网络协同平台的复杂重型装备安装、调试和运输等事宜，研究网络协同平台如何提升复杂重型装备安装效率，以及如何保证其调试和运输安全。

10.1　基于虚拟/增强现实技术的设备安装

在复杂重型装备的传统安装工作中，装配所需的大量数据都分散在手册、文件、图纸中，安装人员需要频繁翻阅工艺文档，查看数字图纸。经常中断装配工作让装配人员无法集中注意力，这给管理和使用增加了不必要的麻烦。同时，安装人员对于装配操作流程不熟悉，效率低，易出错。另外，二维图纸的表达直观性不强，技术要求等信息不集中，不便于工作人员获取装配信息，这给装配工作增加了难度，大大降低了装配工作效率。以铝挤压机组安装工程为例，其难点在于大型构件的处理（铝挤压机主油缸重量可能超百吨），设备结构复杂，安装步骤烦琐（装备卸车、基坑挖掘、塔架安装、框架吊装等）。

由此，本节引入基于增强现实技术的设备安装能够提高装配人员的工作效率和减少误操作。因此，需要引入增强现实技术，并将其应用到工业生产的装配指导中。保证整个施工过程能够顺利进行，避免返工。

10.1.1　虚拟/增强现实技术基本概念

虚拟现实技术指以沉浸感、交互式和概念性为特征的计算机或高级人机接

口。虚拟现实科技结合运用了计算机图形学、模拟信息技术、多媒体教学科技、人工智能技术、互联网科技、并行资料处理科技等多种传感手段,通过模仿人的视、听、触等感觉器官特性,让人在由计算机产生的虚拟环境中,以真实的形式与之产生信息互动。虚拟现实是一种先进的技术,可以生成虚拟环境以模拟现实世界(如 CAD 模型),也可用来可视化人眼看不见的现象(如模拟装配过程)。

在整个制造过程中,虚拟现实技术已逐渐融入了整个装配中,包括被广泛用作工业产品中的重要零件部分、烦琐的室内设计、工艺评估、可维护性的环境评估等,使公司的 PDM 项目的产品设计显得更为严格和有效。虚拟装配系统设计使用虚拟样机的系统设计仿真软件,可使用如 SolidWorks、Inventor、Autodesk Navisworks、Siemens Jack、达索系统 3DVia、Siemens NX 等的虚拟样机设计软件和虚拟现实显示软件的结合实现所需的功能。技术人员还能够在上述环境中,对装备组件的 3D 模型进行虚拟拆装,并监测可能出现的事故过程。高级的虚拟装配系统甚至能够记录下完整组装流程,并利用物理引擎的设备受力及机械力度传递的数据,来协助设计者及工程师进行生产设计。同样,对于工厂设计、生产设备设计、投产过程设计等环节,虚拟装配都可以帮助企业在其所在的工业领域排除各种可能出现的问题与故障。通过进行系统投产组装,能够及时发现管路和电缆中可以优化的问题,同时还能够预见大型系统组装所需要进行的过程调整。还可能对投产后设备的可维护性进行系统性的检查测试,更方便、快捷地对设备进行维护。另外,虚拟装配可以预先发现安装启用后设备可能出现的问题。虚拟装配系统具有许多基本功能,包括逐步进行精确定位,指示零部件定位与方向,联系零部件与追踪目标确定对象并定义约束,检测撞击与记录路线,检验拆装任务,并支持维修作业等。

身为虚拟现实科技的主要组成部分,增强现实科技主要是利用在虚拟现实的环境中叠加由计算机生成的虚拟现实数据,以提高消费者对现实世界的感受。增强现实技术除了保持虚拟现实技术的优点,还具备了虚实融合、信息互动、三维注册等的创新特性。增强现实技术的问世为线缆的三维布线设计与安装过程的仿真,创造了良好的人机交互条件。通过三维沉浸的情景,工程技术人员能够整体考察安装空间的约束、结构件的安装、电缆的铺设方向、线束的分支情况、卡箍安装情况、电缆的捆绑方法和安装方案、刀具的运用情况,从而可视化地评估不同安装技术方法的优缺点,制定最优化的安装方法。基于增强现实的装配技术有以下几大特点[2]。

(1)信息采集全面化、简单化。系统对包含工艺文件、零部件 3D 模型、电子图纸等在内的装配要素信息进行全面采集,同时利用摄像头、深度相机等获取装配现场图像,简化了用户对装配现状的理解过程。

(2) 定位和追踪实时化。系统中集成了惯性感应器、陀螺仪等感应装置，根据深度信号，完成了对视觉影像和装配等要素的精确定位，同时利用空间坐标系转换进行了实时追踪注册。

(3) 人机交互智能。系统的装配技术通过手势控制、语言、眼动追踪、虚拟按键等各种交互方式，融合目标探测、图像识别和可视化方法，能够在各种环境中智能感应使用者目标，进行人机交互。

(4) 数据传递直观性。系统将虚拟模具、工艺数据等图形文本数据呈现并传递到移动终端，在使用者视野中直接呈现的数据，利用人机交互完成数据和装配人员的交互作用，实现安装辅助的功能。

10.1.2 基于增强现实技术的安装系统设计

在上述交互方式（如虚拟手、虚拟菜单等）外，采用了增强现实技术的安装系统也能够直接向使用者提供装配信息，把虚拟物体、几何数据和文字数据等的组装知识叠加在现实情境中，以便于可视化地指导使用者进行安装操作。把增强现实技术融入安装系统，就可以充分调动使用者的直觉能力或组装意识/经验，而机器的计算能力也可同时实现。本节所研究的基于混合现实技术的平台应用系统结构的总体架构设计，如图10-1所示。

系统的装配信息主要源自CAD建模软件、组装仿真管理软件、组装过程规划管理软件、工艺信息管理系统等。安装数据在获取和管理时，主要包括系统引导数据、安装过程数据、工艺测试数据以及其他配套数据等，在过程导入时为安装人员完成信息，协助客户进行操作；系统安装信息分为系统配置数据、功能模块安装信息、结构化安装过程数据等，安装用户可按照自己需要随时查询[2]。

系统主要拥有情境感知、预防犯罪提醒功能、多人协作、远程辅助、照片留证等主要功能。情境感知自动对零件进行辨识，以确定操作动作和任务完成状况，并自动发布相关的指令信息；预防犯罪提醒功能在误装、漏装以及装配欠位的状况下进行提示；多人协作功能可以在多人协同的装配工程作业中，对进度实施精确管理；远程辅助功能可以在当安装工程作业管理人员遇到技术困难要求配合时，进行与远程专人视讯通信，并透过专人引导说明问题所在；照片留证是指使用头盔型显示屏上的摄像机在检测点进行拍摄，并将图片及时传送给远程设备的质量检验工作人员，由质监工作人员审核合格后存入结构化的质量信息库，以方便后期质量跟踪。

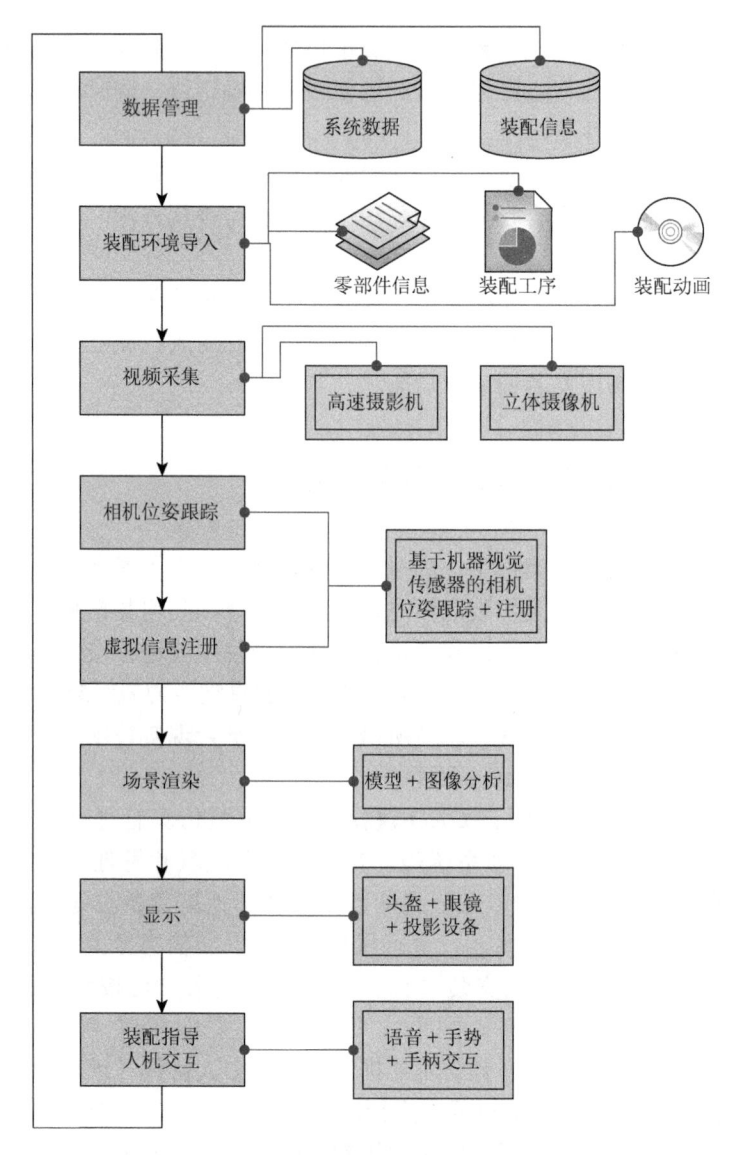

图 10-1 平台安装系统整体框架

10.1.3 基于增强现实技术的设备安装

一般来说，复杂重型机械设备在施工时一般是解体装运阶段，施工过程通常分为装配基座施工、装配之前的准备、设备检测等多个阶段。在本网络协同平台的设备安装环节由增强现实技术进行加强后，安装环节应当按照以下步骤处理。

（1）安装基座施工。首先完成安放基础的建设。在做好地基施工放线之前，应当合理确定基础设备安装地点以及合理布局、设计配套的机械设备及搬运车辆通道、上料平台、堆材料厂等，在必要时进行适当修改。由于复杂的重型装置组成部件数量较多，要想成功设计并确保设计后的操作性能保持稳定，在计算放线、预制及浇筑地基的前期步骤，就必须严格地按照国家技术标准进行实施。

（2）在设备装配以前，要再一次性对设备实行外观质量检查。如各类螺栓、螺母等有没有松动；连接件焊缝上有无裂痕、气孔等问题；燃料以及水、空气的贮量及管路连接有无紧密，有无漏气；集成电路布线系统有无完好，绝缘性能如何；所有回转、往复运动部件的安全保证以及机械设备的安全可靠、完好性等。在施工工地上应有技术人员予以指导。对于高空作业使用或吊装重型设备的，也必须采取相应的保护措施。安装时工作人员要全部佩戴安全帽。所有安检动作都要按规定程序完成。

（3）构建与实际装配情景相一致的虚拟装配情景，需要构建部分实际物件的三维空间模型和虚拟物件的三维空间数字模型，虚拟三维模型可以通过3Dmax、SolidWorks等三维建模平台建立而获取。

（4）用视觉收集装置（如摄像机）从场景中收集相关的视频信号。在获得场景的步骤中，用计算机技术来处理像素信号、提炼元件特性、调节装置技术参数；当设定了摄像机参数时，再利用预先设置的识别标志使虚拟场景与现实场景相符，以判断虚拟场景在现实场景中的地理位置。跟踪注册系统是追踪摄像机位置，然后把虚拟物体投射在相机成像水平上。

（5）将虚拟零件的图形经过计算机产生后直接导入现实环境中，再经过即时产生的相关渲染，现实环境与虚幻场景将在虚拟的装配环境中合为一体。此时，将三维虚拟数据、真实现场数据和安装检测数据呈现给作业人员。一旦在软件中确定各种零部件的连接，虚拟安装系统便能进行零件识别、选择等工作。

（6）通过界定活动约束关系，确定了零件内部以及零配件与周围环境相互之间的活动相关约束（轴向转动、直线等）。装配资料库中的文字资料（如企业名字、企业ID、安装方法等）在现场结合的流程中转化为数字地图资料，并匹配合成在混合的现实环境中。只要与应用软件连接（如CATIA连接器、Navisworks连接器等），便能识别和读取产品生命周期管理系统中所指定的零件信息。

（7）包括现实环境、虚拟零件以及集中的安装环境的混合现实环境的输出设备提供给安装人员，带来实时、全面、沉浸的技术感受以及有效准确的安装建议。虚拟装配系统，能够提供干涉区域、物理碰撞模拟和触觉反应，技术人员可以记录所有装备结构方面的问题，甚至录制这些情况，以便在后期对其产品进行修改。人机交互功能利用语言、手势等交互方式实现过程控制与虚拟对象控制。

10.2 设备调试与技术验收

复杂重型装备的机械、电气、液压等子系统都需要进行调试和验收。在调试和验收的过程中，除去设备工作所需要的动力能源（如燃料、电能、水、煤等），还需相当量的供其加工的材料。运行费用通常由燃料及动力费用、施工材料费、附属设备费用、人工费等构成。此外，还应进行相关设备、消耗物资和相应技术人员的诸多协调工作。

10.2.1 设备调试过程

复杂重型设备的生产出厂前通常都不会经过总装和载荷测试，即便是运用过的装备，也因为拆除、迁移或重新配置，难免都会影响原有设备安装情况。所以，对新配置的复杂重型装备及时进行调整也就变得十分关键。在调试时，应重新检验设备安装的完整性、合理性、安全性和渗漏痕迹等，以利于调整作业安全、顺利地进行。测试时应重点检验其运行能力、使用效能、耐久性能、投资效能等。考核前要对施工现场进行测试（如空气负荷和压力测试），以准确测试产品特性是否满足技术条件要求。

测试过程中，所有参与测试的设备人员和随机作业人员都要随时到位，并主动掌握设备的实际操作情况、调试程序、操作控制方式等。现场流程要由工程师负责，并在安装结束后将调试记录上传至平台。上传的内容是原始记录，是日后使用仪器、编制工艺文件、处理问题的依据[3]。

10.2.2 设备调试内容

对于所有设备，需要在施工中和装配完成后实施不同的测试。

（1）电保护装置调试试验。装备机组在继电保护总体配置时，着重考虑最大限度地保证机组安全和最大限度地缩小故障破坏范围，尽可能避免不必要的突然停机，对某些异常工况采用自动处理，特别是要避免保护装置的错误动作和拒绝动作。因此，保护装置在调试过程中，要求做到保护装置动作的准确性、可靠性和灵活性。

（2）电保护设备测试试验。装备机组在继电保护系统的总体设置时，着重考虑尽可能地保障发电机组安全性，减少故障破坏范围，以尽量缩短突发停机时间，对部分非正常工作状态实行手动处理，尤其是要尽量减少安全保护器的错误动作。

第 10 章　基于协同平台的设备安装、调试和运输

所以，安全保护器在调试过程中，需要做到对安全保护器动态的准确度、安全性和灵敏度。

（3）其他设备检验项目。设备检验有许多，如发电厂、变压器设备等的一些静止实验和动作实验；发电厂动静态实验；高压断路器检验；流量、电压互感器检验；电缆测试；绝缘油实验；电容器、避雷器实验；高压母线的连接实验；接触电流实验等。此外，测试还包括通电观察各种装置的作用、根据生产工艺规定对电气装置实行空载和带负载时的调整测量、调节装置使之在正常/超负荷情况下均可正常运行、完成继电保护整定值、审查校对说明书、制定复杂装置和器件的测试计划、重要装置的测试计划和系统启动计划、对整个运行过程中的电气测试操作以及过关工作的技术指南等[4]。

10.2.3　设备调试注意事项

为了保证调试操作的顺利完成，测试人员事前要了解图纸信息、装置生产厂家的产品出厂试验报告等有关工艺信息，熟悉现场装置的布线状况，了解相应的电气系统连接要求。除此之外，必须按照相关标准和程序的规定，提出系统的调整计划，包括调整计划和测试项目。其中调整计划包含：各种设备的不同的测试项目及其要求条件，以及在可能的前提下列出具体的测试方式、重要的测试、详细的测试接线及其相应的保护措施等。

复杂重型装备安置调试工作完成的标志为：装置设计调试工作完成，产品考核合格，经济效益与技术性能均达到订货的约定指标，符合工业化生产要求。在复杂重型装备安置调试工作完成以后，还需要进一步进行生产技术验证与总结。通过对安置调试工作的工艺技术报表、装置及相关文书、单证、参考资料等的审核和现场的检查，才可以确定产品是否通过了生产技术验证。经过生产技术检验后，才准许办理固定资产、设备财务登记，投入使用，否则就不能入账并交付单位使用，以免权责不清。对在重大筑路机械设备装配、调试工作等过程中发生的重大故障，要认真总结。对出现的重大问题，要明确负责，及时处理。关于理赔事项，应当在有效期内妥善处理[5]。

10.3　复杂重型装备运输

本网络协同平台是专为复杂重型装备的产品全生命周期管理而开发的，其中运输是极为重要的支撑环节。平台的物流服务由专门负责特种装备运输的物流企业负责，提供某一环节或者全过程的物流服务，目的是保证装备项目能够如期完

成。它一般涉及工程的拆卸、打包、搬移、危险运输、通关、捆扎施工系固、海运、航空、陆上搬运、拆卸、组装、调整、报废、再利用等的全部。

10.3.1 复杂重型装备物流特点

复杂重型装备不但价值昂贵，而且密切关系到配套工程的项目进度、项目质量和项目成本。然而，复杂重型装备的物流与一般物流有明显的不同之处，这一本质特征使二者在理论研究和实际操作上都有较大的不同[6]。

（1）复杂重型技术装备的物流配送工作存在着巨大的不确定性，将重心置于包装、搬运加工和装配等带有工程特性的物流配送环节上，其他设备物流配送工作所承载的包装、流通加工、物流配送等业务功能基本淡化了。货物的供需双方在经过最后一次物权的转让之后，供应链关系就基本上消灭了，这也表示此阶段商业物流行为的终结。

（2）复杂重型机械装备的运输通常要求特种设备、操作方法、运营经验，所以必须大量依靠专业化的运输企业，运营企业通常是"第三方物流"甚至"第四方物流"，它们有着比较突出的服务特点，通过整合各种社会资源来完成这类复杂的物流活动。

（3）在复杂重型装备物流实施以前，制订出切实可行的方案是复杂重型装备物流成功运作的重中之重。其物流项目的方案形成一般十分复杂，不仅需要由多家企业合作完成，还需要当地政府各有关部门的介入。

（4）复杂重型装备物流常常需要应用特殊的、超大型的专业设备，需要突破客观条件的限制，利用前所未有的工艺方法和技术手段。一般物流通常需要常规设备，技术上也相对比较成熟。

10.3.2 复杂重型装备物流方式

商品的交通运输方式，基本上包含了高速公路交通、铁路、水运、飞机和各种管道等，这五种交通运输方式各有优势，彼此形成了优势互补，共同构成了统一的商品运输网络。在这五种交通运输方式中，管道运送的范围大多为原油、成品油和液化天然气等，航空运输并不适应重大技术装备的运送，所以复杂重型技术装备的运送方法将其排除。下面分析其他三类货物的运送方法[6]。

（1）公路运输。在所有的运输方式中，公路汽车运输是影响最广泛的一种运输方式。新科技和新型结构材料的广泛运用，使车辆能够保持较大的行驶车速和一定的爬坡能力。同时，随着公路网的发展与建设，高速公路级别日益增加，而且车辆的科技特性和安全装置也明显提高，这样公路交通的稳定性也将大大增强。因为公路交通更加灵活便捷，能够完成从点到面的直达运送，且一般不要求中途倒装。同时，公路交通还可以承载各类特大型、特长大件、大型件、超高超宽的重要设施与物品。因此普通三级高速公路也能够达到大型重件运输车辆的交通条件。但是，每节车厢轮密、轴多、轴负荷超常，已经远远超出了普通公路大桥的设计能力。同时，大型平板车行驶的车速极慢，会危害沿途道路交通的一般秩序，需要向交警部门报备。所以，一般重大件的短途运输才选择通过高速公路。

（2）铁路运输。铁路交通运输是大宗、普遍的运送手段，可以承担重大的运送任务。高速铁路的交通运输功能比高速公路和航空重要得多，双线铁路上每昼夜通过的货运车辆可多达百余对。同时，不少发达国家的高速铁路也普遍应用了计算机和自动控制等先进技术，从而有效地避免了列车的运行碰撞和安全事故。在交通运输费用方面，高速铁路运距越长，运力也越大，且单位车费越低。但是，高速铁路运输受线路附近的建筑界限、桥梁荷载，以及对机动车等级的严格约束，因此在铁路运输中，对许多大型商品的外观尺寸规定相当严格，超过运输尺寸的大型商品均不得使用铁路运输。

（3）水路运输。在各种交通运输方式中，水路运输的运输能力最大，并且最便宜，但运输速度也最慢。在海上运输时，一旦情况允许，可以随意改变适于运输的最便利的航道。所以，海运的运输能力在水路运输中最强。对于交通状况较良好的航道，这种运力基本不受限制。水路交通也是最廉价的交通运输手段，尤其适合运输支付力量相对薄弱的原材料和各种商品的运送。首先，由于天气因素和海港条件影响，商轮必须行驶在海上，遇恶劣天气需按避碰章程办理。其次，商船抵达海港，由于港口水深及装载设施的欠缺，会影响商轮进港及作业。最后，水运的可及性较低，常常需要地面交通系统的协调才能进行运输。目前，国内外超大件货物的运输基本上都采用水路运输的方式。

10.3.3 复杂重型装备的运输要求

首先，平台各相关方应与专业运输服务提供商签订协议，组成联合探路小组，沿从装备集成商到用户所在地可能行车的线路进行路况调查工作，对从甲地向乙地运输大件的公路运输线路进行审定。签订运输协议后，以全公路桥的运行计划为基础，对确定的航线进行审核，并按照装备运输质保大纲规定，委托交通运输企业具体制订和执行运输安排计划，并做好企业资质论证、技术交底、技术培训、装备保养等运输必要的联系事宜。

平台项目组将设立运营总指挥部，指挥部内设备功能组，各功能组又细分为子功能组织，承担运营流程中的所有任务。其中，指挥所对全程运营负有全面职责；运务组承担运营流程中相关运务工作，办理出入登记、支付相关税费等，内务组承担日常管理、饮食指导、个人护理及途中补给、维护等工作；工务组承担运营流程中相关机务工作，管理车辆运行，驾驶参数（如速度、启制动时间等），装载加固管理和排障技术管理，以及运营全程监督；保卫组承担途中物资、车辆运送安全工作，同时承担全体人员生命安全工作；作业组提供行驶所需要的服务，在主车抵达时处理好所有的事宜，清除所有阻碍，确保装备安装正确，并且车况良好。果断解决突发性情况，并及时处理善后作业，正确细致地做好行驶记录[7]。

货运道的路基要坚固，面层应平整，其长度和路基抗压强度等要能符合大型机械运输的规定。运输路线应尽可能平直，转弯半径也应超过输送汽车的最小转弯半径。转弯的道路长度和横坡应能符合大型的输送汽车转弯通行的规定。

有时，由于大型机械设备的陆地运输有时也需要修筑某些临时路面。在修筑时，可依据大型机械设备的运输量、汽车种类、行车时速、通车年限、道路土质、气象水文地质条件和土材供应情况等，决定桥涵、路面的类型、规格以及所用建筑材料。另外，道路还应避让地下隐藏的溶洞、水渠、管线和文物建筑等（一般用毕即予拆除，恢复原貌）。道路填方施工时须按重型压实规范，分层填筑压实。当道路的填筑压实在原路面边缘或桥头护坡上时，还应按规定砌平台，以保持道路的平稳。

大型设施公路运输中出现的高空障碍，一般有不同电力等级的架高电力线、架高通信线、缆索或光纤、架高索道或缆车、各类架高管线、通道、隧洞、天桥、高速公路收费站顶棚，以及各类牌楼及其他房屋、构件等。上述障碍物中，有的能够暂时拆除，有的则长期不能拆除。对影响大型设备货运的各种空间障碍，应当尽可能地通过减小汽车的起货台高度来消除，但当此法仍不能使空间障碍完全消除时，应当采用以下办法[8]。

（1）彻底拆除运输道路上空且目前已停用的各种障碍。

（2）若空中障碍是柔性的（如电线、限高装置），可以临时将其抬升，让运载大件设备的车辆通过，再放低恢复原状。

（3）对于净高相差较大又难以抬升的电力线，可在临时停电或中断通信后进行落地处置。

（4）对于无法抬升又无法落地，或原路不合理、已计划拆迁改建的各种管线，应该直接进行搬迁处理。

（5）对于无法采用以上各种处置的空中障碍（隧道、立交桥等），可采用破路挖地法，以降低运输道路路面高程。待运送大型设备的车辆通过后，再重新修复。

（6）对实施以上几项安全措施有障碍而无法奏效的空中障碍，也可以把运送中的主要装置在车上暂时拆除，用地面滚（滑）动法通过车辆后，再通过装载继续实现正常运送。此法虽无破路之弊，但连装卸车的拉运都相当困难，而且还须配备一套拖运用的工作用具，也需要花费较多的人力、物力和钱财，所以，应对挖土法实行技术经济对比后择优确定。

在设备或大型构件搬运的工程中，对必须加固才可安全使用的大桥、涵洞，目前常见的加固方法主要有临时性的方法（如在桥面上铺设临时性钢木过梁）、永久/半永久加固措施（对桥梁结构利用钢架或混凝土进行临时或永久性的加固）和改建（搭建便桥）。当对桥涵基础实施临时性加固处理时，又要面临两类截然不同情形的处置方法：一是无水河床基础的桥涵保护处置；二是有水河道基础的桥涵保护处置。对有山无水的河道，应先清理积水至沙砾层河床上，然后再铺设砾砂，还可建设钢管支撑架设结构。对水流速较小的河道则采用开挖引流沟排水方式，并参照无水河床基础的桥涵处理方式解决。但是，如果桥涵的水流速太大，则不能直接在河道上开始建设支撑架，可以采用全桥跨越法或分段跨越法。全桥跨越法也就是通过在路基上建设临时的木窗台板来降低桥涵荷载，该技术一般只应用于单孔桥涵且长度一般不大于 10m。当大桥跨径较长，不能采用全桥跨法时，可考虑采用分段跨法，即在每一个固定桥端部下面安装支承构件，尤其是在支点位置，通过支承给地面的综合荷载，增加桥涵承重[9]。

在实施复杂重型装备协同运输之前，需要针对运输装备部件的特点和运输要求，编制运输质量保证计划，并上传到平台系统。首先，平台应确认是否制订了详细可行的运输方案，运输方案包括以下内容。

（1）货物技术参数。

（2）运输要求和运输作业程序。

（3）能满足路桥通过能力及轴荷限值要求的车型选择，以及验算资料（车辆及附属装备的技术状况是否完好，车组是否进行过必需的检测、例行保养作业，各部件、仪表、液压系统是否完好有效，车组的主要性能尤其是转向、制动性能是否经过试验）。

（4）车辆行驶路线情况（应确认运输线路、装卸货场地条件是否可以满足作业要求，是否有翔实的运输路线实地勘测报告及必要的验算资料，选用的车组能否安全顺利通过重要的路段、弯道和桥涵）。

（5）货物装卸工艺（作业现场能否满足装、卸货物的要求）。

复杂重型装备的装车标志着运输过程的开始。首先，需要确保车组结构符合装车要求，如检查复轨器及液压装置中各编组的阀门开关位置是否正确，从而保证了安装前后节车厢的安全性；液压动力源电压是否正确，连接是否安全可靠；轮胎气压是否满足相应的负荷条件；复轨器承货平台的位置及垫货的橡胶板是否已经垫好等。在确认节车厢停放地点正确时完成设备的装载，同时应确定设备装载地点准确（设备重量在车上分布均匀）。当确定货物绑扎技术符合方案条件后，必须确定车组行驶参数，并确认向车组技术人员交代行驶方法，包括行驶路线、要采用的各项技术措施、路面情况、行驶车速限制、行驶时间计划等。重车通过桥梁、涵洞时,最好选择单车过桥,选择沿桥面中心线行驶(保证桥涵结构的横向各部分受力均匀)。行驶过程中应该保持车速稳定缓慢,减少对桥涵的动载荷冲击,不宜进行变速、紧急制动。

在复杂重型装备运输完成后,需要确认各项作业按方案的要求进行了操作、确认车组进入卸车位置准确,以及确认货物外观完好。

10.4 本章小结

本章主要讨论了网络协同平台如何提升复杂重型装备安装、调试和运输效率。本章介绍了基于虚拟/增强现实技术的基本概念,并利用该技术在装备安装过程中汇总装备结构以及装配工艺信息,指导安装人员快速了解装备结构和安装细节,从而加快安装进程。本章讨论了复杂重型装备在进行设备调试、技术验收以及运输的技术细节,有助于保证复杂重型装备在广义制造流程能够顺利进行。

参 考 文 献

[1] 程博. 大件物流企业安全生产关键技术研究及应用[D]. 重庆: 重庆大学, 2013.
[2] 魏祺, 郭宇, 汤鹏洲, 等. 增强现实在复杂产品装配领域的关键技术研究与应用综述[J]. 计算机集成制造系统, 2022, 28(3): 649-662.
[3] 尹琳. 海上大型工程项目设备包的调试管理方法[J]. 价值工程, 2019, 38(3): 4.
[4] 叶世林. 关于变电所35KV及以上电气设备安装及调试的探讨[J]. 科学技术创新, 2010(29): 31.
[5] 龙广成. 大型机电设备安装调试与管理[J]. 中国建设信息, 2006, 7: 53-54.
[6] 李浩. 大型石化设备工程物流项目的方案设计[D]. 大连: 大连海事大学, 2009.
[7] 郭君. 核反应堆压力容器的大件运输方案设计[D]. 大连: 大连海事大学, 2003.
[8] 许占白. 大件设备公路运输中有关问题的探讨[J]. 福建电力与电工, 2001, 21(4): 26-30.
[9] 杨灿. 浅议重型车辆过桥的快速判别及加固方法[J]. 中国设备工程, 2022, 3: 2.

第 11 章　工业 4.0 背景下的复杂重型装备智能制造

复杂重型装备网络协同制造平台是复杂重型装备制造过程数字化的体现，也是实现复杂重型装备智能制造的前提，随着德国工业 4.0 的提出和以工业大数据、云计算以及 ICT 为基础的信息-物理系统（cyber physical system，CPS）的不断发展和完善，在复杂重型装备研制过程的数字化和网络化的基础上，实现复杂重型装备的智能化逐渐成为可能。因此，本章从工业 4.0 和智能制造的相关概念出发，以智能制造的三大集成为依据，提出了复杂重型装备智能制造的实现路径。

11.1　复杂重型装备智能制造相关概念

11.1.1　工业 4.0 模型架构

工业 4.0 的概念最早由德国提出，即以智能制造为主导的革命性的生产方法也是第四次工业革命。该战略意图借助合理的数据网络技术，与网络环境虚拟系统即信息物理体系相结合的手段，将制造业向智能化转型。2014 年德国电工电子与信息技术标准化委员会提出了第一版德国工业 4.0 标准化路线图，对德国的工业 4.0 标准化工作进行顶层设计，并于 2015 年公布了工业 4.0 参考架构模型（reference architecture model industrie 4.0，RAMI 4.0）。

RAMI 4.0 以一个三维模型展示了工业 4.0 涉及的所有关键要素[1]。该模型的第一个维度分为六层，从下到上各层依次为资源层、集成层、通信层、信息层、功能层和业务层，各层的功能相对独立，但同时上层使用下层提供的服务，下层为上层提供接口。其中，资源层和集成层实现物理世界不同类别资产的虚拟化；通信层实现标准化的通信协议；信息层包括各类数据和文件等信息；功能层形式化定义必要的功能；业务层映射相关的业务流程。

第二个维度是产品全生命周期的生产过程，包括从设计、制造、销售到服务等整个生命周期涉及的环节。RAMI 4.0 模型将产品生命周期划分为样机设计（Type）以及产品生产（Instance）两个阶段，以强调不同阶段考虑的重点。样机设计阶段包括产品设计构思，设计过程中的检测直至产品定型；产品生产阶段是进行产品的规模化、工业化生产，每个产品是类型（Type）的一个实例（Instance）。样机设计阶段与产品生产阶段形成闭环。例如，在销售阶段将产品的改进信息反馈给制造商以改正原型样机，然后发布新的型号和生产新的产品。这为产品的升级改进带来了巨大的好处。

第三个维度描述工业 4.0 不同生产环境下的功能分类，由于工业 4.0 注重产品本身以及企业之间的互联互通，因此，自下而上分为产品层、设备层、控制层、工作站、工作中心、企业等。

11.1.2 智能制造内涵

CPS 是智能制造的核心，在制造过程中，所有的生产要素可以通过 CPS 进行信息交互、触发动作以达到制造过程实时控制的效果。2016 年，工业和信息化部、财政部从政府角度出发，在联合出台的《智能制造发展规划（2016—2020 年）》中将智能制造定义为基于先进制造技术和新一代信息通信技术的深度融合，作用于服务、设计、生产和管理等制造活动多个环节，拥有自适应、自学习、自感知、自执行、自决策等功能的生产方式。近年来，不同的学者从生产角度、技术角度和企业角度论述了智能制造的内涵，但核心都是利用先进的信息技术，实现企业在设计、制造、销售和服务等整个生命周期的智能化。

为了理解实现智能制造的技术层次与内容，从我国现有制造业水平出发，欧阳劲松等[1]提出了智能制造技术体系，如图 11-1 所示。最底层是支撑智能制造的通用标准与技术；第二层是智能制造装备，该层的重点是标准的数据接口和格式，而不是装备自身；第三层是智能工厂/车间，按照自动化与信息技术的作用范围，分为工业控制和生产经营管理两部分。工业控制包括分布式控制系统（distributed control system，DCS）、可编程逻辑控制器（programmable logic controller，PLC）、现场总线控制系统（fieldbus control system，FCS）和数据采集与监视控制系统（supervisory control and data acquisition，SCADA）等工控系统，在各种工业通信协议、设备行规和应用行规的基础上，实现设备与系统之间的互联互通以及相互集成。在 MES 和 ERP 等数字化软件的基础上，生产经营管理将各种数据和资源等信息与全生命周期管理相结合，同时实现工艺的优化和研制过程的节能。第四层实现制造新模式，通过云计算、大数据和电子商务等互联网技术，实现离散型智能制造、流程型智能制造、大规模个性化定制、网络协同制造与远程运维服务等制造新模式。第五层是上述层次技术内容在典型离散制造业和流程工业的实现与应用。

第 11 章　工业 4.0 背景下的复杂重型装备智能制造

典型行业：航空航天 | 船舶 | 轨道交通 | 汽车 | 电力 | 机械 | 冶金 | 石化 | …

制造新模式 — 新型制造模式：离散型智能制造、流程型智能制造、大规模个性化定制、网络协同制造

工业互联网：云计算 | 大数据 | 电子商务

智能工厂/车间：
- 工业控制：DCS、PLC、FCS、SCADA
- 工业通信：现场总线、工业以太网、工业无线网、新一代通信技术
- 兼容性与集成：语义描述、数据类型、通信接口
- 生产经营管理 — 生命周期管理：规划、设计、仿真、生产、制造、销售、服务
- ERP
- MES
- 数据：生产数据、运营数据、价值链数据
- 资源：人员、设备、物料、材料
- 能源：分析、平衡、采集
- 工艺：模式、仿真、优化

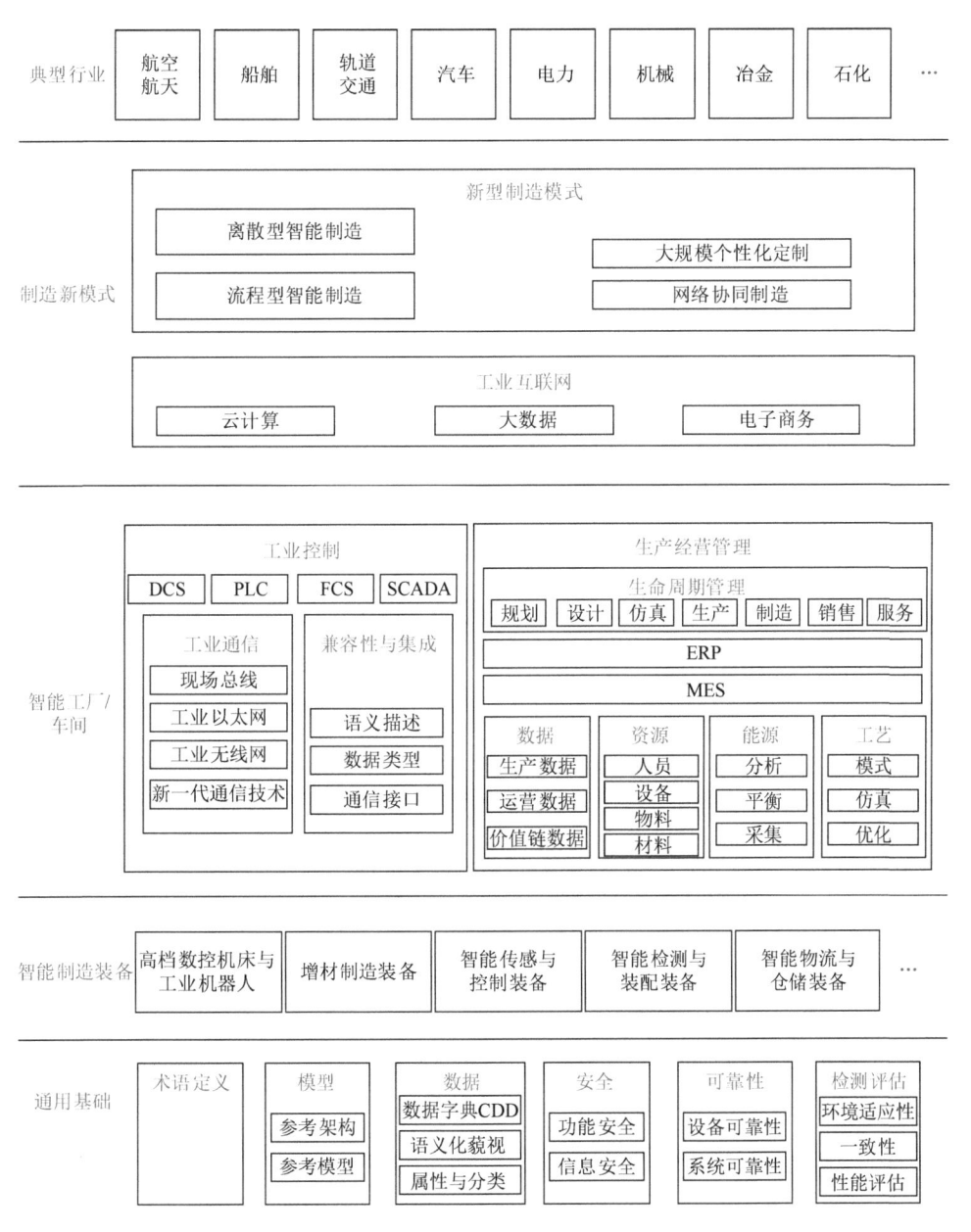

智能制造装备：高档数控机床与工业机器人 | 增材制造装备 | 智能传感与控制装备 | 智能检测与装配装备 | 智能物流与仓储装备 | …

通用基础：
- 术语定义
- 模型：参考架构、参考模型
- 数据：数据字典CDD、语义化藐视、属性与分类
- 安全：功能安全、信息安全
- 可靠性：设备可靠性、系统可靠性
- 检测评估：环境适应性、一致性、性能评估

图 11-1　参考的智能制造技术体系框图

11.1.3　复杂重型装备的智能化内涵

复杂重型装备的智能化大致包括装备产品智能化、设备智能化、生产方式智能化、管理智能化、服务智能化等多方面的智能化过程[2]。

1. 装备产品智能化

装备产品智能化的实现需要以制造过程的智能化和先进技术为基础，复杂重型装备产品的智能化，一方面体现在不同企业用户的个性化和定制化的需求，另一方面体现在最终的产品的科技化程度，即企业用户在使用复杂重型装备进行相关的加工生产时，可以利用装备产品所具有的先进技术或智能化技术，提高企业运用装备时的效率，为企业用户创造更大的收益。

2. 设备智能化

设备智能化是一个制造企业向智能化转型的基础，在复杂重型装备的生产过程中，涉及的加工设备或生产车间应有一定的数字化或智能化的能力，如相关设备的感应装置或 RFID（radio frequency identification，无线射频识别）技术等，通过加工设备的智能化，保证复杂重型装备研制过程的精确与高效，降低研制过程的成本的同时，实现生命周期的缩短。

3. 生产方式智能化

生产方式智能化是制造企业智能化的重要体现。随着工业 4.0 的提出和云计算、大数据等先进技术的发展与成熟，工业生产方式也逐渐发生了变革，大规模标准化生产方式被取缔，个性化定制生产成为主流。复杂重型装备生产方式的智能化需要以数字化和网络化为基础，实现从生产技术先进化到生产方式智能化的质的改变。

4. 管理智能化

管理智能化是制造企业智能化的关键环节。复杂重型装备的智能制造不仅包括生产技术、生产方式以及最终产品的智能化，还包括各企业内部管理方式的智能化，如建立智能化的管理制度、智能化的培训体系等。

5. 服务智能化

对于复杂重型装备而言，服务的智能化更为关键。复杂重型装备在生产完成交付用户之后，需要为用户提供运维等相关服务，因此服务的智能化对提高用户的满意度至关重要。服务的智能化不仅包括在运维服务时可利用的远程技术、实时监测、及时对故障报警并检修等功能，也包括利用大数据等先进手段不断了解用户的需求，将用户的相关意见与复杂重型装备的研制过程相结合，实现用户的全面参与，从而提高用户的满意度。

11.2 复杂重型装备智能制造实现路径

工业 4.0 的三大集成（纵向集成、横向集成和端到端集成）是复杂重型装备制造走向数字化、网络化和智能化的基础。

11.2.1 纵向集成

纵向集成是企业内部的集成，通过先进技术将企业的物理设备与信息系统连接，实现企业内部各个层次之间的互联互通，从而优化业务流程，提高企业内部的运行效率，为实现数字化奠定基础。

对于复杂重型装备的纵向集成，由下至上可分为设备层、控制层、车间层和企业层，如图 11-2 所示。首先，设备层是面向加工设备的生产管理，主要利用传感器、仪器仪表、条形码、RFID 和虚拟现实等先进技术，实现复杂重型装备零部件加工过程的数字化，并将有关参数等数据信息及时上传至控制层，控制层运用 PLC、DCS、FCS 等，实时控制设备层的运行过程，同时将有关信息进一步反馈至车间层，车间层运用 MES 等信息系统实现面向车间/工厂的生产管理，如确定复杂重型装备的各零部件何时加工、加工多少以及加工顺序等，最后在企业层面运用 ERP、PLM、SCM 和 CRM 等信息系统实现面向整个企业的生产管理。

复杂重型装备制造企业内部各个层次的纵向集成，主要依赖先进的信息技术和信息系统，通过企业内部的纵向集成，保证制造过程的数字化。

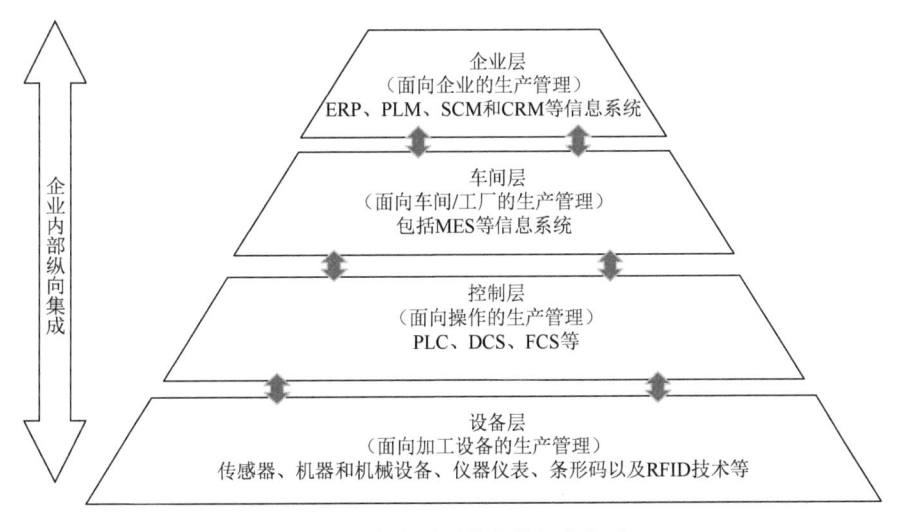

图 11-2 复杂重型装备的纵向集成

11.2.2 横向集成

横向集成是企业与企业之间的集成，通过一定的标准化数据及信息标准实现上下游之间的合作和信息共享，保证跨企业跨组织的无缝衔接，形成从用户需求到设计生产以及最后销售服务的贯穿整个生命周期的价值链网络，为实现网络化奠定基础。

在复杂重型装备的研制过程中，涉及的企业众多，因此形成企业间的横向集成对缩短制造生命周期、提高生产效率具有一定的意义。复杂重型装备的横向集成如图 11-3 所示。首先，复杂重型装备的整个生命周期包括从用户提出订单需求，到设计方按照用户要求进行图纸设计，制造方进行定制化生产，再到装备的运输、安装调试、用户在装备成功运行后进行验收以及最后的运维服务一系列过程。在复杂重型装备的研制过程中，参与企业单位众多，主要包括购买复杂重型装备的用户企业，根据客户需求进行图纸设计的设计单位，之后对不同零部件加工制造的企业和各制造企业上游的一级或二级供应商，以及在制造完成后的运输单位、安装单位、第三方服务商等。在复杂重型装备的不同阶段，通常需要多方配合，如设计单位和制造单位需进行会审；运输过程通常由制造方或用户企业中一方承担，另一方配合；设备进厂后在用户企业的配合下，安装单位和制造方完成设备的调试以保证其正常运行；在运维服务阶段需要备品备件、第三方服务商以及设计和制造方共同参与进行诊断维修。

复杂重型装备各个企业之间的横向集成，构成了研制过程的价值链网络结构，在横向集成实现各个企业互联互通的基础上，保证制造过程的网络化。

11.2.3 端到端集成

端到端集成是在 CPS 的基础上，将贯穿整个制造生命周期的信息系统接入 CPS 中，使用户和企业的相关信息进行集成，从而保证产品、用户和企业的实时衔接，这样不仅可以及时分析客户的需求和提高客户满意度，还可以实现产品整个生命周期价值链的优化和重构。

复杂重型装备制造过程的端到端集成，如图 11-4 所示。端到端集成覆盖了从用户发布订单，到设计制造、运输安装、运维服务的整个生命周期，并且集成了整个生命周期不同阶段的信息系统，包括记录用户数据的信息系统、设计阶段的图纸信息、制造阶段的相关工艺等数据，安装调试的参数信息，装备正常运行的监测数据以及故障记录和备品备件信息等。通过各类信息系统的集成，实现复杂重型装备制造过程中从用户到设计制造企业以及装备产品的无缝衔接。此外，端

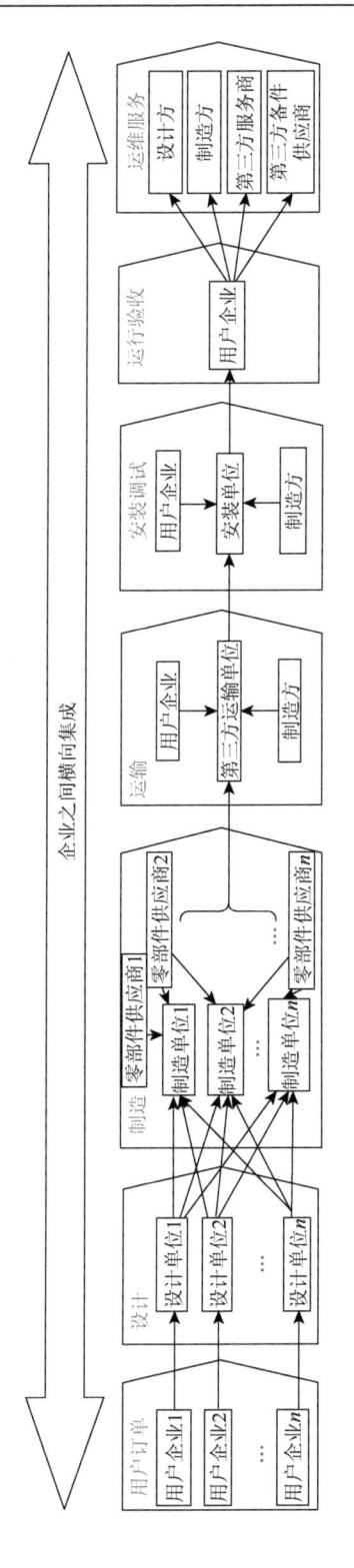

第 11 章 工业 4.0 背景下的复杂重型装备智能制造

图 11-3 复杂重型装备的横向集成

到端集成需以企业的智能传感设备、智能控制设备、智能物流与仓储设备、智能监测与装配设备、智能工厂/车间、智能管理体系以及智能培训体系等为基础，保证各类数据信息的实时反馈和相互连通，有助于实现复杂重型装备的智能化的研制过程。

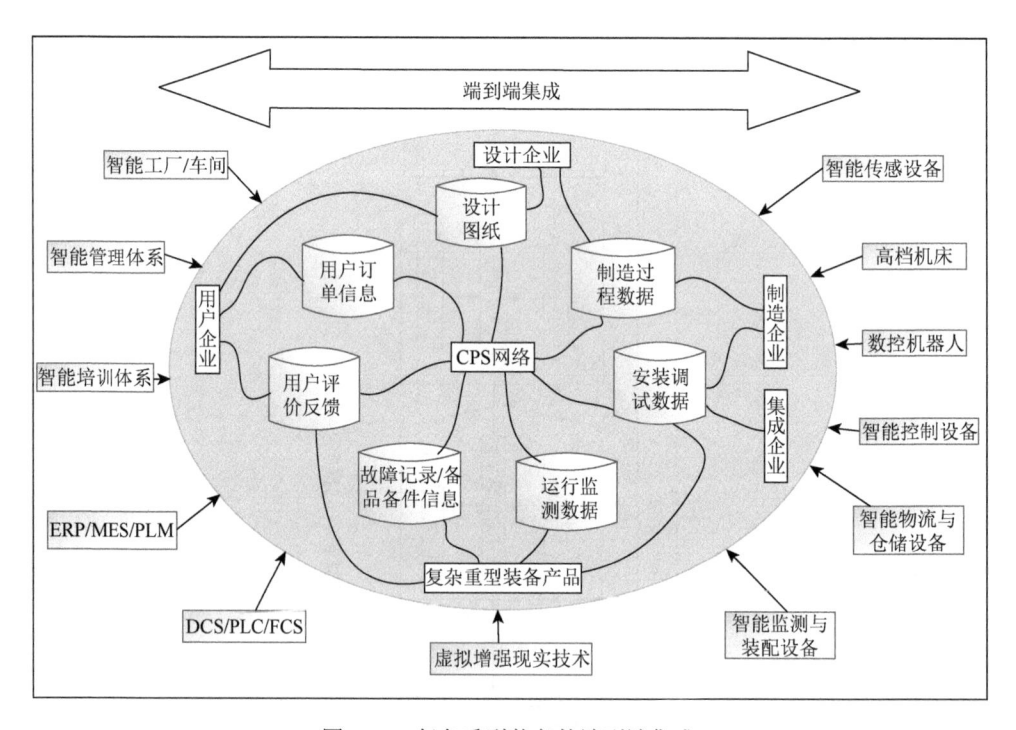

图 11-4　复杂重型装备的端到端集成

在纵向集成实现企业内部的数字化、横向集成实现企业之间的网络化后，端到端的集成通过接入各类以先进技术为基础的信息系统，在保证所有信息相互贯通的同时，为实现制造过程的智能化奠定了基础。

11.3　案例分析

11.3.1　挤压机研制过程的三大集成

以复杂重型装备中的挤压机的制造过程为例，三大集成如图 11-5 所示。首先，纵向集成是挤压机制造企业内部的集成。通过纵向集成，实现了企业内部各层级的互联互通，纵向集成主要利用先进的生产设备实现，是数字化的基础。挤压机制造企业系统层级自下而上共四层，分别为设备层、控制层、车间层、企业层。设备层包括挤压机制造过程所用到的传感器、机器和机械设备、仪器仪表、条形码和RFID技术等；控制层包括PLC、DCS、FCS等；车间层实现面向车间/工厂的生产管理，包括MES等系统；企业层实现面向企业的生产管理，主要包括ERP、PLM、SCM和CRM等信息系统。其中，车间层完成挤压机制造过程涉及的相关工艺，如粗加工、调质、焊前加工、焊接等；企业层实现挤压机关键零部件的制造，如主侧缸、挤压筒、移动缸等。

其次，横向集成是企业和企业之间的集成。从用户发布订单到挤压机的设计、制造、运输、安装调试、运行验收以及运维服务形成了一条完整的信息链，实现了价值链上各环节之间的无缝交流与衔接。在挤压机的研制过程中，生命周期的每一阶段都涉及不同的设计加工企业，主要分为机械、液压、电气三大类，这些企业构成了横向价值链网络的集成。例如，在设计阶段，分为挤压机机械部分的设计，挤压机液压系统的设计，挤压机电气系统的设计；在制造阶段，挤压机本体及机械化机械部分制造由二重（德阳）重型装备有限公司承担完成，后部精整设备机械部分制造由广州市腾华科技有限公司（简称广东腾华）承担完成，挤压机液压系统制造由大连华锐重工集团股份有限公司承担完成，电气系统制造由中国重型院电气装备制造中心承担完成；运输过程中，挤压机本体及机械化机械部分运输由二重（德阳）重型装备有限公司承担完成，后部精整设备机械部分运输由广东腾华承担完成，液压系统运输由大连华锐重工集团股份有限公司承担完成，电气系统运输由中国重型院电气装备制造中心承担完成；在安装调试阶段，挤压机机械部分的安装由重庆西南铝机电设备工程有限公司承担完成，挤压机液压系统的安装由大连华锐重工集团股份有限公司承担完成；电气系统的安装由中国重型院电气装备制造中心承担完成。

最后，端到端集成是实现挤压机全生命周期的价值链创造的集成。端到端集成的实现，需要企业内外部的各类信息系统都接入CPS网络，CPS是实现工业4.0的核心，在实现企业内部的纵向集成和企业之间的横向集成后，最终实现商业价值链在CPS中的贯穿。通过端到端集成，将挤压机研制过程涉及的用户订单信息、设计图纸、制造过程数据、安装调试数据、运行监测数据、用户评价反馈等信息自动接入CPS网络，从而实现企业内部和企业之间的互联互通，降低运营成本、扩大销售市场、提高客户满意度。

11.3.2 水轮机研制过程的三大集成

水轮机研制过程的三大集成如图11-6所示，首先纵向集成是水轮机制造企业内部的集成，自下而上共四层，分别为设备层、控制层、车间层、企业层。设备

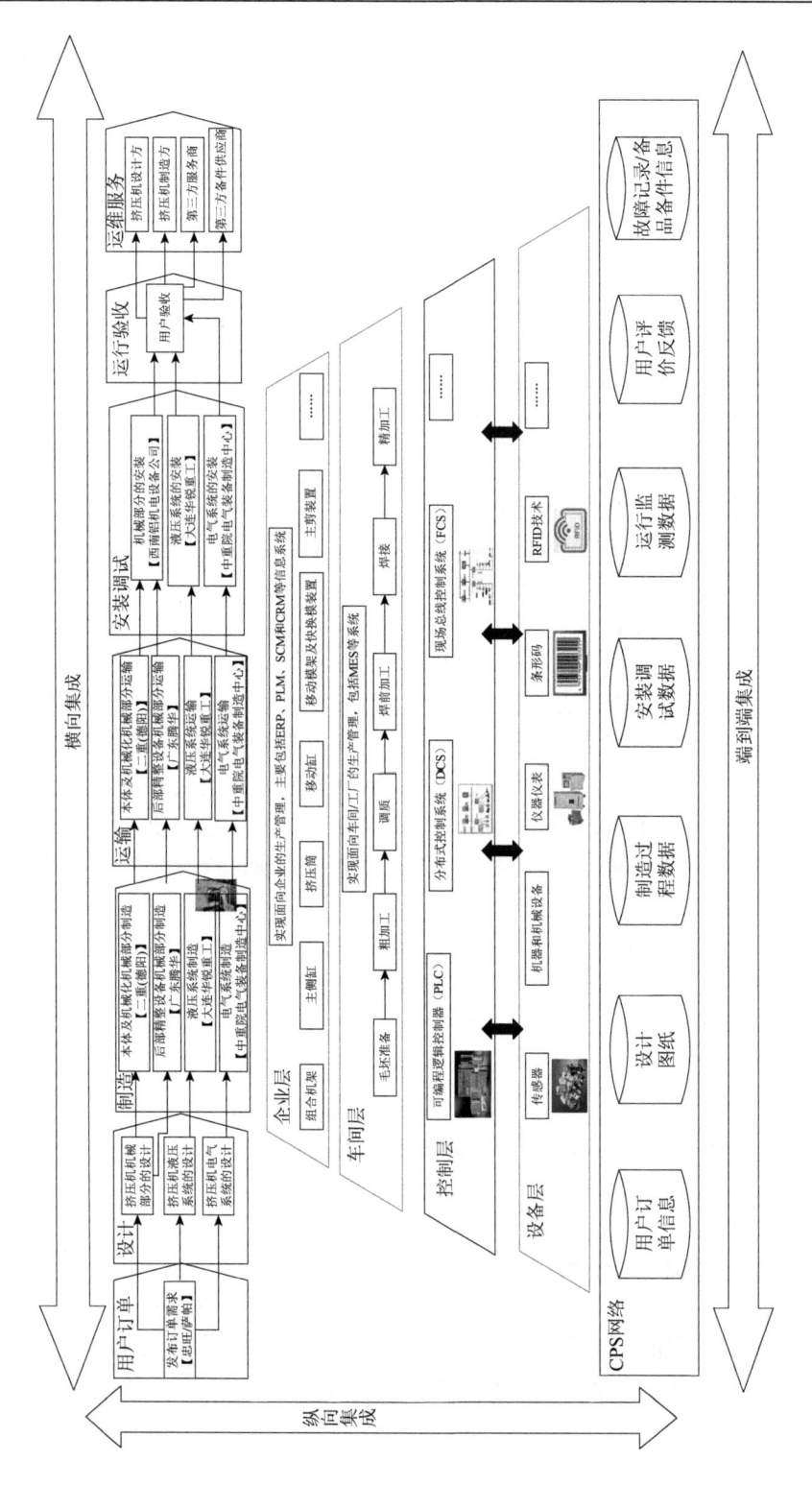

图11-5 挤压机的纵向集成、横向集成和端到端集成

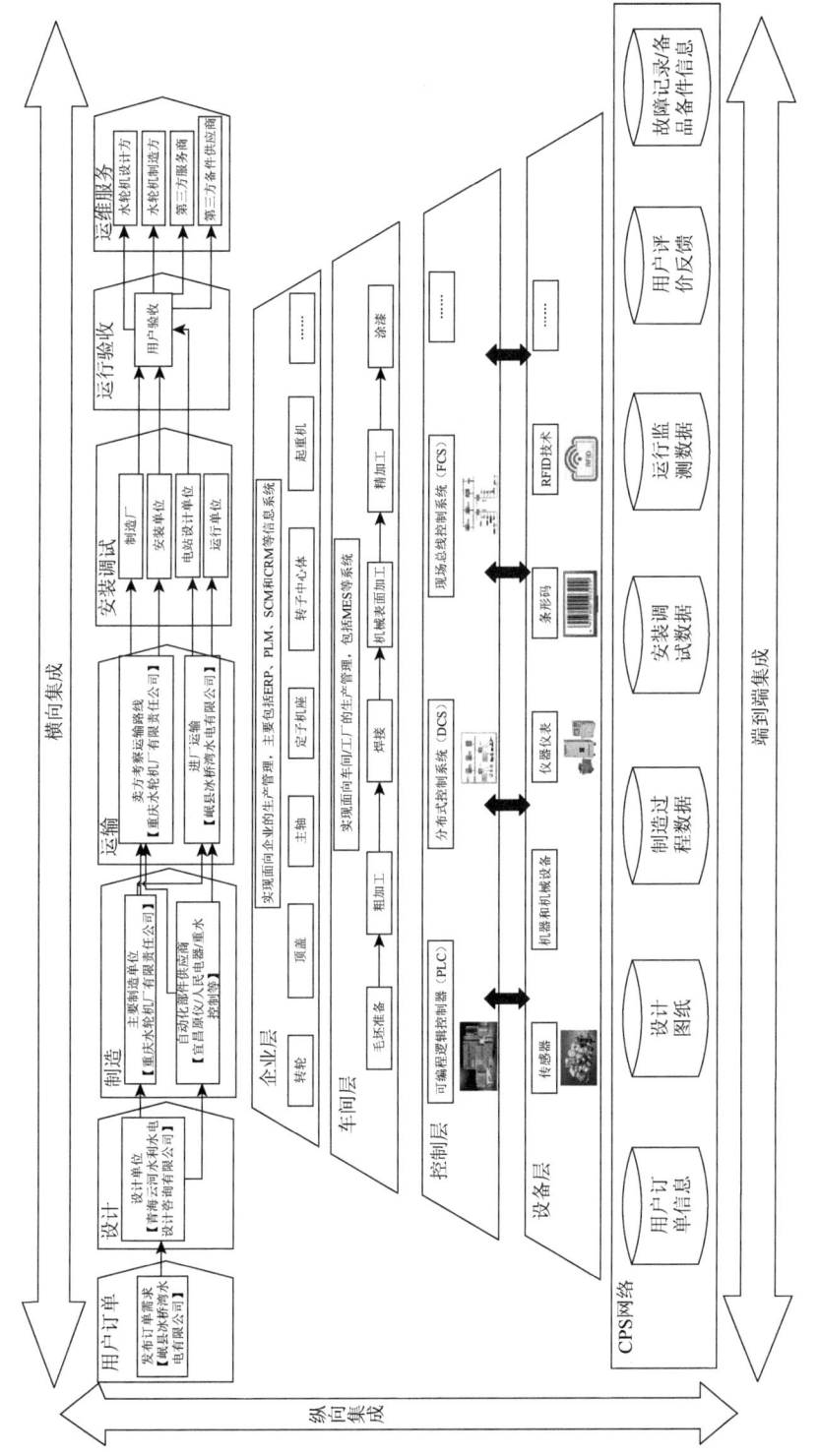

第 11 章 工业 4.0 背景下的复杂重型装备智能制造

图 11-6 水轮机的纵向集成、横向集成和端到端集成

层包括制造水轮机过程所用到的传感器、机器和机械设备、仪器仪表、条形码和 RFID 技术等；控制层包括 PLC、DCS、FCS 等；车间层实现面向车间/工厂的生产管理，包括 MES 等系统。在水轮机的制造过程中，车间层包括毛坯准备、粗加工、焊接、机械表面加工、精加工和涂漆等加工工艺；企业层实现面向企业的生产管理，主要包括 ERP、PLM、SCM 和 CRM 等信息系统。在企业层级，完成水轮机的主要零部件的制造任务，如转轮、顶盖、主轴、定子机座、转子中心体、起重机等。

其次，横向集成是贯穿水轮机整个生命周期的不同企业的集成，水轮机的生命周期包括用户发布订单需求、设计、制造、安装调试、运行验收、运维服务六个阶段。在买方岷县冰桥湾水电有限公司发布购买需求后，青海云河水利水电设计咨询有限公司作为设计单位根据买方要求进行设计，在买方—设计单位—制造方（卖方）联合会审后，重庆水轮机厂有限责任公司作为制造单位完成水轮机的制造，同时负责从供应商处购买水轮机的自动化部件，之后由卖方重庆水轮机厂有限责任公司负责考察运输路线，买方岷县冰桥湾水电有限公司负责进厂运输。在安装调试阶段，由买方进行组织的同时需要制造厂、安装单位以及电站设计单位等相关企业的参加，卖方对调试过程和结果进行指导与负责。在运行验收后，水轮机后续的运维服务需水轮机设计方、制造方、第三方服务商和第三方备件供应商共同承担。

最后，端到端集成的实现，将水轮机研制过程涉及的用户订单信息、设计图纸、制造过程数据、安装调试数据、运行监测数据、用户评价反馈等信息自动接入 CPS 网络，实现企业内部和企业之间的互联互通，降低运营成本、扩大销售市场、提高客户满意度。

11.4 本章小结

本章主要讨论了在工业 4.0 和智能制造的背景下，复杂重型装备如何通过三大集成实现制造过程的数字化、网络化和智能化。首先，本章介绍了工业 4.0 的 RAMI4.0 模型和智能制造内涵；其次，基于三大集成的概念，分别提出了复杂重型装备的纵向集成、横向集成和端到端集成过程；最后，在此基础上，以挤压机、水轮机等典型的复杂重型装备为例，分析了装备产品研制过程的三大集成。

参 考 文 献

[1] 欧阳劲松,刘丹,汪烁,等. 德国工业 4.0 参考架构模型与我国智能制造技术体系的思考[J]. 自动化博览, 2016（3）：62-65.

[2] 赵刚. 高端装备制造企业智能化转型的关键影响因素作用机理研究[D]. 哈尔滨：哈尔滨工程大学, 2020.

第四篇　需求驱动的复杂重型装备网络协同服务模式

　　本篇研究复杂重型装备网络协同平台下的网络协同服务模式，该服务模式以平台各类用户需求为驱动，涵盖复杂重型装备项目全生命周期，以各项特色增值服务为抓手，力求实现复杂重型装备行业的价值增值，实现服务化目标。本篇主要从以下几个方面展开阐述，首先，重新界定平台各类用户，并通过其需求交互过程分析其需求特征，利用平台的各项功能模块识别各项需求并进行聚类分析。基于多主体需求，设计了需求驱动的网络协同服务模式。其次，基于逆向 SCP（structure，conduct，performance，结构、行为、绩效）模型发现项目实施过程中的价值点，提出行业所需的增值服务，并利用系统动力学方法对增值服务价值链进行仿真。最后，针对设备用户亟须的运维服务模块进行分析，提出平台下的运维服务模式，并介绍如何利用平台实现运维决策、备品备件以及产品质量检测等功能。

第 12 章　基于平台的复杂重型装备网络协同服务模式

本章介绍复杂重型装备网络协同制造平台下的复杂重型装备网络协同服务模式。首先基于调研资料，对平台服务用户进行界定，并按照一定的特征进行分类。其次，基于传统项目运作过程分析复杂重型装备需求交互过程，并提出基于平台的新的复杂重型装备需求交互过程。然后，针对需求进行分析，并提出需求规范化方法；针对设备用户，提出针对特定需求的识别与聚类方法；针对服务商用户，提出基于 Web 信息源，并利用文本挖掘方法进行服务需求的识别与聚类过程。最后，基于上述分析需求，提出需求驱动的涵盖设备全生命周期的网络协同服务模式。

12.1　需求交互过程中的用户非结构化需求

12.1.1　平台服务用户界定

复杂重型装备行业是为金属冶炼与加工、矿山开采、能源开发、原材料生产等基础工业提供重大技术装备和大型铸锻件的基础工业，涉及国家安全和国民经济命脉，在国民经济中占有重要地位，对冶金、煤炭、能源、电力、化工、建材、交通、航天、水利等基础工业和国防工业的发展与技术进步有着重大影响[1]。复杂重型装备行业企业众多，按照设备全生命周期所提供的服务或功能来看，行业中公司可以划分为设计公司、制造公司、装配公司、设备运维公司、物流公司、零部件提供商、设备使用公司等。复杂重型装备项目实施过程一般属于 EPC 模式。因此，进一步划分，还应包含项目 EPC 总包方。其中，项目总包方大多数由设计公司共同承担，设备运维公司则可能是设计公司、制造公司或第三方运维服务公司。对复杂重型装备网络协同制造平台而言，涉及项目实施过程的所有参与方均需要在平台中进行活动。平台主要用于对设备需求方提出的需求进行协同设计生产制造设备并保证后续运维过程。因此，对于复杂重型装备平台来说，所有服务商、设备用户以及供应链中的所有企业都属于平台用户的范围，即加入平台的任何方都是平台的用户。基于上述分析，按照上述用户的类别分别对用户需求进行分析。首先，基于复杂重型装备全生命周期分析设备需求交互过程；其次，分析需求交互过程中各主体所需服务需求；最后，给出复杂重型装备网络协同服务模式的定义。

12.1.2 复杂重型装备需求交互过程

首先，分析复杂重型装备行业项目运转过程中的需求交互过程，从该过程出发，继而分析用户需求。如图 12-1 所示，以挤压机为例，在传统的复杂重型装备项目运转过程中，设计服务商、制造服务商、装配服务商和用户等共同参与项目交互过程。首先，由 EPC 负责与用户进行沟通，确定需求内容并确定总合同，该过程交互内容为需求文件资料、设计图、合同等；其次，由设计服务商与制造服务商进行交互，根据用户合同签订子合同，交互内容为设计图纸、任务书、工艺图、项目进度计划等；最后，制造服务商将生产制造的产品各部件分批运往设备用户场地，并与装配服务商交互装配说明书等信息；最后，装配服务商完成产品装配并交付给设备客户。该交互过程总体呈现链式结构，全程周期长，交互反复，进展缓慢，且由于地域和各自知识受限，不同双方之间很难实时交互，交互内容非标准化程度高，严重阻碍了项目进度。

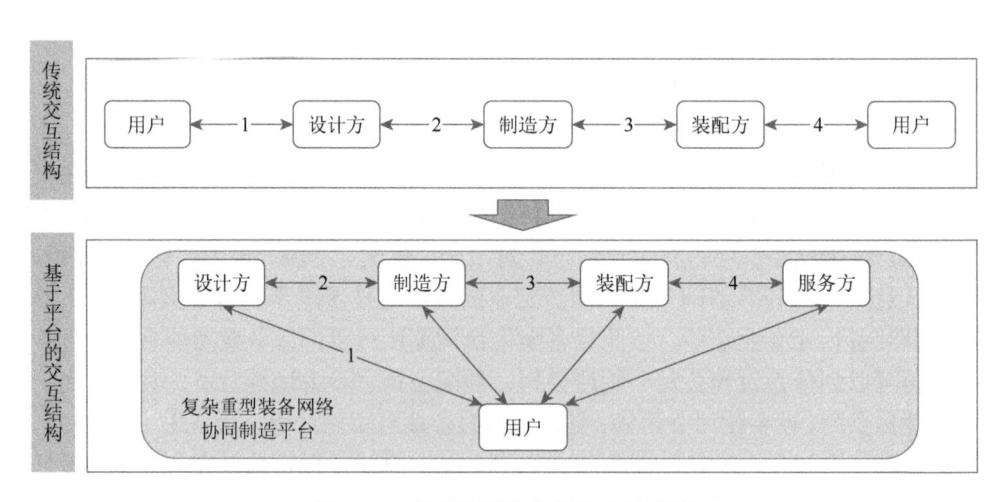

图 12-1 复杂重型装备项目交互过程

为此，提出了基于平台的复杂重型装备项目需求交互过程，即将项目中的各方主体统一集中于复杂重型装备网络协同制造平台中，且为便利项目运转过程，增加物流以及平台管理者之类的角色，转移交互过程从线下至线上，改变交互结构从链式为扇形结构，以满足新变局下复杂重型装备行业各企业的真正需求。不同于传统过程，基于平台的复杂重型装备项目交互结构下，一方面，用户可以通过平台实时自由地与其他各方主体进行交互，了解项目进度情况，另一方面，各方主体之间也能就项目信息进行实时交互。

在新的时代需求下，复杂重型装备行业的每个企业都在寻求最大化企业效率、最大化企业利润的方法。在以用户为中心、多方主体联动的交互结构下，需求主体不仅包含装备用户，还包括行业内的其他企业，需求的内容也不仅是装备需求，更多的是行业发展需求、项目效率提升需求、具体的服务需求。结合上面的项目交互过程，本节分析并总结了各参与主体存在的需求以及潜在需求，为复杂重型装备网络协同服务模式的构建提供驱动力。

结合项目小组对中国重型院和二重的调研记录，本节以挤压机为例，分析了这类复杂重型装备全生命周期过程中各方主体的服务需求，结果如表 12-1 所示。

表 12-1 复杂重型装备行业各参与方需求分析

参与方	需求
装备用户	装备需求识别、进度监督、远程维修、故障诊断等
项目总包 EPC	与各方主体交互、合同管理、制造过程监理等
设计服务商	用户需求结构化识别、协同设计、异地设计、设计任务匹配和分解、实时任务管理等
制造服务商	设计模型自动转换、制造任务分解匹配、任务进度跟踪管理、可视化等
装配服务商	装配方案仿真模拟、装配任务分解匹配、可视化任务跟踪等
运维服务商	远程装备运行状态监控、远程交互、远程操作等
其他服务商	智能化的货物分批运输配送方案、平台用户需求挖掘等

调研结果发现，终端用户对产品的需求包括产品类型、关键参数、交付时间、成本、零部件品牌等，缩短项目周期、监督进度、远程维修、故障诊断等是用户潜在需求。EPC 总包方的潜在需求主要体现在与多方的实时交互、对制造过程监理以及对整个项目的有效管控。设计服务商存在的潜在需求主要指对非结构化用户需求的识别和聚类、基于用户需求数据的设计任务匹配和实时任务管理，多方异地协同设计等。制造服务商与设计服务商交互过程中设计模型与制造工艺模型之间数据及标准的不统一极大地影响了项目整体的进度，因此，图纸自动转换、制造任务分解匹配、任务进度跟踪管理和可视化是重型装备制造服务商的潜在需求。另外，对于装配服务商而言，复杂重型装备规模大、结构复杂是其装配过程反复的重要原因，因此，基于数字孪生等技术的装配方案仿真模拟、装配任务分解匹配等是装配服务商的潜在需求。运维服务商迫切需要能够实时监控设备数据并实现远程诊断和运维。最后，实时挖掘平台各使用方的深入需求是平台方所关注的最重要需求。

12.1.3 用户需求非结构化分析

在复杂重型装备项目制造业务流程中,用户需求分析是设计平台面向服务架构(service-oriented architecture,SOA)体系,构建功能服务模块的第一项任务。为此,根据调研结果,以挤压机为例分析复杂重型装备项目中常见的用户需求以及表现形式。

挤压机用户的需求一般包括产品类型、关键参数、约定品牌和一些如交付时间、成本、安装流程要求、进度监督、交付维护、故障诊断等的其他需求。在需求交互过程中,需求交互一般通过面对面会议、语音、视频、文件等形式产生,产生的语音等资料将统一转化为文件保存。在用户与设计方的交互中,用户需求的表现形式为文件资料、设计图、设计模型、合同等;在设计方与制造方的交互中,用户需求表现形式为任务书、工艺图、项目进度计划等;在制造方与装配方的交互中,用户需求表现形式为装配说明书;在服务方与其他各参与方的交互中,用户需求主要体现在相关合同中,通过合同的约束达成。

复杂重型装备规模结构复杂、非标准化程度高,用户对该类产品专业知识及功能属性的掌握程度有限,因此他们提出的需求是使用常用的能被理解的自然语言、文字、图片或其他媒介方式来描述,这样的需求通常都是非结构化的,它们一般具备以下特点[2]。

(1)模糊性:装备用户和设计单位掌握产品知识的角度与层次不同,导致他们理解和表述产品需求的方式不同。用户掌握的往往是产品的隐性知识,在描述需求属性时存在模糊性,常用"较高、差不多、基本上"等难以揣摩的程度副词来形容需求。

(2)多样性:复杂重型装备非标准化程度高,是具有个性化特征的,不同用户的个性化需求不同,他们关注的个性化需求的所属类别可能也不同。另外,他们偏好习惯不同,描述需求的方式也存在一定的差异。

(3)不规范性:用户描述需求时,需求结构不规范,如信息无序、前后关系不匹配等。

(4)矛盾性:在对专业知识掌握受限的情况下,用户在描述需求时,可能导致不同需求属性在转化为对应的产品特性后,存在矛盾或对立的情况。

(5)动态性:复杂重型装备项目中非结构化用户需求可能会存在动态变化。这主要是因为客户对自己需要的产品定位不清楚,在客户与设计方进行需求交互时,设计服务商需求就设计图与用户反复沟通,对需求进行修改或调整。

上述非结构化用户需求的特点,增加了复杂重型装备项目运作过程中需求分析的难度,提高了需求交互的复杂性。

12.2 基于平台的设备用户需求结构化分析

12.2.1 用户需求规范化方法

复杂重型装备处于制造业的核心和关键位置，技术难度高，专业性强，学科交叉范围广，其客户需求也呈现出复杂性和专业性，准确获取并分析真实客户需求，识别客户对产品或服务的个性化需求是复杂重型装备项目成功的关键。但受到专业知识和沟通能力的限制，在客户提出个性化需求时，可能并不清楚真正想要什么，这种为"信息超载"现象，即客户普遍存在不够明晰的非结构化需求，这些非结构化需求信息难以被辨识和直接聚类，因此需要对非结构化用户需求进行规范。非结构化问题具有一般性的描述方法，为了实现复杂重型装备网络协同服务中的非结构化用户需求规范、快速响应需求并规范需求形式，就需要建立完善标准的需求知识库，利用领域本体的方法解决需求规范化问题。

1. 构建需求知识库

首先，需要明确非结构化需求和客户需求本体。非结构化用户需求指客户使用自身掌握的有关产品的领域知识（客户域知识），对产品及其部件特征（包括功能、性能、价格和外形等）的自然语言描述，属于非结构化问题，非结构化问题一般描述包括或隐含某一领域的一些对象，即所描述的产品或部件（概念或对象）；这些对象具有的特征、属性和意义；对特征的描述（属性值）。客户域知识是由与产品相关的类、概念、属性、属性约束等构成的客户了解的知识。本体系统为某一领域的概念化体系及概念之间关系的描述。本书通过构建复杂重型装备网络协同客户需求本体来规范非结构化用户需求。构建客户需求本体，即形式化定义客户域知识的过程，有助于解决客户需求不规范性、模糊性、不一致性等问题，是非结构化用户需求规范化的有效途径。需求知识库就是利用以往订单中的客户需求信息构建的需求本体类型的知识库，即根据高端装备产品的特点，将高端装备产品的客户需求定义为由用户、对象、属性及其属性值所组成的一个四元变量组，然后完成到相应本体知识描述的映射，即其所属的类别、每个类别独特的个体、个体的属性及其属性值四个部分，从而规范化描述客户需求。

2. 需求知识库概念模型

概念模型是整个知识库的底层架构，也是整个生成方法的基础，不仅决定了整个库的表现方式，也定义了前面所提到的从用户需求描述转化为本体需求描述的重要过程。在此，Web本体描述语言（Web ontology language，OWL）可以用来具体描述客户需求知识。OWL 本体是一个资源描述框架（resource description framework，RDF）文档，以一系列的关于本体的声明为开始，包含注释、版本控制、导入其他本体等内容，增加了描述部分以及等价性、丰富的属性特征、枚举类，通过提供更多具有形式语义的词汇，使需求信息含义的表达更为确切和真实，并使其能够被计算机运行。且 OWL 语言适用于 Web 本体，便于需求知识库后期与 Web 信息源之间的交互，具有较强的可操作性。一般一个 OWL 本体可以用四元组来表示，即 O =（C, I, P, A），C 即类（class），I 为个体（individual），P 为属性（property），A 为属性约束（axiom of constraint）。

基于 OWL 语言的定义，分别可以将客户需求知识库领域本体 O_C 定义为 $O_C = (C_C, I_C, P_C, A_C)$，将复杂重型装备客户需求（R）定义为 R =（C, O, A, V），分别代表客户、对象、复杂重型装备的功能或性能、属性值。这两类四元组之间并不是一一对应的关系，具体对应关系如图 12-2 所示。

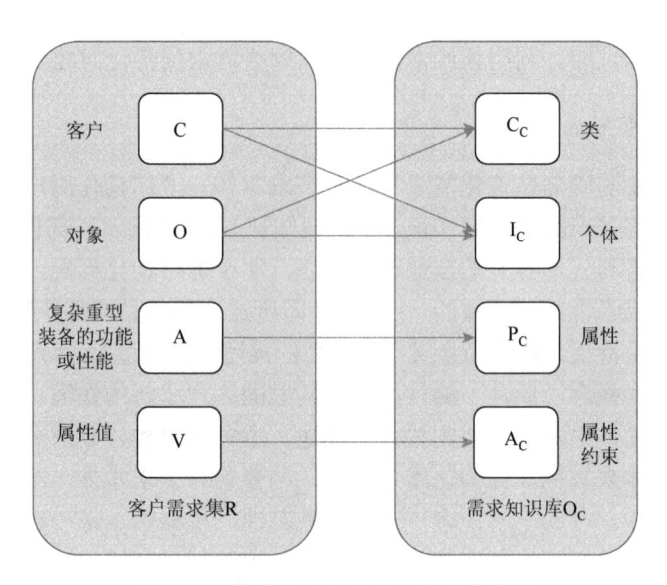

图 12-2　客户需求与需求知识对应关系

确定客户需求与需求知识库之间的对应关系后，需要构建需求知识库概念模型，即分别定义需求知识库的四个元组。

首先，可以将类定义为四个顶级类的合集，即客户（Ccc）、产品（Ccp）、交易（Ccr）和服务（Ccs），即有 Cc = Ccc∪Ccp∪Ccr∪Ccs。其中，客户需求类（Ccc）是整个知识库顶级类中的核心，也是联系其余顶级类的关节和纽带。即整个知识库顶级类主要考虑描述的是：客户想要什么样的产品，需要什么样的服务，完成什么样的交易。接着，就需要对 OWL 中的与高端装备及其零部件或功能服务相关的类或者具体的应用例进行界定。其中的顶级类产品（Ccp）主要指的是复杂重型装备的类别、生产服务商所拥有的品牌、复杂重型装备所具有的结构性特点等，这其中的类别可以依据国家相关文件所规定的标准进行划分，品牌可以进行市场调查得到，结构性特点可根据企业内的清单确定。顶级类交易（Ccr）主要包括该复杂重型装备在交付方式、相关优惠政策等方面的知识。顶级类服务（Ccs）体现了客户对于该复杂重型装备在技术支持、售后维修等方面的需求。顶级类客户（Ccc）需要根据相关市场进行细分。

类是一个集合，集合中所拥有的每一个独特的元素，就是其包含的实例，子类如同类一样，是一个集合，两者在定义上显著不同。实例可以通过从以往客户订单数据信息中获得。

然后，需要对属性及其约束定义。根据相关研究发现 OWL 中的属性根据所描述的对象不同分为两类，其中描述类中实例关系的为对象属性，描述产品相关的功能、性能、形态等特征参数的为数据属性，在 OWL 中可以直接对应为其数据属性。另外，完成属性生成的同时，需要界定其相关的知识库推理依据，从结构上来看，就是界定约束。

3. 用户需求规范化方法

本节的需求规范化是基于历史订单数据对非结构用户需求的结构化处理过程。如图 12-3 所示，基于历史订单数据提取客户需求集，再利用客户需求知识库构建方法，将客户需求集对应至需求知识组合中，从而建立客户需求知识库。与

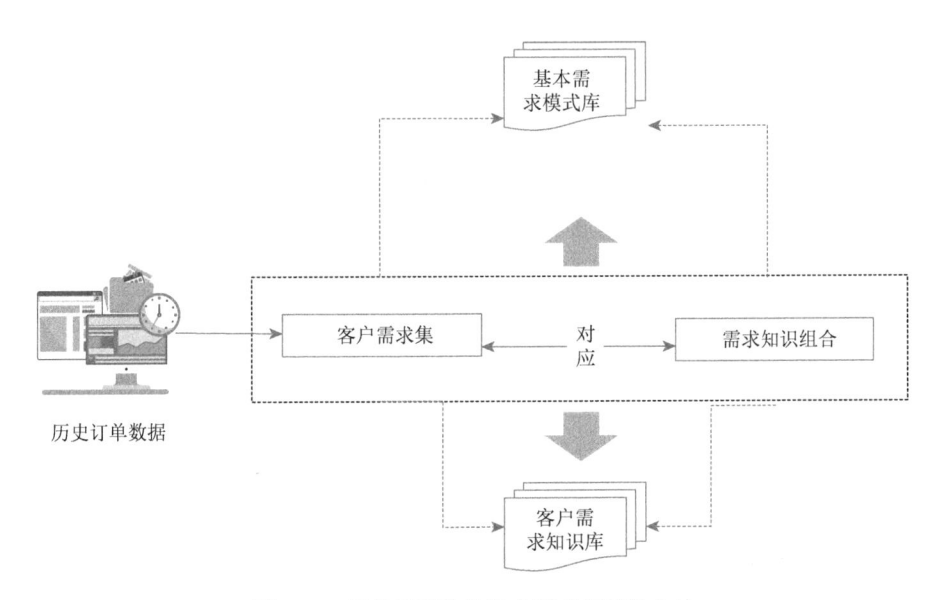

图 12-3 复杂重型装备客户需求规范化方法

此同时，基于客户需求知识库需求信息，结合需求属性值等信息，提取基本需求模式库。客户需求知识库与基本需求模式库的建立即为客户需求规范化的成果。接下来将继续介绍对于定制客户需求，如何基于已建立的客户需求知识库和基本需求模式库，进行需求识别和聚类，为任务分配做准备。

12.2.2 设备用户需求特征提取

复杂重型装备复杂度高，非标准化程度高，因此客户订单一般都是个性化定制产品，客户需求都属于定制需求。基于上述调查结果，在针对个性化客户定制需求时，可以利用上述数据基础准备识别客户需求，理解和表达客户需求。

在以往的复杂重型装备项目服务中，企业与用户之间交互大多基于对话方式，结合企业自身的资源和研发能力，企业通过面对面或网络与客户进行对话协商来不断地挖掘、修改和完善客户需求，直至达到企业和客户都能接受，最终完成客户定制需求。这里的客户的定制需求大多非结构化程度较高，分析较为复杂。

在复杂重型装备网络协同平台中，根据对非结构用户需求的规范化，得到结构化用户需求的数据库，根据此数据库可以设计不同产品的需求输入表单（产品模式），如产品名称、吨位、形式等，可规范化部分可通过提供固定选项的方式供客户选择，非标准化部分可通过文本框的方式供客户输入需求文本。该方案可以直接识别需求产品类别、关键参数等信息，另外还可根据非结构用户需求规范化方法对一些需求文本进行处理，但对于一些非功能需求或客户备注的其他无法识别的需求文本可以根据文本语义相似聚类或关键词按照识别流程进行识别分类，并将识别分类的结果用于聚类模型中。

1. 用户需求特征提取框架

基于客户需求知识库等信息，用户需求特征提取框架被建立，如图 12-4 所示，共分为三个层级，分别为输入输出界面层、内置方法层和处理过程层。

在输入输出界面层，用户在平台中输入对复杂重型装备的需求文本，并通过一定的方式将其转化为结构化的基本需求信息。

内置方法层主要实现平台上获得的非结构化自然语言文本到结构化的基本需求信息的转变，即了解需求特征、检测基本需求、基本需求内容的识别。具体而言，通过复杂重型装备特征词识别需求文本中的部件、属性、属性值等；通过需求触发词识别其需求类别，如参数性需求、非功能需求等；通过模式匹配识别需求具体内容信息。

处理过程层，即通过建立复杂重型装备客户需求知识库和基本需求模式库来实现需求特征提取的整个过程。复杂重型装备客户需求知识库的存储结构和构建方法如上所述。复杂重型装备基本需求模式库是进行基本需求类别检测和基本需求内容识别的必要条件，即通过模式匹配来完成识别任务，其构建需要结合复杂重型装备产品的定义和特点。

上述过程即为用户需求的特征提取框架，接下来将具体介绍对于非功能需求识别方法和基于语义的智能认知技术的需求识别方法，以识别客户提出的一些非结构化需求。

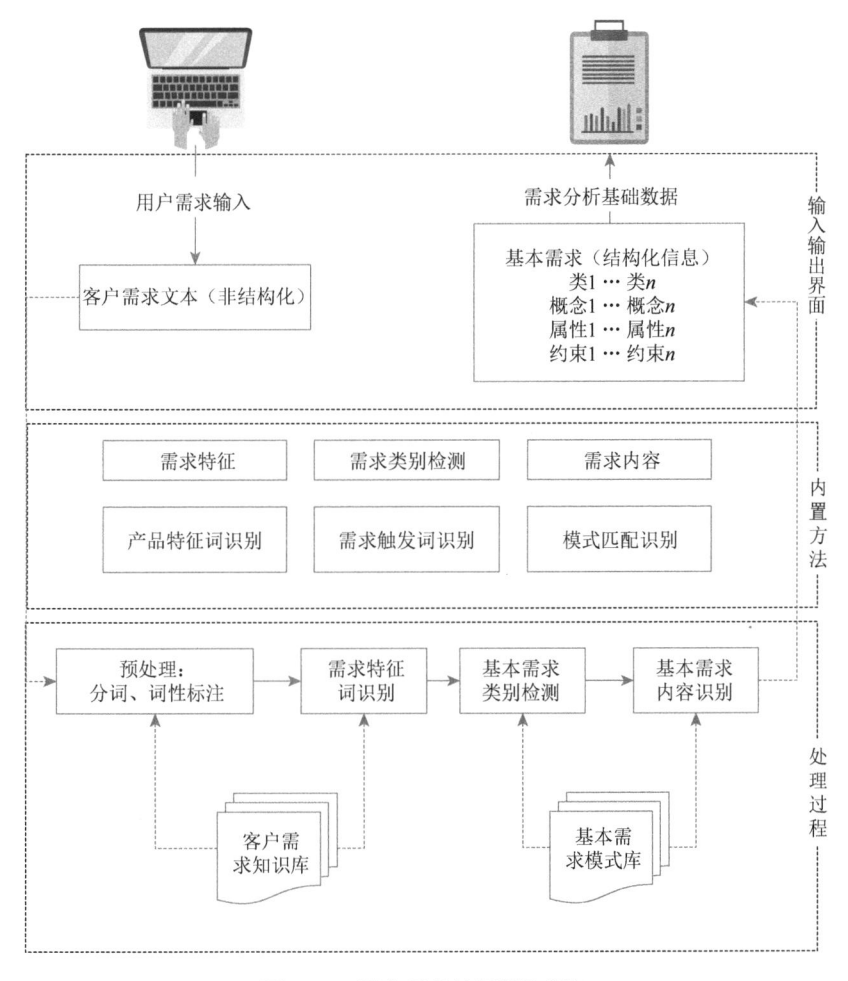

图 12-4　用户需求特征提取框架

2. 非功能需求识别

在客户的需求文本中，经常出现一些非功能需求，这时需要利用非功能需求识别方法对这些需求文本进行识别分析，具体流程如图 12-5 所示，共分为以下几个步骤。

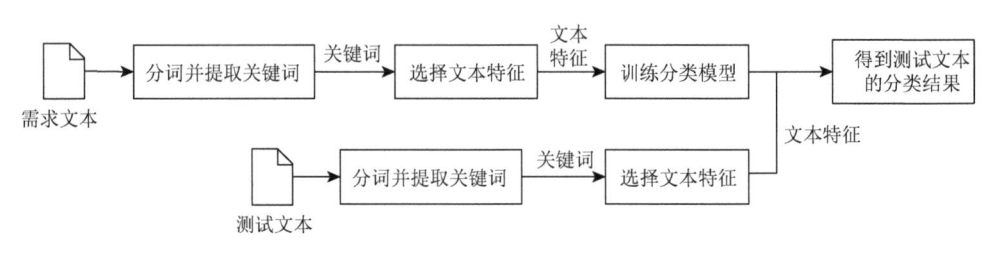

图 12-5　非功能需求文本识别流程

（1）分词并提取关键词：本节采用的需求文本识别方法基于文本关键词，因此，需要对需求文本进行分词和词性标注处理，并提取其中的关键词。

（2）选择文本特征：在获得需求文本中的关键词后，需要确定文本特征的表达方式，如统计文档中各词汇的出现次数，并利用无序词集合表示整个文档，如果一个词语在某一文档中出现次数较多，且出现该词语的文档数量较少，则该词语具有较强的对文档的区分能力。

（3）训练分类模型：将文本以特征形式表示后，即可基于此训练分类模型，这里可以采用不同的分类模型进行试验并选择最优的模型进行测试。

（4）测试文本分类：使用上述的分词和关键词提取方法及文本特征选择方法，以特征的形式表述测试文本。之后，将特征输入分类模型，模型会根据分类结果给出对应的文本标签，不同的文本标签可以根据客户需求类别进行设定。

3. 基于语义的智能认知技术的需求识别

基于语义的智能识别的关键技术是自然语言处理和语义理解。自然语言处理涉及计算机科学、人工智能和语言学的研究，关注计算机和人类（自然）语言相互作用的领域。通过建立高质量的数据库、对共同领域的理解、可扩展的算法框架和数据驱动的闭环过程，人与计算机可以用自然语言进行交流，实现语义理解、正确的逻辑推理和对特定知识的应用，以促进应用场景的理解。

采用基于语义的智能认知技术处理用户需求，再将处理后的基本需求待识别模式与基于客户需求知识库生成的种子模式进行对比，若能够匹配，则可以直接识别属性值，若匹配不成功，则计算模式之间的相似度，当相似度大于阈值时，更新模式库，如图 12-6 所示。该流程可以在识别用户需求的过程中逐步更新用户需求知识库和基本需求模式库。

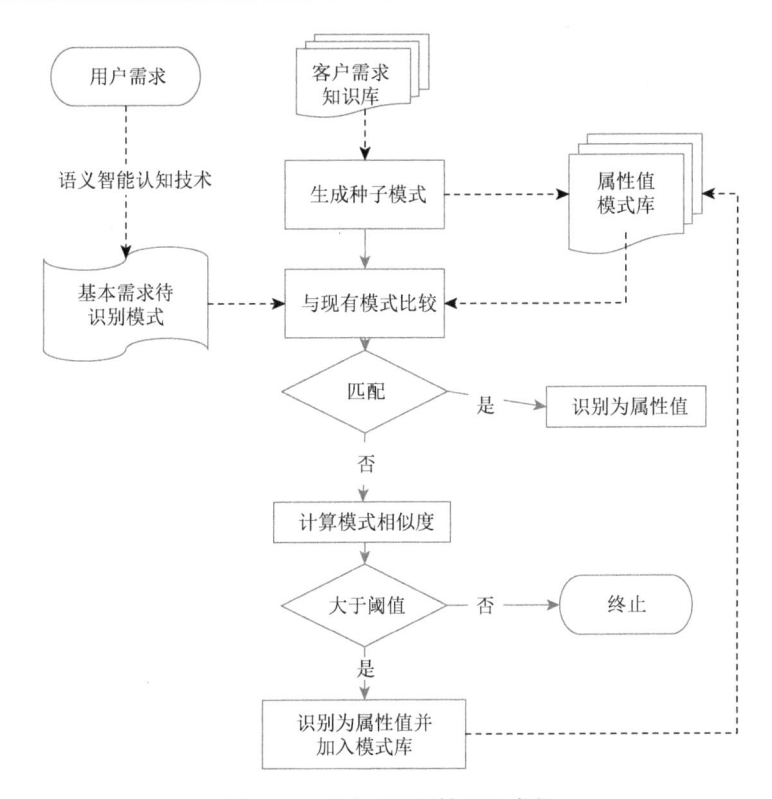

图 12-6　需求识别属性匹配流程

12.2.3　设备用户需求聚类机制

设备用户在平台提出定制需求时,平台针对该定制需求精准推荐有能力完成的服务提供商(项目总包商或服务商组合),这不仅需要实现对定制需求的识别,还要完成聚类过程,如图 12-7 所示,并在此基础上提出了定制需求的识别与聚类模型,以实现复杂重型装备零部件的规范化和制造的模块化,确保任务合理派发。

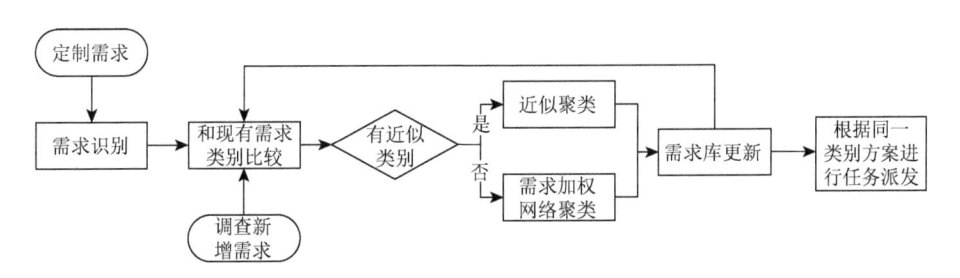

图 12-7　复杂重型装备协同服务定制需求识别与聚类流程图

聚类作为一种数据分析手段，其主要目的是将相似的制造服务聚在一起，从而形成多个制造服务类簇。需求聚类指的是将需求相似的客户需求聚在一起，以便于服务提供商提供类似的服务，确保任务的合理派发。

通过对复杂重型装备的客户需求进行聚类，企业能将相似的需求与以往订单记录进行提取，从而简单化复杂的装备需求。基于以往相似需求的订单和装备设计、制造数据，对客户需求进行设计开发，既能提高客户满意度，又能缩短复杂重型装备的生产周期，降低相关设计制造企业的生产损耗，提高行业服务价值。

目前有较多的需求聚类方法，如利用模糊 C 均值算法对客户群体进行聚类[3]、利用传递闭包法对客户需求进行聚类分析[4]、基于满足度评估的需求聚类方法[5]以及用户物流快递需求聚类的谱聚类算法[6]。程贤福等[7]在获取客户需求信息的基础上，建立产品设计关联矩阵，利用模糊最大树聚类算法对其进行分析，为参数化产品簇提供依据。另外，多层次聚类的方法也被采用以向产品的设计者提供相应的知识服务[8]。

定制需求识别之后需要对需求进行聚类，此处的聚类指的是将定制需求归类至具有相似性的产品类别中，以便于筛选出对应产品类别下的服务提供商为个性化顾客提供类似的服务。其前提是针对不同类别的客户需求存在对应的服务提供商，以便平台根据聚类结果为客户匹配合适的项目组织者或服务提供者。复杂重型装备网络协同平台提供的复杂重型装备多样化、种类繁多，因此其客户需求也是多样化的。在产品类型较多的情况下，可以采取层级聚类方法对用户定制需求进行聚类，本节提出的复杂重型装备定制需求聚类方法如图 12-8 所示，流程如下。

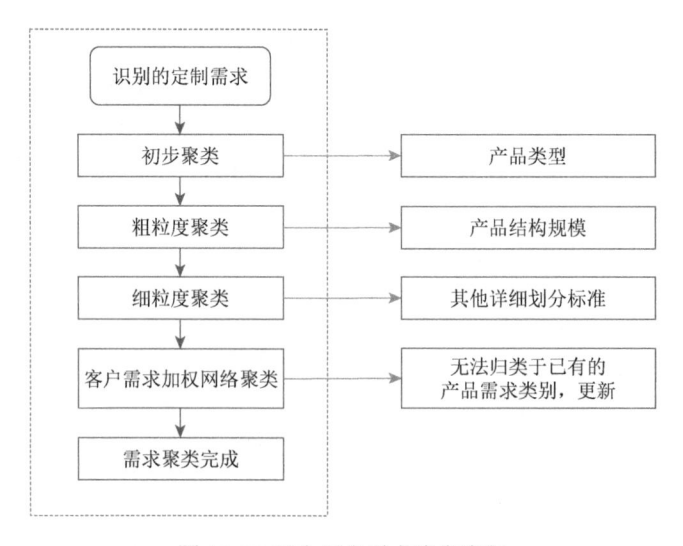

图 12-8　平台用户需求聚类流程

（1）初步聚类：根据客户定制需求产品类型进行聚类，如客户需要的是挤压机，则将其分类至挤压机类别。

（2）粗粒度聚类：根据挤压机类别下粗粒度类别划分方法对新增定制客户需求归类，如按照客户需求挤压机的类型–125MN 单动反向铝挤压机，将其归至对应的产品类别中。

（3）细粒度聚类：相比粗粒度聚类，其划分标准更为详细，其标准可以根据客户需求识别得出的具体客户需求标准进行制定，即将具有一致或相似客户需求的类别归为一类。

（4）客户需求加权网络聚类[9]：对于细粒度聚类无法准确进行聚类的客户需求，或者存在个性化较强的客户需求，可以根据客户需求加权网络方式进行聚类。即将定制需求与处于同一大类的其他需求作为网络中的节点，需求之间的相关关系作为连接节点的边，将关系评价转化为量化数值即可构成加权网络。再利用加权网络的性质计算各个节点的加权网络综合特征值，并采用最大最小聚类算法对网络中的需求节点进行聚类。

上述步骤构成复杂重型装备定制需求聚类模型，在平台构建初期，可以利用历史订单数据信息生成最初的类别划分依据，前三步聚类均是与已有类别比较并归类，客户需求加权网络聚类则在已有类别的基础上更新细化聚类类别或增加新的类别。聚类操作完成后，为了给用户提供更优质的服务商，平台也会依据服务商在平台中的历史项目评价为客户完成推荐操作。本节介绍了对新增的定制需求进行聚类的方法，并最终实现定制需求与对应服务提供商的精准匹配功能。

12.3 基于平台的用户服务需求挖掘

本节基于 Web 信息源的客户需求调查方法，提出利用 Web 信息对复杂重型装备行业项目运行过程中的用户需求进行调查，并提出利用文本挖掘的方法对平台用户服务需求进行识别和聚类方法，最终分析得到几类关键平台用户需求。

12.3.1 传统用户需求获取方法

传统的用户需求获取方法包括市场调查法、企业历史订单信息分析、政策法规调研、科技文献调研等。

（1）市场调查法：即企业组织调研人员通过对现场实际考察，将新产品投入市场去营销、调查问卷、电话询问、直接提问等与客户进行面对面沟通方式全面获取客户信息的方法。

（2）企业历史订单信息分析：通过对企业数据库中记录的客户基本资料、订单数据、售后数据、客户投诉、反馈数据等信息进行分析，探寻运营商需求的发展规律，对需求发展趋势做出合理的预测。

（3）政策法规调研：广泛分析党政机关发布的文件、相关决议及政策，分析国内外政治和经济形势，来获取导向性的宏观需求信息。

（4）科技文献调研：分析科技文献中研究的新技术、新材料和新工艺等可以为新产品开发提供新的需求信息。

尽管这些传统的客户需求获取方法在某些行业已得到了应用，但并不适用于复杂重型装备产品客户需求获取过程。首先，复杂重型装备产品功能结构复杂，生产周期长，无法等产品投入使用后再获取需求[10]；其次，复杂重型装备产品需求点极多，传统方法获取需求难度大、易遗漏大量需求点；另外，复杂重型装备的特性使得无法单独使用某种传统方法来完成对复杂重型产品所有类型使用者的需求采集；最后，传统客户需求方法操作复杂，且操作周期长，不适用于复杂重型装备网络协同制造平台中的客户需求调查。因此，需要利用 Web 信息源方法来实现对客户需求的调查。

12.3.2 基于 Web 信息源的用户需求调查

对复杂重型装备客户需求展开调查有助于新产品开发、市场分析以及对营销决策的把控，但传统的市场调查方法成本高、周期长，已远不能满足相关企业对客户信息的需求。随着互联网的飞速发展，集中汇聚客户信息的 Web 信息源已经成为了解客户需求、把握市场走向的重要渠道。Web 信息源具有数据量庞大、数据增长迅速和内容杂乱无章等特点，较难实现对客户需求的分析与跟踪。为了更好地分析用户需求，需要将 Web 信息源导入平台需求分析部分，并利用数据挖掘等方法对信息源进行分析处理，得到用户需求数据信息，利用文本挖掘方法对文本型信息进行处理，得到详细的用户需求分析。如图 12-9 所示是 Web 信息源处理的一般过程。

用户通过 Web 网站输入产品信息，可以形成 Web 信息源，网站设计的下载过滤器将冗余信息处理后保存到本地数据库，并利用挖掘方法对其进行处理。首先利用知识库定位产品信息，确定关键字有序集合及关注热点，基于此分析信息内容，之后再根据得到的关键字次序依次进行信息统计处理，并进行相关关键字分析。关键字分析统计结果即为热点分析、客户分析、周期分析、市场总体分析的基础，之后可按照统计概率等相关理论进行统计分析，找出数据之间的关系和规律。还可用分类分析法将相关联的关键字合成一个大类，利用类别的描述和模型产生一个相对应的数据集，交互式分析法通过用户人为判断已结构化的分类信息，对产品的某一方面做出结论性的总结，帮助市场调查人员及企业领导调整产品功能或营销策略，以适应客户需求和市场变化。多次需求分析可以完善丰富知识库，也可以对分析中所采用的方法进行评估并完善方法库。

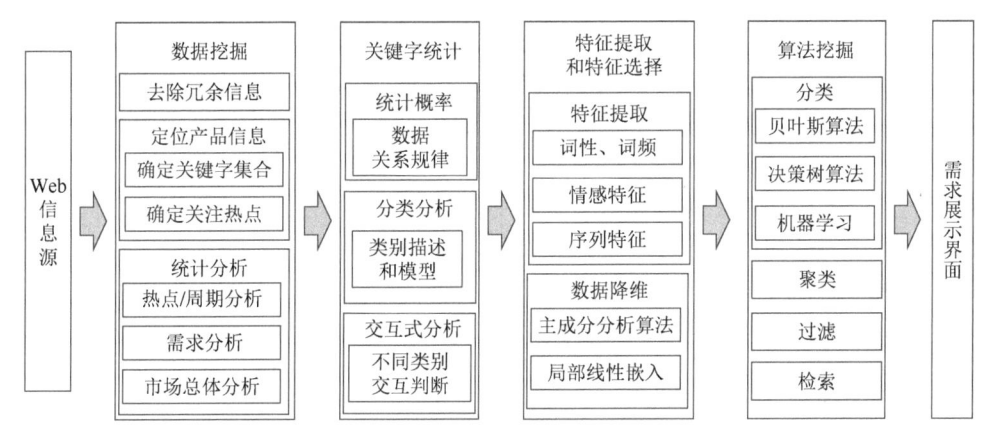

图 12-9　Web 信息源处理的一般过程

另外，还可以利用文本挖掘的方法对收集到的文本型信息进行处理。目前，大多数采用的是向量空间模型来描述文本向量，这种未经处理的文本矢量由于维度过高，会增加计算成本，进而导致效率低下，影响算法精确。所以，要对文本向量做进一步处理，一方面提取具有代表性的文本特征降低矢量维度，另一方面能保证原文含义。最后，利用相关算法经过分类、聚类和过滤等操作，从无结构的原始文本转化为结构化的计算机可以处理的数据。

以上步骤形成了基于 Web 信息源的用户服务需求挖掘方法。利用该方法对复杂重型装备客户需求进行调查，可以帮助企业及时把控客户心理，准确应对变化的市场需求。客户需求调查得到的结果可以用来补充结构化客户需求知识库，为之后的需求识别和聚类提供数据基础。

12.3.3　基于在线评论文本挖掘的关键服务需求识别

复杂重型装备专业性强，Web 信息源分布较为分散，为此，有必要在平台布局相应的社区交流模块，将分散式 Web 信息源逐步发展为集中式信息源。社区交流模块提供了在线评论发展的最佳平台。

在线评论作为 Web 信息源之一，是获取除设备需求方外的其他服务商需求的一类主要方法。近年来在线评论挖掘作为非结构化数据挖掘的一个研究热点，主要是获取网页上发表的产品在线评论，用于顾客需求挖掘和产品选择。互联网上隐藏着巨大的有价值的用户需求信息，网络上大量的在线评论信息就是最直接的潜在而有价值的信息，与现有常用的用户需求分析方法相比，使用在线评论文本数据进行用户需求分析具有一些突出优势，主要表现为真实可靠、快速获取、成本低可持续[11]。但在线评论是自然语言，自然语言中复杂的语义关联关系是计算机所无法理解并直接处理的。首先，评论文本数据的容量巨大，大大提高了计算的复杂度；其次，评论文本数据是非结构化数据；最后，文字的含义不同导致其数据难以量化[12]，为此需要利用在线评论文本挖掘方法识别在线评论中的用户服务需求。

为此，本节构建了关键服务需求识别模型，即分析在线评论中影响平台用户对平台使用特性的满意程度的各种因素，计算某项服务具备时顾客的满意效用值、不满意效用值，从而确定关键需求指数，实现用户需求量化，进而识别关键需求。如图12-10所示，平台用户关键服务需求识别过程框架主要分为三个阶段实现。

1. 在线评论文本数据处理

通过平台社区交流或项目服务评论模块收集客户在线评论文本后，需要对文本数据进行预处理。在线评论源文本一般都较为杂乱或难以理解，需要通过预处理将其转化为有价值和有意义的信息。预处理操作中，首先需要将在线评论原文本转化为结构化数据，并且对非结构化数据进行语义分析和情感分析。这就需要对用户评论进行分类、过滤和聚类。文本处理不好会给分类系统带来噪声，导致客户需求划分错误。所以，想要得到用户真正表达的需求，就对注释文本进行预处理。在此，可以利用文本数据挖掘技术，基于预先设定好的面向用户需求分析的在线评论有用性基础，并利用已有的NLPIR-ICTCLAS汉语词法分析系统对获取的在线评论数据进行预处理，最终提取目标文本，便于下一阶段的工作。

2. 平台服务特性提取

特征提取需要根据第一阶段的数据处理结果，实现基于文本的词库构建和平台服务特性提取。即首先根据分词结果，获得情感词库、程度词库、否定词库以及产品新词词库，然后利用LDA（latent Dirichlet allocation，隐含狄利克雷分布）主题聚类模型完成特征选择功能，并实现在线评论中的平台服务特性的提取和属性划分。LDA主题聚类模型是一种被广泛使用的内部语义知识提取模型[13]。它能够自动构造文本特征并处理，确定文本隐含特征，可以在无人工干预情况下完成文本分析步骤[14]。利用LDA技术自动训练确定平台服务特性，将词汇—主题—文档三层结构看作服务特性—主题—评论文本的三层框架来实现平台服务特性的提取。

LDA主题聚类模型的核心公式为

$$p(s|d) = p(s|m) * p(m|d)$$

该公式表示，文档 d 中出现词汇 s 的概率等于文档 d 中出现主题 m 的概率乘以主题 m 中出现词汇 s 的概率。平台服务特性的整体提取过程依据 LDA 模型核心公式展开。

3. 用户关键需求识别

第三阶段重点在于量化用户对平台各类服务特性的满意效用值或不满意效用值，并识别关键用户需求。关键需求指数由满意效用值和不满意效用值联合共同确定。最后，根据量化的结果，对关键需求指数进行排序，结合 Kano 模型[15]划分顾客需求层次，制定用户关键需求的规则并识别用户关键需求。

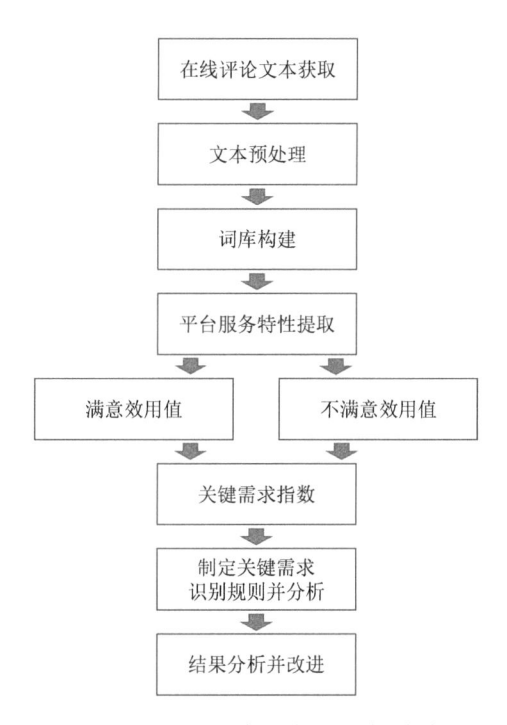

图 12-10 关键服务需求识别过程框架

12.4 平台协同服务总体模式

12.4.1 现有的制造服务模式

对于制造行业而言，制造服务一般指生产性服务和生活性服务。根据不同的服务种类和特点，综述了现有的制造业服务模式。林风霞和刘仁庆[16]将其分为个性化定制模式、研发设计服务化模式、供应链管理模式、产品全生命周期管理模式、总集成总承包服务模式和信息增值服务模式。任杉等[17]将其归纳为制造网络、服务型制造、云制造和社会制造，分别表示制造资源的封装与集成、制造与服务的集成、制造服务的开放协作和社会民众参与产品制造。李天柱等[18]介绍了价值共创（value co-creation，VCC）角度下对制造业服务化模式进行了分类，按等级从初等到高级将其分为产品延伸服务化、产品增强服务化、主导产品服务化、业务单元服务化和核心能力服务化五类。

各类智能化信息技术的出现和普及，拉动了制造服务向智能制造服务方向发展，由此出现了智能制造服务模式[19]。它的特点是面向产品全生命周期，面向协同过程，基于数据挖掘和知识发现，能够向价值链两头拓展，并能实现远程智能服务，能够为用户提供更有价值的服务。常见的智能制造服务模式包括大数据驱动的智能制造服务模式、物联网驱动的智能制造服务模式、数字孪生驱动的大数据制造模式[20]、基于云计算平台的智能制造服务模式等。

美国卡特彼勒公司与参数技术公司、德国西门子公司以及英国 Davy 公司等均开始搭建智能平台来提升复杂装备的定制水平，这对我国复杂重型装备的发展提出了挑战。2010 年，李伯虎等[21]基于对网络化制造等相关模式的研究，在云计算、物联网等技术的基础上提出了云制造这一面向服务的网络化制造模式，该模式研究云制造服务平台下如何利用各类关键技术为用户提供按需制造服务。张霖等[22]深入分析了云制造与敏捷制造、网络化制造等典型模式之间的区别与联系；李伯虎等[23]进一步丰富了云制造服务系统的内涵；面对研究中存在的关键问题理解不一致等问题；刘永奎等[24]进一步做了深入研究并明确了云制造定义及云制造与云计算之间的区别关系。

"中国制造 2025"政策大力推进复杂重型装备行业向智能化协同化全面化服务方向发展，在该背景下，复杂装备网络协同制造平台应运而生，在该平台基础上，针对我国复杂重型装备行业服务机制不完善、网络化和智能化程度略低等问题，亟须适应于复杂装备网络协同制造平台的协同服务模式。

12.4.2 基于平台的服务协同机制

网络化协同是克服复杂重型装备行业服务转型障碍的重要手段之一，利用各种网络化技术，实现复杂重型装备行业各企业之间的联动效应，从而提高项目效率、缩短项目周期，达到增值效果。

复杂重型装备行业是一类特殊的行业，其产品的复杂程度导致了不存在一家能够完全承担复杂重型装备产品全生命周期业务的企业，即每个企业在产业链中所具备的职能是不一样的，设计、制造、装配等职能均有对应企业来完成。例如，中国重型院一般负责复杂重型装备产品项目的总包以及设计任务，中国二重一般负责中国重型院外包的制造任务，中铝萨帕特种铝材（重庆）有限公司（简称萨帕）和辽宁忠旺集团有限公司（简称忠旺）一般为该类产品的用户。该行业项目大多采用总包—分包项目制，因此每个项目的执行过程中，均需涉及企业内部以及企业团队之间大量且频繁的合作。然而，根据之前对中国重型院以及二重的调研发现，在复杂重型装备项目运行中，各参与主体之间以及参与主体内部团队间普遍协同效应低下，项目规模大、制造过程复杂、交互效率低下等导致协同难度大，难以实现高效率生产制造。因此，复杂重型装备行业，亟须通过网络化协同机制提高不同层级间的协同效应，提高整个行业的服务价值。如图12-11所示，网络协同机制指的是复杂重型装备网络协同制造平台下，利用智能化信息技术，如云计算、物联网、大数据、工业互联网等，实现复杂重型装备项目效率提升和效益最大化的工作方式的总和。为此，本节提出了以信息交互、业务关联和多维度协同为主的网络协同化机制。

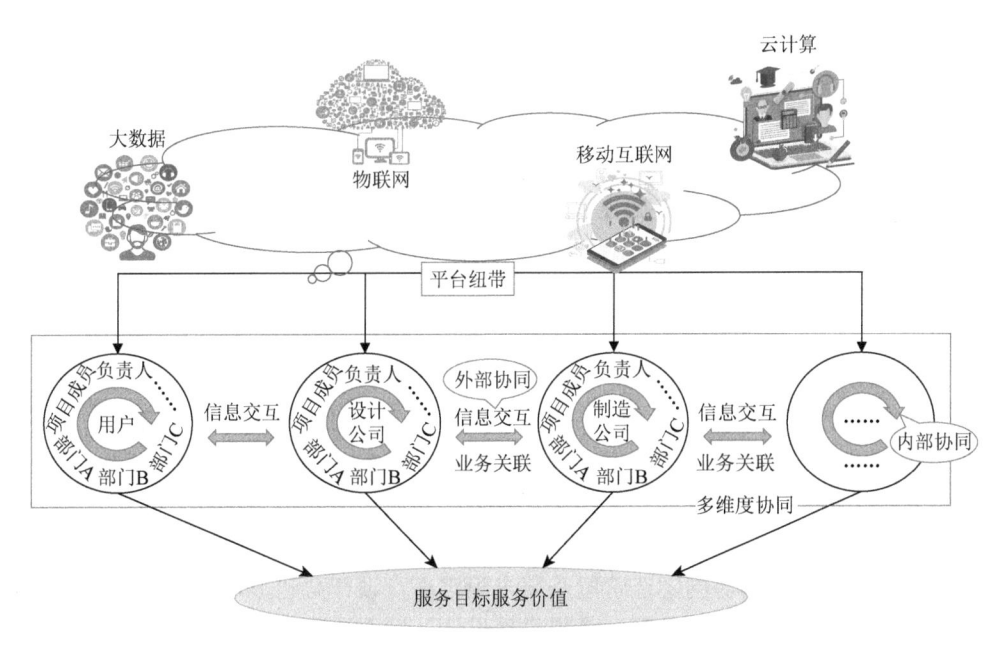

图 12-11 网络协同机制

1. 信息交互

现有复杂重型装备行业，各企业间信息资源是相互独立的，如设计商和制造商之间存在数据壁垒，这造就了大量的"数据孤岛"现象。在大数据环境下，各企业间拥有的资源、服务数据与需求信息之间存在着很强的关联性，必须将这些分散的、不规则的数据信息彼此交互，构建数据网络，打破各企业间的数据壁垒，才能及时发现市场需求，为企业用户提供更智能的服务，提升整个行业的制造水平。

2. 业务关联

复杂重型装备生产制造业务过程中，不同企业间的业务关联性较强。例如，当设计图纸发生变更时，需要由制造服务商同时变更制造方案。这要求利用平台和信息化技术将复杂重型装备项目过程中的各业务场景进行关联，以便在发生业务变更时，由平台对关联业务发出提醒，以实现各业务之间的无缝对接。

3. 多维度协同

复杂重型装备的网络化协同服务涉及多个维度，首先是外部协同，主要体现在装备用户、EPC、设计服务商、制造服务商、装配服务商、服务平台在内的不同参与主体之间的协同；其次是内部协同，表现在各个参与主体内部各小组之间的协同。网络协同平台下，需要实现由外至内，由线下至线上的全方位多维度协同机制，全方位实现网络协同一体化。

12.4.3 协同服务模式及特点

基于概括的网络协同机制，按产品全生命周期来看，复杂重型装备协同制造平台应具备提供复杂重型装备产品在需求交互、设计、制造、售后的各个阶段协同服务的能力。通过调研分析，基于平台的协同服务内容如图12-12所示。

需求交互过程是重型装备产品需求确定的一个重要阶段，该阶段的服务主要以提供便利的需求确定方法为主，包括提供基于数据驱动的客户需求调查服务，为市场研究做准备；提供远程软件交互服务，为需求交互提供便利，缩短交互时间；产品定制与生产组合推荐服务，为用户需求确定提供有利依据。

协同研发设计与协同制造阶段是需求确定后，设计总包方与制造方重点承担任务的阶段，该阶段的服务重点是提供使设计、制造更便捷，能够协同统筹多合作方共同执行任务的服务。这两个阶段平台所应具备的协同服务应包括人机协同服务、协同设计服务、资源匹配服务、供应商远程监控服务、面向用户支持工程师的知识服务、对任务分解指派的推荐服务等。

产品制造完成后，交付阶段的运维服务是全生命周期过程中用户最重视的服务阶段。这一阶段，除了智能化物流配送以及模块组合装配等，用户最需要的是平台能够帮助其实现远程诊断和维修，例如，基于机器视觉、人工智能等进行故障检测，基于装备运行进行健康状态评估，基于数据驱动进行备品备件，集成多主体的远程监测、可视化维修等服务，这些均是协同服务中不可或缺的部分。

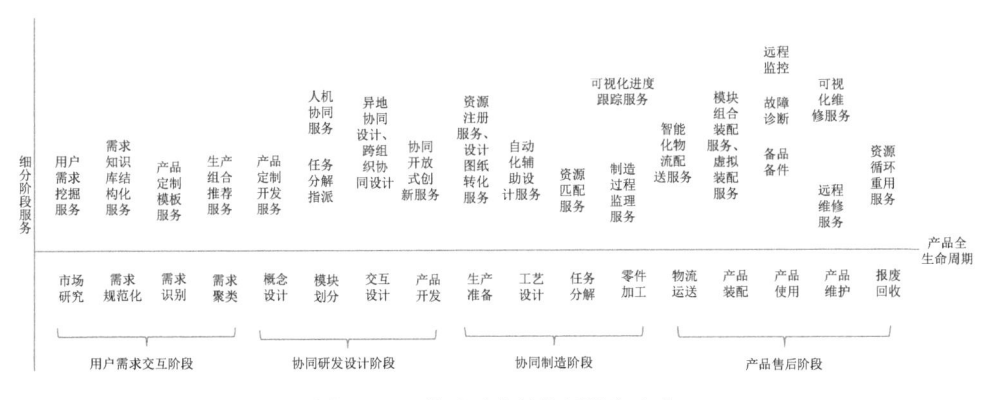

图 12-12 基于平台的协同服务内容

基于上述协同服务内容，提出了需求驱动的复杂重型装备网络协同服务模式，如图 12-13 所示。该模式基于复杂重型装备产品生产制造全生命周期，以各主体潜在需求建立服务模式，利用平台实现复杂重型装备生产制造中的全方位协同，以提升重型装备行业的智能化服务化水平，提高效率。

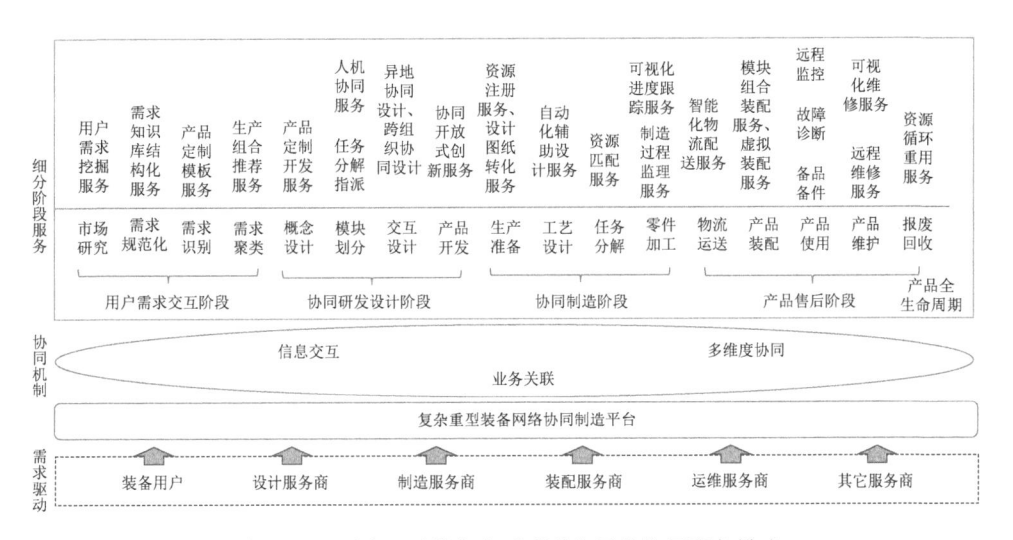

图 12-13 需求驱动的复杂重型装备网络协同服务模式

需求驱动的复杂重型装备网络协同服务模式是以复杂重型装备平台用户需求为驱动，借助智能化信息技术、平台和云，构建多合作方共同参与的，覆盖产品全生命周期的复杂重型装备行业提供服务和被服务的方案模式。需求驱动意味着从平台所有用户的显性或隐性角度出发，针对用户需求定制化生产产品或提供服务。需求驱动关注隐藏的、强烈的需求，关注先进用户的价值，是商业竞争的关键点。

该服务模式基于复杂重型装备网络协同制造平台，包含多主体需求驱动机制、协同服务机制以及基于产品全生命周期的复杂重型装备网络协同服务。从传统服务模式向基于平台的网络协同服务模式的转变如图12-14所示。

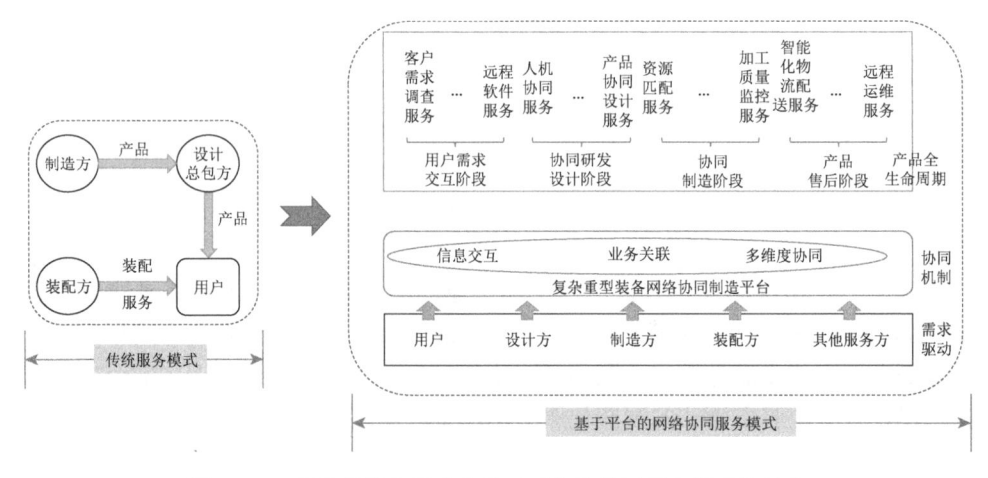

图12-14 从传统服务模式向基于平台的协同服务模式的转变

服务模式的转变也将带来复杂重型装备行业新的转型升级，从而更好地满足社会对该行业的要求。总的来看，基于平台的协同服务模式主要具备以下特点。

1. 多主体需求驱动

传统服务模式是基于客户订单进行的项目制服务，新服务模式不仅仅基于客户订单，还以项目过程中所有参与主体需求为驱动，服务的对象也不仅仅是终端用户，还包括所有参与方。多主体需求驱动能够保证在市场和用户需求发生变化时，服务也发生改变。

2. 服务类型多样化

传统服务模式仅提供产品服务或装配服务，服务类型单一，新服务模式借鉴新兴技术，能够提供覆盖全生命周期的所有服务，更好地满足用户的需求。

3. 协同性

新服务模式下，各主体之间、各主体内部各部门之间均可以利用平台进行信息交互和业务关联，这样使得业务过程中的任何变化都可以快速传递至平台的相关业务中，并快速得到反馈。该模式保证了对业务过程中的任何改变及时敏捷地做出响应。

4. 动态性

随着复杂重型装备行业自身智能化信息化水平的提高，装备全生命周期中各环节的数据提取能力和知识融合能力同样将变得更加强大，在不断变化的需求驱动下，该服务模式也将更新迭代，因此本节提出的服务模式是一个开放的、能够与时俱进的动态变化的服务模式。

总之，该服务模式把需求、新技术、知识等融合起来，为产品全生命周期中各个环节上下游企业提供了新的服务思路和手段，也将有助于解决传统复杂重型装备制造企业转型升级社会问题，推动中国基础装备建设高质量发展。

12.4.4 基于微服务的平台服务架构体系

首先，将服务模块化，打破标准化界面分工的局限性，更利于形成、整合模块化价值网络[25]。结合 SOA 体系架构与需求分析结果，以用户为中心的服务功能模块被构建，包括用户中心、供应服务中心、协同研发、协同制造、协同装配、协同管理、通信平台等服务功能模块，如图 12-15 所示。

用户中心是面向终端用户的服务功能模块，包含用户管理、信息管理、售后服务、访问统计等。用户管理包括用户注册、用户登录、信息设置等模块，平台根据用户的操作和信息情况对用户进行分级，不同类型、不同级别的用户具有不同的操作权限；信息管理向客户提供浏览信息、咨询信息和查询信息等服务；售后服务包括维修、远程、质保等服务；访问统计用于记录所有点击、浏览不同企业的产品、技术、平台服务等页面的用户访问次数、访问时间、用户地域和行业等信息，依此进行统计分析。

供应服务中心是面对上游供应商的服务模块，包括制造前的生产准备、资源注册、制造中的进度信息追踪以及制造后的物流配送服务等。

协同研发、协同制造、协同装配、协同管理均为面向制造商的以业务流程为驱动的服务功能模块，其中，协同研发模块包含交互设计、知识产权管理等；协同制造包含进度协同、可视化服务等；协同装配包含协同安装、交付调试等；协同管理提供对资源数据的定位和检索服务。

通信平台主要为各类平台使用者间的协同交流提供工具，如复杂重型装备论坛或社区等。

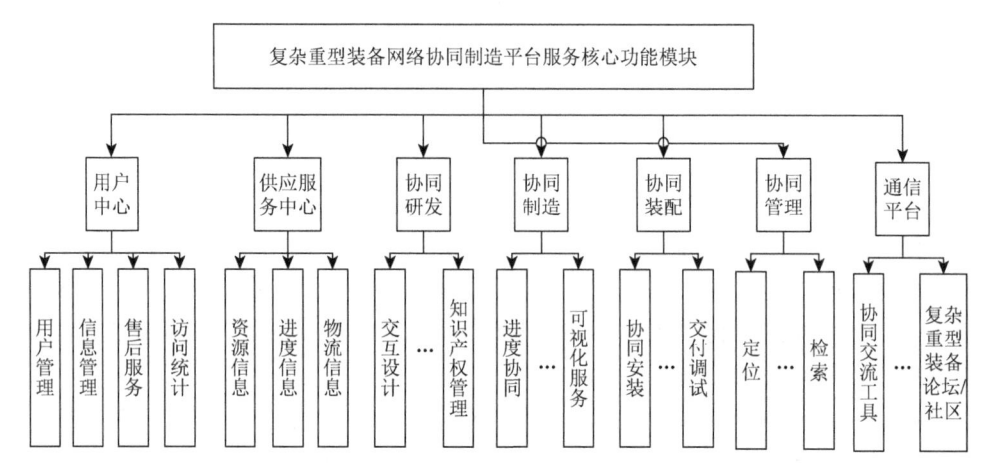

图 12-15　复杂重型装备网络协同服务核心功能模块

服务功能模块的实现需要依赖服务架构的搭建。随着信息技术和服务规模的增长，服务架构的发展经历了从单体架构向垂直架构，再从垂直架构向 SOA 架构[26]，从 SOA 架构向微服务架构[27]的升级。其中，单体架构功能集中在单项目中，开发难度大，不容易扩展和运维。垂直架构虽然对系统进行了划分，但数据冗余程度高，数据较难同步。SOA 架构是服务架构的升级的一大转折点。它能够组建面向服务的网络功能，并按照需求将不同功能服务单元进行拆分，通过接口协议联系，以实现对粗粒度、松耦合服务组件进行分布式部署、组合和使用，保证系统中的各类服务以一种通用的并且统一的方式进行交互，保证系统能够更从容地面对业务的急剧变化。但其缺点也很明显，拆分的项目粒度大，且资源间共享力度大。微服务架构是 SOA 架构的一个变体，它们之间的主要区别是微服务体系下，服务更细粒度，服务可以彼此独立运行，各服务有独立的数据存储，服务资源共享少；微服务基于 API（application programming interface，应用程序接口）网关，SOA 以 ESB（enterprise service bus，企业服务总线）作为服务间的媒介；微服务基于单一性原则，而 SOA 基于通用的数据治理标准[28]。因此，相比 SOA 架构而言，微服务架构更轻便、更易治理、更细粒度。

基于上面提出的以用户为中心的核心服务功能模块，并结合微服务架构概念与特征，本节提出基于微服务的复杂重型装备网络协同服务平台的逻辑架构，如图 12-16 所示。该平台采用服务端/浏览器开发模式，分为用户接口层、业务服务层、数据访问层和数据存储层。

第12章 基于平台的复杂重型装备网络协同服务模式

用户接口层主要提供用户与系统的交互功能，提供系统相关视图。用户可以通过服务器端或网页端接入平台，这里的用户包括平台后台方、装备用户、各类服务提供商等。

业务服务层主要包含实现平台各类服务的主体功能。一般用户接入平台，发起请求，请求被发送至网关微服务，并通过路由转发到各微服务模块下。其中，资源管理微服务主要管理用户信息、设备资源、服务资源等。平台管理微服务除管理不同角色授权、平台界面、菜单、服务等，还需要管理系统安全。项目管理微服务针对项目流程提供各环节的服务与协同管理功能。通信微服务提供相关远程通信技术与工具，并提供用户交互平台。

数据访问层主要实现数据的读写功能。业务服务层的数据只有经过数据访问层的处理才能对各类数据进行操作。

数据存储层主要用于存储各类数据，且针对各微服务单独存储数据。

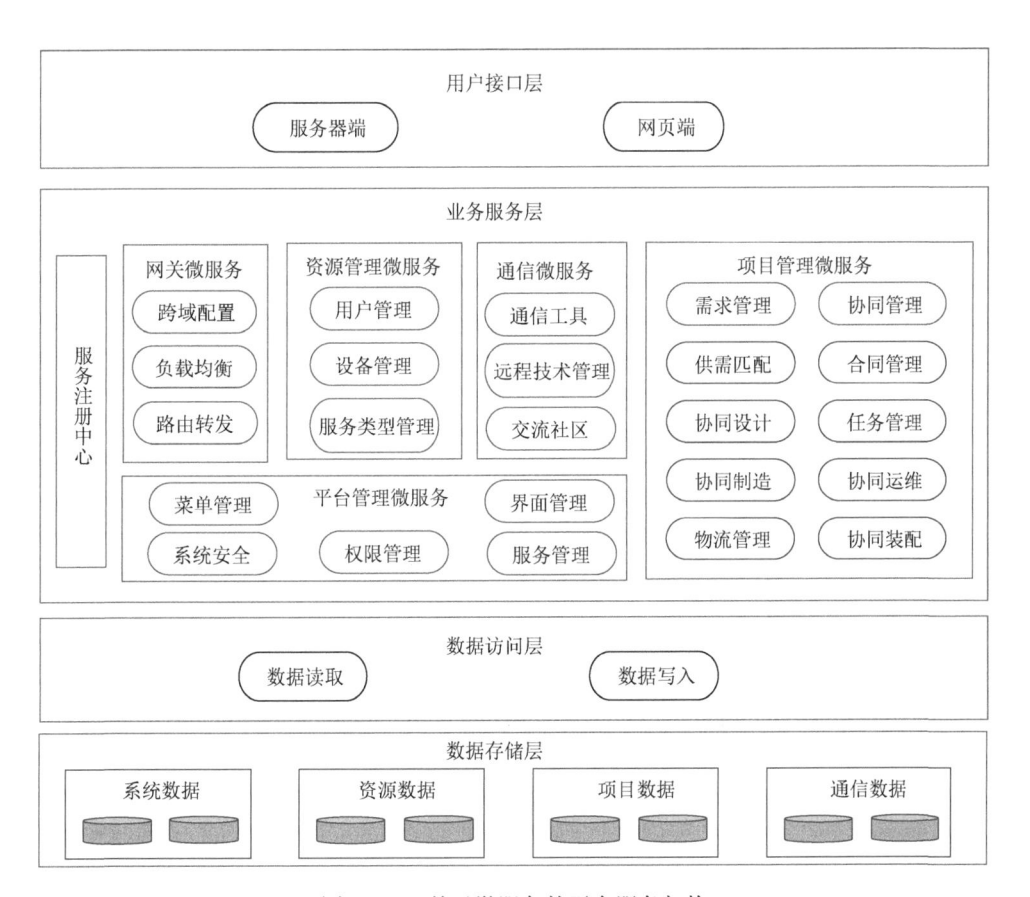

图 12-16 基于微服务的平台服务架构

12.5 本章小结

本章主要研究了基于复杂重型装备网络协同平台的协同服务模式。本章从复杂重型装备行业调研分析开始，探讨了行业中用户非结构化需求的交互过程，分析了平台多主体需求的非结构化。为此，针对终端用户需求进行分析，并利用需求知识库的方法对定制化需求进行识别，利用层次聚类方法对设备需求进行聚类，以便任务划分和服务商推荐。另外，针对平台其他用户，引入 Web 信息源数据，并利用在线评论的文本挖掘方法挖掘用户关键服务需求，以持续优化改进平台服务效应。最后，基于多主体需求，提出了以信息交互、业务关联、多维度协同为主的网络协同机制，以及覆盖行业全生命周期的网络协同服务模式，构建了基于微服务的平台服务架构。

参 考 文 献

[1] 关杰，王红涛，冯连强. 复杂重型装备个性化定制网络协同发展模式探讨[J]. 重型机械，2020（3）：1-5.

[2] 吴清烈，郭昱. 面向大规模定制的非结构个性化客户需求结构化处理研究[J]. 电信科学，2013，29（12）：9-15.

[3] 杨珍，耿秀丽. 基于 FCM 与关联规则挖掘的产品服务系统规划分析[J]. 软件导刊，2017，16（11）：137-140.

[4] 苏少辉，刘桂英，陈昌，等. 面向大批量定制的客户需求聚类分析及优化[J]. 杭州电子科技大学学报（自然科学版），2018，38（4）：75-81.

[5] 巫兆聪，项伟，李俊，等. 基于满足度评估的遥感应用需求聚类算法[J]. 应用科学学报，2018，36（4）：635-643.

[6] 王长琼，邱杰，曹乜蜻，等. 基于谱聚类算法的城市快递客户聚类研究[J]. 武汉理工大学学报（信息与管理工程版），2018，40（5）：566-570.

[7] 程贤福，朱进，周尔民. 基于联合分析和模糊聚类的产品族客户需求模型研究[J]. 工程设计学报，2017，24（1）：8-17.

[8] 林园园，战洪飞，余军合，等. 数据驱动的产品概念设计知识服务模型构建[J]. 计算机工程与应用，2018，54（16）：211-219.

[9] 耿秀丽，樊志娟. 基于加权网络的客户需求聚类方法[J]. 计算机应用研究，2020，37（10）：2941-2944.

[10] 李学群. 重型装备制造业推进 ERP 生产应用的研究[J]. 低碳世界，2018（7）：355-356.

[11] 李玉博. 基于文本数据挖掘技术的用户需求分析研究[D]. 哈尔滨：哈尔滨工程大学，2017.

[12] 金笑. 基于在线评论的顾客关键需求识别研究[D]. 徐州：中国矿业大学，2021.

[13] VENUGOPALAN M，GUPTA D. An enhanced guided LDA model augmented with BERT based semantic strength for aspect term extraction in sentiment analysis[J]. Knowledge-Based Systems，2022，246：108668.

[14] GUO Y，WANG F，XING C，et al. Mining multi-brand characteristics from online reviews for competitive analysis：A brand joint model using latent Dirichlet allocation[J]. Electronic Commerce Research and Applications，2022，53：101141.

[15] PANDEY A，SAHU R，JOSHI Y. Kano model application in the tourism industry：A systematic literature review[J]. Journal of Quality Assurance in Hospitality & Tourism，2022，23（1）：1-31.

[16] 林风霞, 刘仁庆. 中国制造业服务化的模式选择与对策研究[J]. 中州学刊, 2017（11）：31-36.
[17] 任杉, 张映锋, 黄彬彬. 生命周期大数据驱动的复杂产品智能制造服务新模式研究[J]. 机械工程学报, 2018, 54（22）：194-203.
[18] 李天柱, 刘小琴, 李潇潇. VCC 视角下的制造业服务化模式及其演进[J]. 科研管理, 2020, 41（9）：230-237.
[19] 中国智能城市建设与推进战略研究项目组. 中国智能制造与设计发展战略研究[M]. 杭州：浙江大学出版社, 2016：197-226.
[20] 李仁旺, 肖人彬. 数字孪生驱动的大数据制造服务模式[J]. 科技导报, 2020, 38（14）：116-125.
[21] 李伯虎, 张霖, 王时龙, 等. 云制造—面向服务的网络化制造新模式[J]. 计算机集成制造系统, 2010, 16（1）：1-7.
[22] 张霖, 罗永亮, 范文慧, 等. 云制造及相关先进制造模式分析[J]. 计算机集成制造系统, 2011,17(3)：458-468.
[23] 李伯虎, 张霖, 任磊, 等. 再论云制造[J]. 计算机集成制造系统, 2011, 17（3）：449-457.
[24] 刘永奎, 王力翚, 王曦, 等. 云制造再探讨[J]. 中国机械工程, 2018, 29（18）：2226-2237.
[25] 余长春, 赵晓宁, 刑小明. 服务模块化与制造模块化的差异性解析[J]. 江西财经大学学报, 2016（6）.
[26] 王芳. 基于 SOA 的网络信息共享平台设计[J]. 信息与计算机（理论版）, 2022, 34（2）：186-188.
[27] 江郑, 王俊丽, 曹芮浩, 等. 一种基于微服务架构的服务划分方法[J]. 计算机科学, 2021, 48（12）：17-23.
[28] 王红春, 刘红云. 装配式建筑供应链协同定价研究—基于 BIM-RFID 信息共享平台[J]. 建筑经济, 2020, 41（9）：54-59.

第13章　复杂重型装备网络协同服务中的价值发现

本章从价值发现的角度，分析重型装备行业存在的价值点，基于 SCP 范式逆向分析重型装备行业，发现行业增值价值点，并在平台设计相关增值服务项，提出基于平台的服务价值链，提升行业价值。最后，对平台增值服务业务进行系统动力学仿真，发现影响增值服务业务的主要影响因素，并探讨合适的平台管理策略。

13.1　基于 SCP 的平台价值发现

本节基于网络协同制造平台，从服务增值的角度，利用 SCP 范式，对复杂重型装备协同设计/制造过程中的价值发现进行研究。即基于对 SCP 范式的逆向解读，首先利用价值发现方法，发现复杂重型设备项目设计/制造过程中新的价值点和服务需求；其次，从行动的角度了解制造企业服务化拓展障碍，识别各参与方服务范围；最后，基于平台的角度，分析平台构建对实现复杂重型装备的服务化转型升级助力作用，实现复杂重型装备的服务化转型升级。

13.1.1　SCP 范式与价值发现

SCP 模型[1]是由美国哈佛大学产业经济学权威乔·贝恩（Joe S.Bain）、谢勒（Scherer）等于 20 世纪 30 年代建立的。该模型提供了一个产业分析框架，该框架既能深入具体环节，又有系统逻辑体系，包含市场结构、市场行为、市场绩效三部分。SCP 范式的基本内涵是，市场结构决定企业在市场中的行为，企业行为又决定市场运行在各个方面的经济绩效。

价值是感知到的利益，有效性（有用）和某物（某事）的重要性。价值发现，也称为"逆向投资"，是通过一系列目的或手段挖掘出现阶段市场价格所没有充分或完全反映出的潜在的和未知的，并且在未来某一时期可以为市场所认可的价值，包括发掘用户新效用点、新用户需求点等。价值发现在复杂重型装备网络协同制造平台中，一方面可以借助平台与客户高频深入交流获取价值，另一方面可以基于对设备运行与维护过程中的数据进行挖掘，获取企业需要，发现新的价值。本书就是希望通过构建复杂重型装备网络协同平台来找出目前复杂重型装备在设计/制造等过程中未实现的但在平台的帮助下能实现的价值,即功能和服务,以实现服务增值。

本节基于 SCP 范式来实现对复杂重型装备在设计/制造过程中的价值发现,如图 13-1 所示,通过对 SCP 范式的逆向解读,首先通过价值发现模型,即通过识别复杂重型装备项目中各参与方服务资源来建立需求与服务资源之间的映射关系,并通过该映射来发现潜在价值,发现在现有的复杂重型装备行业中亟须实现的绩效目标;其次,从行为的角度出发,分析为实现绩效目标而应采取的行动以及在实现服务化转型升级中存在的障碍;最后,从结构的角度,分析设计的复杂重型装备网络协同制造平台对实现价值发现的积极作用,如何助力行业发展。简单来说,基于对 SCP 范式的逆向解读,从想要实现的需求绩效角度出发,进一步分析实现价值发现所存在的相关障碍,再思考如何利用平台结构来实现价值发现。

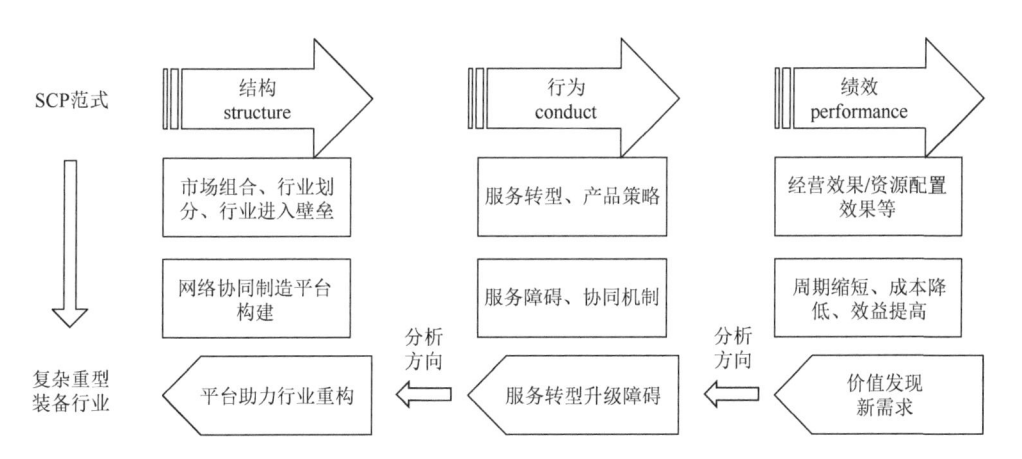

图 13-1 SCP 范式在复杂重型装备行业的应用

13.1.2 价值发现新需求

价值发现需要先人一步发现新的对象或新的需求,需要各主体之间进行关联,需要有目的地寻找和实现。对于复杂重型装备来说,其设计/制造过程中的价值发现也就是通过种种方法挖掘出其潜在的和未知的但未来可能实现并被认可的价值,并寻找可以实现这些需求的手段和方法。为此,如图 13-2 所示,从绩效与资源的角度,复杂重型装备协同服务价值发现模型被构建,共包含三种方法。

1. 从需求和现有资源的评判认识中发现价值

建立需求价值与资源之间的映射关系,通过自下而上或自上而下两个层面获取价值。这里涉及两个基本过程:一是寻找需求和难题;二是发现拥有的资源和

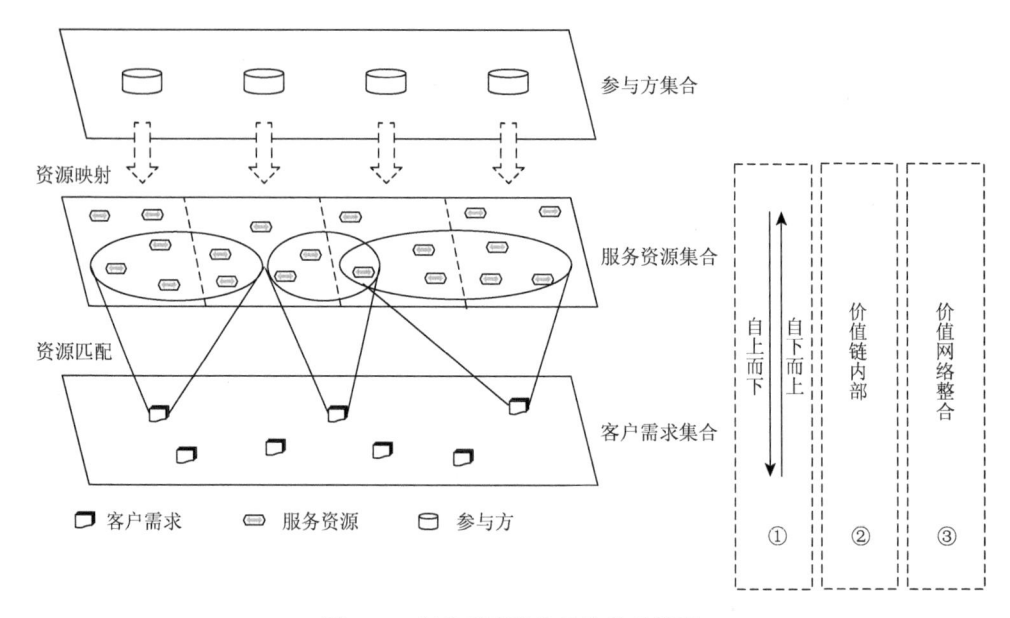

图 13-2 复杂重型装备价值发现模型

方法。自下而上的方法即通过没有被满足的顾客需求来找寻价值。研究复杂重型装备的顾客群体及其行为特征，在顾客消费行为过程中发现其工作和生活中的难题以及没有被满足的需求和欲望。然后，跳出企业原有产品和服务的概念禁锢，首先找出解决这些难题和需求的手段，再将这种解决方法设计整合成产品和服务。自上而下的方法即针对企业拥有的某种资源，寻找利用这种资源可以实现的某种效用，再寻求特定主体的需求和难题。

由自下而上的方法来发现价值首先要找寻顾客没有被满足的需求和难题，通过调研以及前面章节对复杂重型装备用户需求的分析，发现目前存在的顾客需求难题包括过长的订单交货期、难以把握的可视化进度管理以及复杂的装备故障维修过程。因为装备的复杂性以及过长的产品生命周期管理过程，这些需求点难以实现改进。从自上而下的角度分析，不同企业拥有的数据资源都是独特的，因为市场竞争或企业网络安全等，企业间的数据资源是不流通的，所以用户端的某些数据无法在企业间进行共享，也就难以实现对复杂重型装备的实时状态监控以及故障预警功能。

2. 从价值链内部的相互关系中发现价值

目前，从现有的价值链内部的相互关系中发现价值，挖掘有用的价值，是发现潜在价值的主要途径之一。这就需要从现有的价值链中寻找价值块、价值点、价值拥堵、价值瓶颈、价值孤岛等，寻找不协调、不顺畅、不方便等现象，如价值链中的薄弱环节、顾客的低价格需求与过长的价值链、供需方的价值观差异等，都是价值发现的领域。从复杂重型装备的设计制造过程出发，结合实地调研结果，分析复杂重型装备设计制造过程中的薄弱环节，实现价值发现过程。例如，设计制造中的人为任务分解是设计制造的不顺畅环节，设计制造进度缓慢周期长是另一处价值瓶颈，对此，模块化设计和进度优化是我们追求的价值突破。总的来说，从价值链角度，如何提升企业利润，即如何缩短项目周期、降低成本、优化进程为价值需求。

3. 从价值网络整合中发现价值

价值发现的过程不能仅限于价值链内部，还可从价值网络的整合过程，从跨链角度进行价值延伸。每个参与方都是价值网络的一个节点，也是多个价值链的节点。复杂重型装备协同服务中的价值发现不应该死守传统的价值链，而应该进一步扩大关系视野，通过对多个价值链的捆绑和嫁接，发现新的价值及其实现方法。复杂重型装备网络平台的构建就是为价值网络整合提供了可用的途径，在整合的过程中，挖掘多价值链捆绑下可实现的新的价值服务，如价值网中数据互通有助于实现联合决策、进度追踪、可视化、故障预警、远程运维等众多功能，是另一个价值突破点。总的来说，从价值网络角度，如何提升整个行业的价值，提升行业复杂重型装备的高水平生产是价值需求点，如提高售后服务水平、提高运维故障诊断能力、项目进程优化与质量把控等是价值需求点，亦是各方需求点。

13.1.3 服务转型升级障碍

前面建立了顾客需求与服务资源之间的映射框架，并从自下而上又自上而下地分析了复杂重型装备生产制造中还存在的价值需求点，还提出了从价值链内部与价值网络整合中寻找价值的方法。接下来将针对发现的价值点、价值实现过程中的障碍以及服务转型障碍，为平台搭建提供基础。

1. 设计/制造过程中价值实现障碍分析

对以上功能需求进行分析，找寻各目标难以实现的原因，其中模块化设计难点在于复杂重型装备非标程度高，目前分工设计大多依靠人工分配；周期缩短、进程优化难以实现不仅在于各项任务实施速度慢而且各企业间交互过程较为复杂易导致协调进度慢；进度追踪、定期反馈的实现一方面受到企业信息保密性的制约，另一方面受到现有的技术设备限制；故障诊断、远程服务同样如此，各企业间受到距离、技术限制，且能代表设备实时状态的数据不流通，无法针对装备进行故障预警和远程服务操作。

2. 服务化转型障碍

复杂重型装备企业服务化转型升级的障碍较多。一方面，企业并未从对服务的投资中获取预想利润和收益的"服务悖论"现象阻碍了企业以服务为导向的转变；另一方面，复杂重型装备企业属于典型的制造行业，主要是以产品为导向的，服务转型升级拓展不仅需要进行战略变革，还要对流程、组织、观念、人力资源、文化特征进行变革，这容易使习惯了传统模式的组织、部门以及员工等感受到变革的压力和挑战，对转型升级实现有极大的阻碍。

13.1.4 平台助力行业重构

前面分别从 P（performance）和 C（conduct）的角度分析了复杂重型装备网络协同服务想要实现的价值，以及在实现过程中存在的障碍问题，接下来将从 S（structure）的角度分析复杂重型装备网络协同平台对价值实现的助力作用。

复杂重型装备网络协同平台旨在构建一个以客户为中心，包含研发、制造、管理和服务的一体化服务平台，终端客户可以在平台进行注册，浏览平台给出的复杂重型装备信息，并在平台上根据自身企业需求签订复杂重型装备订单。平台集设计研发、制造、管理和服务于一体，因此客户可以轻松地实现与各个参与合作方的实时交流与交互，随时跟踪订单信息。

复杂重型装备网络协同平台将复杂重型装备的各参与方集中到一起，通过建立不同关键技术的数据库服务，建立数据空间及协同制造综合数据链支撑平台等，实现产品设计/制造/运维业务的一体化协同管理，基于数据库对产品设计制造进行详细分析决策，有助于模块化设计生产。同时平台利用的人机交互以及相应的客户需求识别聚类机制可以减少交互复杂性，从而有助于缩短项目周期，优化项目进程。

复杂重型装备网络协同平台可以直接建立关于订单的数据信息，并实现随时跟踪，各类可视化的网络

视图软件也有助于建立可视化的动态监控模型。复杂重型装备网络协同平台支持基于订单的各类数据联通共享模式，用户既可以通过平台对装备进行监控及实时关注产品运行状态，又可轻松实现故障预警以及设备维修服务，独立的服务方更有助于实现后续运维等服务工作。

复杂重型装备网络协同平台以用户为中心，以数据为驱动进行协同运营管理，以需求为驱动进行协同服务，平台支持其以服务为导向而非以产品为导向的战略模式，通过数据互通、柔性制造、数字孪生、人机交互、复杂系统及大数据分析等可以实现众多在传统复杂重型装备制造中无法实现的功能与服务，有助于完成复杂重型装备网络协同服务转型升级与价值实现。

总体而言，基于 SCP 逆向分析方法，首先对绩效价值点进行分析，发现缩短项目周期、降低成本、优化进程等是复杂重型装备行业亟须改善的价值点；其次，对行业行为障碍进行分析，发现绩效难以突破是因为交互复杂、协调进度慢、存在信息孤岛现状、存在距离与技术限制；最后，从结构进行分析，设计包含相关技术与应用的复杂重型装备网络协同制造平台，并通过设计几类增值服务来达到价值提升的目的。

13.2　平台服务价值链

13.2.1　基于平台的价值增值服务设计

基于 13.1 节的分析，本节提出了几项平台设计过程中需要包含的增值服务，以提升项目价值。根据相关需求，针对设备用户，平台需要提供用户需求智能化识别匹配服务、远程运维服务；针对设计 EPC 总包方，平台需要提供异地跨组织协同设计服务、制造过程监理服务；针对制造服务商，平台需要提供设计制造模型转化服务；针对运维服务商，平台需提供知识图谱运维信息推送服务等。除此之外，平台还应具备项目进度管理、合同管理、文件版本管理、数据信息安全管理服务等基本服务。在此，按照产品生命周期维度，介绍平台中包含的几项关键增值服务。

1. 用户需求智能化识别匹配增值服务

在之前的章节曾经提到，复杂重型装备属于小批量完全定制化产品，因为其装备结构复杂，设备大、重，设备需求方在找到对应的服务商定制产品时，往往只能从其功能描述所需设备，无法具体、标准化给出设备精准信息，因此需要不断与服务商交互，在交互的过程中不断学习、了解、明确设备需求。毫无疑问，这个过程是漫长的，往往需要几个月的时间和服务商达成一致，严重影响了项目工期进度。因此，平台针对这一难点，提供用户需求智能化识别匹配增值服务。

在复杂重型装备网络协同制造平台中，构建了基于各类设备的需求知识库。设备需求方注册登录平台后，可以在需求大厅内浏览相关机械设备，了解相关机械设备知识信息，并基于了解信息提出设备需求。需要注意的是，这里提出的设备需求不是纯文本的形式。为了更好地贴合设备需求方现状，平台基于需求知识库开发了不同类别的设备需求规范化表单，设备需求方可以在需求大厅内基于该规范化文本输入所需设备类型、相关功能参数以及特殊需求。对于表单未包含的信息，需求方也能够提供说明文本，供平台识别与匹配。在需求方提交相关需求后，平台基于各企业历史订单数据，通过聚类，找到与需求信息近似的订单信息，可供需求方查阅历史订单，并为用户推荐可完成订单的相关企业，提供咨询接口以完成匹配过程。图 13-3 是平台需求大厅界面，用户可用过该界面进行需求查阅和需求发布，图 13-4 是平台需求分类表，图 13-5 是平台需求模板列表，图 13-6 为挤压机需求表单填写模板。

图 13-3　平台需求大厅界面

资料来源：中国重型机械研究院

图 13-4　平台需求分类表

资料来源：中国重型机械研究院

图 13-5　平台需求模板列表

资料来源：中国重型机械研究院

图 13-6　挤压机需求表单填写模板

资料来源：中国重型机械研究院

需求知识库与需求规范化表单的建立能够节省用户了解相关知识的时间，减少需求交互次数与过程，提高交互效率。因此，用户需求智能化识别匹配增值服务是提高项目效率，提升价值的手段之一。

2. 制造过程监理增值服务

在传统的项目执行过程中，设计方在完成图纸设计并经由用户审查通过后，会将设计图纸发往制造方，制造厂需将设计图纸转化为工艺图再进行生产，在生产过程中，设计方会派人在制造过程中进行监督，对质量进行把控，解决出现的一些可操作性问题并监督进度。这种情况下，设计方需要安排工人到制造企业长期出差，才能实现质量监管与进度把控。

在平台模式下，可以利用平台远程服务，制造方根据平台设置的项目节点，定期将相关验收进度资料上传至平台中，EPC方相关监理人员可以从平台查阅相关资料进展，了解项目进度信息并根据上传资料把控产品质量。通过该方式，可在一定程度上降低因不同企业间相隔较远而导致的人员出差所造成的时间和金钱浪费，从而降低监理成本。另外，在制造过程中，除了通过平台对制造现场进行照片、视频和设备文件采集以进行监理外，还可依据机器视觉技术对所采集的工件质量情况进行识别，以监控设备生产质量。如图13-7所示，EPC方可以在看板界面查阅项目进度状况、任务进展状态以及相关质检点情况，并到相应模块查阅相关质量监控文件。

图 13-7　制造过程项目看板界面

资料来源：中国重型机械研究院

3. 设计—制造协同模型转化增值服务

传统项目执行过程中，基于对知识产权的保护，设计制造过程之间的转化一般不涉及原始图纸，通常是将蓝图转化为PDF图纸，进行一些权限设置以保护知识产权。而且合同中提到的部件图、备件图，不会给工具、模具图等涉及核心设计的图纸。设计方所给的图纸模型与制造方工艺模型之间存在标准与数据上的较大差异，因此设计方给的图纸模型通常不能直接应用，需要进行转换，重新换成制造部门可以适应的工艺模型。另外，双方进行设计所采用的软件不同，导致一般的模型转换过程需要持续较长时间，通常为两周甚至一个月。因此，不同企业间的模型转化也是设计制造过程中的瓶颈之一，需要突破。

平台内置不同软件之间的接口以及不同单位间模型转化标准，可根据设计方提供的设计模型直接转换成制造方所需要的工艺模型，且平台所具备的知识保护机制也确保了模型信息无法丢失与传递，知识产权得以保护。该项服务能够大幅度降低设计与制造企业之间的交互时长，提高设计制造过程协同效率，缩短项目周期。

4. 知识图谱信息推送增值服务

复杂重型装备结构复杂，对于设备用户来说，他们所掌握的知识仅仅包含装备如何使用，如何利用装备进行生产，而装备的原理以及结构对他们而言如同黑匣子一般难以掌握。因此，设备一旦出现问题，即使是某些操作方面的小问题，用户都难以解决，进而造成停工，影响制造进度。对于运维服务人员而言，每个人所具备的知识是不一样的，所拥有的经验和信息也是不同的，新手往往知识匮乏，经验偏少，难以解决运维服务过程中出现的较大运维故障，从而容易影响制造进度。

因此，在复杂重型装备网络协同制造平台中，可以借助运维知识图谱满足运维过程中的知识查找与推送服务。在平台中构建如图 13-8 所示的运维知识图谱，并基于所构建的知识图谱底层知识创建运维知识图谱检索界面，如图 13-9 所示。

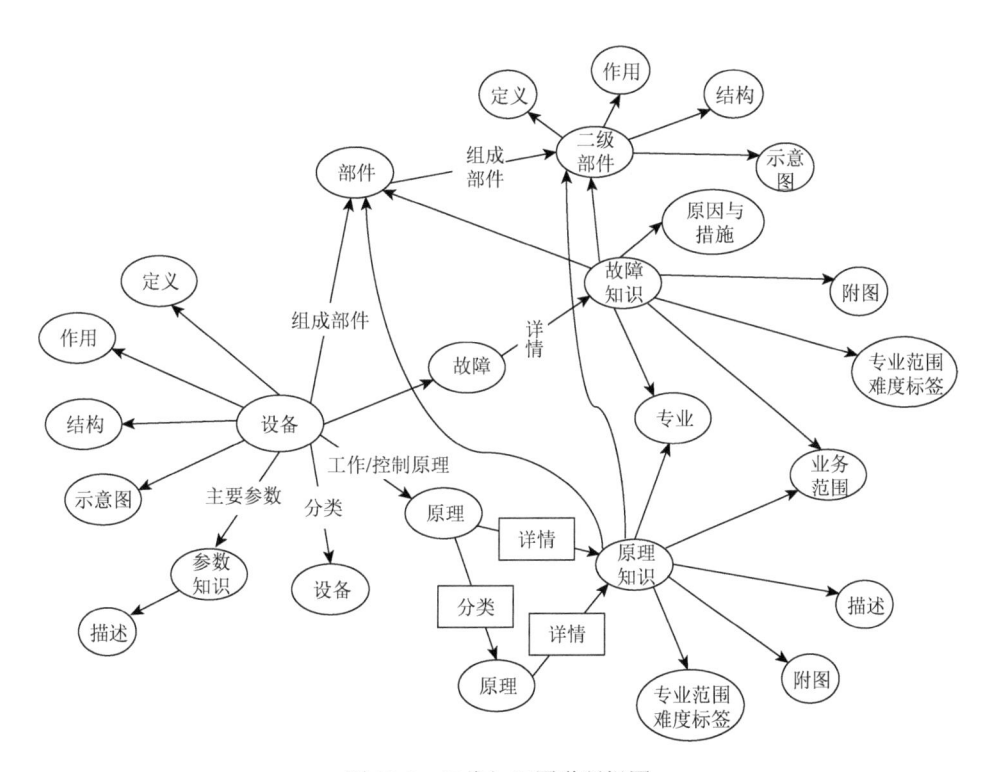

图 13-8 运维知识图谱逻辑图

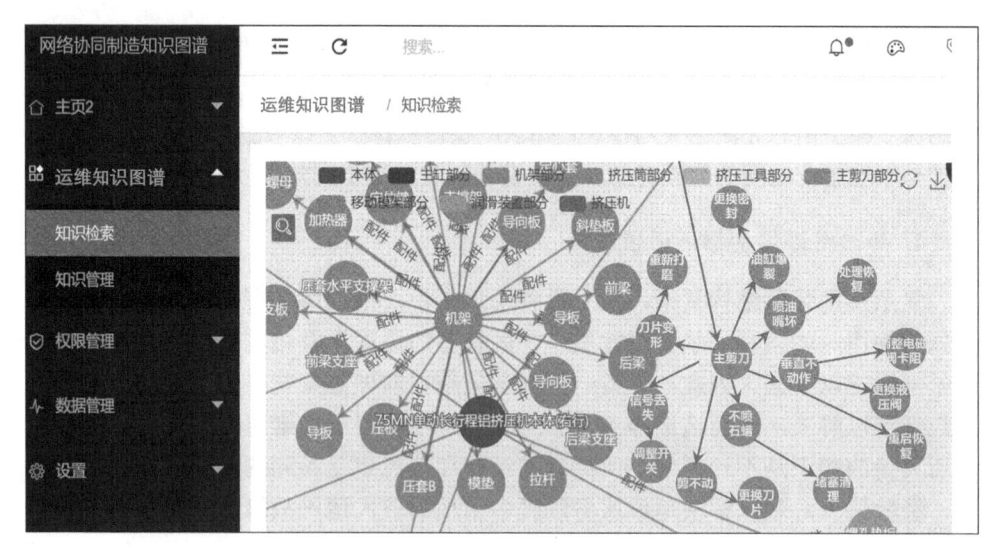

图13-9 运维知识图谱检索界面

资料来源：中国重型机械研究院

（1）面向设备用户的智能搜索：当设备出现停滞或轻微故障时，设备用户方可通过知识图谱搜索故障现象，得到相应精准的问题原因以及解决方案，并完成对设备的初检及预维修。即搜索设备及故障关键词，可根据知识图谱推送相关故障原因、措施、专业相关信息、相关示意图，帮助完成运维过程。

（2）面向维修员的智能搜索：对设备用户而言，维修设备人员对设备和设备常见故障均有一定程度的了解，对于相关术语、概念也相对较为熟悉，因而在搜索答案时，提出的问题能更加精准。智能搜索需要完成的，是根据关键字快速找出运维相关的答案，并根据贴合度对相关候选答案进行排序，同时展示与该问题答案知识相关度较高的其他知识信息。同时，知识信息答案可以通过知识网状关系展示，便于维修人员查阅并关注到与该知识相关的其他知识及属性，能够更加完整、直观地了解知识信息系统全貌，快速找出可复用的解决方案。

5. 远程运维增值服务

在设备使用过程中，传统模式下，当设备出现用户难以解决的故障时，往往需要找设计公司或制造公司解决。一般情况下，需要通过电话或视频指导用户方设备维修人员查找操作中出现的问题。当简单指导无法解决时，需要设计公司或制造公司派出专业人员到用户处现场解决。特殊情况下，还需要将某些设备返厂维修。这种模式下，运维过程往往费时费力，严重时会延误工期，对用户单位造成很大的成本损失。另外，当质保期结束后，用户方还可能寻求市面上某些第三方运维服务商提供运维服务。然而，运维服务开始前，运维服务商能力参差不齐，无法准确评估，且运维服务商众多，难以准确选择。

复杂重型装备网络协同制造平台汇聚了众多运维服务提供商，设计服务商、制造服务商和第三方运维服务商均可提供运维服务。如图13-10所示，用户可利用平台监控设备运维状况，如备品备件信息、故障信息、预警信息等。该平台化被动运维为主动运维，通过物联网设备可以自动检测设备运行状态，提前发起预警信息与备件需求提醒，如图13-11所示。简单故障下，用户可利用平台自助寻找故障以及运维信息；复杂故障下，用户可利用平台便捷选择联络运维服务商，运维服务商也可利用平台查看设备状态，给出运维方案，实现远程运维操作。

6. 基于机器视觉的产品质量检测服务

复杂重型装备网络协同平台可以利用机器视觉原理对产品进行测量，如采用高频频闪仪作为光照系统，通过CCD（charge coupled device，电荷耦合器件）摄像机进行图像采集，经过图像采集卡输入工业计算机进行处理，与正常的成品图片进行比对，根据结果将产品缺陷分级，控制机构相应做出"继续生产/降级/停机报废"的执行处理。进而实现在线检测、机器识别的自动化生产和智能化故障诊断。另外，还可以对经过机器视觉检测出来的缺陷产品进行分析，找到缺陷原因，并对设备进行维护和改善。

图 13-10 平台运维服务界面

资料来源：中国重型机械研究院

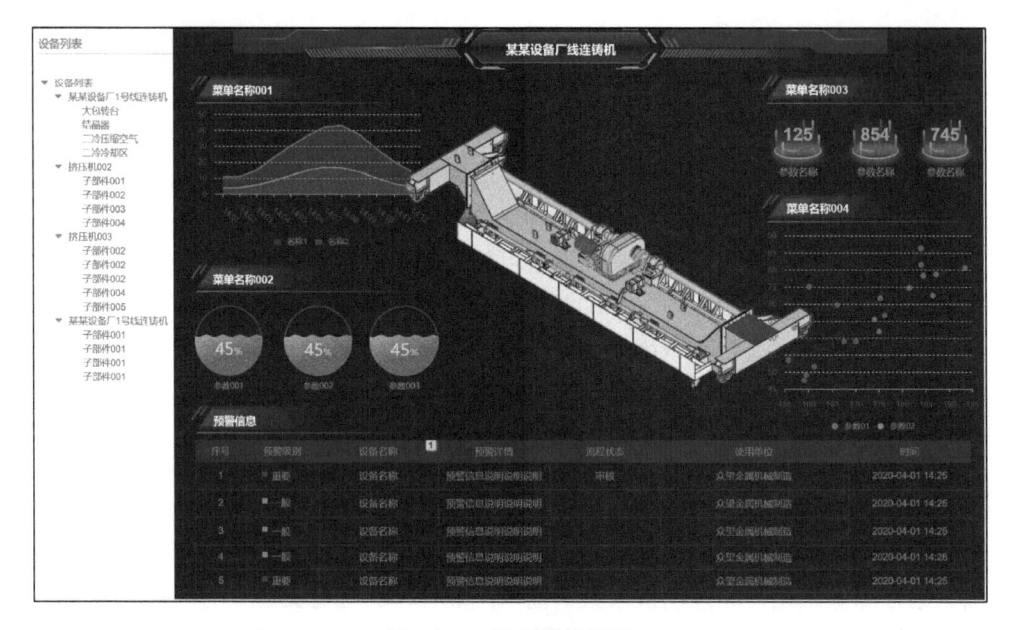

图 13-11　设备预警界面

资料来源：中国重型机械研究院

13.2.2　基于平台的复杂重型装备行业服务价值链

复杂重型装备行业中，传统项目运行模式下，各条服务价值链由核心企业 EPC 方构建和管控，共同为装备用户提供产品服务，实现服务价值链的价值增值。然而，在这个过程中，各条服务价值链之间是相互独立的，业务流、信息流之间不存在交互。这给行业的升级与价值增值带来了一定的阻碍。例如，服务价值链间的独立导致决策支持能力不足、大量数据资源闲置、服务链多链之间的连接亟待打通。

目前，核电装备价值链协同存在数据交互失信、质量管控失源和运行维护失控等问题。例如，核电装备具有典型的小批量多品种特点，其建设周期长，需要经历很长的论证和设计阶段，常常需要根据客户需求等设计要求进行相应更改，导致关键性能参数发生变化，而核电装备对于高安全、长役期和巨系统的要求较高[2]。因此，需要将来自不同设计、制造、施工和运维企业的装备数据进行统一表征与管理，将不同领域的数据对齐，实现装备数据和信息的一致性存储[3]。如何打通多链节点，挖掘数据不同服务价值链之间的资源潜力，提升行业业务支持决策能力已经成为实现价值链升级的一种重要途径。

在信息技术发展趋势下，基于云平台的网络化协同模式已经渐渐成为服务价

第 13 章 复杂重型装备网络协同服务中的价值发现

值链运营和管控的一种重要手段[4]。平台模式能够突破复杂重型装备制造行业中核心业务协同过程中的空间和时间限制，例如，制造服务商能够通过平台与地理分散的其他服务商进行业务服务的协同与信息数据的交互，从而提升对服务价值链的管控能力[5]。因此，依托第三方平台链接多条价值服务链是汇聚业务信息资源、集成数据和信息的一种重要途径。

相比传统模式，依托第三方云平台的网络化协同模式可以同时为多条服务价值链提供业务协同服务，具有更多的业务参与者和更强的资源汇聚能力。如图 13-12 所示，为基于复杂重型装备网络协同制造平台的多服务价值链系统，假设存在 A，B 两条服务价值链，平台同时为这两条服务价值链提供业务协同服务。各条服务价值链各自业务活动的信息流通过平台进行交互。例如，在服务价值链 A 中，a_1，a_2 为核心企业，a_3，a_4，a_5 为地理分散的服务协同企业，利用平台提供的各种微服务模块共同为客户提供相关服务，a_1，a_2 与 a_3，a_4，a_5 进行信息与业务协同共同完成服务业务活动，服务期间所产生的的协同信息 d_1^a，d_2^a，d_3^a 通过平台进行交互。同理，对于服务价值链 B，其协同数据 d_1^b，d_2^b，d_3^b 也通过该平台进行交互。

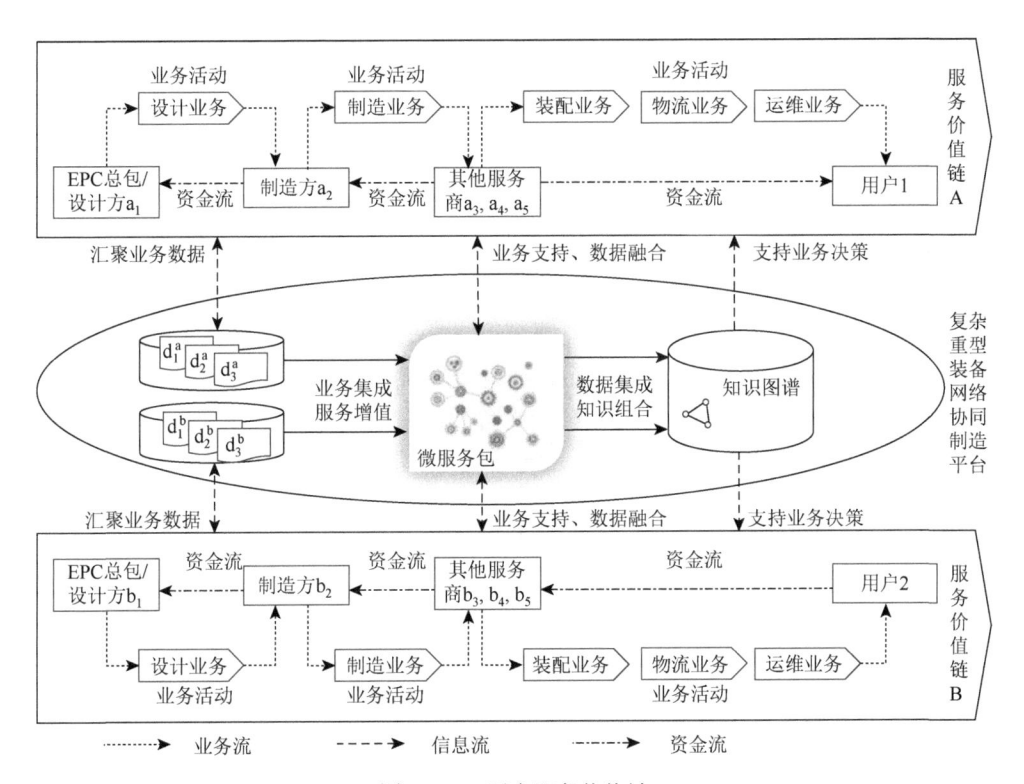

图 13-12 平台服务价值链

为了进一步提高多条服务价值链之间的连接与交互，平台还提供了知识图谱以挖掘数据资源潜力，提升知识转化和共享能力[6]。即集成分散的多链数据资源，以充分发掘数据价值，持续地支持多链服务业务决策。

（1）实现多链知识共享：即将各服务价值链业务信息以统一的知识体系、数据模式进行构建，从而打通价值链各节点，实现多链间知识的共享与融合。

（2）实现业务决策智能化：基于对构建的知识图谱运用，如设计知识图谱、运维知识图谱，通过对其知识图谱的查询和分析来支持业务执行过程中设计业务、运维或其他环节的智能化决策等。

（3）知识闭环实现持续化：将业务数据资源转化为可共享的知识来支持多链决策，该决策又将产生新的共享知识，形成知识应用闭环，源源不断地产生新知识。

在该服务价值链运行模式下，各服务价值链中的服务企业通过平台进行信息和业务交互，大大提升交互效率，降低错误成本；各类增值服务功能促使行业向智能化运营转变，推动绩效提升；知识图谱助力多服务价值链信息数据融合推动知识价值增值。

13.3　平台增值服务系统动力学仿真

13.3.1　问题描述与假设

本节研究复杂重型装备网络协同制造平台下的增值服务运行机制。正如前面所介绍的，复杂重型装备平台将行业各服务商汇聚在平台中，为其提供业务撮合，同时也开发了众多相匹配的关键技术与增值服务，以助力项目运转过程，提高项目效率。平台增值服务能够针对各类服务商，平台增值服务水平直接影响用户满意度，影响用户黏性，从而影响平台用户总量，而平台中用户的数量直接影响平台项目订单量和服务订单量，间接影响平台后期吸引用户的能力。平台订单影响平台品牌效应，继而影响新用户加入率。所有这些影响机制均通过影响服务订单量来呈现，因此，本节通过对增值服务业务量进行仿真，探究平台各项增值服务的存在对客户需求满足能力、项目运转效率、平台整体利润以及平台保留客户能力的效应仿真。

本节研究的问题中，平台的作用是提供复杂重型装备行业业务需求与供给的撮合平台，只提供交易。由于行业项目的订单量受到其自身生产能力限制，因此在仿真过程中假定价格外生。对于平台而言，只有平台的增值服务投入成本与增值服务质量会对系统中制造商和供应商的行为产生影响，其他成本只影响平台自身的收益，因此在构建模型时假定平台其他建设变动成本为 0，本模型中只考虑平台增值服务投入对平台业务及用户数量的影响。另外，假定用户需求和服务商供应能力为确定性因素，研究从平台建设成功开始运营后增值服务投入及水平的变化对平台、设计服务商、制造服务商、用户等多平台主体长期影响的一般性规律，暂不考虑模型中不确定因素对平台收益的短期波动影响。其他假设如下。

假设 13-1 将平台建设完成正式投入运营作为起始时间节点。

假设 13-2 起始节点下，平台增值服务具备一定水平，且其能够满足用户需求的能力随增值服务成本投入而提高。

假设 13-3 起始时刻，部分少量用户进入平台，且部分用户利用平台展开项目活动。

假设 13-4 平台用户量的增长受到现有平台用户网络效应的影响，又受到平台品牌效应的影响。

假设 13-5 用户满意度与用户需求满足能力有关，平台品牌效应与平台中业务量有关。

假设 13-6 平台通过增值服务费用、用户入网费用以及项目成交金额抽成获取收入。

本节以复杂重型装备网络协同平台中的多价值链中多主体和平台为研究对象，通过业务订单变化构建用户以及平台的内在反馈结构，主要考察业务量以及平台的收益与平台服务水平之间的关系，并分别构建用户数量与业务量的反馈子系统、平台收益与业务量的反馈子系统、平台服务水平与业务量的反馈子系统。

13.3.2 模型构建

复杂重型装备行业平台下的多价值链系统属于大型复杂系统，且平台会随着时间的推移不断发展和演化。基于多价值链的复杂重型装备行业平台服务系统可以看作一个以价值网络为基础，由不同构成模块相互作用形成的复杂系统。不同企业、要素之间的影响具有长期性、复杂性和动态性等特点，一般的线性方法很难分析和量化系统中的各种不确定性因素，因此需要借助能够解决多因素交互作用的理论和工具来进一步研究复杂重型装备行业多服务价值链系统这一复杂系统的内部要素相互作用机理。系统动力学可以通过存量流量图来描述系统内部的反馈结构，清晰直观地呈现多种因素之间的交互关系，并可利用计算机软件来仿真模拟这种长期性或周期性的问题[7]。考虑到系统动力学在复杂非线性系统分析中的优势，本节采用系统动力学方法研究不同的增值服务业务在平台发展过程中的影响。

以复杂重型装备网络协同制造平台为系统边界，依据平台运营与增值服务业务影响机制绘出增值服务业务的演化流图，如图 13-13 所示。

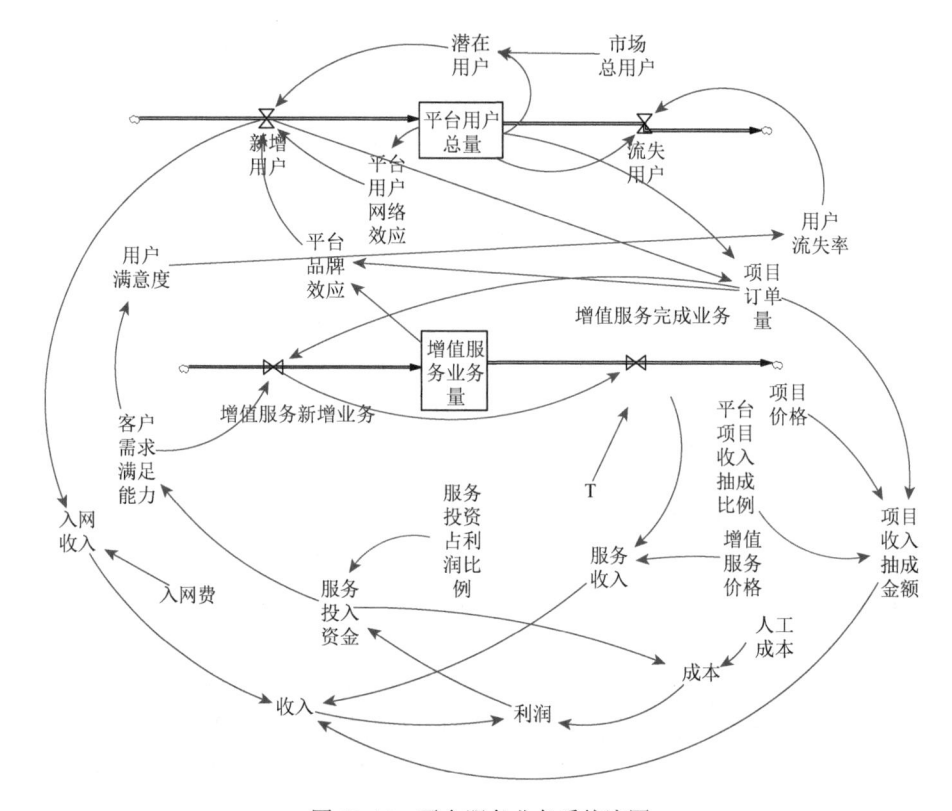

图 13-13　平台服务业务系统流图

根据演化流图梳理出影响平台用户规模、增值服务业务机制的主要反馈回路，如下所示。

（1）平台用户总量→流失用户。

（2）平台用户总量→潜在用户→新增用户。

（3）平台用户总量→平台用户网络效应→新增用户。

（4）平台用户总量→项目订单量→平台品牌效应→新增用户。

（5）平台用户总量→项目订单量→增值服务新增业务→增值服务业务量→平台品牌效应→新增用户。

（6）平台用户总量→项目订单量→项目收入抽成金额→收入→利润→服务投入资金→客户需求满足能力→用户满意度→用户流失率→流失用户。

（7）平台用户总量→平台用户网络效应→新增用户→入网收入→收入→利润→服务投入资金→客户需求满足能力→用户满意度→用户流失率→流失用户。

（8）平台用户总量→项目订单量→项目收入抽成金额→收入→利润→服务投入资金→客户需求满足能力→增值服务新增业务→增值服务业务量→平台品牌效应→新增用户。

（9）平台用户总量→潜在用户→新增用户→入网收入→收入→利润→服务投入资金→客户需求满足能力→用户满意度→用户流失率→流失用户。

（10）平台用户总量→项目订单量→平台品牌效应→新增用户→入网收入→收入→利润→服务投入资金→客户需求满足能力→用户满意度→用户流失率→流失用户。

（11）平台用户总量→平台用户网络效应→新增用户→项目订单量→项目收入抽成金额→收入→利润→服务投入资金→客户需求满足能力→用户满意度→用户流失率→流失用户。

（12）平台用户总量→潜在用户→新增用户→项目订单量→项目收入抽成金额→收入→利润→服务投入资金→客户需求满足能力→用户满意度→用户流失率→流失用户。

（13）平台用户总量→项目订单量→增值服务新增业务→增值服务业务量→平台品牌效应→新增用户→入网收入→收入→利润→服务投入资金→客户需求满足能力→用户满意度→用户流失率→流失用户。

本系统由用户子系统、业务子系统和收入成本变化子系统三个子系统组成，为描述本系统变量间的相关关系，本节给定以下参数，如表13-1所示，并给出相关公式如下。

表 13-1 符号含义

符号	含义
N	市场总用户数
n^m, n^o	平台用户数、市场潜在用户数
n_1^m, n_2^m	平台新增用户、流失用户
d_1^p, d^p	新增项目订单、平台累计项目订单
d_1^s, d^s, d_2^s	新增服务业务、平台现有服务业务、平台完成项目订单量
e^m, e^u	平台品牌效应、用户效应
α	用户满意度
δ	平台用户流失率
χ	用户需求满足能力
p^u, p^s, p^p	入网费用、服务价格、项目价格
c^s, c^L, C	服务投资成本、人工成本、平台总成本
m^u, m^s, m^p, M	用户入网收入、服务收入、项目占比收入、平台总收入
π	平台总利润
λ	平台项目抽成比例
r	服务投资占比

续表

符号	含义
$\theta_1^p, \theta_2^p, \theta_1^s, \theta_2^s$	新用户下项目订单概率、老用户下项目订单概率、项目订单对服务订单影响参数、用户需求满足能力对服务订单的影响参数
T^p, T^s	项目周期、服务周期
$\omega^m, \omega^s, \omega^u$	平台业务对平台品牌效应的影响、服务投资占利润比例、用户效益影响因子

用户子系统主要用来表示平台中用户数目的变化，业务子系统主要用来描述增值服务业务与项目业务的变化，收入子系统用来表达平台成本收入结算系统。式（13-1）描述了用户子系统，式（13-2）描述了业务子系统，式（13-3）描述了收入子系统。

$$\begin{cases} \alpha(t) = 1 - e^{-\chi(t-1)/50} \\ \delta(t) = (1-\alpha(t))/3 \\ n_2^m(t) = [n^m(t-1) \times \delta(t)] \\ n_1^m(t) = [e^u(t-1) + (n^o(t-1) - e^u(t-1)) \times e^m(t)] \\ n^m(t) = n^m(t-1) + n_1^m(t) - n_2^m(t) \\ n^o(t) = N - n^m(t) \\ e^u(t) = n_1^m(t) \times \alpha(t) \times \omega^u \end{cases} \quad (13\text{-}1)$$

$$\begin{cases} \chi(t) = \chi(t-1) + c^s(t-1) \times \omega^s \\ d_1^p(t) = n_1^m(t) \times \theta_1^p + (n^m(t) - n_1^m(t)) \times \theta_2^p \\ d^p(t) = d^p(t-1) + d_1^p(t) - d_1^p(t-T^p) \\ d_1^s(t) = d_1^p(t) \times \theta_1^s + \chi(t) \times \theta_2^s \\ d_2^s(t) = d_1^s(t-T^s) \\ d^s(t) = d^s(t-1) + d_1^s(t) - d_2^s(t) \\ e^m(t) = e^m(t-1) + (d_1^p(t-1) + d_1^s(t-1)) \times \omega^m \end{cases} \quad (13\text{-}2)$$

$$\begin{cases} p^u = 0 \\ m^u(t) = n_1^m(t) \times p^u \\ m^s(t) = d_1^s(t) \times p^s \\ m^p(t) = \lambda \times d_1^p(t) \times p^p \\ M(t) = m^u(t) + m^s(t) + m^p(t) \\ c^s(t) = \max(0, r \times \pi(t-1)) \\ C(t) = c^s(t) + c^L(t) \\ \pi(t) = M(t) - C(t) \end{cases} \quad (13\text{-}3)$$

13.3.3 系统仿真分析

本节利用 Vensim 软件对该过程进行了分析，假定行业潜在总用户量是 1000 家，并将平台建设成功后，用户开始进入平台的当月作为仿真起始时间，以每月当作一期，仿真 5 年，共 60 期的数据变化。

基于问题设定仿真在原始参数条件下各变量的变化情况，仿真结果如图 13-14 所示，从图中可以看出，在增值服务业务价格为 0、入网费为 0 的情况下，平台建设初期，用户量增长缓慢，一年后进入高速增长期，且在两年左右，用户量达到最高，后续逐渐走向平稳。同时，用户黏性随着用户需求满足能力的增长趋向于平缓增长，平台增值服务业务量和平台项目业务量变化趋势较为类似，从缓慢增长到高速增长达到顶峰后下降并逐渐趋于缓慢平稳，平稳阶段可能出现小幅度

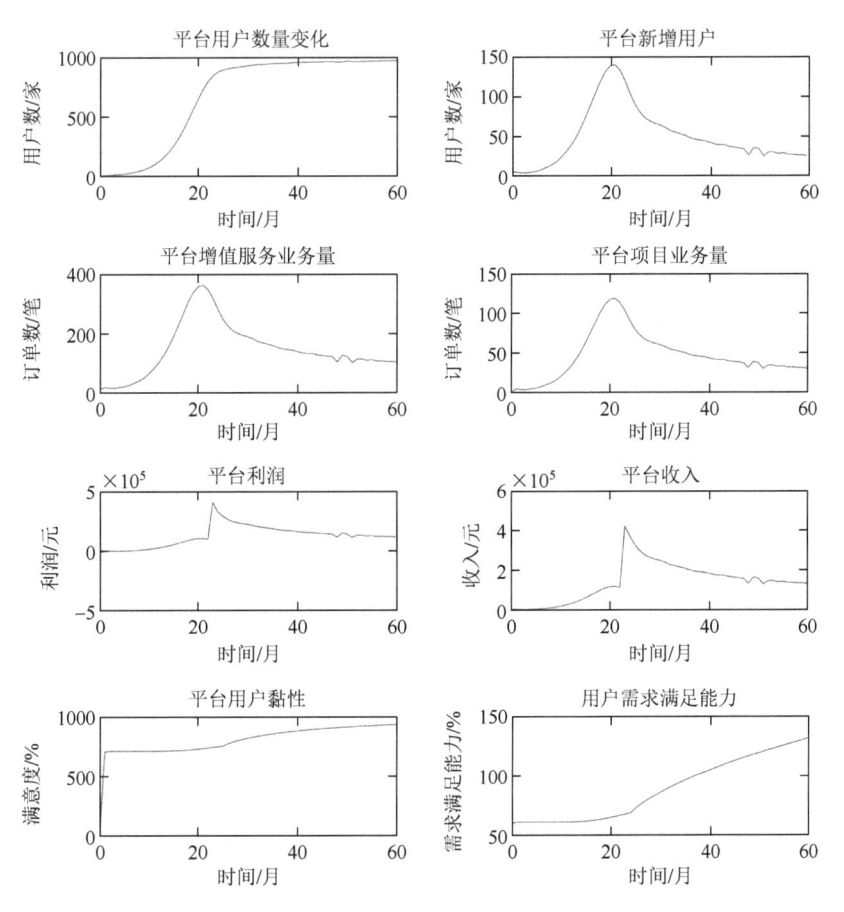

图 13-14 初值设定条件下各变量仿真效果

震荡。平台利润与平台收入经历了与业务量较为类似的趋势。需要强调的是，由于平台建设阶段投入较大，所以平台利润初期为负，随着项目业务量的增长，平台利润逐渐增加且开始出现正利润。

为了进一步确定影响平台业务量以及平台增值服务效应的关键因素，本节进行了一些参数的敏感性分析。首先，仿真在不同服务投资水平下的用户数量变化以及服务业务量变化。仿真结果如图 13-15 所示，图中 r 表示服务投资占每期利润的比例，从图中可以看出，该参数对平台用户数影响不是很大，总体趋势较为一致，不同的是，在 $r = 0.3$ 时，平台用户数量增长至顶峰后会出现略微下降随后回升。对此进行分析发现，前期平台拉拢用户进入的速度过快，而平台中服务不能完全满足所有用户需求，容易产生平台发展动荡，产生一定程度的危机，平台自身的服务优越性保证了一大部分用户自愿留在平台，从而保证用户数受影响较小。平台需求满足能力的变化较为符合预期，投资占比越大，平台需求满足能力越高，越能满足用户多方位的需求。较为不一致的是平台增值服务

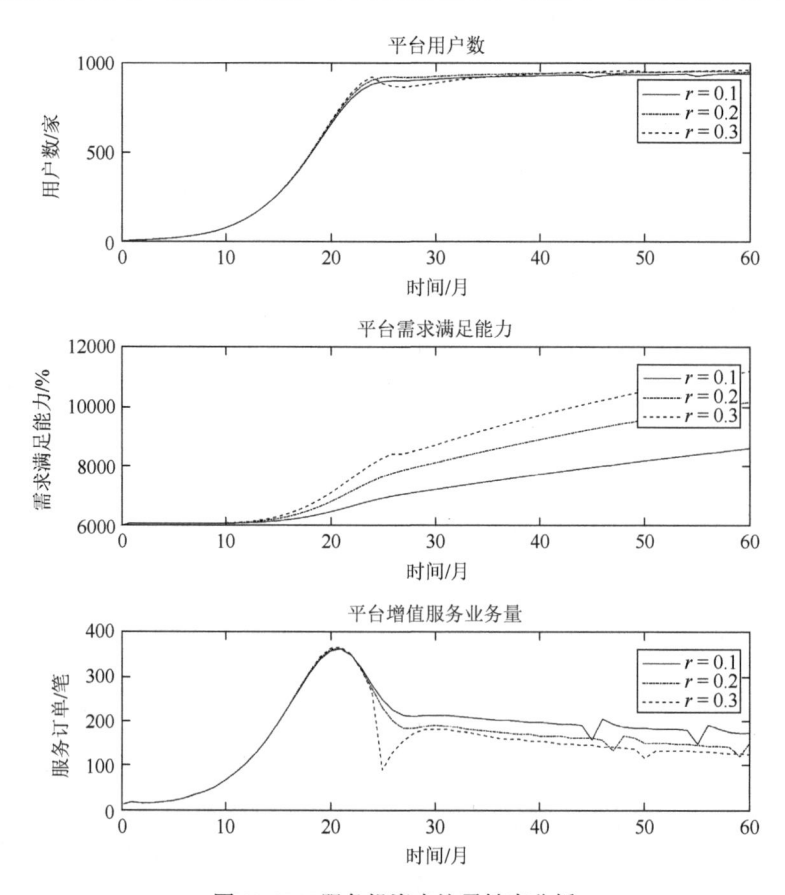

图 13-15 服务投资占比灵敏度分析

业务量的变化趋势，从图中可以看出，服务投资占比越大，服务业务量在达到顶峰后下降的速度越快，甚至平稳状态下的业务量越低。对此进行分析，可以认为，业务量的增值较多是由新用户带来的，由于生产周期长，老用户下订单的可能性较新用户更低。在服务投资占比较高时，前期新用户增长过快，后期新用户不足，因此后期订单业务量相对略低。

从上述分析可以看出，服务投资占比过高，容易引起后期平台发展动荡，更不利于平台的管理，因此，对平台管理者而言，更建议逐步增加投资，平稳发展。

13.4 本章小结

本章从价值发现角度出发，基于SCP范式提出了价值发现模型，并针对复杂装备行业进行了分析，针对发现的价值点提出了平台几项增值服务，并对比了传统模式下和基于平台的服务价值链的区别，提升了行业价值。最后，利用系统动力学方法对平台增值服务项目存在情况下的系统进行了仿真，给出了平台发展的大体趋势。另外，还分析了服务投资占比变化对用户数量、平台需求满足能力和平台增值服务业务量的影响，给平台管理者提出了相应的管理建议。

参 考 文 献

[1] 赵雪梅，侯经川．"互联网+"对产业升级的促进机制研究—基于SCP模型[J]．信息资源管理学报，2020，10（3）：60-69．

[2] 胡炳涛，冯毅雄，密尚华，等．面向核电装备的全生命周期价值链协同模式研究[J]．机械工程学报，2022：1-15．

[3] 冯毅雄，赵泽田，胡炳涛，等．核电装备全生命周期价值链协同平台研究[J]．计算机集成制造系统，2022：1-24．

[4] 李斌勇，孙林夫，王淑营，等．面向汽车产业链的云服务平台信息支撑体系[J]．计算机集成制造系统，2015，21（10）：2787-2797．

[5] 但斌，李文博，石雨婷．匹配水平影响下第三方平台多价值链的协同运作模型及仿真分析[J]．计算机集成制造系统，2022，28（3）：892-906．

[6] 刘鹏程，孙林夫．基于第三方云平台的服务价值链多链知识图谱构建[J]．计算机集成制造系统，2022，28（2）：612-627．

[7] Papachristos G, van de Kaa G. A system dynamics model of standards competition[J]. IEEE Transactions on Engineering Management, 2021, 68（1）：18-32.

第14章　复杂重型装备网络协同平台运维服务

维护、维修和运营往往是重型装备行业关注的重点，如果无法协调好运维过程，那么所造成的非计划停机将给生产企业带来大量成本损失。首先，本章重点围绕复杂装备全生命周期交付后的运维阶段展开研究，探讨基于平台的复杂重型装备网络协同运维服务模式，提出网络协同平台下的多主体协同运维服务模式与前摄性、反应式运维流程，并介绍了备品备件服务协同流程。然后，用博弈分析和排队论的方法针对远程运维诊断过程中连续性诊断误差与不确定错误成本条件下的平台服务商决策诊断。最后，重点针对基于机器视觉的挤压机运维案例与基于平台的其他运维案例进行介绍。

14.1　复杂重型装备网络协同运维服务模式

14.1.1　复杂重型装备运维服务需求

复杂重型装备的非计划停机是造成用户企业生产成本的重要原因之一，据调查，设备的60%的维护费用是由突然的故障停机引起的。因此，对装备关键部件进行实时在线监控，及时发现潜在故障并修复，对降低装备用户企业生产成本具有重要意义。相比传统复杂重型装备运维服务模式，复杂重型装备网络协同平台希望借助物联网和运维算法工具实现对设备的故障预测、设备健康管理、主动运维和远程运维。

由于复杂重型装备有大型化、结构化等特点，维护所需的信息、技术、人力、物力、财力等资源要求增加，复杂重型装备的运行维护需要多方主体共同参与。由于各参与主体在地理上分散，只能通过网络业务协作平台进行交互，协作的难度较大，这就需要各主体之间充分共享信息、技术和知识，在信号监测、故障诊断、维护决策和维护实施过程中保持高度协同，实现各主体间维护业务和维护商务的协同。但是在实现协同维护的过程中，存在以下问题。

（1）故障模式繁杂。由于复杂重型装备存在大型化、结构复杂化等特点，并且装备的制造涉及机械制造、电子、信息处理、测试与控制、计算机网络接口等多学科技术，因而复杂重型装备的故障不仅局限于机械故障方面，还大大增加了复杂重型装备的故障信号监控与诊断的难度。

（2）监控诊断误差。现有监控技术易受外界环境的影响而使得监控得到的需求信号存在误差，对于复杂重型装备而言，其关键部件众多，在实际监控过程中，由于监控诊断错误，其备件需求信号往往存在一定的误差。

（3）维护过程复杂。由于复杂重型装备涉及多学科知识与技术，仅仅依靠单一企业难以全面解决维护中存在的问题，因此制造商维护、用户自维护或外包给单一维护商维护等做法经常面临信息不足、资源缺乏等问题，难以保障复杂重型装备的可靠性。

（4）多主体协同决策困难。复杂重型装备协同维护涉及多主体，包括装备设计方、制造商、装备专家、经销商、装备用户、维护商、备件供应商等，因此相关决策是一个多方博弈的过程，如何时维护（预测性维护，故障发生前预知）、故障诊断、维护决策、选择受损备件的修复或者替换、备件供应商的选择等，决策的科学性、合理性直接决定设备维护的成本和质量。

（5）缺乏有效的网络协同平台。由于多主体之间的协作涉及多方面的利益，因此需要一个高效的网络协同平台，使得各维护主体可以在该平台上发布需求、共享维护资源等，以实现供需两端的有效匹配，降低协同成本。

14.1.2　网络协同运维服务模式概述

传统维护模式中存在两种维护方式：第一，以用户为中心的维护。装备用户根据实时在线监控采集到的数据对装备的实时运转状态进行分析，并初步确定故障的类别与故障程度，若设备用户能自行解决，则结合设备使用计划安排解决，该维护方式适用于故障容易识别、已有较为成熟的维护案例的情形下。第二，设备制造商维护。当装备故障较为复杂并且未有成熟案例参考，装备用户无法对故障做出准确判断或者不能自行解决故障时，用户向装备制造商寻求故障解决方案。但是，随着复杂重型装备不断向大型化、复杂化、涉及专业知识广泛化方向发展，上述两种服务模式有可能均无法解决装备故障问题，即当装备制造商与用户协作无法解决问题时，需要装备设计方、专业维护机构与设备专家等多主体一同加入装备维护修复任务，或寻求第三方运维服务商帮助。

1. 多主体运维服务模式

复杂装备如高端数控制造装备、风电装备、核电装备、航空航天装备等具有零部件数量多、服役周期长、连续运行/安全性要求高、运维资源分散、知识技术密集等特点[1,2]。其传统企业用户内部被动的事后运维，因故障的不确定性和服务的延时性，往往造成巨大的安全事故，引发高昂的维修成本。内部主动的预防和预测性运维，尽管可以及时主动地调度维修资源，减少非计划停机次数，缩短停机时间，但专业服务人员缺乏，服务备件/工具不足，核心知识欠缺等导致运维难度大，装备运行性能难以保障。为获取最佳的主动运维保障能力，用户纷纷将其维修业务外包给外部的设备制造商（original equipment manufacturer，OEM）或服务提供商[3]。OEM 因话语权强，装备知识丰富，售后服务完备，亦成为最受关注的运维服务承包企业或服务主导企业。基于此种情况，存在两种运维服务方式，其一是设备制造商主导联合相关联盟企业向用户提供运维服务，其二是寻求专门的第三方运维服务商进行运维服务[4]。

1）OEM 主导的多主体联盟式运维服务

该服务下，OEM 是运维服务的主导者，其面向元件、模块、装备等产品资源，整合相关配套企业（装备的元件/模块供应企业），企业内外部服务提供商、备件供应商等，共同形成多主体服务联盟。利用该联盟，通过统一的协同化决策及服务调度，为装备使用的最终用户提供运维服务。其中，OEM 充当龙头核心主导企业，具有较高的话语权；其他的联盟成员可以是 OEM 的内部部门及附属企业或者经 OEM 授权的第三方离散个体、组织及团体，其共同服从 OEM 的调度任务。该运维服务具有多主体合作协同的特性，通过合作保证总体价值的最大化，但联盟成员有限、固定、分散，集中化管理困难。长链条的服务调度（OEM→供应商→服务商→用户的多级供应）导致服务响应速度慢，运维服务能力不足，同时，联盟成员往往缺乏主观能动性，只能被动接收订单，难以通过竞争获取更多的价值增值。

2）第三方主导的多主体竞争式运维服务

该服务下，第三方是运维服务的组织者，其通过吸引离散多样化的 OEM、服务提供商、备件供应商等个体、组织或团体自由地注册、加入到第三方服务平台系统，形成服务资源池，进而，利用供需匹配协同，以及交互式竞争协同，面向用户需求，确定协同化的维修服务决策方案，实现运维服务。其中，注册主体是服务的执行者，可以依据自身的能力选择性地提供相应用户的服务供应，用户可以依据不同主体的竞争结果确定物美价廉的服务供应。该运维服务具有短链条、多主体竞争协同的特性，强调了服务主体的主观能动性及服务响应速度，通过各主体的主动竞争获取服务机会，保证自身价值的最大化。然而，因 OEM 的主导作用缺失，良莠不齐的服务资源导致高水平的服务质量缺失，同时，OEM 高价值的装备数据/知识难以接入到第三方平台系统，使得服务主体难以获得较多来自 OEM 的服务订单。

2. 基于平台的多主体协同运维服务模式

为实现主动运维服务模式，本节基于网络协同制造平台，从平台中的多主体服务角度，构建服务驱动的复杂重型装备多主体协同化运维服务模式。该模式融合了联盟式运维和竞争式运维，以复杂重型装备行业的 EPC 总包方代替 OEM 主导形成主体联盟，并利用平台融合其他竞争型第三方主体运维服务。

  该模式指以装备长期功能有效为目标，综合考虑企业内外部的服务化资源，各主体的服务供应以及主体间的协同交互过程，确定价值共创的多主体协同服务方案，协同有序地完成主动运维的维修服务模式。在该模式下，EPC 为主动运维服务主导者，一方面以合作的方式聚合原有设备服务商构成原始 EPC 主联盟，另一方面通过利用平台，将平台内自由加入并竞争的多样化个体、组织或团队融合到 EPC 主导的联盟式主动运维中。在该模式下，EPC 以配置的服务型复杂装备为对象，主动感知装备运行状态数据，获取所有服务订单，并下发订单给可行且优良的服务主体。其中，EPC 主体作为主导者具有优先选择权，通过内部的合作式协同，外部的竞争式协同，优先匹配最佳的服务订单；其他主体在 EPC 选择后，通过彼此的竞争式协同匹配剩余服务订单。基于各类服务主体，EPC 以所有匹配结果，形成了协同化服务策略，确保了多主体的协同化服务执行。该过程中，EPC 及其联盟成员作为主联盟服务主体，具备合作和主导能力；第三方离散的服务商/供应商作为自由竞争式服务主体，具备竞争能力；用户作为产品使用者获取装备的使用功能、接收主体的主动服务。所有订单获取、下发、匹配，所有主体合作、竞争、协同，共同组成复杂重型装备网络协同平台运维服务模式下的多主体协同化交互运行生态，如图 14-1 所示。

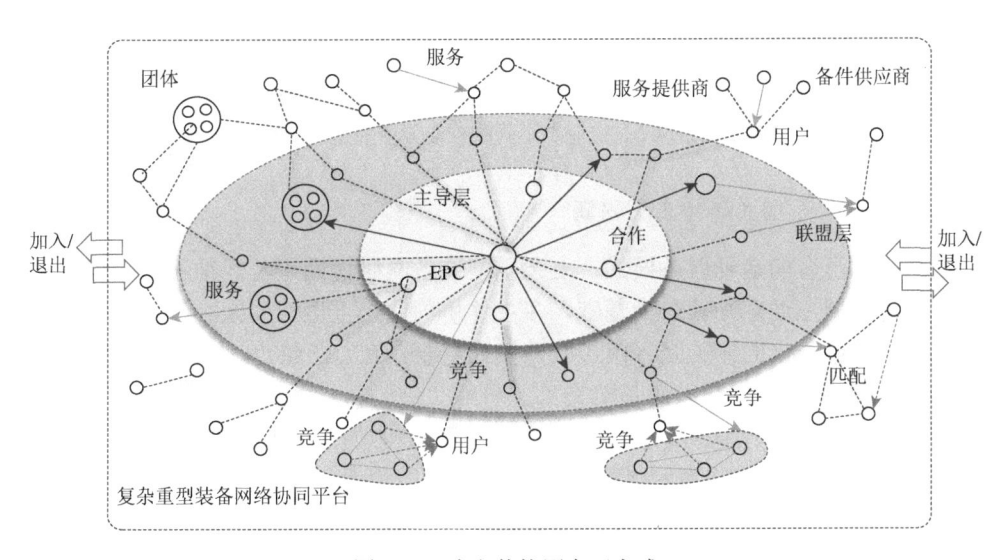

图 14-1　多主体协同交互方式

  需要注意的是，在复杂网络协同制造平台中，不只存在一个 EPC 主导的运维服务联盟，对于每一个项目用户而言，都存在一个完整的 EPC 主体运维联盟，该联盟内部合作,加以外部其他竞争性服务提供商共同完成运维服务。在这种关系下,平台中的各服务商构成网络协同关系,该关系中没有传统组织结构中的上下级关系,也没有部门的等级设置,只有任务主导企业与成员企业之间的关系。但同时应当注意,在协同模式中,主导企业与成员企业也不是一成不变的,即根据维护业务特点,各个维护主体承担的角色不同。另外,同一个企业可以依据自身的资源、信息等,同时参与多项维护业务,如图14-2所示。

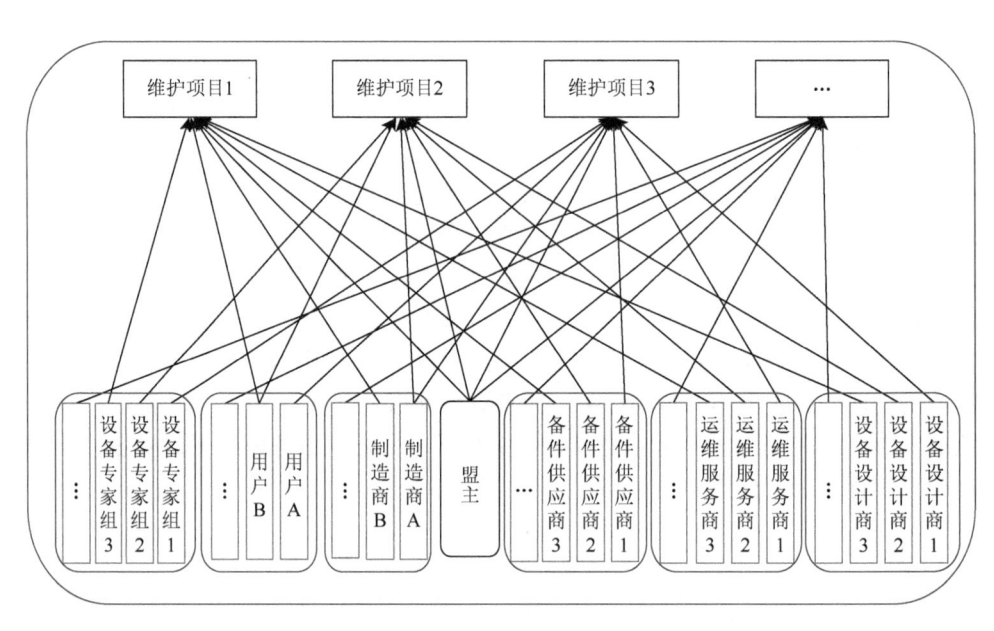

图14-2 企业在不同维护业务中的角色

3. 运维服务模式的特点及内涵

区别于已有的运维服务模式,复杂重型装备网络协同平台运维服务模式是以复杂装备数据主动感知获取为基础,多主体协同化交互运行为核心,实现复杂装备主动运维服务化的先进服务模式。该模式主要具有以下特点。

1) 数据主动感知获取是基础

复杂重型装备网络协同平台运维服务模式的本质是主动运维,优越的主动特性区别于传统被动的事后运维,需要利用智能化系统产品及时获取实时运行数据,感知并预测设备运行状态,从而及时准确地提供主动服务,因此,数据的实时感知与远程获取是该模式运营的基础。当前,网络协同制造平台下,通过部署数据采集节点,搭建装备物联网络,构建三维数字模型和远程设备数据模块,可以主动获取装备的实时运行数据,从而为主动运维服务的运行提供基础数据支撑。

2）多主体协同化决策是核心

复杂重型装备网络协同平台运维服务模式具有多主体参与、协同化服务的重要特征，这种特征需要能够通过 EPC、服务商、备件提供商等多主体参与，实现所有主体价值共创；通过协同化服务，提高资源配置效率和运行服务能力。多主体协同化服务的实施依赖于协同化的维修决策方案。区别于传统装备的独立性运维决策，该决策将装备的服务策略（服务时间、服务活动）与服务主体的匹配选择进行集成，在决策中综合考虑主体的服务地位、服务能力、服务状态和服务成本等因素，形成面向服务订单的协同化决策方案。

3）知识资源的集成与共享是实施保障

多主体参与是远程运维的重要特征，在复杂重型装备网络协同平台中，服务主体来自不同的个体、组织或者团体，每个主体具有差异化的知识资源与数据信息，如中国重型院、二重等拥有装备的生产结构、失效模式、运行状态、可靠性数据等知识，运维服务商具备故障数据、服务活动、服务执行、服务历史等知识，用户拥有使用生产、服务满意、服务评价等知识，所有主体知识资源的有效集成以及彼此间有序的知识共享，将为多主体协同化维修决策提供精准的数据和知识支撑，从而保障运维模式的顺利实施。

4）多主体价值共创是实施目标

在复杂重型装备网络协同平台运维服务模式中，EPC 由产品生产制造总包方转型成为主动运维的服务集成商，能够获取后市场巨大的潜在服务收益；离散的服务提供商/备件供应商等通过加入 EPC 联盟或第三方获取更多服务订单，打破业务壁垒，协同高效地完成运维服务，实现价值增值并竞争得到更多的服务收益；用户将更多地关注核心业务，摆脱重复高成本低效率的传统运维工作。从而，在该模式下，EPC、服务提供商/备件供应商、用户等均能实现价值共创。

14.1.3 复杂重型装备网络协同维护服务流程

对复杂重型装备关键部件以及易损部件进行实时状态监控，以获取潜在的装备故障信号，是复杂重型装备开展维护的基础。在复杂重型装备网络协同平台下，EPC、服务商、供应商和离散服务商共同构成运维服务联盟，联盟产生的目的是满足装备用户的维护需求，即用户需求驱动的维护联盟形式，各主体通过网络协同平台进行信息、技术和资源的共享，监控设备运行状态，完成复杂重型装备故障诊断、维护方案制订和维护实施三阶段的工作，如图 14-3 所示。EPC 方将根据联盟中各主体的能力和位置等将各主体分配到不同的工作阶段，构成故障诊断子联盟、维护决策子联盟和维护实施子联盟。

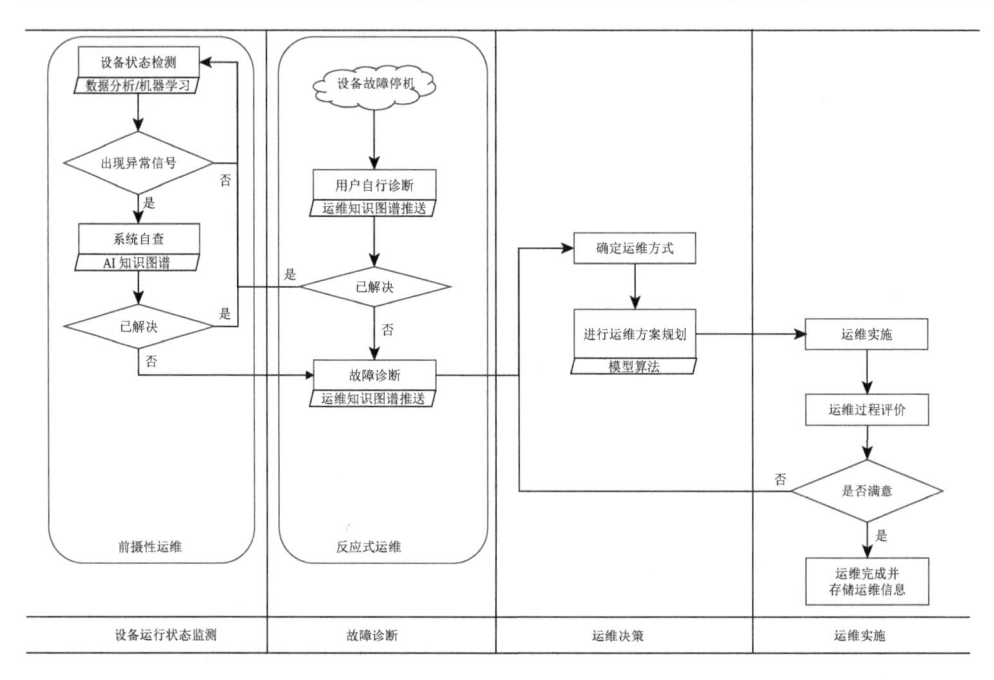

图 14-3 复杂重型装备网络协同维护服务流程

  复杂重型装备运维服务模式可以分为两类：前摄性运维和反应式运维。在两种方式中，反应式运维虽然可以准确诊断出运维故障所在，最终也可以顺利解决问题，但问题已经出现，设备大概率已经停机，即使能够在最短时间内查明原因、解决问题，但是对于用户所产生的停机损失无法避免。相比而言，前摄性运维寄希望于提前摸清所有故障的表现形式及故障发生的原因，并在故障发生前采取有效措施预防这些故障的最终发生。例如，在挤压机设备出现故障停机之前，都会有一些征兆，有必要提前了解这些征兆并持续监控，以达到在问题出现之前、期间或者之后查处并响应装备常见的性能与管理问题，把这些问题消除在萌芽状态，防患于未然，防止问题的扩大。

  就反应式运维方案而言，在平台未及时发现故障征兆，而设备故障已经出现时，设备用户可先进行本地诊断并自查，如通过运维知识图谱搜索相关故障信息，若为较简单的故障则可自行处理并形成诊断报告；若故障复杂或者对诊断结果不满意，可通过平台发起运维订单，由故障子联盟进行设备故障分析，并由运维决策子联盟给出运维决策方案，最后由实施子联盟进行运维方案实施。具体的运维实施过程为，设备用户在平台发起运维请求，向 EPC、设备设计商、设备制造商等请求远程会诊。故障诊断子联盟对故障设备异常情况进行会诊并生成诊断报告，对会诊详细经过进行评估，若评估通过则将故障信息提交给维护决策子联盟，进入维护决策流程，否则，重新进行会诊。在确认装备故障诊断结果的基础上，由设计服务商、制造服务商、装备用户、装备维护商以及备件供应商组成的维护决策子联盟，通过平台利用在线远程方式进行维护决策。在进行维护决策时结合装备的历史运维单、装备相关资料、生产计划、备件需求等因素，选择合适的运维方式，并对人员、工具和备件等方面做出相应的规划。维护实施子联盟则根据相应的维护决策方针和任务对该装备实施维护作业，且在任务结束后，由制造服务商和装备用户共同对本次维护效果进行评价，若对运维服务满意，则将该次运维相关资料形成文档并存储在运维案例库；若不满意，则进行重新诊断、决策与实施。

就前摄性运维方案而言，基于平台所构建的运维数据库与相关技术，平台能够持续监测设备运行状态数据。复杂重型装备的状态信号是其性能状态的反映，也是设备故障诊断的基础。通过对复杂装备实时监测信号的分析可以预先判断当前设备运行状态和其性能的可能变化趋势。设备处于实时状态监测，当故障征兆出现时，平台提前给出预警并做出反应，如系统自查利用运维知识图谱查找设备可能出现的故障并给出相关实施方案；若无法解决，则需要基于平台发起运维订单。与反应式运维后续处理方案一致，设备用户可通过平台发起运维订单，并由运维服务联盟协同处理，以在设备出现故障前提前进行维护，不影响设备的正常运行。如通过对装备运维故障征兆信息的总结，当平台监测到挤压机设备出现挤压杆损坏的征兆时，系统立即做出反应，检查现有仓库挤压杆备件情况，若备件不足，用户可立即通过平台向备件提供商发起挤压杆制造订单，备件订购存在一定周期，同样，发现预警征兆到设备彻底停机也存在一定时长，平台的提前预警可极大地降低因备件缺失而造成的设备停机损失。因此，前摄性运维在复杂重型装备的运维过程中极为重要。

14.1.4 运维服务之基于平台的备品备件管理

对于复杂重型装备行业来说，备件通常多且复杂，部分备件体积大，若库存过多，则所占成本较高，然而，如果存货不足或备货不及时，则易导致设备停机停产，所造成的损失也非常巨大。因此，复杂装备行业库存是否满足生产需要、是否积压、采购是否及时、周转是否顺畅对企业运转来说非常重要。

备品备件管理占用的时间，所耗的人力、物力，远高于其他资产。对于复杂重型装备来说，其研制与生产直接与国家工业发展息息相关，其售后服务的正常运维更是直接影响装备的正常生产和使用。因此，复杂重型装备售后运营、维修、维护的质量与反应能力是全世界都在关注的问题。控制库存与优化，备品备件管理是售后服务中必不可缺少的一环。因此，在复杂重型装备网络协同平台构建中，要充分认识备品备件管理的重要性和必要性，切实增强风险意识，帮助用户做好备品备件周转，及时回笼资金，提高管理水平，提升用户经营管理质量和经营效益。良好的备品备件管理不仅能降低企业仓储成本，减少材料的损耗，还能提高存货的周转率，减少资金占用，降低企业的资金成本。

目前复杂信息装备大多数备件的管理模式还停留在初级阶段，相关数据存储以纸质或以线下 Excel 格式数据为主，备件目录管理、备件计划管理、备件采购管理、备件库存管理、备件报废管理等，相互之间还没建立起体系管理，不能及时发现系统性和全局性的问题，评估和备件排查效率低[5]。通过在复杂重型装备网络协同平台构建装备备件管理模块，利用信息化手段合理安排备件资源不仅能够提高作业效率、降低运营成本，还能实现对备件的标准化管理，对故障件返修过程的信息化管理和对备件消耗数量的规范化管理。平台助力用户建立起备件的智能监控管理能力，识别业务规律，实现备件的全生命周期管理以及追求设备全生命周期成本最优。

14.1.5 平台备品备件服务协同流程

在复杂重型装备网络协同平台中，备品备件主要包括三个主模块：备件信息管理、备件库存管理和备件统计分析。

1. 备件信息管理

备件信息管理模块主要负责对备件信息的维护和总览。备件信息包括备件名称、备件编码、备件类型、成本、价格等信息汇总。其中，备件类型是根据备件管理的不同要求，按照一定标准所划分的备件类别，备件按其属性及存放库房进行分类，每种备件对应一个备件代码，实行三层分类结构。可通过备品备件维护应用实现分类数据的新增、删除、修改、查询以及分类的多层级关联挂接、分类属性模板添加、分类树形结构展现等功能。如表 14-1 所示，为挤压机关键备件清单，平台将不同备件生成不同备件编码，规范化存入系统，最终备品备件维护界面如图 14-4 所示，相关人员可以在该界面对备件信息进行维护。

表 14-1 挤压机关键备件清单

序号	备件名称	序号	备件名称
1	挤压筒	6	先导电磁阀
2	挤压杆	7	溢流阀
3	固定挤压垫	8	单向节流阀
4	剪刀	9	泵头比例阀
5	油缸密封	10	压力传感器

续表

序号	备件名称	序号	备件名称
11	液压系统用滤芯	16	无触点开关
12	液压软管总成	17	按钮、指示灯
13	主机密封件	18	输入模块
14	压力表开关	19	输出模块
15	压力表	20	稳压电源

资料来源：中国重型机械研究院

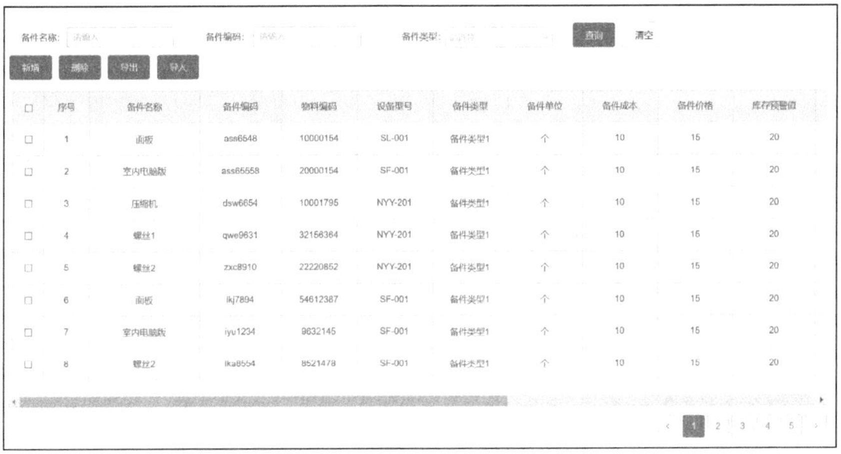

图 14-4　备品备件维护界面

资料来源：中国重型机械研究院

2. 备件库存管理

备件库存管理模块应该具备库存管理功能、采购管理功能和备件报废功能。图 14-5 展示了平台备品备件库存管理界面，在该界面可迅速查看不同仓库的产品数量类型，并在操作界面处理仓库中备件的调拨、领用出库、报废和返修等。

3. 备件统计分析

备件统计分析模块，主要用来对备件库存进行预警和展示，需要涉及备件需求计划和预警统计。

备件需求计划是针对一段时间内备件的采购需求清单，是从备件需求计划到备件采购、接收的全过程的源头管理。需求计划主要由各需求部门在系统中创建需求计划，经内部审批后、提交相应责任部门执行或汇总，用于指导采购计划的制订。其制订过程需要根据需求、备件订单周期、损坏率三类参数确定备件安全

序号	仓库名称	总入量	总出量	可用数量	实际数量	预留数量	操作
1	仓库1	20	0	20	20	0	查看 >
2	仓库2	40	0	40	40	0	查看 >
3	仓库3	50	10	40	40	0	查看 >
4	仓库4	60	25	35	35	0	查看 >
5	仓库5	70	35	35	35	0	查看 >

图 14-5 备件库存管理界面

资料来源：中国重型机械研究院

库存，低于安全库存，需立即补货，或根据设备运维过程中得到的预警信息与现有备件存库对比，发现需临时继续采购部件，立即采购，如图 14-6 所示。

备件需求计划确定模型如下，其中 TC 为年度总费用，D 为需求量，C 为单价，Q 为订货量，S 为每次订货费用，H 为单位库存费用，已知上述假设，年总总费用可表示为

$$TC = DC + (D/Q)S + (Q/2)H$$

由此可得到订货批量公式为 $EOQ = \sqrt{2DS/H}$，订货次数 = 年需求量/经济订购批量，订货点 = 日平均需要量×平均订货提前期 + 安全库存。

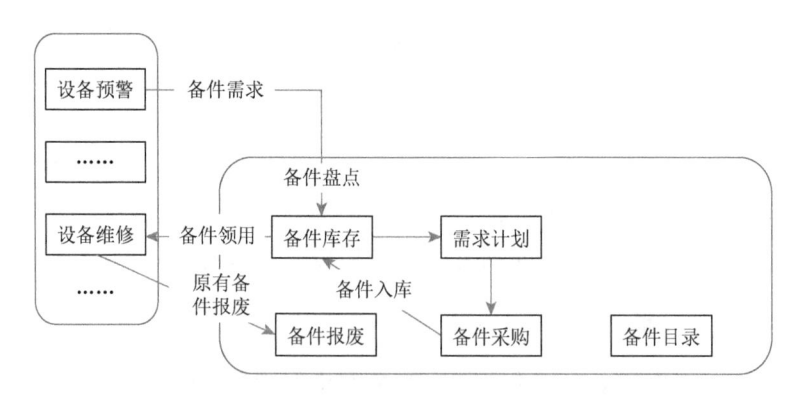

图 14-6 运维故障与备件管理协同机制

平台根据备件计划设置备件阈值、一旦备件数量低于阈值或触发备件管理机制，平台会发出预警信息，提醒备件管理方根据预警信息做出相对应的操作，如图 14-7 所示。

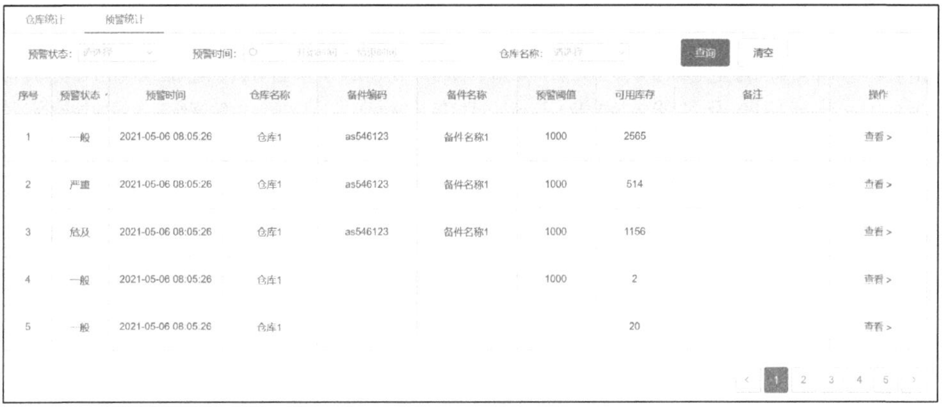

图 14-7 平台备品预警统计

资料来源：中国重型机械研究院

备件的库存管理和改进是一项长期的工作，只盲目依靠经验是不能维持备件库存管理的正常运行的。例如，现有的模型中备件需求量的确定、订货提前期等指标往往依靠库存计划人员的经验。然而，在人工智能和大数据时代，只靠库存计划人员的经验来做库存管理是远远不够的，这种粗放式管理已经很难保证企业的盈利和可持续发展，必须依靠大数据预测才能管理好库存，如订货量的确定可以利用大数据和运维预测来共同确定，精确地做好库存预测和计划，管理好库存风险。基于大数据的库存预测功能是行业数字化转型过程中必不可少的一步。

14.2 考虑不完美信息的远程运维诊断决策问题

14.2.1 远程运维中的不精确诊断与产生的错误成本

近几十年来，传统的维护成本飞速提升，以美国工业体系为例，总维护成本在 21 世纪初就达到了 12 000 亿美元。其中，因设备状态诊断错误而导致的不恰当维护，占据了总维护成本的 1/3～1/2[6]。然而，由于无法实现设备端到端数字化的高度集成，传统售后服务模式的状态诊断误差往往较大，不可避免地产生不恰当维护成本。因此，准确诊断设备退化状态并制定恰当的维护修复方法，对提升售后服务效率、降低维护成本具有重要意义。物联网技术的应用实现了产品端到端的数字化集成，高效的数据集成与应用方式降低了设备状态诊断误差，设备领先制造商如西门子、通用电气、阿斯麦等公司开始采用物联网监控实时诊断技术。感知控制技术及信息处理技术是工业物联网的核心，尽管传感器技术、监控技术和数据分析技术都取得了巨大进步，在实际生产运营过程中，监控数据仍然会受到数据噪声的影响，进而会影响服务商的判断与决策[7,8]。引发物联网不精确诊断的主要因素为数据质量问题。物联网部署的传感器可监控现实世界中的一系列反映设备状态的指标，如温度、油压、振幅、声音等，这些收集得到的数据被传输到工业物联网分析云端，通过一系列的数据挖掘步骤，如数据存储、数据预处理、预测性建模与分析等，来实时反映设备的运行状态。其核心就是从海量的设备运行数据中提取有价值的信息，并使用这些信息提前预知将要发生的设备故障。但是，工业物联网的数据具有以下特点：不确定性、噪声、大量且分散、连续性、相关性等，因而，对工业物联网的数据分析更依赖于较高的数据质量[9]。然而，在实际应用中，工业物联网的各个层级均出现不同程度的数据质量问题。工业物联网的基础构架主要包括三个层级：物理层、网络层和应用层。因此，影响物联网数据质量的因素也分布于这几个方面，Karkouch 等[10]总结了影响物联网数据质量的十大因素。

除了数据质量因素，在对设备退化状态进行预测分析时，预测模型精度以及数据与设备故障模式之间的模糊关系也会引发物联网不精确诊断。Xu 等[11]对预测模型的误差进行了介绍，例如，运用统计变量平均绝对百分比误差（mean absolute percentage error，MAPE）对预测模型的精准度进行估计，结果显示 MAPE 的值在 4.8%～16.9%浮动；当使用统计变量确定性系数（R^2）时，结果显示 R^2 的值在 17.7%～42.0%/每小时数之间浮动。另外，物联网监控得到的多源数据与设备故障模式之间的映射关系不清楚。以英飞凌（Infineon，IF）半导体后道封装工厂的引线焊接工序为例，焊线机设备的复杂与精密特性导致其存在多种故障模式，尽管内嵌传感器可以监控得到多类焊线机运转的数据，但是哪类或者哪些类数据反映何种故障模式是模糊的，这导致设备故障多检与漏检现象频发。

数据质量、预测模型以及数据源与故障模式之间的模糊联系导致了物联网的不精确诊断现象，进而引发了用户与服务商的错误成本[12]。当多检现象发生时，会导致设备用户的非必要停机成本，以及服务商额外的备件库存成本；当漏检现象发生时，会导致设备用户使用不可靠设备而生产出次品的成本，以及服务商因违反设备可靠性的补偿成本。因此需要不断调整其维护速率、技工数量以及技工能力等的决策，以保障设备的可靠性，降低停机成本。另外，Topan 等[13]总结了阿斯麦（Advanced Semiconductor Material Lithography，ASML）工厂对其全球范围内出售的光刻机运行监控中的不精确诊断因素，并分析了多检与漏检因素对其备件库存优化的影响，其中提到一些故障预警错误率达到 50%以上。多检与漏检是不精确诊断的结果，产生该结果的根本原因是对设备退化状态的判断存在误差。当设备某些关键部件的连续性退化状态超出了设备可正常使用的阈值时，由于物联网不精确诊断因素，某些已超出故障阈值的部件被诊断为正常运转，因而导致了漏检；某些未超出故障阈值的部件被诊断为故障，因而导致了多检。

尽管已经有研究开始将不精确诊断因素纳入服务运营管理决策中，但是现有研究大多关注多检与漏检的离散性诊断错误与确定性错误成本，这种假设简化了分析过程却也无法探讨错误成本的特征，错误成本又是不精确诊断的关键。因而本章关注连续性诊断误差，且相应的错误成本随着诊断误差递增，从而探讨不精确诊断导致错误成本的结构性特征。

14.2.2 问题描述

以工业物联网大数据为基础对设备状态进行分析，是制订维护计划的基础。但是在实际中，不可能对设备所有部件都进行状态监控，设备内嵌传感器只能收集设备运行状态的一部分信息，诊断专家需要从监控得到的局部信息中获取设备整体的退化状态[14]。另外，由于工业物联网极易受到外部环境的冲击，因而监控得到的数据往往受到数据噪声的影响，进而影响对设备状态的判断[10]。例如，ASML 公司对其全球范围的光刻机进行关键部件的实时监控，但是诊断产生的关键备件需求信号往往存在着误差，给企业控制备件库存成本带来挑战。然而，在以往关于诊断的决策模型中，均忽略了不精确诊断的影响；而少有的考虑不精确诊断的研究均聚焦于医疗领域，并且假设患者的状态是离散的，并且误诊造成的错误成本一定。例如，Wang 等[15]以医疗分流中的诊断中心为研究对象，考虑患者的状态为严重疾病或者轻微疾病，并且两种不同程度的疾病所需要的治疗方式不同，以 G/M/N 队列为基础，研究诊断中心的护士水平与诊断时间的决策。当诊断结果出现错误时，如将严重疾病判断为轻微或者轻微疾病判断为严重时，会产生患者以及医院的错误成本。尽管离散型诊断错误降低了问题的复杂度，但同时导致无法探讨错误成本的结构性特征，亦无法得出用户与服务商错误成本之间的相互影响关系。

专家水平与专家付出精力是诊断服务中的能力规划决策，不仅体现在医疗卫生领域[15]，如医院挂号可分为专家号和普通号，也体现在设备状态诊断领域[16]，如企业内部清晰的员工分级。在服务系统中，服务员的精力通常以服务员的平均服务时间衡量。与以往研究不同，本章考虑更为接近实际的设备状态退化过程，即设备退化的状态（如磨损、机械疲劳等）是连续过程，并且由于诊断误差而导致的错误成本随着误差的增大而增大。在实际设备退化诊断过程中，数据专家会依据工业物联网监控所得大数据分析设备退化状态并给出维护修复计划，如哪些部件需要修复或者替换等。由于数据质量以及预测模型的可靠度，专家诊断得到的结果往往存在误差。一般地，专家水平越高或者付出精力（诊断时间提升）越多，得到的分析结果越精确，如高水平的医生能更快更准确地掌握患者的病情并制订治疗方案，高水平的维修工程师可以更准确地分析设备出问题的原因[17]。同时，长的诊断时间会导致用户的等待时间的提升，从而降低用户加入服务的热情。

所以，在设备状态诊断服务设计时，服务商应考虑上述诊断精确度与系统拥挤度均衡。以 IF 半导体后道制造为例，贴片机、焊线机等在生产过程中经常出现故障，设备工程师具有助理工程师、工程师与资深工程师的等级划分，并且由于半导体制造对及时交付率具有很高的要求，因此企业在进行设备维护维修时，需要同时考虑专家水平、诊断时间以及所造成的错误成本的影响。

当考虑连续性诊断误差与不确定错误成本时，一些新的问题需要被进一步回答。

（1）应当如何建立连续性诊断误差与相应的可变错误成本模型？

（2）服务商与用户的可变错误成本对服务商决策的影响是否相同？若不同，原因何在？

（3）服务商雇用高水平的专家进行数据分析诊断，是否可以降低用户的平均等待时间？

为回答上述问题，本节考虑连续性诊断误差下的诊断误差模型，研究服务商关于诊断中心的服务能力规划相关决策。具体地，考虑设备状态诊断精度取决于专家水平以及其所付出的精力（诊断时间）[15]，本节使用正态分布对设备退化状态诊断结果建模，令设备的实际退化状态为其均值，专家水平与诊断时间乘积的倒数为标准差，即随着专家水平或者诊断时间的提高，诊断结果接近于真实值的概率逐渐增大。对于错误成本，令用户与服务商的错误成本均关于诊断误差递增。联合诊断误差与错误成本模型，建立用户的加入/退出决策模型，以此为基础，研究服务商关于专家水平、专家数量和诊断时间的联合决策，并分析相关参数对决策的影响，旨在为售后服务商提供考虑因数据质量引发的不精确诊断情境下的能力规划决策的理论支持。

14.2.3 诊断误差及错误成本模型

为便于参考，本章将所使用的参数符号总结如表 14-2 所示。

表 14-2 参数符号及含义

参数符号	含义
N	专家数量
τ	平均诊断时间，即专家付出精力
r	专家等级水平
X_1	不具备诊断过程的服务系统中，设备退化等级认定值的分布
X_2	具备诊断过程的服务系统中，设备退化等级认定值的分布
Y	设备实际退化等级值的分布
c_e	用户的最大错误成本
C_e	服务商的最大错误成本
c_r	新增专家边际成本

续表

参数符号	含义
Λ	用户潜在需求到达率
λ^e	用户实际需求到达率
U_C	用户错误成本结余
U_S	服务商错误成本结余
c_w	用户单位时间等待成本
W	用户期望等待时间
R	服务商收益

1. 诊断误差模型

本章使用 RDL（real degradation level）表示设备实际状态，IDL（indentified degradation level）表示诊断得到的设备状态。将设备退化状态的复杂度表示为 $y \in [0,1]$，并定义 y 为复杂度相关的分位数，因此服从均匀分布，即 RDL 服从 $Y \sim U[0,1]$。对于 IDL，分析以下两种情形。

（1）服务商不具备基于工业物联网的专家诊断过程时，服务技工依靠自身经验对设备的退化状态做出判断，即当设备的实际退化状态为 $Y \sim U[0,1]$ 时，诊断结果为一缩紧的退化区间，例如，诊断结果为 $X_1 \sim U[0+\varepsilon, 1-\varepsilon], 0 \leqslant \varepsilon < 0.5$，但是为简化分析，本章假设当不具备基于工业物联网的专家诊断过程时，$X_1 \sim U[0,1]$。引理 14.1 表明当诊断结果服从均匀分布时，用户与服务商的期望错误成本为常数，因此上述假设不会影响本章的结论。

（2）当服务商具备基于工业物联网的专家诊断过程时，工业物联网收集分析相应的设备数据，从而可以辅助专家做出更为精准的预测，即专家诊断结果会趋向于接近真实值。因此其判断所得到的 IDL 与实际产品状态 RDL 相近，但存在一个误差，并且该误差会随着专家等级水平（r）以及专家付出精力（τ）的增大而减小，类似假设在文献[15]中同样适用，但与该研究不同，本章考虑连续性诊断误差与可变错误成本。令 X_2 为设备状态诊断结果，假设 X_2 服从均值为 y，标准差为 $1/r\tau$ 的正态分布，即 $X_2 \sim N(y,(1/r\tau)^2)$。当 x_2 为 X_2 分布下的某个设备诊断状态时，两种特殊情形：$x_2 < 0$ 代表设备退化未被识别，$x_2 > 1$ 代表设备被诊断为完全失效状态。两种情形均具有现实意义，且上述两种错误都会产生较大的错误成本，如下所述。

2. 错误成本模型

针对上述两种情形下的 IDL，本小节分析不精确诊断导致的用户以及服务商的错误成本。对于用户而言，诊断误差会导致后续设备维护不当，因而其会承担相应的使用风险，如在制造行业中，设备维护不当会导致次品的产生；对于服务商而言，诊断误差会导致额外的库存成本，例如，诊断误差导致备件需求预测出错，因而服务商需要支付多余备件的库存成本或者紧急订购的额外成本。令 c_e 为用户的最大错误成本，即当设备实际状态 RDL 为 1（0），诊断结果 IDL 为 0（1）时，用户所承担的错误成本；同样地，令 C_e 为服务商的最大错误成本。实际值与预测值的偏差所产生的成本通常以线性函数进行拟合，因此，当设备实际状态为 y，设备诊断状态为 x 时，在两种诊断模型下，本节将用户所承担的错误成本表示如式（14-1），相应地，服务商的错误成本表示如式（14-2）。

$$c(y, x_i) = |y - x_i| c_e, i \in \{1, 2\} \quad (14\text{-}1)$$

$$C(y, x_i) = |y - x_i| C_e, i \in \{1, 2\} \quad (14\text{-}2)$$

Wood 和 Steece[18]，Cain[19] 的研究表示当预测值与实际值之间存在偏差时，线性函数可以很好地拟合预测偏差而产生的错误成本。因此，本节使用随诊断误差线性变化的错误成本模型。

同时，本节将两种情形下的期望错误成本之差作为诊断服务的效益。接下来分析上述两种情形下的期望错误成本。

情形 14-1：不具备基于工业物联网的专家诊断过程。

从上面的分析可知，当不存在专家诊断时，设备的实际状态 $Y \sim U[0,1]$，诊断得到的退化状态 $X_1 \sim U[0,1]$。因此，在该情形下，用户的期望错误成本如式（14-3）；相应地，服务商的期望错误成本如式（14-4）。

$$U_{C1} = \int_0^1 f(y) \int_0^1 g(x_1) \cdot |y - x| c_e \mathrm{d}x \mathrm{d}y \quad (14\text{-}3)$$

$$U_{S1} = \int_0^1 f(y) \int_0^1 g(x_1) \cdot |y - x| C_e \mathrm{d}x \mathrm{d}y \quad (14\text{-}4)$$

其中，$f(y)$ 与 $g(x_1)$ 分别为相应变量的概率密度函数。

情形 14-2：具备基于工业物联网的专家诊断过程。

在该情形下，设备的实际状态分布为 $Y \sim U[0,1]$，专家诊断的设备状态分布为 $X_2 \sim N\left(y, \left(\dfrac{1}{r\tau}\right)^2\right)$。因此，用户的期望错误成本如式（14-5），相应地，服务商的期望错误成本如式（14-6）。

$$U_{C2} = \min\left\{U_{C1}, \int_0^1 f(y) \int_0^1 h(x_2) \cdot |y - x| c_e \mathrm{d}x \mathrm{d}y\right\} \quad (14\text{-}5)$$

$$U_{S2} = \min\left\{U_{S1}, \int_0^1 f(y) \int_0^1 h(x_2) \cdot |y - x| C_e \mathrm{d}x \mathrm{d}y\right\} \quad (14\text{-}6)$$

其中，$f(y)$ 与 $h(x_2)$ 分别为相应变量的概率密度函数。

为研究专家诊断对服务系统的效益，本节以情形 14-1 和情形 14-2 用户与服务商的错误成本之差作为收益，称为错误成本结余。因此，用户关于专家诊断服

务的效益为 $U_C = U_{C1} - U_{C2}$；服务商关于专家诊断服务的效益为 $U_S = U_{S1} - U_{S2}$。对 U_C 以及 U_S 进行分析，可得到以下结果。

引理14.1 当专家水平 r 外生时，错误成本结余 U_C 以及 U_S 关于诊断时间 τ 均单调递增且凹的，即 $\frac{\partial U_C}{\partial \tau} > 0$，$\frac{\partial U_S}{\partial \tau} > 0$；$\frac{\partial^2 U_C}{\partial \tau^2} < 0$，$\frac{\partial^2 U_S}{\partial \tau^2} < 0$。当诊断时间 τ 一定时，错误成本结余 U_C 以及 U_S 关于 r 的性质与 τ 一致。

证明：以 U_C 关于 τ 的性质为例进行说明。首先，$U_{C1} = \int_0^1 f(y) \int_0^1 g(x_1) \cdot |y-x| c_e \mathrm{d}x\mathrm{d}y = \frac{c_e}{3}$。即当诊断结果仍旧为均匀分布时，错误成本为常数，因此可以验证情形 14-1 中假设的合理性。其次，$U_{C2} = \int_0^1 f(y) \int_0^1 h(x_2) \cdot |y-x| c_e \mathrm{d}x\mathrm{d}y = \frac{2c_e}{\sqrt{2\pi r\tau}} - \frac{c_e}{(r\tau)^2} \{2\Phi(r\tau) - 1\}$。因此，当 r 一定时，$U_C(\tau) = U_{C1} - U_{C2} = \frac{c_e}{3} - \frac{2c_e}{\sqrt{2\pi r\tau}} + \frac{c_e}{(r\tau)^2} \{2\Phi(r\tau) - 1\}$。对 $U_C(\tau)$ 求取一阶导数，可以得到 $\frac{\partial U_C}{\partial \tau} = \frac{2c_e}{r^2\tau^3} \left[\frac{1}{\sqrt{2\pi}} (r\tau) + (r\tau) \frac{\mathrm{d}\Phi(r\tau)}{\mathrm{d}\tau} - (2\Phi(r\tau) - 1) \right]$。因为 $\tau > 0$，可知 $\Phi(r\tau) \in \left(0, \frac{1}{2}\right)$。因为 $\frac{\mathrm{d}\Phi(r\tau)}{\mathrm{d}\tau} = \frac{1}{\sqrt{2\pi}} \mathrm{e}^{-\frac{(r\tau)^2}{2}} > 0$，所以可得 $\frac{\partial U_C}{\partial \tau} > 0$。对 $U_C(\tau)$ 关于 τ 求取二阶导数，可得 $\frac{\mathrm{d}^2 U_C}{\mathrm{d}\tau^2} = \frac{2c_e}{r^2\tau^4} \left\{ -\frac{2}{\sqrt{2\pi}} (r\tau) - 4(r\tau) \frac{\mathrm{d}\Phi(r\tau)}{\mathrm{d}\tau} + 6\Phi(r\tau) - 3 + (r\tau)^2 \frac{\mathrm{d}^2\Phi(r\tau)}{\mathrm{d}\tau^2} \right\}$。因为 $\Phi(r\tau) \in \left(0, \frac{1}{2}\right)$，$\frac{\mathrm{d}\Phi(r\tau)}{\mathrm{d}\tau} > 0$，$\frac{\mathrm{d}^2\Phi(r\tau)}{\mathrm{d}\tau^2} = \frac{1}{\sqrt{2\pi}} \mathrm{e}^{-\frac{(r\tau)^2}{2}} \cdot (-(r\tau)) < 0$，可得 $\frac{\partial^2 U_C}{\partial \tau^2} < 0$。综上可得 $\frac{\partial U_C}{\partial \tau} > 0$ 且 $\frac{\partial^2 U_C}{\partial \tau^2} < 0$。其他性质同理可得。

引理 14.1 的结果与现实情况一致：当专家水平 r 一定时，情形 14-2 下的错误成本 U_{C2} 和 U_{S2} 取决于诊断时间。当诊断时间 τ 增加时，正态分布 X_2 变得越陡峭，说明专家诊断结果 IDL 越来越趋近于设备真实状态 RDL。也就是说，诊断精度提高且错误成本降低，错误成本结余随之提高。另外，诊断精度的上限为 1，所以错误成本结余关于 τ 是凹的。因为在 U_C 以及 U_S 中，r 与 τ 是对称的，所以上述性质同样适用于专家水平 r。

用户与服务商的决策顺序为：服务商首先确定专家平均诊断时间；之后，依据服务商的决策，用户权衡自身对诊断服务的感知效益与等待成本的相对大小，做出是否要加入诊断服务的决策。因此，本节首先对于给定服务商决策，研究用户的加入或者退出决策。服务商与用户的决策顺序如图 14-8 所示。

图 14-8 服务商与用户的决策序列

14.2.4 用户的加入/退出决策

用户对于诊断服务的净效益取决于错误成本结余和系统拥挤水平,即用户加入该服务队列后的等待时间。假设顾客都是同质的并且队列长度不可见,即所有用户都有同样的期望等待时间和加入队列的概率。用户期望等待时间是有效需求到达率 λ、诊断时间 τ 和专家数量 N 的函数,表示为 $W(\lambda, \tau, N) > 0$。本章假设诊断时间 τ 服从指数分布,用户潜在需求到达率 Λ 服从泊松分布,因此使用 M/M/N 队列对诊断系统进行建模。尽管 M/M/N 队列的期望等待时间是可以求出的,但是形式过于复杂而无法进一步分析本章所关注的内容。因此,本章使用 "N-fold capacity" 的方法对 M/M/N 队列的期望等待时间进行近似,如式(14-7)所示,该近似使得本章可以专注于处理服务商的最优专家数量及诊断时间的决策。Zhang 等[20]和 Tong 等[21]证明了当队列的服务强度 $\rho \to 1$ 时,该近似方法可以得到与精确值一样好的结果。本章的研究背景是设备维护服务,Maddah 等[22]指出维护服务系统的特点就是高强度流量,服务员一直处于工作状态,即 $\rho \to 1$。因此,期望等待时间可以表示为

$$W(\lambda, \tau, N) \approx \frac{1}{\dfrac{N}{\tau} - \lambda} \tag{14-7}$$

当 $N=1$ 时,式(14-7)变成 M/M/1 队列的精确期望等待时间。用户关于诊断服务的净效益由错误成本结余以及等待成本共同决定:

$$U(\tau, N) = U_C(\tau) - c_w \cdot W \tag{14-8}$$

其中,c_w 为用户的单位时间等待成本。

不失一般性,本章假设当用户选择退出服务时,用户效益为 0。令 $p^e(N, \tau)$ 为当服务时间为 τ、专家数量为 N 时用户选择加入的概率,即混合均衡决策。用户会一直选择加入队列,直到用户的净效益为 0。本章假设用户是同质的,即在均衡状态下用户选择加入队列的概率相同。引理 14.2 给出了用户均衡决策。

引理 14.2 当专家水平 r 外生时,对于给定的专家诊断时间 τ 和专家数量 N,令 $\lambda(N, \tau)$ 代表 $U(\tau, N) = 0$ 的唯一解,即 $\lambda(N, \tau) = \dfrac{N}{\tau} - \dfrac{c_w}{U_C(\tau)}$。用户的均衡决策如式(14-9)。

$$p^e(N,\tau) = \begin{cases} 1, & \Lambda < \dfrac{N}{\tau} - \dfrac{c_w}{U_C(\tau)} \\ \lambda(N,\tau)/\Lambda, & \Lambda > \dfrac{N}{\tau} - \dfrac{c_w}{U_C(\tau)} \text{且} U_C(\tau) > c_w\tau \\ 0, & U_C(\tau) < c_w\tau \end{cases} \quad (14\text{-}9)$$

证明：用户的期望收益函数为 $U(\tau,N) = U_C(\tau) - c_w \cdot \dfrac{1}{\dfrac{N}{\tau} - \lambda}$，分以下三个方面对引理14.2进行分析。第一，当所有潜在用户均选择加入队列时，用户的期望收益函数仍为正，即 $U_C(\tau) - c_w \cdot \dfrac{1}{\dfrac{N}{\tau} - \Lambda} > 0$ 时，可得 $\Lambda < \dfrac{N}{\tau} - \dfrac{c_w}{U_C(\tau)}$ 且 $\lambda^e = \Lambda$。此时，选择加入是用户的唯一均衡，用户的选择加入的概率 $p^e(N,\tau) = 1$。第二，当只有一位用户加入队列且其期望收益仍为负，即 $U_C(\tau) - c_w\tau < 0$ 时，可得 $U_C(\tau) < c_w\tau$，此时选择离开是用户的唯一均衡，则 $p^e(N,\tau) = 0$。第三，当用户的期望收益落入上述两情形之间时，用户选择加入的概率为 $p^e(N,\tau) = \lambda(N,\tau)/\Lambda$。

引理14.2给出了用户需求的三种情形。

情形14-3：全部加入。

该情形下，错误成本结余高，即使所有的潜在用户都选择加入，期望等待成本仍然小于错误成本结余。因此，选择加入是用户的唯一均衡策略，即 $p^e(N,\tau) = 1$。

情形14-4：全部退出。

该情形下，当只有一位用户选择加入，等待成本还大于错误成本结余，即 $p^e(N,\tau) = 0$。因此，选择退出是用户的唯一均衡策略。

情形14-5：部分加入。

当用户的期望效益处于上述两种情形之间时，用户选择加入的混合策略均衡为 $p^e(N,\tau) = \left(\dfrac{N}{\tau} - \dfrac{c_w}{U_C(\tau)}\right)/\Lambda$。引理14.2的证明可由上述三种分类情形得到。

14.2.5 服务商的最优决策分析

基于引理14.2的结果，本节探讨服务商最优能力规划决策，分析专家水平外生时服务商关于诊断时间与专家数量的决策，即服务商无法自己决定专家水平。当专家水平外生时，服务商通过确定最优诊断时间和专家数量以最大化自身效益。本节通过以下两个步骤解决服务商效益最大化问题。首先，对于给定的服务时间

τ，确定最优的专家数量 $N(\tau)$；然后，确定服务商效益最大化的服务时间 τ^*，进而得到 $N(\tau^*)$。

1. 专家数量决策

服务商需向专家支付薪资费用，并且薪资水平随着专家水平、专家数量与诊断时间的增大而增大。首先，假设提升专家水平的边际成本不断提高，本节使用二次函数表示专家水平投资，这与现实情况一致：由于高水平专家的稀缺性，提升专家水平越来越难。其次，本节使用线性成本函数表示专家数量与诊断时间的薪资成本。在本节中，诊断时间 τ 代表专家所付出的精力，随着 τ 的增大表示专家在解决用户需求上所付出的精力越多，因此相应的专家薪资成本随着诊断时间的增大而增大。线性能力规划成本函数与现有研究一致，如文献[23]和文献[24]。综上所述，服务商的目标函数如式（14-10）。

$$\max_{\tau>0, N>0} R(N,\tau) = U_s(r,\tau)\lambda^e - c_r r^2 \tau N \qquad (14\text{-}10)$$

其中，c_r 为薪资变化系数。接下来，首先证明在该队列系统中，均衡需求到达率与潜在需求到达率相等，即 $\lambda^e = \Lambda$。

定理 14.1 对于任意给定的诊断时间 $\tau > 0$，如果服务商的效益为正，即 $R > 0$，则

（1）均衡状态下的需求到达率与潜在需求相等，即 $\lambda^e = \Lambda$。

（2）最优专家数量为可以使得所有潜在用户加入服务的最小值，即 $N(\tau) = \tau\left(\dfrac{c_w}{U_C(\tau)} + \Lambda\right)$。

证明：假设有效需求 $\lambda^e = \dfrac{N}{\tau} - \dfrac{c_w}{U_C(\tau)} < \Lambda$，对专家数量 N 求偏导，可得 $\dfrac{\partial \lambda^e}{\partial N} = \dfrac{1}{\tau} > 0$。令 $v^e(N,\tau) = \dfrac{\lambda^e(N,\tau)}{N}$，可得 $\dfrac{\partial v^e(N,\tau)}{\partial N} = \dfrac{N\dfrac{\partial \lambda^e}{\partial N} - \lambda^e}{N^2} = \dfrac{N\dfrac{1}{\tau} - \lambda^e}{N^2} = \dfrac{\dfrac{c_w}{U_C(\tau)}}{N^2} > 0$。根据式（14-10）中的服务商收益函数，可得 $\dfrac{\partial R}{\partial N} = \dfrac{\partial (U_s(\tau)v^e - \theta r\tau)N}{\partial N} = \left[U_s(\tau)\dfrac{\partial v^e}{\partial N}\right]N + U_s(\tau)v^e - c_r\tau r^2$。当 $R > 0$ 时，可得 $U_s(\tau)v^e - c_r\tau r^2 > 0$，进而 $\dfrac{\partial R}{\partial N} > 0$。因此，$\exists N^* > N$，使得 $R(N^*,\tau) > R(N,\tau)$。因此，当 $\lambda^e < \Lambda$ 时，服务商收益随着 N 的增大而增大。当 $\lambda^e = \Lambda$ 时，可得 $\dfrac{\partial \lambda^e}{\partial N} = 0$，$\dfrac{\partial R^*}{\partial N} = -c_r\tau r^2 < 0$，此

时服务商效益随着 N 的增大而减小。因此，有效需求到达率 $\lambda^e = \Lambda$。

由式（14-9）可知，λ^e 的增长率要高于 N，因此可以得到 $R(mN,\tau) > mR(N,\tau)$，$m > 1$。所以，服务商的效益会随着专家数量的提高而提高。但是，当 $\lambda^e = \Lambda$ 时，继续增加专家数量只会提高薪资成本，服务商收益也会下降。因此，最优专家数量应当满足：当有效需求为 Λ 时，式（14-8）中用户的均衡效益为零；由此可得 $N(\tau) = \tau\left(\dfrac{c_w}{U_C(\tau)} + \Lambda\right)$。该定理同时说明服务商会尽可能地保障服务系统能力与需求相同，即服务强度 $\rho \to 1^-$，这也一定程度上证明了（14-7）假设的合理性。

定理 14.1 说明当服务商可以自行决定专家数量时，管理者的最优决策是通过调整服务系统的诊断精度—拥挤度均衡，以使得所有的潜在用户加入服务。同时，应在保证上述目标的前提下，尽量降低专家薪资成本支出，即专家的数量应当设置为恰好可以使得所有潜在用户选择加入服务的最小值。接下来，由定理 14.1 可以得到专家数量与诊断时间的关系。

推论 14.1 诊断时间与专家数量之间为非单调性关系。当 $\tau < \tau_1$ 时，专家数量 N 随着诊断时间 τ 的增大而减小；当 $\tau > \tau_1$ 时，专家数量 N 随着诊断时间 τ 的增大而增大，其中，τ_1 可以由 $\dfrac{c_w}{U_C(\tau)} + \Lambda - \tau\dfrac{c_w}{U_C^2}\dfrac{\partial U_C}{\partial \tau} = 0$ 解得。

证明：对定理 14.1 的最优专家数量关于诊断时间求导，可得 $\dfrac{\partial N}{\partial \tau} = \dfrac{c_w}{U_C(\tau)} + \Lambda - \tau\dfrac{c_w}{U_C^2}\dfrac{\partial U_C}{\partial \tau}$；$\dfrac{\partial^2 N}{\partial \tau^2} = -\dfrac{2c_w}{U_C^2}\dfrac{\partial U_C}{\partial \tau} + 2c_w\tau\dfrac{1}{U_C^3}\left(\dfrac{\partial U_C}{\partial \tau}\right)^2 - c_w\tau\dfrac{1}{U_C^2}\dfrac{\partial^2 U_C}{\partial \tau^2} > 0$。此外，一阶导数的上下限为 $\lim\limits_{\tau \to 0}\dfrac{\partial N}{\partial \tau} = \lim\limits_{\tau \to 0}\dfrac{c_w}{U_C(\tau)} + \Lambda - \tau\dfrac{c_w}{U_C^2}\dfrac{\partial U_C}{\partial \tau} = -\infty$；$\lim\limits_{\tau \to \infty}\dfrac{\partial N}{\partial \tau} = \lim\limits_{\tau \to \infty}\dfrac{c_w}{U_C(\tau)} + \Lambda - \tau\dfrac{c_w}{U_C^2}\dfrac{\partial U_C}{\partial \tau} = \dfrac{c_w}{\frac{c_e}{3}} + \Lambda > 0$。因此，存在点 τ_1 使得专家数量最少。

传统思维会认为当平均诊断时间增大时，用户的期望等待时间也会增大，因此为降低用户等待时间，服务商会增加专家数量。但是，推论 14.1 发现当诊断时间增大时，服务商未必会增加专家数量，原因是诊断时间增大时用户的错误成本结余也增大，服务商关于专家数量的决策实际是由错误成本结余的增长量与等待时间的增长量的相对大小决定的。当后者大于前者时，服务商应当提升专家数量以降低用户平均等待时间；当前者大于后者时，服务商应减少专家数量以获取更多的消费者剩余。本章将 τ_1 称为"专家数量最小化时间"。该结论的管理意义在于当专家诊断时间增大时，管理者不应当一味地增加专家数量以降低用户的平均等待时间，应当考虑诊断精度与等待时间之间的均衡，再决定是否需要增加专家数量。

2. 最优诊断时间决策

将定理 14.1 的最优专家数量 $N(\tau)$ 以及有效需求到达率 $\lambda^e = \Lambda$ 代入服务商的效益函数（14-10）中，服务商的效益函数转变如式（14-11）。

$$\max_{\tau>0} R(\tau) = U_s(\tau)\Lambda - c_r r^2 \tau^2 \left(\frac{c_w}{U_C(\tau)} + \Lambda \right) \quad (14\text{-}11)$$

求解上述优化问题，可得定理 14.2。

定理 14.2 当专家水平外生时，服务商的最优决策如下。

（1）最优诊断时间 τ^* 可由式（14-12）唯一确定：

$$\Lambda \frac{\partial U_s}{\partial \tau} - c_r r^2 \left[2\tau \left(\Lambda + \frac{c_w}{U_C} \right) - \tau^2 \frac{c_w}{U_C^2} \frac{\partial U_C}{\partial \tau} \right] = 0 \quad (14\text{-}12)$$

（2）相应地，对应的最优专家数量如式（14-13）：

$$N^*(\tau^*) = \tau^* \left(\frac{c_w}{U_C(\tau^*)} + \Lambda \right) \quad (14\text{-}13)$$

（3）用户的期望等待时间如式（14-14）：

$$W^*(\tau^*) = \frac{U_C(\tau^*)}{c_w} \quad (14\text{-}14)$$

证明：对 R 关于诊断时间 τ 求二阶导数，可得 $\frac{\partial^2 R}{\partial \tau^2} = \Lambda \frac{\partial^2 U_s}{\partial \tau^2} - 2 c_r r^2 \Lambda - c_r r^2 \left[\frac{2 c_w}{U_C} \left(\tau \frac{1}{U_C} \frac{\partial U_C}{\partial \tau} - 1 \right)^2 - \tau^2 \frac{c_w}{U_C^2} \frac{\partial^2 U_C}{\partial \tau^2} \right]$，根据引理 14.1 可知，$\frac{\partial^2 U_s}{\partial \tau^2} < 0$ 与 $\frac{\partial^2 U_C}{\partial \tau^2} < 0$。因此，可得 $\frac{\partial^2 R}{\partial \tau^2} < 0$。$R$ 关于诊断时间 τ 的一阶导数为 $\frac{\partial R}{\partial \tau} = \Lambda \frac{\partial U_s}{\partial \tau} - c_r r^2 \left[2\tau \left(\Lambda + \frac{c_w}{U_C} \right) - \tau^2 \frac{c_w}{U_C^2} \frac{\partial U_C}{\partial \tau} \right]$，并且 $\lim_{\tau \to 0} \frac{\partial R}{\partial \tau} = \infty$，$\lim_{\tau \to \infty} \frac{\partial R}{\partial \tau} = -\infty$，所以，最优诊断时间 τ^* 可以由一阶条件唯一确定。进而可以确定 $N^*(\tau^*)$ 和 $W^*(\tau^*)$。

定理 14.2 给出了服务商的最优决策。定理 14.2 说明当诊断时间较小时（$\tau < \tau^*$），随着诊断时间的增大，服务商从错误成本结余中获取的效益大于薪酬的支出，因此，服务商的净效益随着诊断时间的增大而增大；当诊断时间达到一定程度时（$\tau > \tau^*$），错误成本结余的边际收益越来越小，并且随着时间增大，其无法弥补对于薪酬的支出，造成服务商净收益的降低。本章将 τ^* 称为"效益最大化诊断时间 τ^*"。

在实际中，管理者为降低专家的薪资成本，往往会雇用尽量少的专家人员，即推论 14.1 的专家数量最小化时间 τ_1；但是定理 14.2 得到的服务商效益最大化时间却与专家数量最小化时间不同。推论 14.2 给出了"专家数量最小化时间 τ_1"与"效益最大化时间 τ^*"的关系。

推论 14.2 效益最大化诊断时间大于专家数量最小化时间，即 $\tau_1 < \tau^*$。

证明：本节通过反证法验证上述结果。首先，根据推论 14.1 可得 $\frac{c_w}{U_C(\tau)} + \Lambda - \tau \frac{c_w}{U_C^2} \frac{\partial U_C}{\partial \tau}|_{\tau=\tau_1} = 0$。另外，将该等式代入定理 14.2 的一阶条件，可得 $\frac{\partial R}{\partial \tau}|_{\tau=\tau_1} = \Lambda \frac{\partial U_s}{\partial \tau} - c_r r^2 N|_{\tau=\tau_1}$。若 $\tau_1 > \tau^*$，易知 $\frac{\partial R}{\partial \tau}|_{\tau=\tau_1} < 0$ 根据引理 14.1 与推论 14.1，可知 $\frac{\partial U_s}{\partial \tau}$ 随着 τ 的增大而减小，N 随着 τ 的增大而增大，可得 $\Lambda \frac{\partial U_s}{\partial \tau} - c_r r^2 N|_{\tau=\tau_1} > \Lambda \frac{\partial U_s}{\partial \tau} - c_r r^2 N|_{\tau=\tau^*}$。另外，根据推论 14.1，可得 $\frac{\partial N}{\partial \tau}|_{\tau=\tau^*} = \frac{c_w}{U_C(\tau)} + \Lambda - \tau \frac{c_w}{U_C^2} \frac{\partial U_C}{\partial \tau}|_{\tau=\tau^*} < 0$。因此，联系上述等式与不等式，可以证明 $\frac{\partial R}{\partial \tau}|_{\tau=\tau_1} = \Lambda \frac{\partial U_s}{\partial \tau} - c_r r^2 N|_{\tau=\tau_1} > \Lambda \frac{\partial U_s}{\partial \tau} - c_r r^2 N|_{\tau=\tau^*} > \Lambda \frac{\partial U_s}{\partial \tau} - c_r r^2 \left[2\tau \left(\Lambda + \frac{c_w}{U_C} \right) - \tau^2 \frac{c_w}{U_C^2} \frac{\partial U_C}{\partial \tau} \right] = \frac{\partial R}{\partial \tau}|_{\tau=\tau^*} = 0$，这与 $\frac{\partial R}{\partial \tau}|_{\tau=\tau_1} < 0$ 矛盾，所以最终可证明 $\tau_1 < \tau^*$。

在实际中，服务商为减少薪酬支出，往往会雇用尽可能少的专家。但是，推论 14.2 表明当服务商采用专家数量最小化诊断时间时，并不能获取最高的效益，原因是当诊断时间处于 (τ_1, τ^*) 时，随着诊断时间的提高，错误成本结余的增长仍高于薪酬增长，所以，服务商的净收益也会增长。上述结果的管理意义在于，服务管理者在考虑降低薪酬支出的同时，应同时考虑错误成本结余（即诊断收益）的影响。使用最少数量的专家并不能给企业带来最大的效益。

3. 参数分析

依据前面的结果，本小节将分析外部参数如何影响上述均衡决策。

1）专家水平 r

在以上的分析中，假设专家水平 r 是外生的，在拓展模型中本章将取消该假设做进一步分析。本小节分析外生专家水平对均衡决策的影响机理。

定理 14.3 随着专家水平 r 的不断提高，服务商的最优诊断时间 τ^* 与专家数量 $N^*(\tau^*)$ 都减小；用户与服务商的错误成本降低。

证明：由 $\frac{\partial^2 U_C}{\partial \tau \partial r} = \frac{2c_e}{r\tau^3} \left[-\frac{1}{\sqrt{2\pi}} r\tau - 3z \frac{d\Phi(r\tau)}{d\tau} + (4\Phi(z) - 2) + z^2 \frac{d^2\Phi(r\tau)}{d\tau^2} \right] < 0$，同

理可得 $\frac{\partial^2 U_s}{\partial \tau \partial r}<0$。对定理 14.2 的一阶条件 $\Lambda \frac{\partial U_s}{\partial \tau}-c_r r^2\left[2\tau\left(\Lambda+\frac{c_w}{U_C}\right)-\tau^2 \frac{c_w}{U_C^2}\frac{\partial U_C}{\partial \tau}\right]=0$
关于 r 求导（隐函数求导），可得

$$\frac{\mathrm{d}\tau}{\mathrm{d}r}=-\frac{\Lambda\frac{\partial^2 U_S}{\partial \tau \partial r}-2c_r r\tau\Lambda-2c_r r\tau\frac{c_w}{U_C}\left[\left(1-\tau\frac{1}{U_C}\frac{\partial U_C}{\partial \tau}\right)\left(1-r\frac{1}{U_C}\frac{\partial U_C}{\partial r}\right)\right]+c_r r^2\tau^2\frac{c_w}{U_C^2}\frac{\partial^2 U_C}{\partial \tau \partial r}}{\Lambda\frac{\partial^2 U_S}{\partial \tau^2}-2c_r r^2\Lambda-2c_r r^2\frac{c_w}{U_C}\left(1-\tau\frac{1}{U_C}\frac{\partial U_C}{\partial \tau}\right)^2+c_r r^2\tau^2\frac{c_w}{U_C^2}\frac{\partial^2 U_C}{\partial \tau^2}}$$

$$=\frac{-\frac{\partial^2 R}{\partial \tau \partial r}}{\frac{\partial^2 R}{\partial \tau^2}}<0$$

均衡状态下专家数量为 $N^*(\tau^*)=\tau^*\left(\frac{c_w}{U_C(\tau^*)}+\Lambda\right)$，定理 14.3 已证明 $\frac{\mathrm{d}\tau}{\mathrm{d}r}<0$，所以，只需证明 $\frac{\partial U_c}{\partial r}>0$。

$$\frac{\partial U_c}{\partial r}=\frac{\partial U_c}{\partial r}+\frac{\partial U_c}{\partial \tau}\frac{\mathrm{d}\tau}{\mathrm{d}r}=\frac{1}{r^3\tau^3}\left[\frac{1}{\sqrt{2\pi}}(r\tau)+(r\tau)\frac{\mathrm{d}\Phi(r\tau)}{\mathrm{d}\tau}-(2\Phi(r\tau)-1)\right]\left(\tau-r\frac{\frac{\partial^2 R}{\partial \tau \partial r}}{\frac{\partial^2 R}{\partial^2 \tau}}\right),$$

求取 $\frac{\partial^2 R}{\partial \tau \partial r}$ 与 $\frac{\partial^2 R}{\partial \tau^2}$，可以得到 $r\frac{\partial^2 R}{\partial \tau \partial r}<\tau\frac{\partial^2 R}{\partial \tau^2}$。因此，可以证明得到 $\frac{\partial U_c}{\partial r}>0$。进而，可以证得 $\frac{\partial N}{\partial r}<0$。因此，可得定理 14.3 的结果。同理可得 $\frac{\partial U_s}{\partial r}>0$。注意错误成本结余 U_c 与 U_s 的单调性与相应错误成本相反。

Alizamir 等[16]与 Wang 等[15]考虑离散性诊断错误的研究，由于其错误成本为确定的，所以未对错误成本进行深入分析。定理 14.3 给出了错误成本与专家水平之间的关系，即当外生的专家水平提高时，用户与服务商的错误成本降低，均衡状态下用户的期望净效益为零，所以服务商会减少专家数量以提升用户的等待成本，进而获取更多的消费者剩余。服务商可以有更多的空间来提高服务速率以及减少专家数量，以降低薪酬支出。从定理 14.3 可以推演出接下来关于期望等待时间与专家水平之间的关系。

推论 14.3 均衡状态下用户的期望等待时间 $W^*(\tau^*)$ 随着专家水平 r 的提高而不断提高。

证明：均衡状态下用户的期望等待时间为 $W^*(\tau^*)=\frac{U_C(\tau^*)}{c_w}$，定理 14.3 已经证明

$\frac{\partial U_c}{\partial r}>0$，因此，容易证得$\frac{\partial W}{\partial r}>0$，即期望等待时间随着专家水平的提高而提高。

本章使用数值算例更直观地对定理 14.3 与推论 14.3 的结果进行说明，如图 14-9 和表 14-2 所示（参数设置为：$c_e=10$，$C_e=40$，$\Lambda=2$，$c_w=1$，$c_r=1$）。传统思维会认为高水平的专家会降低用户的期望等待时间。但是，推论 14.3 说明雇用的专家等级越高，用户的期望等待时间，即系统的拥挤程度也越高（图 14-9（b））。其原因是当其他参数一定时，提高专家水平会增加用户的错误成本结余，然而在均衡状态下，用户的期望效益为 0，因此，服务商会通过减少专家数量的方式提高用户的等待成本，从而降低薪酬支付，获得更多的消费者剩余。更直观的解释是诊断的精度越高，用户越愿意等待。

定理 14.3 和推论 14.3 中结果的管理意义在于当管理者雇用的专家水平越高时，应当制定更快的服务速率，这样就可以减少专家数量以降低薪资成本。但是，管理者往往认为因为高水平专家提高了诊断速率，所以均衡状态下用户的期望等待时间会降低。然而推论 14.3 的结果显示上述直觉并不正确，高水平专家实际上导致系统越来越拥挤，原因是服务商会降低专家的数量。

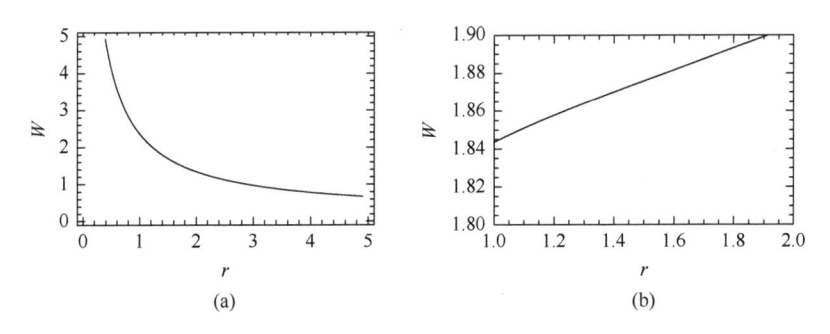

图 14-9 专家水平对诊断时间与用户等待时间的影响

2) 服务商以及用户的最大错误成本 C_e, c_e

诊断误差给服务商与用户均带来了错误成本，如果诊断误差为正，即过度预估了设备退化状态，会导致用户非必要的停机成本，同时导致服务商更多的备件库存成本；如果诊断误差为负，即预估退化状态不足，会导致维护不足而使用户承担相应成本（如生产设备维护不足会导致次品的增多），同时服务商会承担违反产品可靠度的赔付成本。

本节研究上述错误成本对服务商均衡决策的影响。首先，使用解析分析方法研究服务商最大错误成本 C_e 对均衡决策的影响，同时使用数值算例的方法研究用户最大错误成本 c_e 的影响。

定理 14.4 随着服务商最大错误成本 C_e 的提高，

(1) 最优诊断时间 τ^* 与专家数量 N^* 增大；

(2) 用户的期望错误成本降低，但是期望等待时间提高。

证明：对一阶条件 $\Lambda \dfrac{\partial U_s}{\partial \tau} - c_r r^2 \left[2\tau \left(\Lambda + \dfrac{c_w}{U_c} \right) - \tau^2 \dfrac{c_w}{U_c^2} \dfrac{\partial U_c}{\partial \tau} \right] = 0$ 关于 C_e 求导，

可得 $\dfrac{\mathrm{d}\tau}{\mathrm{d}C_e} = \dfrac{-\Lambda \dfrac{\partial^2 U_s}{\partial \tau \partial C_e}}{\Lambda \dfrac{\partial^2 U_s}{\partial \tau^2} - 2c_r r^2 \Lambda - 2c_r r^2 \dfrac{c_w}{U_c} \left(1 - \tau \dfrac{1}{U_c} \dfrac{\partial U_c}{\partial \tau} \right)^2 + c_r r^2 \tau^2 \dfrac{c_w}{U_c^2} \dfrac{\partial^2 U_C}{\partial \tau^2}}$。

根据引理 14.1，易得 $\dfrac{\partial^2 U_s}{\partial \tau \partial C_e} < 0$。因此，$\dfrac{\mathrm{d}\tau}{\mathrm{d}C_e} > 0$。对于专家数量，有 $\dfrac{\mathrm{d}N}{\mathrm{d}C_e} = \dfrac{\mathrm{d}N}{\mathrm{d}\tau} \dfrac{\mathrm{d}\tau}{\mathrm{d}C_e} > 0$。对于用户期望等待时间，$W^*(\tau^*) = \dfrac{U_C(\tau^*)}{c_w}$，有 $\dfrac{\mathrm{d}U_C(\tau^*)}{\mathrm{d}C_e} = \dfrac{\mathrm{d}U_C(\tau^*)}{\mathrm{d}\tau} \dfrac{\mathrm{d}\tau}{\mathrm{d}C_e} > 0$，因此，可得 $\dfrac{\mathrm{d}W^*(\tau^*)}{\mathrm{d}C_e} > 0$。

定理 14.4 表明当服务商的最大错误成本提高时，服务商应当提高诊断时间以确保诊断精度，其原因是服务商可以获取更高的错误成本结余。同时，用户的期望错误成本随着诊断精度的提高而降低，因为用户在均衡状态下的收益为 0，所以服务商会提高用户的等待成本。上述结果表明当服务商的最大错误成本升高时，用户的期望错误成本会降低，区别于传统离散型诊断错误研究，该结论揭示了服务商与用户错误成本间的联系。然后，本小节使用数值算例模型研究用户的错误成本 c_e 对服务商均衡决策的影响，同时比较服务商错误成本与用户错误成本对服务商均衡决策影响的异同。令 $\Lambda = 2$，$r = 1$，$c_w = 1$，$c_r = 1$；此外，当分析 c_e 时，令 $C_e = 40$，当分析 C_e 时，令 $c_e = 10$，数值算例结果如图 14-10 和表 14-3 所示。

表 14-3 各参数对均衡状态的影响

参数	取值	τ^*	N^*	W^*	R^*
C_e	20	3.302	8.414	1.824	3.021
	30	3.347	8.518	1.835	4.698
	40	3.389	8.616	1.844	6.441
	50	3.431	8.707	1.860	8.316
c_e	5	3.404	10.46	0.932	5.976
	10	3.389	8.616	1.844	6.441
	13	3.177	7.701	2.358	7.246
	15	3.099	7.344	2.705	8.362

续表

参数	取值	τ^*	N^*	W^*	R^*
Λ	1	3.170	4.918	1.813	2.935
	1.5	3.338	6.818	1.843	4.686
	2	3.389	8.616	1.844	6.441
	2.5	3.426	10.407	1.860	8.260
r	0.5	5.952	15.207	1.802	3.159
	1	3.389	8.616	1.844	6.441
	1.5	2.097	5.312	1.876	10.356
	2	1.421	3.588	1.905	15.839

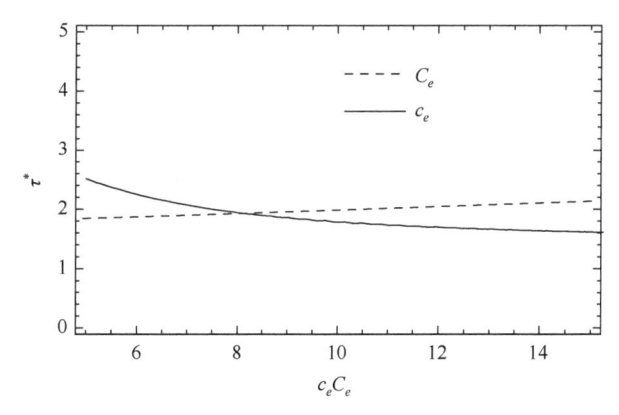

图 14-10　c_e 和 C_e 对最优诊断时间的影响

数值算例的结果首先验证了定理 14.4 的正确性。此外，结果表明当用户的最大错误成本 c_e 增大时，服务商应当降低诊断时间和专家数量。原因是随着 c_e 增大，用户的错误成本结余增大，因此，服务商有更多的空间来提高服务速率（降低诊断时间），并且，随着用户错误成本结余的增大，服务商可以减少专家数量，提高用户的期望等待时间，从而减少专家的薪资支出。上述结果的管理意义在于针对不同的错误成本的变化，管理者应当采取不同的措施应对。

3）潜在需求到达率 Λ

在现有的相关研究以及工业实践中，潜在的需求到达率对均衡决策的影响往往容易被忽略。但是，从定理 14.2 可知，潜在需求对服务商均衡决策有着重要的影响。定理 14.5 揭示了在考虑诊断精度与拥挤度均衡的诊断服务系统中，潜在需求到达率对服务商最优决策的影响。

定理 14.5　随着潜在需求到达率 Λ 的不断提高，

（1）最优诊断时间 τ^* 与专家数量 N^* 增大；

（2）服务商与用户错误成本降低，用户的期望等待时间升高。

证明： 对一阶条件 $\Lambda \dfrac{\partial U_s}{\partial \tau} - c_r r^2 \left[2\tau \left(\Lambda + \dfrac{c_w}{U_c} \right) - \tau^2 \dfrac{c_w}{U_c^2} \dfrac{\partial U_c}{\partial \tau} \right] = 0$ 关于 Λ 求导，

可得 $\dfrac{\mathrm{d}\tau}{\mathrm{d}\Lambda} = \dfrac{-\dfrac{\partial U_s}{\partial \tau} - 2c_r r^2 \tau}{\Lambda \dfrac{\partial^2 U_s}{\partial \tau^2} - 2c_r r^2 \Lambda - 2c_r r^2 \dfrac{c_w}{U_c}\left(1 - \tau \dfrac{1}{U_c}\dfrac{\partial U_c}{\partial \tau}\right)^2 + c_r r^2 \tau^2 \dfrac{c_w}{U_c^2}\dfrac{\partial^2 U_C}{\partial \tau^2}} > 0$。

对于专家数量关于潜在需求求导，有 $\dfrac{\mathrm{d}N}{\mathrm{d}\Lambda} = \dfrac{\mathrm{d}N}{\mathrm{d}\tau}\dfrac{\mathrm{d}\tau}{\mathrm{d}\Lambda} > 0$。对于用户期望等待时间，$W^*(\tau^*) = \dfrac{U_C(\tau^*)}{c_w}$，有 $\dfrac{\mathrm{d}U_C(\tau^*)}{\mathrm{d}\Lambda} = \dfrac{\mathrm{d}U_C(\tau^*)}{\mathrm{d}\tau}\dfrac{\mathrm{d}\tau}{\mathrm{d}\Lambda} > 0$，因此，可得 $\dfrac{\mathrm{d}W^*(\tau^*)}{\mathrm{d}\Lambda} > 0$。

本章使用数值算例对上述定理进行直观解释，参数选择为 $c_e = 10$，$C_e = 40$，$r = 1$，$c_w = 1$，$c_r = 1$，数值算例的结果如图 14-11 和表 14-3 所示。

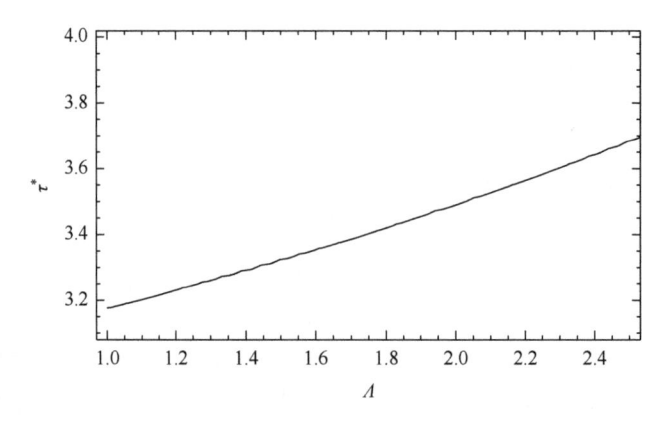

图 14-11　潜在需求 Λ 对均衡诊断时间的影响

定理 14.5 表明当服务商面对一个潜在需求较高的市场时，应当提升诊断专家数量的同时提高诊断精度。传统理念认为当潜在需求高时，应当降低平均诊断时间以服务更多的用户，但是，在本章的背景下，服务商的最优策略是使得所有潜在用户选择加入。因此，对于服务商而言，总的错误成本结余为 $U_s \cdot \Lambda$，服务商确定的诊断精度越高，其所获取的总错误成本结余也就越高。随着诊断时间的提高，服务商因此需要雇用更多的专家来降低系统的拥挤程度。因为诊断的时间的提高，用户的错误成本结余提升，所以用户的期望等待成本升高（均衡状态用户净效益为 0）。上述结果的管理意义在于当市场的潜在需求提高时，服务商不仅应当增加专家的数量，还应提升诊断精度。

14.2.6 管理启示

本章将设备退化状态与诊断误差拓展至连续性过程，并考虑随诊断误差递增的可变错误成本模型。通过建立排队论模型研究诊断系统的诊断精度-用户等待均衡，确定诊断过程中服务商关于诊断时间、专家数量和专家水平的决策，并分析相关参数对服务商决策与用户和服务错误成本的影响，得到以下管理启示。

（1）从服务系统拥挤度来看，尽管雇用高水平专家会提升诊断精度，但系统的拥挤度，即用户等待时间也会提高。由于当服务系统达到均衡状态时，服务商会获取所有消费者剩余，因此当诊断精度提高时，用户错误成本降低，所以服务商会减少专家数量以减少薪资支出，导致用户的等待成本增高，即随着专家水平的提高，用户实际的等待时间不降反升。对于服务管理者来说，雇用的专家等级越高，其应当相应地减少专家数量，并且应适当提升服务系统的"缓冲区"以容纳更多的用户。

（2）从错误成本角度看，对于因不精确诊断而导致的用户与服务商错误成本，服务管理者应当区分对待。首先，如果服务商自身的最大错误成本提高，如备件的库存成本或者违反设备可靠性承诺的惩罚成本增高，则服务商应当提升平均诊断时间以提升诊断的精确度，此时用户的期望错误成本降低；但是，如果用户的最大错误成本提高，如生产次品的成本或者非计划停机成本提高，则服务管理者需要降低平均时间与诊断精度，从而获取所有的消费者剩余，尽管此时服务商的错误成本升高，但净利润也提高。同时，随着市场潜在需求的提高，管理者不仅应当增加诊断专家的数量，还应提高诊断精度，降低错误成本。

（3）从专家数量角度看，服务商的最优专家数量决策受诊断时间的影响呈非单调性：管理者一般认为随着平均诊断时间增大，应当雇用更多的专家以降低用户平均等待时间，但是这只发生在诊断精度很高的情形下。当诊断精度较低时，随着平均诊断时间提高，用户获取的边际错误成本结余收益超过等待成本的增加，所以，为获取所有的消费者剩余并提高自身利润，服务管理者应当降低专家数量。

14.3 运维服务之基于机器视觉的产品质量检测案例

14.3.1 复杂重型装备生产产品质量检测需求

复杂重型装备所生产的一些基础材料是国民经济发展必不可少的重要材料，如铝板带等，被广泛应用于航空、航天、交通、建筑等行业，受到相关产业政策的大力支持。本节以高品质铝板带精整机组为例，介绍机器视觉方法在复杂重型装备用户服务中的重要作用。

2017年，党的十九大报告明确指出，加快建设制造强国，加快发展先进制造业。国家发展改革委、工业和信息化部、行业协会等部门及组织先后出台了多项铝压延加工行业的专项规划和产业发展调整纲要，支持铝轧制材行业的发展。目前，相较于国外铝合金板带精整技术极薄、高速、高精度的发展，我国铝板带行业在压延性能、平整精度等指标上尚有差距，特别是应用于高铁及航空行业的高品质铝合金板材精整机组尚需进口，而有"黑匣子"之称的工艺模型更是成为严重制约机组整体技术水平的瓶颈，急需通过自主研发、技术攻关彻底掌握，以解决卡脖子问题，替代进口。

本案例项目的建设单位ZZY公司是1956年创建的国家级综合应用技术研发机构，现隶属于世界500强国机集团。主要从事矿山焦化、精炼、连铸、轧制、挤压锻造、环保装备技术研发和工程总包。ZZY公司拥有国家重点实验室等17个国家、行业、省级研发创新与产业化平台，设有博士后科研工作站，拥有以中国工程院院士为引领的创新研发团队。先后荣获350多项国家和省部级科技奖励，创造了300多项"中国第一"，拥有1200多件专利，制、修订160余项国家及行业标准，2021年入选全国"科改示范企业"。

ZZY公司于2018年在与国外同行业高水平公司同台竞争的国际招标中，成功中标ZW公司的高品质铝板带精整机组项目，4条国产化机组合同总额2.4亿元，为国内用户节省了大量的原始投资。该项目的整体任务是针对高铁动车、航空航天、汽车制造、船舶制造等工业对铝板轻量化、高韧性、可回收的需求，开展高品质铝合金带卷高速清洗拉矫机组关键技术与设备研究，开发具有自主知识产权的高品质铝合金带卷高速清洗拉矫机组，掌握关键核心技术，达到国际先进水平，实现完全国产化。

该项目4条机组已于2019年7月至2020年1月依次全部成功投产，投产不到2年，共完成高精铝板产能40多万吨，为客户带来直接经济收入近100亿元。然而，ZZY公司通过对ZW公司的用户回访调查发现，由于目前订单的大量增加，该机组的生产成品率不足的问题逐渐凸显。以2020年为例，全年度12个月的月均成品率为98.18%，造成的经济损失约2100万元。产品生产过程中成品率偏低的问题，给公司造成了很大的浪费和损失，同时也对交付给其顾客的产品质量造成隐患，势必影响公司在行业上的竞争力。因此，提高机组生产成品率迫在眉睫。为了提高生产成品率，需要通过对案例的研究，结合现场的使用情况，从用户最关心的提高生产成品率的问题出发，查找影响产能的各类因素，运用管理学方法及工具，选出核心问题、分析根本原因、寻求解决方案，将方案提供给用户，并持续跟踪整改过程，记录整改效果，协助用户提高生产成品率。

通过调研发现，影响成品率的因素较多，机组通信干扰（2D）、不合格产品漏检现象（1C）为可接受影响因素。操作人员的操作拖延（5D）、维修不及时（4D）、铝板表面出现不规则斑点（3C）、高压刷洗辊轻微震动（5E）、边部吹扫机构运行不灵活（4E）、缝合机存在偶尔不脱模现象（3D）、废料运输机存在废边堆积现象（5E）、圆盘剪剪切极薄带跑偏现象（3D）、粘胶带机使用不便（5E）、铝板表面出现拉矫震纹（4C）、电气故障处理停机时间（5D）、因高速运行设备带水问题造成的不能提速（5D）等为需制定风险缓解措施的影响因素。成品铝卷层间粘伤为影响生产成品率的关键质量因素，为此，需要针对粘伤问题进行分析。

14.3.2 基于机器视觉的产品测量

在传统运维方式下，以往故障处理时间长的原因在于每次故障处理都需要经过电话沟通、外派维修人员、现场问题处理等步骤。最占用时间的环节是项目现场在天津距离设计单位西安路途较远，每次故障处理，均要耗费大量时间在路上。同一个问题沟通多次都得不到解决的原因在于电话沟通信息不对称，用户往往不能准确、清晰地在电话里描述故障和问题。处理同一问题的时间长短不一的原因在于电气维护人员缺乏经验（因用户电气维护人员跳槽的流动性太大，补充的新人水平较差）。因此，本节基于复杂重型装备网络协同平台，利用远程运维功能和机器视觉原理对产品进行测量，并分析产品缺陷原因。

如图 14-12 所示，机组采用高频频闪仪作为光照系统，通过 CCD 摄像机进行图像采集，经过图像采集卡输入工业计算机进行处理，与正常的成品图片进行比对，根据结果将粘伤缺陷分级，控制机构相应做出"继续生产/降级/停机报废"的执行处理。进而实现在线检测、机器识别的自动化生产和智能化故障诊断。

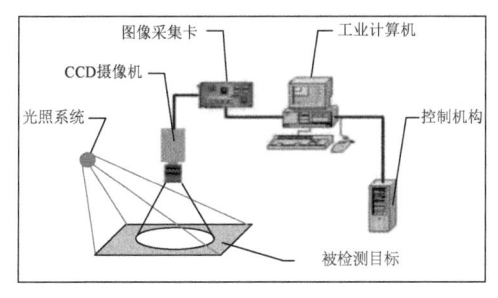

图 14-12 机器视觉测量原理图及三维效果图

首先，针对铝板生产过程中成品铝卷层间粘伤问题，确定相关定义如下。
（1）在铝板生产过程中粘伤定义：铝板正面、侧面是否出现白点（样品单元格内出现的白点的数量）。

（2）对粘伤的严重度进行定义：按照长和宽各100mm（即1dm）的正方形面积取样，以每个样品单元格出现的粘伤白点个数来定义严重度等级。

（3）因为有粘伤的铝板卷层不能返工，项目团队成员根据粘伤严重度对产品商定处理方案。

通过测量数据并对粘伤数据与产品数据进行拟合后，发现粘伤的原因主要如下。

（1）铝带越软、越薄、越宽，在生产过程中，会将空气卷入A处铝带与铝卷接触处的层间，在下一圈包裹的过程中，挤出气泡会引起层间滑移，发生粘伤。

（2）A、B切点间卷取张力的波动引发铝带层间摩擦，出现粘伤；张力不变时，会造成大卷径外圈箍紧力过大，层间滑移。

因此，解决卷入气泡问题；提高A、B切点间带材运行的稳定性，消除速度差是处理产品生产率低的关键问题。

14.3.3　平台运维方案

围绕两点问题根源，结合图14-13，运维联盟给出以下解决方案。

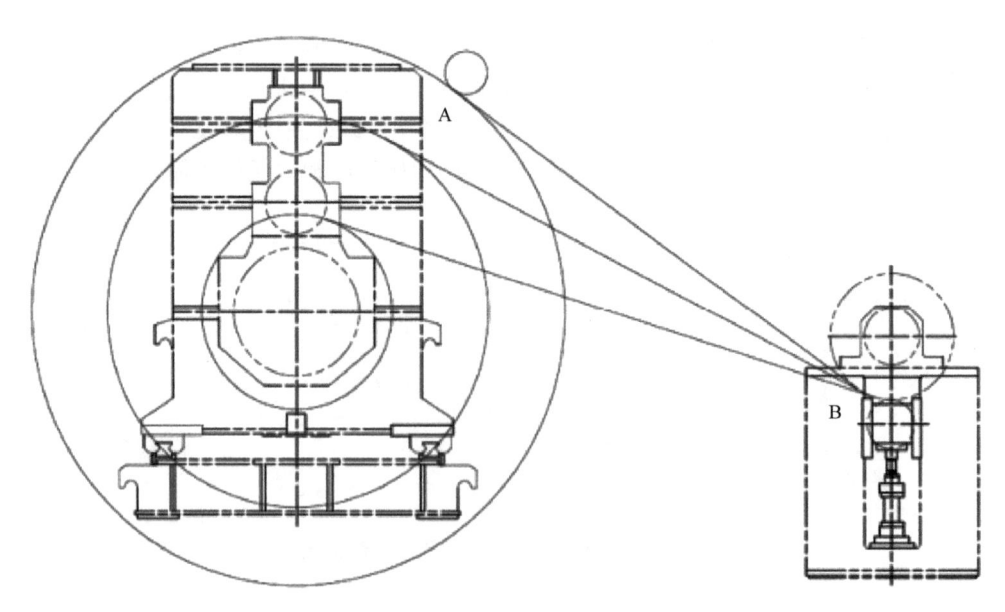

图14-13　铝卷生产卷取示意图
资料来源：中国重型机械研究院

（1）加展平辊：在切点 A 处添加一个橡胶辊，并要求此橡胶辊能够在卷取机卷筒上的铝卷卷径不断增大的过程中，始终压在切点线上，且压力恒定可调节。此胶辊的作用：阻隔速度波动，消除速度差；展平带材，消除带材的褶皱；使空气无法卷入带材，消除气泡。

（2）采用卷取张力梯度控制措施：即对卷径从小到大的过程中采用可变张力卷取，即张力梯度控制方案，在铝卷最小径时使用 1.2 倍的工艺要求张力，然后张力线性慢慢增大，到卷取到最大径时，张力下降到工艺张力的 80%。此方案的作用：增大内圈基础张力，张力梯度使运行更稳定；减轻了张力波动；降低了内松外紧的箍紧力，消除了速度差。

（3）借助平台的远程运维服务模块：通过构建远程运维服务模块，搭建项目建设单位和使用单位之间的网络架构，实现了项目建设单位可以远程在线实时监控生产问题，及时给出处理建议。且用户端可以利用知识图谱拥有自学习功能，不断记录故障类型和解决方案，形成并丰富故障数据库。

运维方案确定后，维护实施小组针对解决方案进行实施，目前三个问题解决方案均已落到实处，卷取张力梯度控制方案于 2021 年 6 月末投入运行，卷取机展平辊也已经制作完成并于 2021 年 7 月 2 日在工程现场安装使用。根据用户最近使用的生产情况反馈，已基本解决了卷取层间粘伤的问题。从用户处抽调的 2021 年 7 月份的生产情况记录数据表明，因为解决了粘伤问题，2021 年 7 月份的生产成品率较 2020 年的月平均水平提高了 0.85%，经济效果显著。

14.3.4 其他运维案例分析

1. 挤压机常见故障分析

本小节针对复杂重型装备运维常见故障进行分析。同样，以挤压机为例，统计了某公司 2021 上半年 120MN 挤压机运维情况。总的来说，6 个月时间内，针对 120MN 挤压机的运维单共产生了 183 次，平均每天都有一次运维过程。其中，停机故障累计 30 次，非停机故障累计 87 次，其余多为预防性维修或检修过程。在这半年运维单过程中，运维时间总工时达到了 1000h 以上，即平均每天运维工时要占据至少 5h。对此，我们统计了较为常见的 10 个故障部件及其部分常见故障原因及解决措施，具体内容如表 14-4 所示。从表中可以看出，对于挤压机而言，剪刀、挤压筒、喷粉机、液压系统、供锭机是出现故障最常见的部件，但对于每个部件而言，出现故障的原因有很多。如对挤压机剪刀而言，半年内共 29 次运维记录中，只有两次运维故障原因是重复的，其他故障均不相同，同样解决措施也不相同。

表 14-4 挤压机常见部件故障分析

部件名称	故障原因	解决措施/工作内容
剪刀	剪刀垂直不动作	电磁阀卡阻手动动作后恢复
	不喷石蜡	喷头堵塞清理后重新安装
	残料锤漏油	更换密封
	残料锤上升不到位	调节接近开关
	感应不到位	调整开关
	剪刀不喷石蜡	更换气管
	剪刀垂直感应不到位	调整恢复
	剪刀剪不动	更换剪刀片
	剪刀剪切时带动模具刮伤型材	剪刀粘铝严重，打磨后恢复
	剪刀喷油嘴坏	处理恢复
	剪刀无动作	更换液压阀
	剪刀无法垂直	手动调节电磁阀
挤压筒	挤压筒不后退	检查阀台，149 继电器坏，更换继电器
	刮铝	调整供锭机械手
	挤压筒不加热	更换 4 区热电偶恢复
	挤压筒锁紧压力达到 276×10^5Pa 无法松开	检查各电磁阀及继电器未见异常，自行恢复
	挤压筒无法靠轮	调整电子尺
	铜滑板脱落	回装恢复
	中心润滑油管脱落	重新安装恢复
喷粉机	喷粉机不喷粉，管道堵塞	排堵恢复
	喷粉机不自动前进	配合工程师处理
	喷粉机机械到位杆变形	校正打磨后回装恢复
	不动作	处理恢复
	喷粉机变频器通信故障	断电重启恢复
	喷粉机不动作，喷粉机前进到位感应杆卡阻	清洁后恢复正常
	喷粉机回位弹簧断裂	处理恢复
液压系统	19 号泵断路器跳闸	重新合闸恢复
	19 号泵电机电源线烧断	更换电机
	3 号主泵偏角控制器坏	更换调试恢复
	6 号泵跳闸	更换接触器
	8 号泵无法启动	检查接触器无备件待更换
	挤压机供液泵联轴器坏	更换恢复
	液位低报警	加油

续表

部件名称	故障原因	解决措施/工作内容
供锭机	供锭机械手报警无法复位	配合工程师处理
	变频器报警	配合工程师处理
	供锭机不前进	联系工程师处理
	供锭机械手推锭到位后，机械手不前进	调整到位开关
	润滑电机报警	检查线路重启后恢复
	手指无法打开，闭合	更换电机电源线后恢复
淬火1	变频器报警	降温处理
	第一根辊筒脱落	焊接处理
	排水阀门未打开	更换处理
清缸垫	清缸垫开关支架脱焊	重新焊接恢复
	清缸垫下降到位信号丢失	调整恢复
	清缸垫感应开关支架脱焊	临时屏蔽信号处理
供锭机械手	变频器报警	重启恢复
	打开闭合不完整	配合工程师处理
承锭台	光栅线被砸断	重新接线后恢复
	铸锭从沉淀台上机械手卡阻	调节沉淀台高度
操作室	操作室摄像头无显示	二楼平台交换机电源跳闸，合闸恢复

资料来源：中国重型机械研究院

结合上述分析能够发现，对于复杂重型装备而言，日常运维频率高且运维工时长，故障原因多样，故障运维知识库繁杂庞大，因此，有必要利用智能化手段对运维过程进行监管处理，利用平台，智能化维护设备，并前摄性预警，降低运维工时，提高运维效率，最大化减少因装备运维给用户带来的成本损失，提高用户利润。

本书的最终目的在于提出复杂重型装备网络协同制造平台的共性发展模式，并最终搭建可利用的复杂重型装备网络协同制造平台。本书研究开发的平台已经正在应用于除挤压机之外的轧机、水轮机等其他复杂重型装备。

针对挤压机，现已开发了平台原型设计界面，可以监控挤压机设备运行状态、备品备件状态、设备预警信息、远程运维模块等。

2. 基于平台的轧机运维过程

轧机是完成金属轧制过程的主要设备，它可以按照辊筒数目分为两辊、四辊、六辊、八辊、十二辊、十八辊等；可以按照辊筒的排列方式分为 L 型、T 型、F 型、Z 型和 S 型。

针对轧机，项目组将复杂装备网络协同制造平台布局在了轧机行业，其中包括轧机机组的运行状态监控系统。系统包含了轧机监控厚度自动控制（AGC）、联动、传统系统、液压系统、工艺润滑、辅助系统、工艺参数、故障预警、检测维护等模块。系统还可以检测机组模式、AGC 控制模式、AGC 运行状态、弯道运行状态等，根据状态运行参数，实时监控设备变化，并针对故障进行预警和维护。

3. 基于平台的水轮机运维过程

水轮机组是一种重要的水电设备，是水力发电行业必不可少的复杂装备，常被用于水电站发电工作，能够实现节能减排、减少环境污染。目前水轮机进入快速发展阶段，作为一种复杂重型装备，其零部件多，制造、组装工艺均较为复杂，后期运维过程由故障停机所造成的成本损失也较为巨大。因此，针对水轮机，项目组搭建了水轮发电机组网络协同制造平台，其中包括智能状态预警和故障诊断系统。系统实时监控装备运行工况、实时数据、机组管理、传感器管理、定子绕组温度预警、水斗模型故障诊断等。通过这些数据指标来管理水轮机的性能指标，监控其出力情况、效率和空蚀损坏等。当发现指标异常时，及时发出预警提示并提前运维。

如水斗式水轮机是一种适用于高水头、小流量水电站的工作射流中心线与转轮节圆相切、转轮叶片均由一系列呈双碗状水斗组成的水力原动机。水轮机在疲劳裂纹、空蚀等作用下很容易对整个系统产生破坏，因此平台可以通过射流冲击水斗应力、水斗位移等变化情况判断疲劳裂纹、空蚀等情况的出现，以提高水轮机的应用效率。

14.4 本章小结

本章针对复杂装备行业的运维服务需求，提出基于网络协同平台的多主体协同运维服务模式，介绍了复杂重型装备网络协同平台下的运维协同流程，包括前摄性运维服务和反应式运维服务，并结合前摄性运维场景介绍了平台运维备件管理协同机制。在运维流程基础上，研究了在存在设备数据误差以及不确定成本的条件下平台运维诊断决策问题，探讨了服务商的最优能力规划决策。最后，结合平台运维界面介绍了复杂重型装备平台布局现状。

参 考 文 献

[1] 李旭. 复杂装备 MRO 服务的若干关键技术研究[D]. 杭州：浙江大学，2012.
[2] 李臻. 民航发动机全寿命周期机队维修策略优化方法研究[D]. 哈尔滨：哈尔滨工业大学，2019.

[3] SHARAFALI M，TARAKCI H，KULKARNI S，et al. Optimal delivery due date for a supplier with an unreliable machine under outsourced maintenance[J]. International Journal of Production Economics，2019：208.

[4] 常丰田，周光辉，常丰姣，等. 制造商主导的多主体智能协同运维服务模式[J]. 计算机集成制造系统，2022：1-20.

[5] 肖文，王大帅. 基于复杂信息装备备件管理系统构建新思路[J]. 数字技术与应用，2022，40（4）：180-183.

[6] 廖雯竹. 基于设备衰退机制的预知性维护策略及生产排程集成研究[D]. 上海：上海交通大学，2011.

[7] NGUYEN K T P，DO P，HUYNH K T，et al. Joint optimization of monitoring quality and replacement decisions in condition-based maintenance[J]. Reliability Engineering & System Safety，2019，189：177-195.

[8] RAZA A，ULANSKY V. Optimal preventive maintenance of wind turbine components with imperfect continuous condition monitoring[J]. Energies，2019，12（19）．

[9] SAGHAFIAN S，TOMLIN B，BILLER S. The internet of things and information fusion：Who talks to who？[J]. Manufacturing & Service Operations Management，2021，24（1）：333-351.

[10] KARKOUCH A，MOUSANNIF H，AL MOATASSIME H，et al. Data quality in internet of things：A state-of-the-art survey[J]. Journal of Network and Computer Applications，2016，73：57-81.

[11] XU K，CHAN C W. Using future information to reduce waiting times in the emergency department via diversion[J]. Manufacturing & Service Operations Management，2016，18（3）：314-331.

[12] SUN M，WU F，TO NG C，et al. Effects of imperfect IoT-enabled diagnostics on maintenance services：A system design perspective[J]. Computers & Industrial Engineering，2021，153：107096.

[13] TOPAN E，TAN T，VAN HOUTUM G，et al. Using imperfect advance demand information in lost-sales inventory systems with the option of returning inventory[J]. IISE Transactions，2018，50（3）：246-264.

[14] 苏兵，林刚，郭清娥. 带有信息有限预知的片堵塞加拿大旅行者问题[J]. 系统工程理论与实践，2016，36（10）：2673-2679.

[15] WANG X，DEBO L G，SCHELLER-WOLF A，et al. Design and analysis of diagnostic service centers[J]. Management Science，2010，56（11）：1873-1890.

[16] ALIZAMIR S，DE VÉRICOURT F，SUN P. Diagnostic accuracy under congestion[J]. Management Science，2012，59（1）：157-171.

[17] 周华，周水银. 基于顾客排队行为的专业服务等级的决策问题[J]. 中国管理科学，2014，22（2）：85-93.

[18] WOOD S D，STEECE B M. Forecasting the product of two time series with a linear asymmetric error cost function[J]. Management Science，1978，24（6）：690-701.

[19] CAIN M. Median predictive cost of error with an asymmetric cost function[J]. The Journal of the Operational Research Society，1989，40（8）：735-740.

[20] ZHANG Z G，LUH H P，WANG C. Modeling security-check queues[J]. Management Science，2011，57（11）：1979-1995.

[21] TONG C，NAGARAJAN M，CHENG Y. Operational impact of service innovations in multi-step service systems[J]. Production and Operations Management，2016，25（5）：833-848.

[22] MADDAH B，NASR W W，CHARANEK A. A multi-station system for reducing congestion in high-variability queues[J]. European Journal of Operational Research，2017，262（2）：602-619.

[23] JAIN A，BALA R. Differentiated or integrated：Capacity and service level choice for differentiated products[J]. European Journal of Operational Research，2018，266（3）：1025-1037.

[24] LI B，KUMAR S. Should you kill or embrace your competitor：Cloud service and competition strategy[J]. Production and Operations Management，2018，27（5）：822-838.

第五篇　数据驱动的复杂重型装备网络协同制造平台运营管理模式

复杂重型装备网络协同制造平台的应用主要解决我国装备制造企业、应用企业的两大问题：一是装备制造企业如何从传统的装备制造商、销售商向装备全生命周期服务商的方向转型的问题；二是科研院所和集团型企业如何实现装备资源在网络环境下的集成共享、资源优化配置和利益分配问题。本篇主要研究第二个问题：在分析复杂重型装备网络协同制造平台管理与运营的基础上，针对三个关键问题进行深入研究，即网络协同制造平台任务-资源撮合机制、干系人的利益分配机制和网络协同平台的治理规则，以促进复杂重型装备行业企业基于网络化的业务协同和制造资源共享，其具体实现思路如图所示。

复杂重型装备制造平台协同管理与运营实现思路

为支持复杂重型装备网络协同制造平台上企业之间的业务协作和资源共享，首先，通过对复杂重型装备网络协同制造平台管理和运营问题进行分析，问题落脚点为人、财、物，即对平台上利益相关者进行组织管理以实现组织协同，对获得的收益进行合理分配以实现目标协同，对任务和资源撮合以实现资源的优化配置；其次，研究了考虑稀缺服务与质量损失的云制造服务组合问题，提出了一个改进的双目标云制造服务组合模型及 DA-PESA2 算法，以解决在高端制造服务具有稀缺性时寻找质量的服务组合解的难题；再次，为促进设计研究院、生产制造商积极地加入网络协同制造平台，提高复杂装备行业供应链的纵向合作效率，构建设计研究院、生产制造商和网络协同制造平台的三方演化博弈模型，动态地分析三者之间策略选择的演变趋势，并对三方协同制造策略进行动态仿真分析；最后，从用户筛选、用户留存和用户管理开展了模块化研究，以指导相关内容在网络协同制造平台上的落地。

第 15 章 网络协同制造平台管理与运营问题分析

15.1 复杂重型装备网络协同制造平台管理与运营概述

15.1.1 网络协同制造平台管理与运营的可行性

以互联网、云计算、大数据、人工智能为主要内容的新一代信息技术的发展深刻影响着复杂重型装备智能制造及其工程管理过程,正在形成以资源全球化和制造协同化为主要特征的全新产业生态和制造模式。信息服务技术以及智能决策系统的变革推动制造业实现平台转型发展。

1. 政策支持

为了应对国内国际挑战,我国将"互联网+制造"上升为国家战略的高度,出台了《中国制造 2025》等一系列战略规划和政策文件,推进我国制造业转型升级,加速迈进世界制造强国之列。表 15-1 呈现出了近五年我国出台的"互联网+制造业"相关政策。

表 15-1 近五年我国出台的"互联网+制造业"相关政策

发布时间	文件名称
2018~2021 年	政府工作报告
2018 年 6 月	工业互联网 APP 培育工程实施方案(2018—2020)
2019 年 1 月	工业互联网网络建设及推广指南
2019 年 8 月	关于促进平台经济规范健康发展的指导意见
2019 年 11 月	关于推动先进制造业和现代服务业深度融合发展的实施意见
2020 年 10 月	工业互联网+安全生产行动计划(2021—2023 年)
2020 年 12 月	关于加快构建全国一体化大数据中心协同创新体系指导意见
2021 年 1 月	工业互联网创新发展行动计划(2021—2023 年)
2021 年 12 月	"十四五"智能制造发展规划

从表 15-1 可以看出,我国大力扶持"互联网+制造业",出台的相关政策从平台建设及推广、平台经济规范发展、制造业和服务业融合、工业互联网安全生产、大数据协同创新等方面进行了战略部署,旨在引导制造业转型升级。

2. 实践探索

现阶段，制造行业已出现了多种平台。例如，GE 率先围绕 Predix 平台构建了产业生态，2016 年围绕 Predix 平台的收购案近 10 起，总金额近 400 亿美元。具体包括：并购全球第三大油服公司贝克休斯，为平台扩展石油服务应用；收购 LM 获取风力发电领域服务应用能力；收购 Bit Stew Systems 和 Wise.io 为 Predix 平台拓展从电厂、飞机发动机到数据库和软件分析能力；收购了 ServiceMax，拓展 IoT 平台管理能力。

西门子大力推动 MindSphere 云平台，拓展全球应用。继 2016 年在汉诺威工业展上正式推出 MindSphere 平台之后，2017 年，其大力拓展包括云基础设施服务商、软件开发者、物联网初创企业、硬件厂商等的 MindSphere 生态圈。在底层的云计算基础设施方面，西门子与多家云服务商合作，重点构建操作系统，提供开放的能力接口，吸引行业客户或软件开发者开发更多的工业 APP，并将这些 APP 推荐给更多的客户使用。客户可以根据自身需求选择相应 APP 对工厂运营数据进行分析，实现对生产线的智能控制，如进行预测性设备维护、远程故障诊断、产品追踪等。在云服务层面，MindSphere 合作伙伴包括亚马逊 AWS 和微软。微软为西门子提供大数据、软件计算开发能力。其与西门子合作，主要是看重西门子在工业设备领域的能力。借助西门子的 MindSphere，微软能够将自己的产品推广给更多的工业客户。在应用层面，西门子与合作伙伴已经一起开发出超过 50 个 APP，供各类工业客户选用。在 MindSphere 生态系统里，西门子自己开发了基础的工业 APP，提供各种能力，使广大合作伙伴可以基于西门子的原生 APP 迭代出更多的专业性 APP。

智能云科平台的基础是线下智能生产协同能力和工艺技术服务能力，通过平台接入分布在全国各地的六种类型、数千台 i5 智能机床等产品，提供金属切削加工等能力，根据订单智能匹配产能，大规模订单由需求方周边产能承接，单件或小批量订单也可以在合并汇聚后被接单，同时，用户还可实时查看装备忙闲状况和生产进度，掌握生产信息，制定生产目标。未来，智能云科平台通过整合资源，将形成完整的协同制造 O2O 服务体系。针对特定区域的行业特点组织设备和技术资源，建设面向企业用户的实体协同制造服务中心，支持制造业行业的转型升级。

航天云网专有云平台通过航天科工内部实行资源软整合，接入集团 600 余家单位，对设计模型、专业软件、仿真实验等上百种资源和平台在线能力，以及 1.3 万余台设备设施等进行分享，有效解决了生产单元产能闲置与超负荷运转同时存在的问题，使集团资源利用率提升了 40%，提升了集团的市场竞争力。

对于复杂重型装备行业而言，其目前所具有的平台多为企业内部私有云平台，暂未出现产业型生态平台，构建复杂重型装备行业生态平台迫在眉睫。另外，复杂重型装备网络协同制造平台的建设必须抓住自身行业的特点，结合新一代的信息技术和两化融合的国家政策，打通供应链上下游的信息流、物流、资金流，总结和学习现有工业互联网平台与产业互联网平台等的运行经验，最终形成适用于装备行业的平台管理和运营模式。

15.1.2 网络协同制造平台管理与运营的必要性

2018中国制造业产能共享发展年度报告中，对制造业领域典型共享平台的调研与案例研究，根据平台在产能共享过程中发挥的主要作用，综合考虑平台主体特征、业务模式、共享内容等因素，提出了当前我国制造业产能共享的四个主要模式：中介型、众创型、服务型和协同型共享平台[1]，具体如下。

1. 中介型共享平台

中介型共享平台是指为制造的供需双方提供对接服务的第三方平台，平台自身不拥有如设备、厂房等制造资源。平台充分整合多方资源，促进供需双方对接，需求方可以寻找多个生产方实现众包生产，生产方也可以根据自身产能同时接受多个订单。中介型共享平台有以下特点：一是"多对多"，需求方可以选择多个生产供应方，供应方也可以同时接受多个订单。二是轻资产，通常由互联网企业搭建，平台往往不拥有制造资源。三是平台承担交易撮合、安全保障、纠纷处理及相关服务性工作。中介型共享平台运营模式见图15-1。

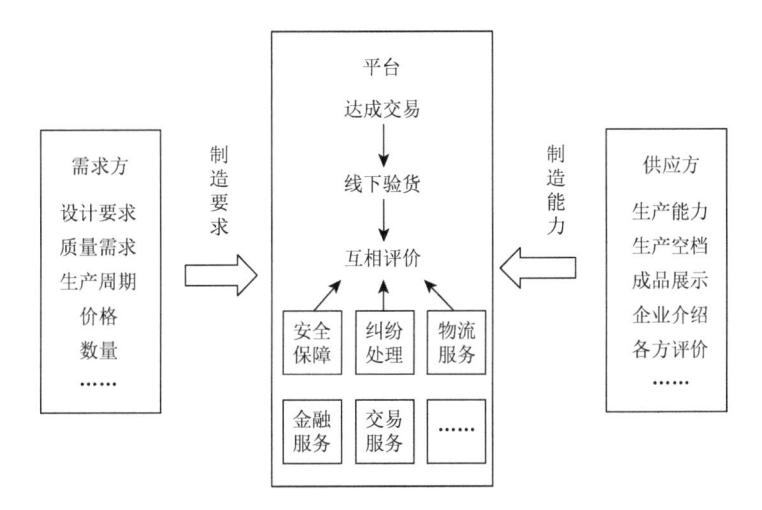

图15-1 中介型共享平台运营模式

2. 众创型共享平台

众创型共享平台一般是由大型制造企业搭建的开放性平台,通过整合平台上的研发、制造、物流、分销等能力以及财务、人力、金融等服务,打造面向企业内部和社会的创新创业生态系统。大型制造企业搭建众创型共享平台,一方面是汇聚行业内优势资源,激发企业内部创新活力,推动企业运营和组织向平台化转型,满足企业转型发展的内在需求;另一方面向社会开放自身优势资源,搭建起"人人创客"的创业生态系统,助力中小企业创新创业,降低社会创新创业成本。

众创型共享平台的特点:一是主要由大型制造企业搭建,依托企业自身的优势资源,为创客提供全流程解决方案。二是线上平台和孵化器的结合,线上汇聚了创业者、项目合伙人、创业导师,以及供应链、渠道、政府等资源。为创业者提供线上和线下的孵化服务与资源支持。众创型共享平台运营模式如图15-2所示。

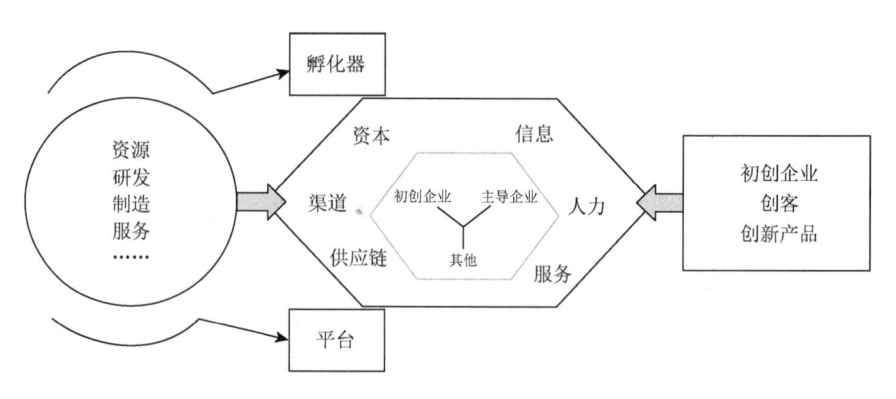

图15-2 众创型共享平台运营模式

3. 服务型共享平台

服务型共享平台通常是由工业技术型企业搭建的平台,以工业系统、软件、智能控制、工业云等技术服务共享为中心,以智能化设备为手段,实现对生产过程的全控制,提供全方位的生产服务。

在服务型共享平台中,设备共享是基础,一般通过以租代买、按时计费、按件计费、增值服务等方式把设备租赁给不同的生产方,减少闲置率,降低中小企业用户的生产成本。平台除了提供设备租赁服务,还为制造过程提供各种技术服务,包括信息数据共享、设备和工厂维护、生产控制、产品管理等。发挥互联网对于资源的统筹整合能力,使企业可以根据数据调整产品结构和服务类型,让行业提质增效、转型升级。

服务型共享平台的特点：一是平台运营方主要是拥有完备工业信息技术或智能化设备的制造企业。二是服务对象主要是信息化水平不高、智能化转型需求迫切的制造企业。三是依托于智能化设备和系统，为用户提供全方位的技术服务。服务型共享平台运营模式见图15-3。

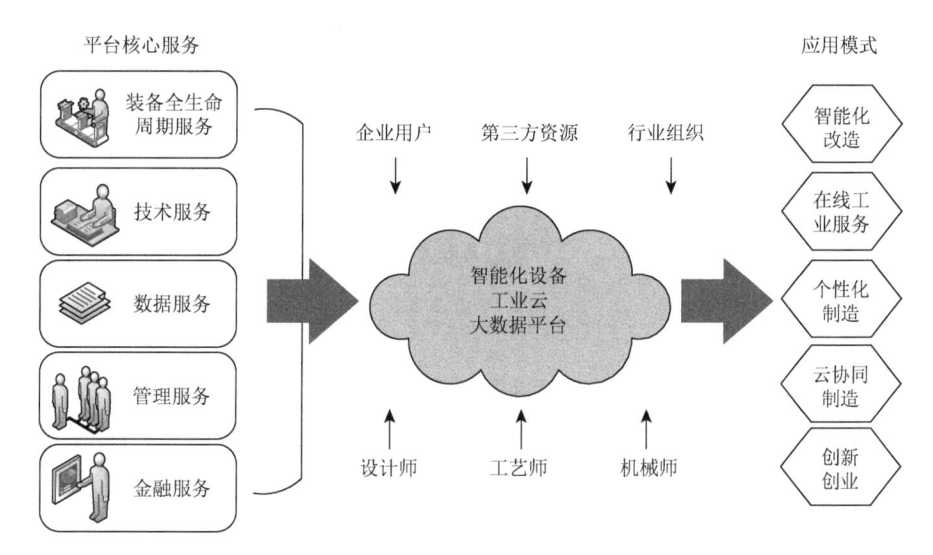

图 15-3　服务型共享平台运营模式

4. 协同型共享平台

协同型共享平台是多个企业共同使用云服务、生产设备、工厂生产线、办公空间、工人等资源的平台，实现订单共享、协同生产。协同型平台的搭建有两种方式：一是由第三方企业主导，平台承接订单，通过需求拆解将其众包给合适的小微制造企业，典型企业如生意帮等；二是由小微企业共同搭建产能资源平台，以租赁和购买服务的方式共享平台上的资源，如各类"共享工厂"。

从当前实践看，协同型平台的参与者主要是同行业、同区域的中小企业。之所以如此，一是相同行业的制造企业拥有相似的生产流程和标准，工序的分离与协同生产可以更好地实现对接；二是区域集中性让空间、设备、生产线等共享变得更容易，也有利于降低物流成本，促进上下游产业集聚；三是参与协同型平台，可以帮助中小企业节约云服务系统、工厂和设备等方面的投入。

协同型共享平台有以下特点：一是具有区域和行业集中性；二是参与方多为产业链中的中小企业；三是可以实现某区域内细分行业完整的产业链协同。协同型共享平台运营模式如图15-4所示。

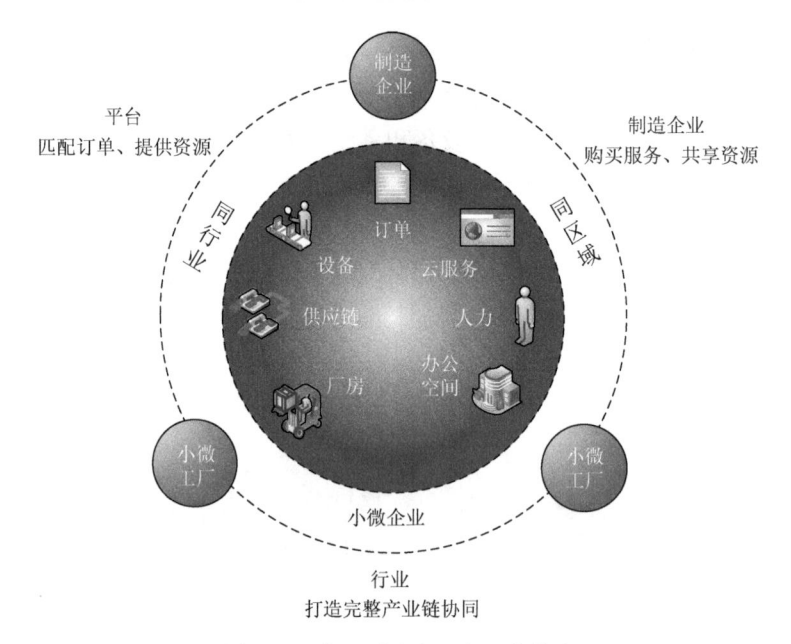

图 15-4　协同型共享平台运营模式

以上四种产能共享平台运营模式各有特征，下面从平台性质、核心功能、典型企业和存在问题四个方面比较分析现有产能共享平台运营模式，见表 15-2。

表 15-2　现有产能共享平台运营模式对比分析

运营模式	平台性质	核心功能	典型企业	存在问题
中介型	第三方平台	整合多方资源提供交易撮合	淘工厂	缺乏制造业相关经验
众创型	创新创业生态系统	汇聚行业内优势资源，激发创新活力	海创汇、航天云网	仅适合龙头制造企业
服务型	资源共享	提供设备租赁服务、制造过程技术服务	沈阳机床厂 i5	对工业技术和专业人才有较高要求
协同型	协同生产	平台接单需求拆解	生意帮	适用于同行业同区域的中小企业

从表 15-2 可以看出，中介型平台主要缺乏制造业相关经验，众创型平台仅适合龙头制造企业，服务型平台对工业技术和专业人才有较高要求，协同型平台适用于同行业同区域的中小企业。对于复杂重型装备网络协同制造行业而言，其特点主要表现在异地跨组织、定制化程度高、设计和制造的技术门槛高，现有平台的运营模式无法完全满足复杂重型装备网络协同制造平台，因此急需一套适用于该网络协同制造平台的管理运营模式。

15.2 复杂重型装备网络协同制造平台管理与运营模式

15.2.1 网络协同制造平台管理总体思路及具体方案

复杂重型装备网络协同制造平台的实质是一个由许多子系统组成的系统环境，协同管理就是通过对该系统中各个子系统进行时间、空间和功能结构的重组，产生一种具有"竞争—合作—协调"的能力，其效应远远大于各个子系统之和产生的新的时间、空间、功能结构。复杂重型装备网络协同制造平台上的各种资源，包括人、财、物、信息和业务流程组成了平台运作的基本要素，协同管理的本质就是打破资源，即人、财、物、信息、流程等之间的各种壁垒和边界，使它们为共同的目标而进行协调的运作，通过对各种资源最大化地开发、利用和增值以充分达成共同的目标。

复杂重型装备网络协同制造平台是创造条件让各个子系统通过竞争和协调，使企业自主地应对复杂多变的环境。复杂重型装备网络协同制造平台协同管理总体思路如图 15-5 所示。从图中可以看出，为了最大限度地满足用户的需求，以网络协同制造平台为基础和运营中心，实现项目实施过程中的组织协同、资源协同、目标协同、过程协同和信息协同。

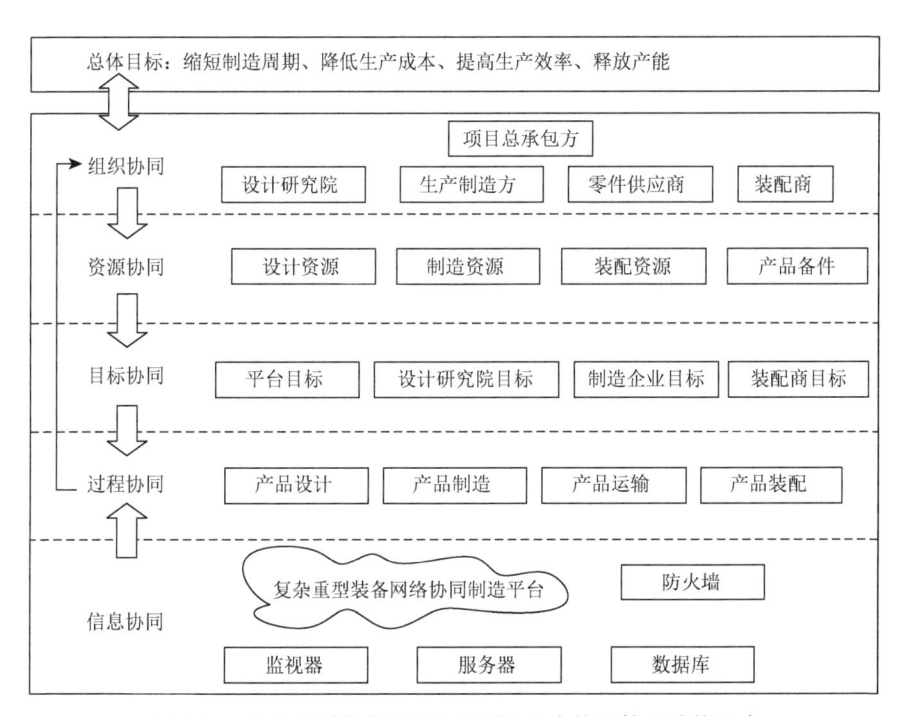

图 15-5 复杂重型装备网络协同制造平台协同管理总体思路

1. 组织协同

组织协同的目的是减少信息传递时的障碍。平台上的组织具有开放性、动态性、系统性和虚拟性等特征。一方面，平台运营方通过制定管理制度，包括用户的注册、使用权限的设置、操作手册、信息交互规定等，对项目进行全程动态监管。另一方面，通过制定规章制度约束和激励利益相关者的行为，实现复杂重型装备在平台上的组织协同。通过复杂重型装备网络协同制造平台，将设计研究院、装备制造商、装配商等核心企业、用户和资源进行整合，组建核心企业为项目负责人的临时的项目组织。通过组织协同，进行集中协同管理，使各个资源分工协作，充分发挥各自的效能，提高组织的协同效应。复杂重型装备网络协同制造平台的运作组织结构如图 15-6 所示。

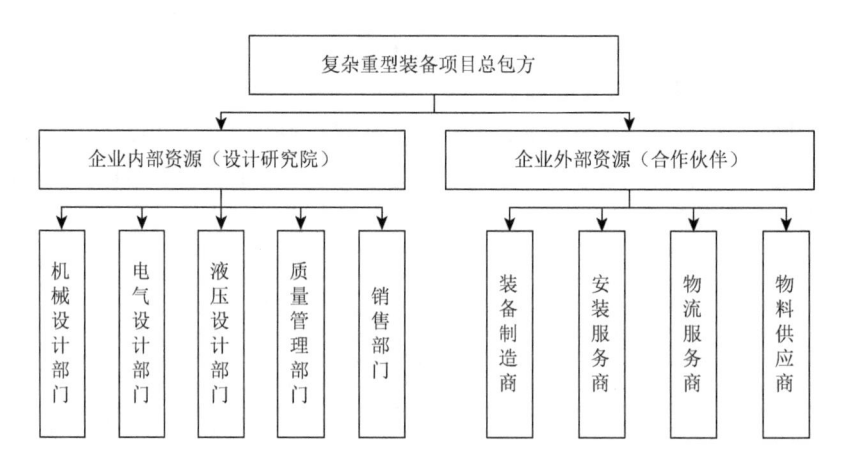

图 15-6 复杂重型装备网络协同制造平台的运作组织结构

从图 15-6 可以看出，在组织协同过程中，复杂重型装备网络协同制造平台所具备的作用是将各个项目参与主体所提供的人、机、物等资源整合起来，形成资源池。在项目组建过程中，项目总包方（设计研究院）可以直接从平台选择所需要的各类资源，组建临时项目服务小组，进行集中协同管理，通过组织间的协同效应，为用户提供服务。

复杂重型装备网络协同制造平台是项目顺利实施、高效协同运作的基础和技术支撑，平台的主要作用是向用户提供发布需求信息、供需匹配，通过对服务提供商的资源整合实现项目的集中管理[2]。一方面，复杂重型装备产品的全生命周期的活动都是通过平台进行任务分配、计划和控制的；另一方面，所有服务提供方如设计研究院、制造商、装配商、物流运输商等也都是通过平台进行集成和信息交互的。因此，由核心企业负责制定网络协同制造平台管理制度，包括用户的注册、使用权限的设置、操作使用手册、信息交互规定等，平台还需保证每个用户及资源提供方能熟练地、安全地使用平台，以实现平台运作全过程的信息透明化、交互的网络化、数据的实时化和项目的协同化。

2. 过程协同

过程协同的目的是保障项目按时、按量顺利交付。利用网络协同制造平台进行里程碑事件监控，突发情况的警报提醒，实现快速响应和全局协调与调度，使运作过程整体达到最优化。

复杂重型装备制造项目总包方从规划、设计、制造、装配和运维服务等全过程，利用复杂重型装备网络协同制造平台进行实时监控和集中协调与调度，使运作过程整体达到最优化。在中国二重调研的时候发现，紧急插单生产制造的现象时有发生，这对原本的制造任务的进度、新任务的开展带来了挑战。那么运用通用部分全局规划（generalized partial global planning，GPGP）可以有效解决此类突发情况，GPGP 是用来协调团队协同工作的实时活动，以实现一组高层次目标的协同框架，它的本质是针对不同任务关系，对本地任务优化问题施加额外约束，使本地决策近似更全局优化的问题，是全局协同优化机制[3]。在复杂重型、系统多样的环境中，每个项目成员都有局部的信息和目标，但是某一项目组的共同目标是在各种约束条件下完成所有的任务组，并使任务的效果之和最大。因此，项目总包方利用平台进行全局协调和控制，按照图 15-7 的运作过程协同框架进行协同管理。

3. 信息协同

信息协同是利用网络协同制造平台，对项目信息进行集成和控制，使得项目各参与方能够信息共享，达到高效、高质协作的目标。信息协同管理并不是一个孤立的体系，它是组织协同、过程协同、资源协同和目标协同的基础条件与保障。

因此，没有复杂重型装备网络协同制造平台，运作的协同与优化问题就是一句空话，无法实现。

在复杂重型装备网络协同制造平台下，信息系统数据需要每日更新，各参与服务的利益相关者有义务在线实时反馈项目执行情况，如项目开展的进度、零部件的质量和存在的问题等信息，设计图纸的变更、设备故障等突发事件，应通过平台及时通报给项目总包方，便于项目及时变更计划和紧急协调。

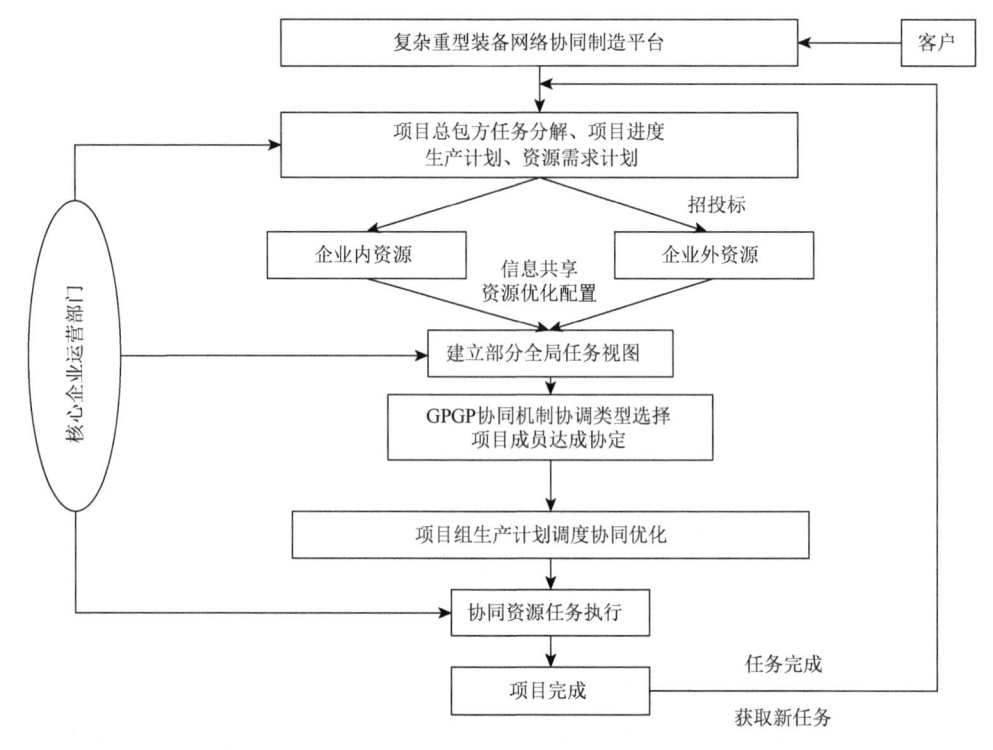

图 15-7 基于 GPGP 的复杂重型装备网络协同制造平台运作过程协同框架

4. 资源协同

资源协同是指项目组成员的资源之间通过服务平台进行信息交流和相应机制感知相互间的关系，与其进行协作交互，共同完成任务的过程。通过协同机制、均衡分配进行资源整合，实现资源的协同与优化配置，使资源之间相互作用、合作和协调而实现目标一致性与功能的互补性，最终能协同完成大型复杂任务。

资源协同的目的是实现信息交流和资源优化配置。平台不仅需要提供资源虚拟化、任务-资源匹配、数据互联互通等的技术支持，还要提供知识产权保护和数据安全保障，积极引导利益主体开放资源和共享资源。

5. 目标协同

目标协同的目的是实现项目的总体最优。平台需要制定相应的奖惩机制，防止个体理性冲突。对企业内部目标协同可以采用企业管理制度进行规范，对合作伙伴的目标协同通过合同内容进行约束和激励。

目标是目的的具体化，复杂重型装备的设计、生产制造、装配以及运维服务等涉及多个利益相关者,因此网络协同制造平台的运作具有多目标的特征,主要包括客户目标、设计研究院目标、制造商目标、装配方目标、项目总目标等。不同目标之间存着相互作用、相互制约、相互影响的关系,在这种情况下,需要对不同层次的目标进行集中管理,从而保持目标的统一和协同,以使得目标能够层层落实[4]。

目标的协同直接关系到复杂重型装备网络协同制造平台的运作效率和最终受益,一旦某个目标不能按时完成,就会对总体目标的实现产生巨大的影响,损害平台利益、核心企业利益以及用户的利益。因此,为保证目标的协同性,防止个体理性冲突,需要制定相应的奖惩机制。对核心企业内部资源可以采用企业管理制度进行规范,对合作伙伴则通过合同内容进行约束和激励。对按时按质完成者给予奖励,对不能或延期完成者给予相应的惩罚。

15.2.2 网络协同制造平台运营模式

复杂重型装备通常是一次性需求的专用产品,从客户订单到产品的设计、生产制造再到产品的装配、调试和交付,整个过程都紧密联系,环环相扣,每一阶段又都具有很强的独特性。复杂重型装备在研发和生产方面表现出的独特性、唯一性等特征使得这类产品需要运用项目管理的方式来对其整个生命周期进行管理。在设计、制造、装配调试等过程中产生的数据不仅多样,还不易处理,数据驱动给复杂重型装备的管理和运营带来机遇与挑战。

基于调研分析结果,本书提出了复杂重型装备网络协同制造平台运营模式。该模式是复杂重型装备网络协同制造平台中,结合新一代的信息技术和两化融合的国家政策,打通供应链上下游的信息流、物流、资金流,并运用项目管理的方式来对在设计、制造、装配调试等过程中产生的数据进行处理,以解决供需匹配、决策交易、定价盈利等复杂重型装备项目运转问题的模式,如图 15-8 所示。

针对复杂重型装备生命周期各过程产生数据多样、不易处理,以及网络协同平台运营过程中出现的各种问题等,研究数据驱动方法、平台商业、协同管理运营模式构建等问题。从图 15-8 可以看出,复杂重型装备网络协同管理运营模式包括对平台资源进行认证与注册,以进行资源协同,平台供需大厅对供给需求进行智能化匹配,完成项目初步报价;商业方面,用户进入平台需缴纳一定会费(初期可能为 0),且按服务付费;平台支持跨组织、异地协同、利用大数据、知识图谱、区块链等进行信息协同、资源协同、组织协同、目标协同、过程协同等五维协同一体化以实现高效的总体目标。

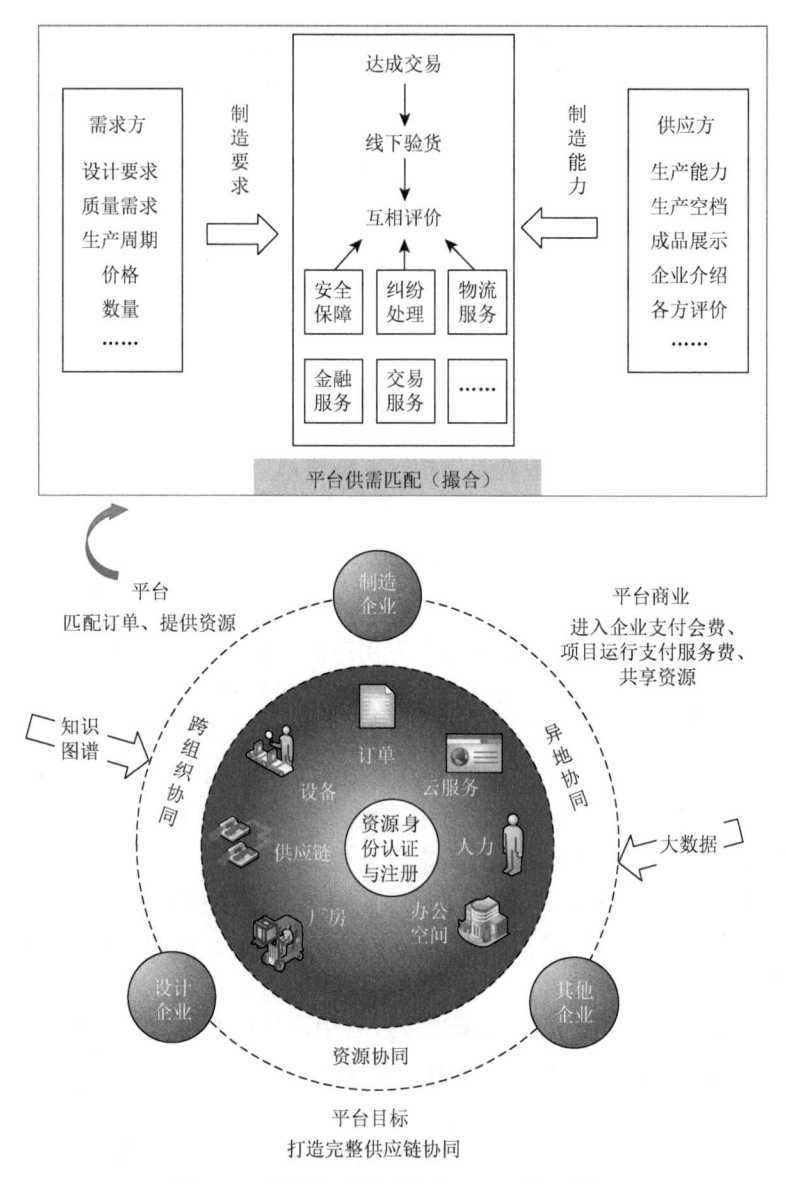

图 15-8 数据驱动的平台协同运营管理模式

15.2.3 网络协同制造平台商业模式

随着组织市场竞争环境日益复杂与动态多元，企业面临的内外部利益相关方也日益多元，商业模式逐步成为组织用于有效分析与配置组织内资源以应对环境动态性与复杂性的有效市场战略竞争工具。商业模式不仅是一种简单的企业的静态视角下基于交易过程中价值创造主张或资源配置方式，更多的是动态视角下企业与其所在的价值网络之间的充分互动，形成动态化的价值创造网络边界。在共享平台中，新的共享经济和循环经济商业模式正在偏离传统的商业思维，被认为是共享经济场景下可持续性平台模式的一种突出体现。根据网络协同平台发展阶段的演进，目前复杂重型装备网络协同制造平台的商业模式主要关注两个阶段，即平台发展初期和成熟期。

第一阶段，平台发展初期，平台还未完全成型，更多的是装备行业的衍生品，在这一阶段平台非常弱小，还不具备平台企业的特征，缺乏关键技术的支撑和用户基础。这使得双边市场理论中"鸡生蛋、蛋生鸡"的矛盾非常明显，相关平台企业也不知从哪个市场切入，采取怎样的方式补贴哪一个市场。因此，在平台发展的第一阶段最需要关注的是平台生存与发展的问题，并非盈利的问题。在第一阶段，平台的商业模式就是融合装备行业核心企业的价值主张，为装备行业创造价值，但是，必须获得核心技术，形成一时的竞争优势，并将核心技术进行转变，以促使其生存和发展。

第二阶段，平台成熟期，平台具有的关键技术分为核心技术和共性技术，共性技术具有显性知识特征，能够在复杂重型装备行业中传播、转化，从而获得更多的用户基础，平台的网络就越有价值，形成需求方规模经济，最终实现市场全覆盖。第二阶段的网络协同制造平台商业模式的价值主张就是如何进一步扩大各类市场的规模，价值的创造则直接产生于交叉网络外部性，利益的实现与分配则由网络协同制造平台进行主导。

商业画布是目前公认的能够系统反映商业模式架构的工具，能够帮助决策者催生创意、降低猜测、确保找对了目标用户、合理地解决了问题[5]。图15-9运用画布模型刻画的复杂重型装备网络协同制造平台的商业模式，包含九部分内容，解决四个问题，即提供什么，为谁提供，如何提供，成本和收益分别是多少。

1. 提供什么？

复杂重型装备网络协同制造平台的商业模式提供的服务主要包括：协同设计服务。针对设计研究院如中国重型院，提供：①机电液协同设计、异地跨组织协同设计服务。②知识图谱推荐服务。可以为设计方提供知识图谱推荐，丰富图纸设计的创意。③设计图纸转化服务。生产制造商需要花费较长周期和人工成本进行图纸转换，即将设计图纸转化为工艺图纸，此时为了提高图纸转化效率，可以开发图纸转化服务。④数字孪生仿真服务。针对产品设计过程中不断返工导致原材料浪费和产品开发周期长等问题，提供数字孪生仿真、三维设备模拟服务，不仅可以提升产品研发效率和生产制造精度，还可以降低开发成本，同时缩短产品制造周期。⑤机器视觉质量检测服务。针对终端用户如忠旺在使用装备制造过程中出现的质量问题，利用机器视觉检测系统能够快速准确地识别出不良产品，从而减少人工抽检带来的误差。

重要伙伴 KP	关键活动 KA	价值主张 VP	客户关系 CR	客户细分 CS
设计研究院 装备制造商 萨帕、忠旺 物流服务 软件提供商	装备个性化设计 企业协同制造联盟 线上线下协同运行 建模优化SC网络	服务： 设计图纸转化 机器视觉检测 机电液协同设计 区块链数据管理 三维设备模拟 数字孪生仿真	专业化协同 共同创造 自动化服务	设计研究院 装备制造商 终端用户
	核心资源 KR 网络协同制造平台 知识产权 运营人员 终端信息化平台		渠道 CH 自有销售渠道 网络平台渠道 伙伴渠道	
成本结构 CS 固定成本（软硬件开发成本） 可变成本（平台维护成本）			收入分析 RS ①注册费②微服务收入③佣金收入④广告收入	

3. 如何提供？　　　　　　　　1. 提供什么？　　　　　2. 为谁提供？

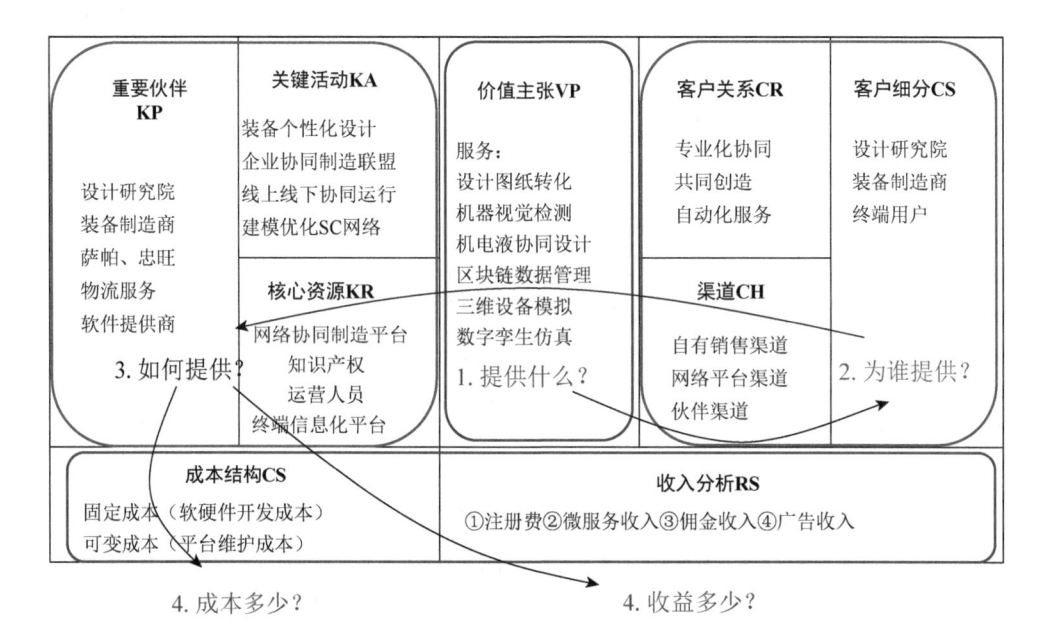

4. 成本多少？　　　　　　　　4. 收益多少？

图 15-9　基于画布模型的网络协同制造平台商业模式

2. 为谁提供？

为类似于复杂重型装备单件小批量生产的企业，目标群体为设计研究院、生产制造商、第二三级供应商、终端用户等，为其提供专业化协同，实现共同创造和自动化服务。在平台建设初期为了吸引用户入驻，一般采取免费注册的推广策略，同时利用积分制度激励用户在平台上的活跃度。通过终端用户与企业间的价值共创增加供应链的韧性和关联关系，不断提高设计、制造的协同效应，形成良性循环。

3. 如何提供？

复杂重型装备设计生产制造过程中，动态联盟企业主要包括设计研究院、主生产制造商、第二三级供应商、物流公司、软件供应商。为了推进该商业模式，复杂重型装备行业需要具备的核心资源包括：复杂产品设计师，使平台具备设计完全定制产品的能力；网络协同制造平台，满足行业供应链上下游的信息交互，实现设计方的知识产权保护功能，同时平台的主要作用需要进行任务-

资源匹配，实现联盟企业间的目标协同、资源协同和组织协同，保证动态联盟线下进行设计、生产中的过程协同以实现装备的完全定制，从而实现线上线下协同运行。

4. 成本和收益分别是多少？

对于复杂重型装备网络协同制造平台而言，成本主要包括固定成本和可变成本两部分，具体如下。

固定成本：平台开发成本和软件购置成本，主要发生在平台建设初期，该项是成本的主要来源。

可变成本：平台运行人力成本，包括技术工程师工资、电费、网费等，约为100万元/年；营销推广成本，软件更新升级成本（主要发生在平台运营时期），平台维护成本等。

复杂重型装备网络协同制造平台是从无到有，按阶段不断发展演进的，此处将发展阶段分为起步阶段和扩展阶段，因此有三个阶段，与前面提到的商业模式两阶段不冲突。

第一阶段：起步阶段（1~2 年）。此阶段的目的是吸引复杂重型装备上下游企业入驻平台，因此需要优惠政策的加持，具体可以包括不收取企业入驻费、在符合平台规则情况下允许用户自由注册和交易、指导组提供免费的技术服务等。最终实现规模的扩张和用户习惯的培养，为平台的长足发展奠定用户基础。

第二阶段：扩展阶段（4~5 年）。在快速成长期，平台的核心任务是培养竞争优势，提高用户体验，扩大用户量，维持收支平衡，获得持续、快速、稳定的发展。在平台自营阶段，项目建设风险由平台自行承担，成本回收周期长，过程复杂。在争夺和巩固自己地位的早期，在没有积累足够的用户数量的基础上，平台在满足基本用户使用的同时可以尝试收费，甚至可以低价收取平台服务费，以逐步扩大用户量，见图 15-10。平台盈利点主要包括撮合等服务费、知识推广等增值服务费、企业网络化升级服务费和平台入驻费等。

第三阶段：成熟阶段。平台的侧重点目标是实现市场渗透，持续获得稳定的利润回报并力争使平台进入一个新的增长期。随着依托平台积聚的企业数量增加，服务平台中集体学习、交易成本与服务成本减少等效应开始体现，为供应链上下游企业提供中间型投入服务的规模经济和专业化经济就可以实现，使得依托平台而集聚的企业将更具竞争力。不同阶段平台的收费情况如表 15-3 所示。

当平台的自营用户达到一定数量时，可以拓展到应用型公司，打造自己的生态服务圈，占据行业中坚位置，见图 15-11。

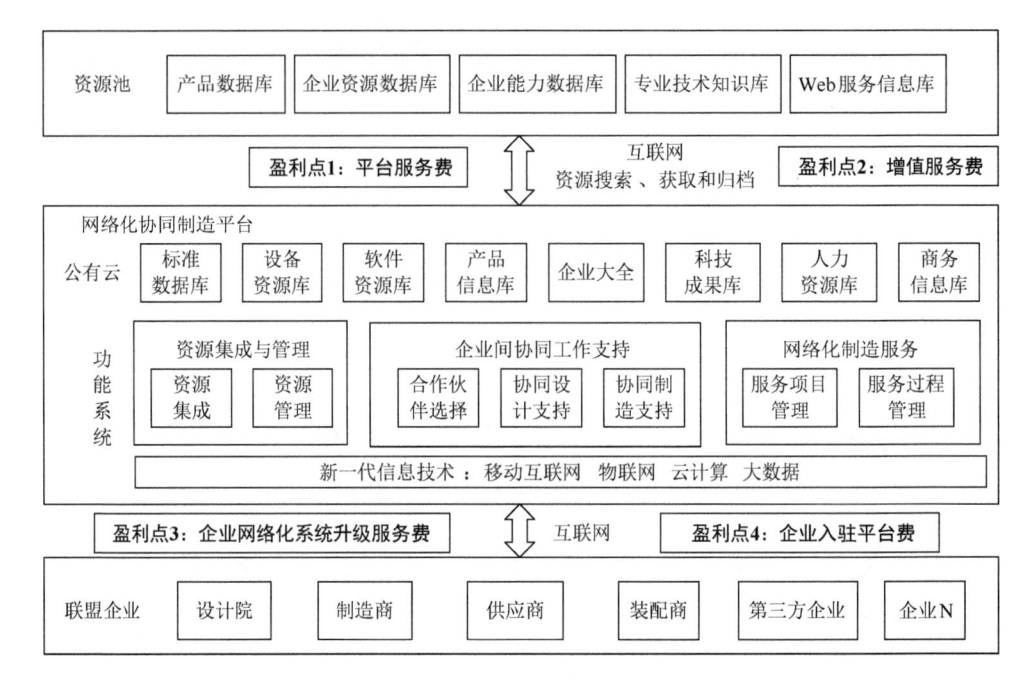

图 15-10　复杂重型装备网络协同制造平台盈利点

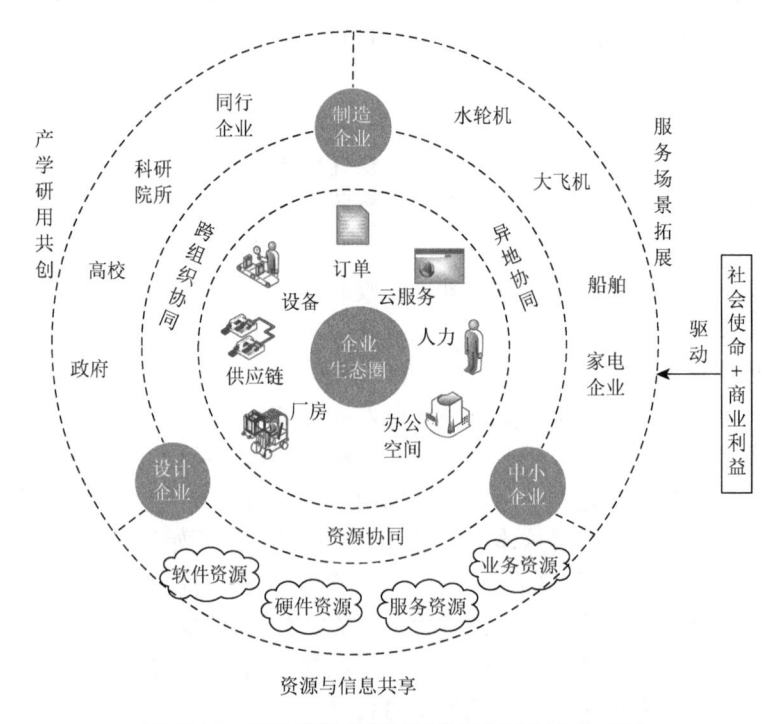

图 15-11　复杂重型装备网络协同制造平台生态圈

第15章　网络协同制造平台管理与运营问题分析

表 15-3　不同阶段的收费情况

阶段	对象	所需模块	可使用功能	政策	盈利点	收费细则
第一阶段	设计方：中国重型院等	✓ 积分管理：注册积分、邀请用户积分、积分银钱兑换 ✓ 结算管理：收取押金/保证金，在合同要求的支付节点收取费用，收取服务费等，显示交易状态、进度，可给出或查阅交易凭证票据 ✓ 微服务营销模块：展示平台可提供的微服务以及所需服务费用，并提供订购服务功能	✓ 企业注册，用户登录 ✓ 用户/企业中心 ✓ 资源检索 ✓ 供需大厅 ✓ 用户需求管理 ✓ 设计任务分解 ✓ 设计资源匹配 ✓ 设计任务监控 ✓ 设计知识管理 ✓ 易损件图纸展示 ✓ 设计数据发布/审核/变更	✓ 免费注册，自由交易 ✓ 提供免费技术支持 ✓ 邀请新用户有补贴 ✓ 首次注册送100积分	1. 知识图谱推送服务 2. 异地跨组织协同设计服务	1. 成交合同收费：单笔交易金额≤10万元：15元/笔；10万元＜单笔交易金额≤50万元：20元/笔；50万元＜单笔交易金额≤100万元：25元/笔；100万元＜单笔交易金额的0.0025%，最高不超过200元(依据实际情况调整金额) 2. 微服务收费细则：①知识图谱推荐服务、异地跨组织协同设计服务，按年收费。②设计图纸转化服务，制造商通过平台转化图纸转化技术服务费，按照1%收取货款，订单货款结算时进行收取。③置项制造商推广服务，按照排名和点击收费，出价越高排名越靠前，点击次数越多费用越高。④终端用户购买机器视觉检测服务，按次收费。
	制造方：二重等	✓ 权限管理：根据服务开通服务 ✓ 客服模块（两类：客户服务和商户客服）	✓ 制造任务监控 ✓ 制造质量管理 ✓ 关键件管理 ✓ 产品调试 ✓ 安装调试 ✓ 物流管理	✓ 免费注册，自由交易 ✓ 提供免费技术支持 ✓ 邀请新用户有补贴 ✓ 首次注册送100积分	1. 设计图纸转化服务 2. 制造服务商推广置项服务 3. 机器视觉检测服务	
	终端：忠旺等		✓ 项目管理 ✓ 设备运行状态监控及展示 ✓ 备件管理 ✓ 故障预测	✓ 免费注册，自由交易 ✓ 提供免费技术支持 ✓ 邀请新用户有补贴 ✓ 首次注册送100积分	1. 机器视觉检测服务	
第二阶段	设计方：中国重型院等	✓ 线上招投标 ✓ 社区交流模块	✓ 知识管理	✓ 积分≥300，新增功能免费试用3个月 ✓ 积分≥500，新增功能免费试用6个月 ✓ 首次注册≥1000，新增功能免费试用12个月	◆ 区块链信息数据管理	◆ 会员费：2000元(年·家)

· 321 ·

续表

阶段	对象	所需模块	可使用功能	政策	盈利点	收费细则
第二阶段	制造方：二重等	线上招投标 社区交流模块	✓任务转化 ✓计划排产 ✓资源管理	✓积分≥500，新增功能免费试用3个月 ✓积分≥800，新增功能免费试用6个月 ✓积分≥1200，新增功能免费试用12个月		◆会员费：2000元(年·家)
	终端：忠旺等	金融服务：对中小企业提供贷款等金融服务	✓事件管理 ✓运维知识与模型	✓提供免费技术支持		◆免费
第三阶段	设计方：中国重型院等		✓知识管理 ✓模型/算法设计与仿真 ✓三维设计与仿真 ✓"百宝箱"商城-软件许可证	✓积分≥500，新增功能免费试用3个月 ✓积分≥800，新增功能免费试用6个月 ✓积分≥1200，新增功能免费试用12个月	◆三维设备模拟服务	◆广告费按需购买[80元/(天·条)] ◆会员费：2000元(年·家) ◆所需软件许可证在百宝箱商城按需购买
	制造方：二重等		✓模型/算法运维护及使用 ✓指令管理汇总 ✓"百宝箱"商城-软件许可证	✓积分≥300，新增功能免费试用3个月 ✓积分≥500，新增功能免费试用6个月 ✓积分≥1000，新增功能免费试用12个月	◆零部件采购服务 ◆数字孪生仿真服务	◆会员费：2000元(年·家)； ◆所需软件许可证在百宝箱商城按需购买（一次性·年费） ◆广告费按需购买[80元/(天·条)]
	终端：忠旺等		✓模型/算法运维护及使用 ✓5G+VR远程运维服务 ✓"百宝箱"商城	✓积分≥300，新增功能免费试用3个月 ✓积分≥500，新增功能免费试用6个月 ✓积分≥1000，新增功能免费试用12个月	◆远程运维服务 ◆备件购买服务	◆耗材和软件服务 ◆在百宝箱商城按需购买

复杂重型装备网络化制造平台的每一个发展阶段，既是对上一阶段成长的承接，又是下一阶段的基础。在建设初期，平台的发展目标是吸引更多的客户和供应商使用，平台的功能是支撑由核心企业组成的系统在平台上进行异地跨组织协同，实现某一个或某一类产品的平台化运营示范。为了说服客户使用平台来满足他们的制造需求，平台在建设初期可能无法向客户和供应商收取会员费。在成长阶段，平台的发展目标是打造平台的竞争优势，不断寻找新的盈利点，平台和供应商通过在交货期内向客户或合作伙伴提供完全符合其特定需求和质量要求的产品或服务不断创造价值。在加入平台之前，供应商只有少数关键客户，在加入平台之后，供应商能够充分利用闲置产能获得其他订单。越来越多的供应商会愿意加入平台，平台市场份额随之扩大。在成熟阶段，在核心竞争力得以巩固和发展的基础上，平台的发展目标是提高交易的灵活性、强化激励效果，实现服务市场的渗透和拓展，与服务链上下游企业合作形成丰富的生态系统，通过多种形式的合作更加快速地对用户需求做出反应。

15.3 复杂重型装备网络协同制造平台管理与运营分析

15.3.1 运作管理活动平台部署

在整个全生命周期中，涉及供应链多主体，生产信息繁杂，人员交互频繁，这些复杂性导致协同困难，因此，需要针对复杂重型装备行业进行整个供应链协同。在网络协同制造平台中，针对物流供应链方面，采用ERP系统等管理系统，采用标准件开架管理，以满足高速转包生产和降低成本的需要，以改善整个供应链的库存状况、降低系统库存总成本、提高准时交付率。

复杂重型装备项目运作的生命周期可分为四个阶段：研发设计阶段、生产制造阶段、协同管控阶段、运维服务阶段。其中，设计研发阶段包括需求分析、概念设计、详细设计等环节；生产制造阶段包括任务分解、资源匹配、生产调度、设备安装调试、移交验收等环节；协同管控阶段包括对项目运转过程的质量、进度、成本等的综合控制；运维服务阶段包括对设备的状态监控、故障预警、备品备件管理、技术咨询等活动。经过对中国重型院、中国二重、中铝萨帕特种铝材有限公司实地调研，发现用户参与了供应链协同的全过程，如图15-12所示，用户在不同阶段参与复杂重型装备产品全生命周期制造的流程。

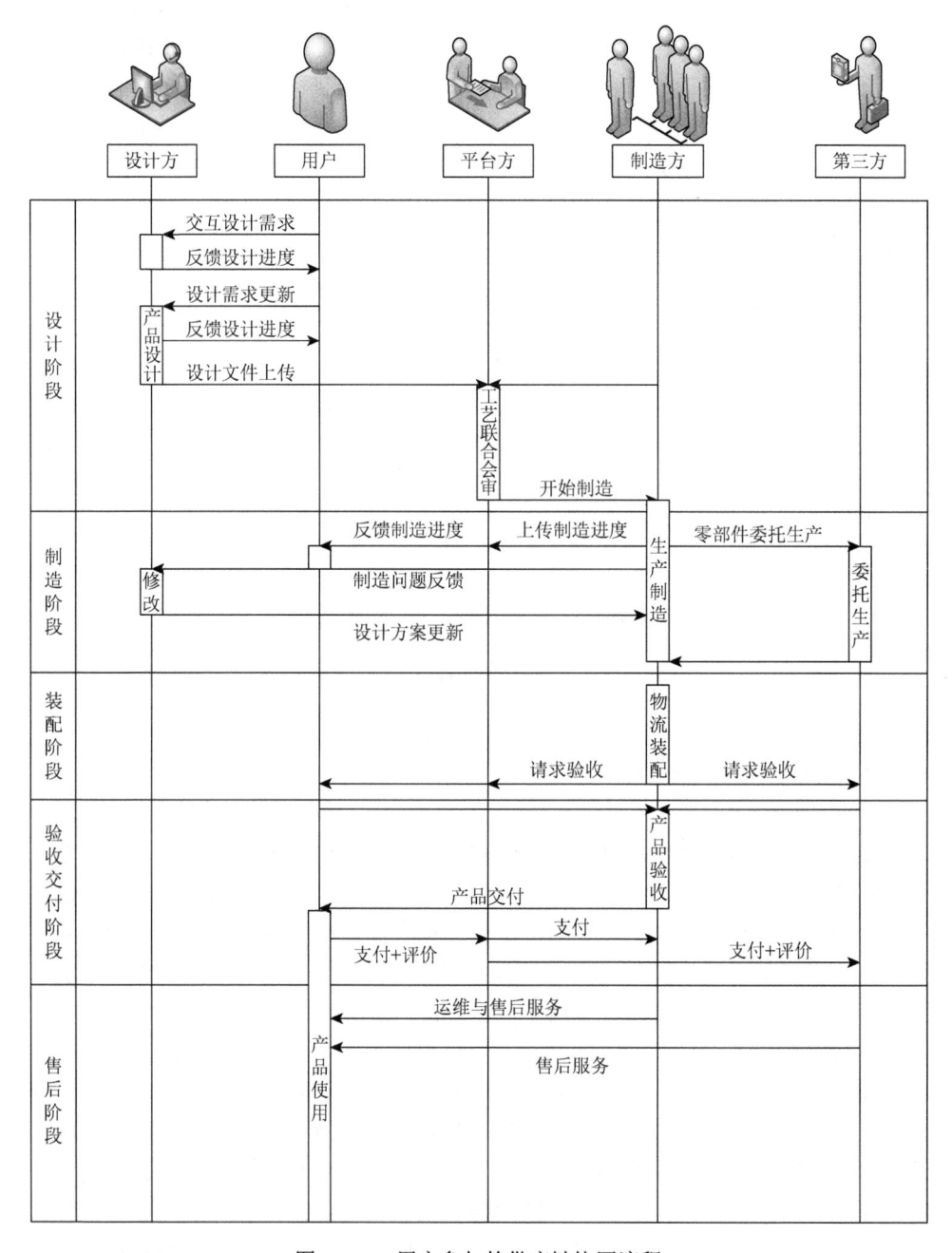

图 15-12 用户参与的供应链协同流程

1. 研发设计阶段

在现代产品的市场定义、概念设计、总体设计和详细设计等一系列设计过程中，最终客户的要求越来越苛刻，他们想以最低的价格获得最好的服务与个性化的产品，想立即获得产品和享受服务，想让企业绝对按照他们要求的交付时间交付产品，甚至希望能够参与产品的设计、定制、监督、更改、维护与维修等方面，生产出满足其个性化需求的产品。

传统的重型装备制造模式是由主制造商负责全部产品的设计工作，然后将产品的各零部件设计信息分发给供应商实施制造，主制造商监管所有产品的研制进度和质量，最后负责产品的对接总装和试运行交付。现在，在网络协同平台制造背景下，在产品的研制中，企业基于网络和数字化技术，建立了网络协同研发平台，改变了复杂产品的研制模式，实现了异地、异构、全时的协同研制。为把用户体验和用户服务放在企业目标首位，采用开放式研发与设计，运用协同研发平台邀请潜在客户加入装备设计和研发，让其参与到需求收集、产品设计、研发测试、仿真验证等各个环节，通过线上线下合作形式展开共同研发，实现产品的迭代升级。平台向用户展示设备系统制造的进度、使用的标准、程序中的关键节点、设备功能、性能的主要参数等，做好设计工作的变更和收尾工作。在设计端充分考虑制造和服务需求，服务需求也及时反馈设计、制造端，组织和协调好各项重大技术方案的讨论、论证和落实，各参与方充分发挥自身的主动性和积极性，密切配合，团结协作，这将是打通重型装备智能产业链条，实现设计、制造、服务一体化的必由之路。

2. 生产制造阶段

复杂重型装备生产部门多，要优化各种制造资源，提升制造能力，协同要求高，必须实现主设计商、主制造商、供应商和专业化生产单位之间的高度协同，将研发、采购、制造、客服融为一体。由于存在多个项目总包方，有多条完整的供应链，复杂重型装备协同开发与云制造平台内不仅同一条供应链中各企业存在联系，不同供应链间的企业也相互协同。信息平台需要解决对整个供应链网络的信息搜集和共享，把供应链中所有企业信息整合起来，通过供应链协同来实现优势互补，创造最大顾客价值。

制造环节的价值体量提升在于向智能制造升级。复杂重型装备产品定制将逐渐集成化、模块化，产品关键部件、局部造型特征等方面均可实现分散式制造、模块化分工[6]，基于数据和信息处理技术，在接收用户个性化订单后快速将其转化为可执行的生产需求并传递给制造端，用户直接与制造厂商以及供应商互动。用户可自主定义产品参数，甚至在选择供应商方面也有一定话语权，制造厂商将通过网络协同定制平台直接获取用户需求，并为用户提供一些配置及功能的选择权，按照用户的定义来打造产品。互联网等媒介则是企业全网运营下用户及潜在用户的流量平台，使制造厂商可以更准确地实时获得消费者需求，直接输入和体现到产品开发中。此外，供应商配合制造厂商构建智能供应链。这样的个性化、小批量定制生产将是智能制造体系的逻辑起点。

3. 协同管控阶段

复杂重型装备产品交付周期较长，短则3个月，长则半年到一年。在项目实施过程中，周期长、不确定性因素多、人员素质不统一，因此跨组织协同交互困难，常见的是频繁返工造成大量时间和人工浪费、拖期现象普遍、成本居高不下。此外，项目预算可能会因为设计变更、物价上涨、政策标准变化等因素一般性增长或大幅增加，如果未能按时交付，又会引起运营收入的损失，所以对项目运转过程的质量、进度、成本等的综合控制，是平台在融资阶段选择总包商、分包商、供货企业等单位的业绩和能力时，重点考虑的因素。

在质量控制方面，总包商根据通信、综合监控、机电设备等专业特点，制订统一的质量控制方案，要求各分包商严格执行安装过程，规范安装质量的标准，起到很好的过程质量控制效果[7]。具体包括总包商全程参与项目的建设过程，参与项目设备设施的合同谈判、设计联络、现场项目质量巡检、项目质量专题会议等，并就质量问题形成统一的整改意见，相关分包单位统一执行落实；对于零部件图设计，统一设计文件的版式、接口技术条件和工程量清单，保障设计的一致性和稳定性，减少不必要的设计变更，从而确保质量的可靠性，也有利于投资计划的稳定性；在质量验收时，及时记录各种质量问题，要求承包单位逐项整改各项质量文件，需要上报总包商进行签字确认，提高了装备检查验收质量。

在进度控制方面，监督项目进度计划一级和二级节点执行情况，对进度计划中关键线路上关键工作重点开展质量控制及监督工作，分析实际与计划超前或滞后的原因，关键线路上耽误的工期要采取措施追回时间，关键线路上损失的时间由承包商自行追赶。确认关键线路是否有效，是否需要调整，确保进度调整不降低项目质量，根据质量纠偏难度，调整进度计划。

在成本控制方面，审核进度计划滞后时关键线路的赶工费，审核进度计划滞后增加的质量保障措施费，适当使用备用金，保障质量、进度顺利进行。对于承包方设计变更引起的费用调整，做好现场取证记录和费用变更文件资料的收集整理工作，对于承包方变更设计引起的费用调整，分两种情况处理：对于关键线路上的费用调整，可酌情予以时间补偿，但没有费用补偿；对于非关键线路上的费用调整，时间和费用都不予补偿，控制进度付款节奏，保障费用偏差偏离度可控。

4. 运维服务阶段

运维服务保障是产品产业链的末端环节，主要针对已经交付的产品运行情况和性能进行实时监控，对异常情况进行快速诊断和及时处理；对客户的维护或维修需求进行及时响应和快速解决问题，实现售后需求的个性化、服务的标准化、管控的智能化；并且针对故障进行统一管理，形成故障诊断库，能够根据监控数据或故障描述数据进行智能决策，生成故障解决方案，并能够根据故障频率和特点给出预测性服务计划；具体内容主要包括运行维护数据智能采集、存储和挖掘、基于大数据的故障诊断与预测、远程监测与保障服务[8]。

从设计阶段开始，用户需要了解设备的选型、功能、性能等技术参数，掌握进度的计划和调整情况。技术人员对设备安装调试给出建议，对供货商进行管理，配合设备调试，对出现的问题提出解决办法。此外，通过发现问题，提出对产品设计有益的建议。平台发现用户需求并提供备品备件、设备使用咨询等更多增值服务。

在工业物联网、云计算、人工智能等相关技术的支持下，企业生产经营等活动和资源可以部署到云端，实现复杂重型装备业务流程的平台化，如图15-13所示。

一个复杂重型装备的订单是一个项目，在云上的运作管理主要包括招投标活动、产品协同设计、产品任务分解、资源配置、项目实施管理、项目评估验收交付等产品全生命周期的六项活动。具体内容如下。

（1）招投标活动：复杂重型装备从设计到交付是一个非常复杂的系统工程项目，往往需要跨企业跨部门协同才能完成。项目总包方通过平台寻求合作伙伴，从资源库中择优选择服务资源，通过招投标的形式，如邀标、公开招标，签订合同并最终形成虚拟动态项目组，项目成员在总包方的带领下为共同的目标进行分工合作。

（2）产品协同设计：在合同签订后，项目总包方带领设计方、制造方和需求方，在分析和挖掘客户需求，以及考虑制造可行性约束的基础上，进行机、电、液等协同设计，具体包括工程设计、工艺设计和设备设计等。

（3）产品任务分解：根据详细的产品设计方案，制造商制订项目进度计划，标出重要时间节点。以125MN挤压机为例，制造任务分解包括主机设备制造、挤压工具制造、主剪刀、移动模架及快速换模装置、总装、解体、包装、物流运输、售后服务等。重要的产品交付节点上项目总包方会通过现场监督的方式督查项目的进展，客户也可通过平台看到项目的实时进展情况。

（4）资源配置：项目总包方通过与项目组成员进行商务谈判，确定设计、制造、服务等资源之间的协作依赖关系与时序关系，以最大化实现资源的优化配置。

（5）项目实施管理：项目总包方在现有资源的约束下，运用系统的观点、方法和理论对整个项目进行全生命周期管理，包括计划、组织、协调、控制、评价等管理活动，以保证项目能够按进度、有质量、低成本地完成。

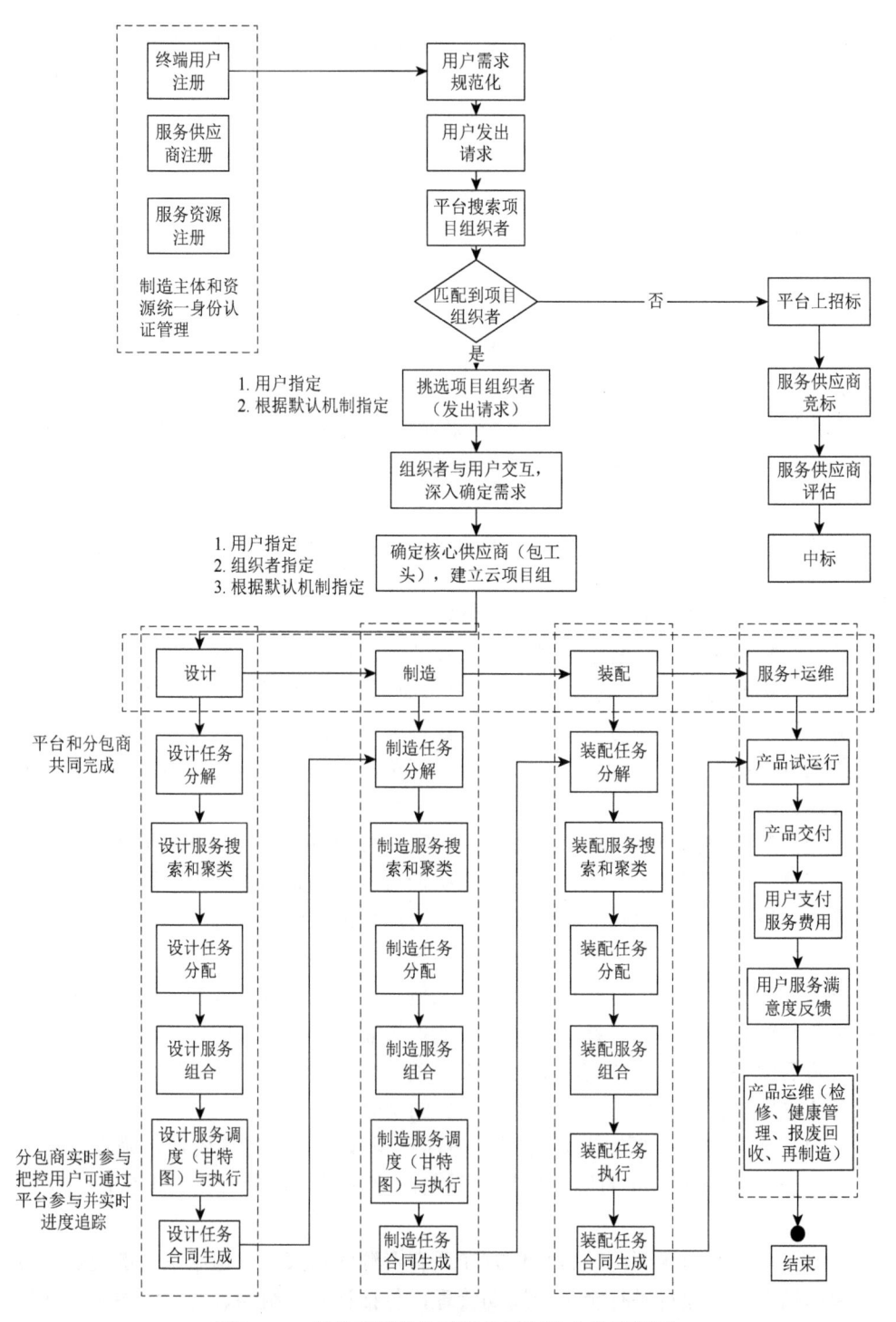

图 15-13　复杂重型装备网络协同制造业务流程图

(6）项目评估验收交付：复杂重型装备的项目完工后，项目总包方组织需求方、设计方、制造商、装配商等项目组成员进行分项验收，主要评估产品的质量、交货期、设备运行效率等指标，作为评价项目的重要依据。

15.3.2 网络协同平台运行模式及特点

1. 网络协同平台运行模式

复杂重型装备网络协同制造平台运行模式见图 15-14，具体表述如下。

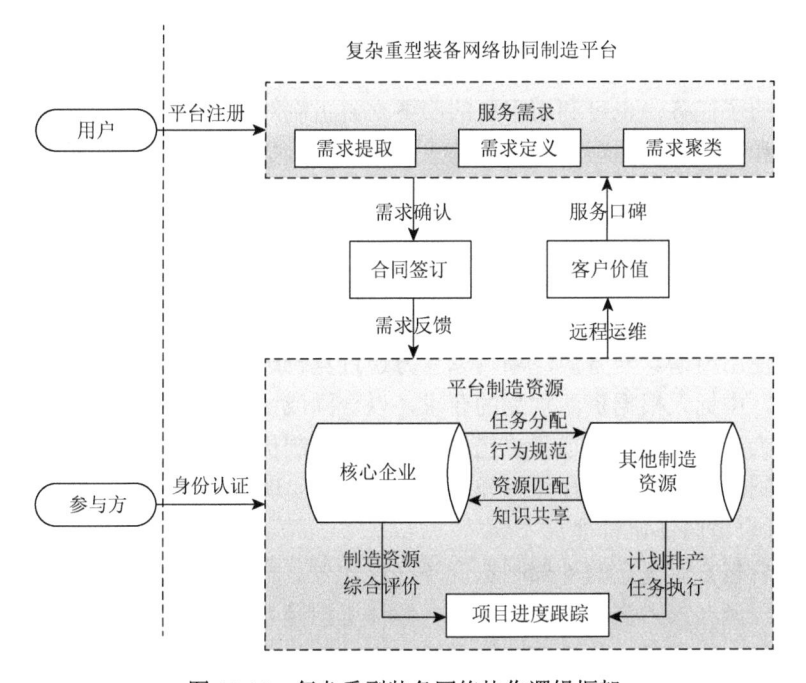

图 15-14 复杂重型装备网络协作逻辑框架

1）平台资源身份认证

服务需求方和服务资源提供方均需要通过统一用户管理模块在平台申请注册，获取服务平台相关服务的权限，对企业基本信息、已订购的服务、已发布的服务进行维护，提交自身具备的知识、技术等制造资源信息和在过去申请的服务项目供应链/价值链/数据链网络中承担的角色、任务。平台运营方利用平台中的服务管理模型对注册的企业的身份进行审核，对退出联盟的企业进行身份注销，对服务的真实性、有效性进行维护；监管部门通过平台的服务认证程序对制造服务提供方发布的服务从技术层面上进行审核认证。

2）服务需求引入

待登录平台以后，服务需求方利用平台的需求发布模块按照平台定义的需求描述机制对所需的服务进行描述和发布；服务提供方利用平台的服务发布模块按照平台定义的服务发布规则对所提供的服务进行封装、注册、发布；用户通过云制造服务平台从项目总包方获取服务需求。经双方信息交流、协商一致，签订服务合同，平台提供相应的合同协议，供需双方达成正式的合作。当确定交易关系后，用户严格按照合同协议约定的期限支付项目工程款，制造服务供需双方通过平台的服务管理机制和服务调用机制，对服务业务进行建模、使用、协同合作。用户可以根据自身需求随时参与并调整服务流程。

3）服务任务分解

项目总包方基于云制造服务平台进行服务知识与资源共享，并将服务任务分解为较低的子任务，也可利用平台的服务交易机制对制造服务需求方的申请请求进行接受和确认，提出项目的资源需求规划、采购排产计划和总体规划，包括设计、制造、施工和安装计划。

4）资源优化配置

制造服务需求方通过平台的服务搜索规则对服务进行搜索和匹配，利用平台的服务组合机制组合出符合需求的最优解，接着通过平台的服务交易规则向平台提交服务使用申请。一方面，项目总包方通过竞价选择资源，识别不可控的外部制造资源，中标人根据资源规划的要求，以合同或协议的形式分配合作任务，规范合作行为；另一方面，项目总包方实施计划控制机制，对内部制造资源进行控制。每个制造资源可以执行任务分解和派发，以实现资源的最优匹配。

5）综合协同优化管理

项目总包方对选定的外部制造资源（设计方、制造方、原材料供应商等）和内部制造资源（人力资源、软件资源、硬件资源等）实施集中协同优化管理，同时可通过平台进行可视化进度监控反馈，若制造服务供需双方有一方出现违约或未按约定完成任务情况，平台运营者可立即利用平台的服务管理机制终止此次合作，并按照相关法规对违约方进行处理。

6）项目完工验收与制造资源综合评价

项目总包方和用户跟踪项目的实施情况与实施结果，包括服务质量、产品交付情况和生产成本。经过安装调试、试运行后，按合同、图纸资料组织相关单位进行完工验收与综合评估。当完成服务业务时，制造服务需求方可通过平台的服务交易规则和服务管理机制，对使用的服务进行付费，并按照整个服务交易过程，需求方按照服务评价机制对本次服务进行有效的、真实的评价，评估每一个制造资源的服务水平、服务质量、客户满意度和信用评级，并将结果存储在制造资源数据库中，作为下一次选择资源的依据。

7）协同运维服务

对已订购的服务，制造服务需求方可对其进行管理，重复使用；制造服务提供方按照合同协议规定的期限，提供相关售后技术支持维护。包括在线监控使用培训、远程故障诊断、备件的维护和翻新，产品使用及维修过程中的监测数据完整地反馈到设计和制造单位进行分析处理，以实现对设计和制造的改进优化，此外销售人员也可将客户历史数据与产品营销相融合，深入挖掘市场潜在需求，最大化开拓客户价值，促进服务型制造业的转型升级。监管部门、高校、研究所、信息技术公司等对整个产品服务交易过程中提供相应的知识理论、技术支持，其中，监管部门还应对服务的真实性和有效性进行审核认证，对新产品是否合格进行测试认证，制定相应的新标准等。

2. 复杂重型装备网络协同平台运行特点

本研究的复杂重型装备网络协同平台是以某大型装备企业为核心，在整合大型装备企业内部资源的同时，组织生产性服务企业和服务性生产企业为最终顾客提供产品服务系统。装备企业根据客户需求生成目标服务，企业内部部门之间采用以过程为中心的业务流程方式进行，引导企业将已有资源向核心业务转移，接受和筛选外部服务加入平台业务流程分工中。生产性服务商和服务性生产商提供的制造服务或制造能力组成外部服务，各种资源通过服务化实现闲置资源的实时调用。内生服务由企业内部资源整合形成，企业内部资源主要包括制造平台支持、信息平台支持、内部核算和考核系统、服务理念与协作机制等。通过服务组合及优化向最终顾客提供产品＋服务，顾客根据评价标准将信息及时反馈到平台。

1）客户的全程参与

产品的同质化日趋严重，个性化需求越来越强烈。以技术和知识为基础的差异化服务正成为当今企业核心竞争力的基础。在服务型制造网络中，参与合作的成员包括服务商、制造商、分销商和最终顾客，它们之间超越了传统的买卖对立关系，将以往的最大化单方利益转变为最大化双方的总收益，彼此互为客户。网络协同平台是客户需求和信息反馈的直接途径，实现客户的全程参与，并有助于企业将客户知识转化为重要生产要素（信息和知识）。

2）服务的多元性

服务是一个服务主体与服务客体互动的过程。装备制造业的发展为金融、保险、技术咨询、物流等许多生产性服务拓宽了市场，反过来也有力地支持和加速了装备制造业的发展。在服务型制造中，一切能够封装和虚拟化的都作为服务，包括物理资源、能力、知识、金融保险等。

3）参与资源异域性

受社会资源的限制，重型装备一般尺寸较大、工序繁多，某些零部件只能在专用设备上加工，设备昂贵，工艺难度大，一般企业不具备生产能力，需要异域资源参与协作。网络协同平台为分散在异域的制造资源进行虚拟化描述、封装提供统一标准和规范化服务接入接口，消除地域空间限制，实现需求、信息和资源的有序积聚。

4）交易的多次性

服务是一个彼此交互的过程，在服务型制造模式下生产性服务和服务性生产覆盖产品生命周期整个过程。通过网络协同平台的服务组合可以构建不同类别的产品服务系统，从而实现将交易模式转变为基于产品服务系统的、长期的、重复性的多次交易模式，延长了企业的获利周期和能力。

5）资源的优化配置

产品的同质化促使企业将有限的资源聚焦于自己核心价值环节，服务和外包变得常态化，也使企业间的联系变得更加紧密。网络协同平台通过筛选优秀服务供应商，引导资源在网络间的优化动态分配，为企业内部非核心、冗余资源和功能的外包提供平台，也促进了节点企业对核心业务的识别和差异化竞争力的形成。

6）业务的协同性

网络协同平台是以大型装备制造企业为核心，负责服务统一运营与管理，实现将分散的具有不同核心竞争优势的节点企业组织起来，发挥分散资源集中使用的思想。有别于以往的第三平台运营商，网络协同平台更加关注客户之间的直接交流和参与，通过建立相应的协同机制保障服务的质量、效率和可靠性以及客户满意度，实现整体理性和个体理性兼顾。

15.3.3 网络协同平台管理与运营的关键问题分析

复杂重型装备网络协同制造平台囊括了设计研究院、生产制造商、装配商、二三级供应商、物流方、终端用户等利益相关者之间的交互数据，以支撑平台能够有效、实时地进行运营决策，同时也为平台的管理和运营带来了挑战。在以下三个问题上尤为突出：网络协同制造平台任务-资源撮合机制、干系人的利益分配机制和网络协同平台的治理规则。具体分析如下。

在网络协同制造平台任务-资源撮合机制方面，目前关于任务-资源的研究主要集中在任务调度、资源分配和云计算等方面[9-11]，关于撮合交易主要集中在物流、网约车的"车-货""车-人"的匹配机制[12,13]。在网络协同制造平台业务流程中，制造服务被制造服务提供商封装并发布到云制造平台上[14]，客户提交的粗粒度的制造任务将被分解为多个细粒度的制造任务[15]，然后由网络协同制造平台方进行服务组合过程[16,17]。网络协同制造的服务组合主要执行如下内容：针对每个制造任务，选择相对应的、合格的制造服务，并将选中的制造服务进行组合，形成一个复合的制造服务。一般研究中假定，每个制造任务的制造服务集中包含大量的、相互独立的可用制造服务，而且相应的制造服务提供商有无限的能力来执行制造任务[18,19]。然而，拥有关键制造服务（如专业人员、先进技术或机器）是稀缺的[20]。在这种情况下，如果忽略制造服务的稀缺性，则完成所有网络协同制造平台上制造任务所需的最终完工时间将被错误地估计。因此，复杂重型装备的制造服务稀缺性使得网络协同制造平台在任务-资源匹配上需要重点研究。

在干系人的利益分配机制方面，首先，对复杂产品来说，即使是设计制造同种产品，因客户对定制化程度、质量水平有不同的需求，定价过程比较困难[21]；其次，平台情境下一般通过盈利手段如收取注册费或者佣金来实现可持续发展[22]，复杂重型装备网络协同制造平台需要兼顾设计研究院、生产制造商、平台利润等多方面的影响因素；最后，复杂重型装备产品和服务的获得的协同收益分配情况，不仅会影响供应链成员间的决策问题，还会影响平台以及整个供应链的绩效。因此影响网络协同制造平台可持续发展的利益分配机制需要格外关注。

在网络协同平台的治理规则方面，目前学术界尚未形成统一认知。Evans 和 Schmalensee[23]认为平台运营方为了使得自身利益最大化，制定了各种规则以控制平台上的用户，进而减少平台用户的有害行为和管理等问题。复杂重型装备网络协同制造平台涉及利益相关者众多、订单金额高等，导致知识产权侵权行为频发、从平台上获取有利信息后私下交易即"跳单"等现象屡见不鲜。因此，为了保证平台健康可持续发展，需要进行用户筛选、管理和留存研究。

15.4 本章小结

网络协同制造平台是当前复杂重型装备行业转型升级的有效途径。本章通过对现有平台管理和运营模式的分析，提出了复杂重型装备网络协同制造平台管理的总体思路、运营模式和商业模式。另外，对复杂重型装备运作管理活动进行了平台部署，并分析了网络协同平台的运行模式和特点，在此基础上，引出了本篇研究的三个主要问题：网络协同制造平台任务-资源撮合机制、干系人的利益分配机制和网络协同平台的治理规则。为本篇后续章节的研究起到了提纲挈领、承上启下的作用。

参 考 文 献

[1] 中国制造业产能共享发展年度报告（2018）[M]. 国家信息中心分享经济研究中心, 2018.

[2] 朴庆秀, 孙新波, 苏钟海, 等. 制造企业智能制造平台化转型过程机理研究[J]. 管理学报, 2020, 17（6）: 814-823.

[3] LEGAT C, VOGEL-HEUSER B. A configurable partial-order planning approach for field level operation strategies of

PLC-based industry 4.0 automated manufacturing systems[J]. Engineering Applications of Artificial Intelligence, 2017：66.

[4] 马军, 武柳洋, 何文斌, 等. 基于耦合分析与加权满意度的机械系统多目标协同优化方法[J]. 中国机械工程, 2017, 28 (13)：1574-1579.

[5] 金玉然. 3D 打印背景下服装企业的商业模式创新、仿真与运营优化研究[D]. 沈阳：东北大学, 2018. DOI:10.27007/d.cnki.gdbeu.2018.000851.

[6] 姜昊. 产业重构前景下的新旧车企竞争力对比研究[D]. 北京：清华大学, 2019.

[7] 田茂. 城市轨道交通设备系统建设一体化关键技术研究[D]. 北京：中国铁道科学研究院, 2019.

[8] 于成龙, 侯俊杰, 赵颖, 等. 多品种变批量产品智能制造系统框架[J]. 航空制造技术, 2019, 62 (10)：98-102.

[9] 张西林. 考虑返工的装备研制任务仿真建模与优化研究[D]. 长沙：国防科技大学, 2019. DOI:10.27052/d.cnki.gzjgu.2019.000320.

[10] 杨波. 基于博弈论的云计算资源配置优化方法研究[D]. 长沙：湖南大学, 2018.

[11] 张若楠. 物联网环境下制造系统中的资源调度与任务协同问题研究[D]. 合肥：合肥工业大学, 2018. DOI:10.27101/d.cnki.ghfgu.2018.000205.

[12] 王学成. 特定时空视角下网约车平台的匹配功能研究[D]. 北京：北京交通大学, 2018.

[13] 隋建龙. 基于 SaaS 的园区物流资源撮合平台的研究与实现[D]. 武汉：武汉理工大学, 2015.

[14] 张霖, 罗永亮, 范文慧, 等. 云制造及相关先进制造模式分析[J]. 计算机集成制造系统, 2011, 17 (3)：458-468.

[15] 易树平, 谭明智, 郭宗林, 等. 云制造服务平台中的制造任务分解模式优化[J]. 计算机集成制造系统, 2015, 21 (8)：2201-2212.

[16] BOUZARY H, CHEN F F. Service optimal selection and composition in cloud manufacturing: a comprehensive survey[J]. International Journal of Advanced Manufacturing Technology, 2018, 97 (1)：795-808.

[17] 陈友玲, 王龙, 刘舰, 等. 基于 i-NSGA-II-JG 算法的云制造资源服务组合优选[J]. 计算机集成制造系统, 2019, 25 (11)：2892-2904.

[18] 刘卫宁, 马刚, 刘波. 基于层次化的云制造服务组合研究[J]. 中国机械工程, 2013, 24 (10)：1349-1356.

[19] WU Y, JIA G, CHENG Y. Cloud manufacturing service composition and optimal selection with sustainability considerations: a multi-objective integer bi-level multi-follower programming approach[J]. International Journal of Production Research, 2019, 58 (19)：6024-6042.

[20] 张映锋, 张耿, 杨腾, 等. 云制造加工设备服务化封装与云端化接入方法[J]. 计算机集成制造系统, 2014, 20 (8)：2029-2037.

[21] 唐梦兰. 云制造平台定价及供应商质量激励策略研究[D]. 天津：天津大学, 2018.

[22] 阳镇, 陈劲. 平台情境下的可持续性商业模式：逻辑与实现[J]. 科学学与科学技术管理, 2021, 42 (2)：59-76.

[23] EVANS D S, SCHMALENSEE R. Markets with two-sided platforms[J]. Social Science Electronic Publishing.

第 16 章　考虑稀缺服务与质量损失云制造服务组合问题

考虑云制造服务组合问题的复杂性，本章首先提出了一套解决该服务组合问题的新方法，给定多个复杂制造项目，该模型改进了总完工时间的估计方法。其次，模型中考虑物流成本和物流排放，以及云制造过程中的产品质量损失。然后，提出了一种基于距离的自适应 PESA2 算法（DA-PESA2），该算法能最大限度地提高 QoS 和可持续性的评价结果。最后，通过数值实验验证了提出的服务组合模型和 DA-PESA2 算法的有效性。

假设有数个制造任务同时与某个制造服务提供商提供的稀缺制造服务组合。在此情况下，如果服务提供商的任务处理能力有限（如同时只能执行一个制造任务），则这些制造任务就需要排队等待，直到前一个制造任务执行完成。在这种情况下，如果忽略制造服务的稀缺性，则完成所有云平台上制造任务所需的最终完工时间将被错误的估计。同时，云制造的制造任务主要涉及生产有形产品和零部件等[1]，这需要各制造服务提供商在线下执行。对于线下的制造过程，不同的人、机器、材料、方法、测量和环境（5M1E）所造成的误差会导致差异[2]，生产出来的产品不可避免地受到这种变化的影响，从而导致质量的损失[3]。云制造过程同样受到质量变化的影响，即云制造产品在云制造过程中也会遭受质量损失，特别是在针对复杂重型装备如大型挤压机、轨道交通载具、船舶等的制造项目中尤其如此。

目前少有云制造相关研究考虑到制造过程中的产品质量损失问题。此外，在线下生产过程中，所有的半成品或材料需要在制造服务提供商之间进行物流运输。对于云制造等先进制造模式，在执行制造任务时始终强调可持续性[4]。云制造过程中涉及的制造和物流活动都对可持续性的三个方面，即经济（成本和价格）、环境（温室气体排放）和社会（客户满意度）产生影响。物流在经济和环境绩效方面都占有相当大的比重[5-7]。然而，尽管云制造可持续性与云制造物流有着深刻的关联，但大多数服务组合模型在揭示物流与可持续性之间的相互作用方面存在不足。

综上，在云制造服务组合的过程中，制造服务稀缺性、产品质量损失和可持续性是三个不可忽略的条件，它们之间存在潜在的相互关系，应该纳入云制造服务组合模型。目前的研究并未重视这些条件，从而产生了不完整、不全面的服务组合模型。本章针对云制造服务组合问题，建立了一个双目标非线性整数规划模型，该模型考虑了制造服务提供商任务处理能力、产品质量损失和可持续性。

16.1 问 题 描 述

客户向云制造平台提交制造服务需求，然后云制造平台运营商将服务请求转换为一组制造项目。制造项目被分解为多个制造任务 $\mathrm{MT}_i(i \in \{1,2,\cdots,N_T\})$，$N_T$ 为所有制造任务的总量。对于每个制造任务，云制造平台方搜索提供符合其功能要求的、合格制造服务，形成制造服务集合，以满足这些制造任务。服务集合中的每个制造服务是由 $\mathrm{MSP}_j(j \in \{1,2,\cdots,N_S\})$ 提供的制造服务，N_S 为所有制造服务提供商的数量。其目标是通过为每个制造任务选择制造服务提供商并确定制造任务的执行顺序来最大化服务组合中的服务质量和可持续性评价。

在建立云制造服务组合模型前，首先给出下列假设：考虑到制造服务提供商的任务处理能力有限，假设每个制造服务提供商同时至多执行一项制造任务；每个制造服务提供商在云制造平台上发布多项制造服务，即每个制造服务提供商可以执行多种制造任务；每个制造项目中的每项制造任务必须被执行；每项制造任务必须在同制造项目中的其他前序制造任务执行完成后，以及在同制造服务提供商处排在前列的制造任务执行完成后方可执行。

表 16-1 列出了相关集合、参数和变量的表示方式与解释。在云制造实践中，制造任务通常有四种执行结构：顺序、并行、选择和循环结构。引入执行矩阵 $\boldsymbol{E}_p$ 描述制造任务间的执行关系，其具体定义参见表 16-2。通常，服务组合中各组合 QoS 参数的计算是将具有不同结构的服务转换成顺序关系进行计算。对于属性 So［式（16-3）］，Q［式（16-8）］以及 R［式（16-9）］，按照表 16-1 中传统的计算方式进行服务组合属性值的计算。然而对于属性 M［即 Makespan，最大完工时间，见式（16-4）］，Ec［经济绩效评价，见式（16-1）］与 En［环境绩效评价，见式（16-2）］，并不照此方式计算。

表 16-1 不同结构下制造服务的复合属性值计算方式

属性	顺序	并行	选择	循环
So	$\dfrac{1}{\|T\|}\sum\limits_{i \in T}\sum\limits_{j \in S} s_{ij}$	$\dfrac{1}{\|T\|}\sum\limits_{i \in T}\sum\limits_{j \in S} s_{ij}$	$\sum\limits_{i \in T}\sum\limits_{j \in S} \sigma_i s_{ij}$	$\dfrac{1}{\|T\|}\sum\limits_{i \in T}\sum\limits_{j \in S} s_{ij}$
Q	$\sum\limits_{i \in T}\sum\limits_{j \in S} q_{ij}$	$\sum\limits_{i \in T}\sum\limits_{j \in S} q_{ij}$	$\sum\limits_{i \in T}\sum\limits_{j \in S} \sigma_i q_{ij}$	$\sum\limits_{i \in T}\sum\limits_{j \in S} \sigma_i q_{ij}$
R	$\prod\limits_{i \in T}\sum\limits_{j \in S} r_{ij}$	$\prod\limits_{i \in T}\sum\limits_{j \in S} r_{ij}$	$\sum\limits_{i \in T}\sum\limits_{j \in S} \sigma_i r_{ij}$	$\prod\limits_{i \in T}\sum\limits_{j \in S} r_{ij}$

表 16-2 集合、参数和决策变量

变量		定义
相关集合与矩阵	P	所有制造项目集合
	T	所有制造任务集合
	T_p	在制造项目 p 中所有的制造任务集合
	S	所有制造服务提供商集合
	E_p	制造项目 p 的任务执行矩阵,表示两个制造任务间的执行顺序,$k_{ii'}^p$ 是其中元素
	pre_i	在同一个制造项目中,排在 MT_i 之前的制造任务集合
	pri_i	被同一个制造服务提供商执行,排在 MT_i 之前的制造任务集合
参数	t_{ij}	MSP_j 执行 MT_i 的所需时间
	c_{ij}	MSP_j 执行 MT_i 的所需成本
	r_{ij}	MSP_j 执行 MT_i 的可靠性
	q_{ij}	MSP_j 执行 MT_i 获得的质量值
	s_{ij}	MSP_j 执行 MT_i 获得的服务评价值
	$R_{jj'}$	从 MSP_j 到 $\text{MSP}_{j'}$ 的物流距离,且 $j,j' \in S$,如两者在同一地,则 $R_{jj'}=0$
	$k_{ii'}^p$	执行矩阵 E_p 的元素,假设 MT_i 是 $\text{MT}_{i'},i,i' \in T$ 的紧前任务,且在顺序和并行结构中,$k_{ii'}^p=1$;在循环结构中,$k_{ii'}^p$ 是个大于 1 的整数,表示循环执行的次数;在选择结构中,$k_{ii'}^p$ 是大于 0 小于 1 的选择执行概率;其余情况 $k_{ii'}^p$ 为 0,表示 MT_i 和 $\text{MT}_{i'}$ 没有执行顺序关系
	σ_i	MT_i 的执行次数。如果 MT_i 是循环结构,则 σ_i 为大于 1 的整数;如果 MT_i 是选择结构,则 σ_i 在区间 (0,1) 中;其余情况 σ_i 为 1
	AT_{ij}	MSP_j 执行 MT_i 的最早可用时间
	FT_{ij}	MSP_j 执行 MT_i 的最早结束时间
	PST_{ij}	MSP_j 执行 MT_i 的预计开始时间
	v	运输车速
	θ	制造过程中产品质量指数损失率
	lc	每公里物流成本
	ef	单位距离产生的温室气体排放量

续表

变量		定义
参数	ep	单位成本所产生的温室气体排放量
	$\omega_{\text{index}}^{\text{Sus}}$	第 index 个可持续性属性的权重，index $\in \{Ec, En, So\}$
	$\omega_{\text{index}}^{\text{QoS}}$	第 index 个服务质量的权重，index $\in \{M, Q, R\}$
	Z_1^*	总体服务质量应达到的下限
	Z_2^*	总体可持续性度量应达到的下限
决策变量	x_{ij}	如果 MT_i 由 MSP_j 执行，则 x_{ij} 取 1，其他情况为 0

16.1.1 可持续性的数学描述

为了帮助云制造系统实现长期繁荣，应当将可持续性（Sustainability，Sus）确定为优化目标之一。具体来说，Sus 涉及经济（Ec）、环境（En）和社会（So）方面。经济绩效的评价（Ec）包含了云制造过程中的生产成本和物流成本：

$$\text{Ec} = \sum_{i \in T} \sum_{j \in S} \sigma_i c_{ij} x_{ij} + lc \cdot \sum_{j' \in S} \sum_{j \in S} \sum_{p \in P} \sum_{i, i' \in T_p, i \neq i'} k_{ii'}^p x_{ij} x_{i'j'} R_{jj'} \tag{16-1}$$

环境绩效（En）测量云制造过程中的生产排放与物流排放：

$$\text{En} = ep \cdot \sum_{i \in T} \sum_{j \in S} \sigma_i c_{ij} x_{ij} + ef \cdot \sum_{j' \in S} \sum_{j \in S} \sum_{p \in P} \sum_{i, i' \in T_p, i \neq i'} k_{ii'}^p x_{ij} x_{i'j'} R_{jj'} \tag{16-2}$$

云制造的社会方面在本章中主要从客户满意角度出发。因此，社会绩效（So）以用户对某制造服务的评价来表示：

$$\text{So} = \sum_{p \in P} \sum_{i \in T_p} \sum_{j \in S} \frac{1}{|T_p|} s_{ij} x_{ij} \tag{16-3}$$

16.1.2 服务质量的数学描述

本章选取最大完工时间（M）、质量（Q）和可靠性（R）等云制造中常用的 QoS 属性来表示 QoS。最大完工时间（M）表示给定的所有制造项目完成所需要的最小时间：

$$M = \max_{i \in T} \text{FT}_{ij} \tag{16-4}$$

FT_{ij} 可由式（16-5）计算：

$$\text{FT}_{ij} = \max(\text{PST}_{ij}, \text{AT}_{ij}) + x_{ij} t_{ij} \sigma_i \tag{16-5}$$

其中，第 1 项为 MT_i 的实际启动时间，第 2 项为 MT_i 的总制造时间。对于第 2 项，

假设在 t_{ij} 中包含了设置时间。对于第 1 项，假设制造服务总是可用的，PST_{ij} 可以表示为

$$\text{PST}_{ij} = \begin{cases} 0, & \text{当 pre}_i = \varnothing \text{ 时} \\ \max_{i' \in \text{pre}_i} \left(\text{FT}_{i'j'} + \frac{k_{i'i}^p x_{i'j'} x_{ij} R_{j'j}}{v} \right), & \text{其他} \end{cases} \quad (16\text{-}6)$$

AT_{ij} 定义如下：

$$\text{AT}_{ij} = \begin{cases} 0, & \text{当 pri}_i = \varnothing \text{ 时} \\ \max_{t \in \text{pri}_i} \text{FT}_{ij}, & \text{其他} \end{cases} \quad (16\text{-}7)$$

在云制造中，质量（Q）是云制造服务组合中常用的 QoS 属性之一，平均产品合格率[8]可以用来代表质量。云制造任务的执行结果是工业产品，产品质量可以解释为符合设计标准的程度（即产品是否精确地按照设计者的意图制造）。在本章中，Q 定义为所有云制造产品符合设计水平的程度，是一个给定的 QoS 属性值。基于云制造实践和质量损失的基本概念，假设在云制造中获得的产品质量损失随制造时间变化[9]，类似于呈指数趋势老化、衰退的过程[10]：

$$Q = \sum_{i \in T} \sum_{j \in S} q_{ij} x_{ij} e^{-\theta t_{ij}} \quad (16\text{-}8)$$

可靠性（R）衡量成功完成所有给定制造任务的能力，如下所示：

$$R = \sum_{p \in P} \prod_{i \in T_p} \sum_{j \in S} r_{ij} x_{ij} \quad (16\text{-}9)$$

16.1.3 问题的形式化描述

本服务组合问题表述为一个双目标问题。式（16-10）和式（16-11）中，云制造服务组合过程的服务质量和可持续性都应取得最大值。如前所述，服务质量是通过 M、Q 和 R 的加权和来评估的。同样，可持续性绩效的计算方法是 Ec、En 和 So 的加权和。整个问题可以形式化为

$$Z_1 = \max \text{QoS} = \max \, \omega_M^{\text{QoS}} \cdot M + \omega_Q^{\text{QoS}} \cdot Q + \omega_R^{\text{QoS}} \cdot R \quad (16\text{-}10)$$

$$Z_2 = \max \text{Sus} = \max \, \omega_{\text{Ec}}^{\text{Sus}} \cdot \text{Ec} + \omega_{\text{En}}^{\text{Sus}} \cdot \text{En} + \omega_{\text{So}}^{\text{Sus}} \cdot \text{So} \quad (16\text{-}11)$$

$$\text{FT}_{i'j'} + \frac{k_{i'i}^p x_{i'j'} x_{ij} R_{j'j}}{v} \leqslant \text{PST}_{ij}, \forall i \in T_p, \forall i' \in \text{pre}_i, \forall j, j' \in S, \forall p \in P \quad (16\text{-}12)$$

$$\text{FT}_{ij} \leqslant \text{PST}_{ij}, \forall i \in T, \forall i' \in \text{pri}_i, \forall j \in S \quad (16\text{-}13)$$

$$Z_1 \geqslant Z_1^* \quad (16\text{-}14)$$

$$Z_2 \geqslant Z_2^* \quad (16\text{-}15)$$

$$\sum_{j \in S} x_{ij} = 1, \forall i \in T \qquad (16\text{-}16)$$

约束（16-12）表示制造任务在所有之前的制造任务完成后才被执行。约束（16-13）限制制造服务提供商一次只能执行一个制造任务。约束（16-14）和约束（16-15）表示所有制造项目的总服务质量和可持续性评价值分别不应小于 Z_1^* 和 Z_2^*。约束（16-16）确保所有制造任务必须执行。

16.2　DA-PESA2 算法

本节详细阐述了提出的双目标非线性整数规划算法 DA-PESA2。DA-PESA2 基于著名的多目标进化算法 PESA2，并结合了基于染色体距离的自适应机制。同大多数多目标进化算法一样，经典的 PESA2 基于上一代档案库中的解，进行多种操作生成新一代的非主导解。PESA2 具有基于区域的选择机制。目标空间被划分为超空间网格来测量每个解决方案的密度。如果档案库过满，在最拥挤的超空间网格中的冗余解决方案将被清除。此外，进行遗传操作的个体是随机从档案中选择的。

本章采用整数编码方法。染色体的长度等于任务的数量。染色体中第 i 个基因的取值为 j，表示 MSP_j 提供的制造服务执行 MT_i。注意，本章设定并非所有制造服务提供商都能够执行某项制造任务。DA-PESA2 混合了基于距离的自适应交叉和变异算子。每个个体的基因型实际代表了其在高维解空间中的位置。该机制主要计算种群中所有个体的平均欧氏距离，并以此自适应地调整交叉和变异概率。较大的平均距离指标表明较好的种群多样性。在早期迭代的阶段，距离度量给算法中的交叉概率增加了搜索效率的压力。当帕累托前沿基本稳定时，距离度量可以降低交叉概率以保持较高的解质量，并增加变异概率以基于当前种群挖掘更好的解。

已知解空间共有 $|T|$ 维，T 为制造任务的数量。假设种群大小为 npop，$g_{k,i}$ 指种群中第 k 个个体的第 i 个基因，针对种群中所有个体的第 i 个基因在解空间中可以求得一个均值，即 $g_{\text{mean},i}$：

$$g_{\text{mean},i} = \frac{1}{\text{npop}} \sum_{k=1}^{\text{npop}} g_{k,i} \qquad (16\text{-}17)$$

基于此，在 $|T|$ 维解空间中，可以求得整个种群的几何中心，从而可以求得种群中第 k 个个体与几何中心的距离，即 D_k：

$$D_k = \sqrt{\sum_{i=1}^{|T|} (g_{k,i} - g_{\text{mean},i})^2} \qquad (16\text{-}18)$$

同时，种群中所有个体的第 i 个基因在解空间中可以求得基因级别的标准差：

第 16 章 考虑稀缺服务与质量损失云制造服务组合问题

$$\sigma(g_{\mathrm{mean},i}) = \sqrt{\frac{1}{\mathrm{npop}} \sum_{k=1}^{\mathrm{npop}} (g_{k,i} - g_{\mathrm{mean},i})^2} \qquad (16\text{-}19)$$

基于式（16-18）和式（16-19），整个种群的空间距离量度，D 被定义为所有基因变异系数的平均值，用作调整变异和交叉的概率：

$$D = \frac{1}{|T|} \sum_{i=1}^{|T|} \left(\frac{\sigma(g_{\mathrm{mean},i})}{g_{\mathrm{mean},i}} \right) \qquad (16\text{-}20)$$

DA-PESA2 动态地将种群划分为两个次种群，分别用于交叉（popC）和突变（popM）。根据式（16-21）的距离度量，具有较大距离度量的种群会增加交叉概率，以分配更多的个体进行勘探，密集的种群会驱使更多的个体来探索未搜索的空间。交叉概率 P_c 定义为

$$P_c = \frac{D - D_{\min}}{D_{\max} - D_{\min}} \times (P_c^{\mathrm{UB}} - P_c^{\mathrm{LB}}) + P_c^{\mathrm{LB}} \qquad (16\text{-}21)$$

在本章中，P_c^{LB} 为交叉概率 P_c 的下限，P_c^{UB} 为交叉概率 P_c 的上限。P_c^{LB} 取值为 0.6，确保至少 60%的个体会被驱使开发当前获得的解。P_c^{UB} 取值为 0.8，确保至少 20%的个体会继续探索。按照之前实验的结果，$D_{\min}$ 和 $D_{\max}$ 分别取值为 0.1 和 0.5，因为实验中 D 通常存在于区间[0.1，0.5]。

在 DA-PESA2 算法中，变异概率 P_m 和距离度量 D 间的关系可定义如下：

$$P_m = \alpha \times \frac{D_{\max} - D}{D_{\max} - D_{\min}} \qquad (16\text{-}22)$$

α 为调节系数，防止 P_m 过高损害解的质量。如果种群多样性足够大，P_m 就会下降。

DA-PESA2 算法简要框架如图 16-1 所示。

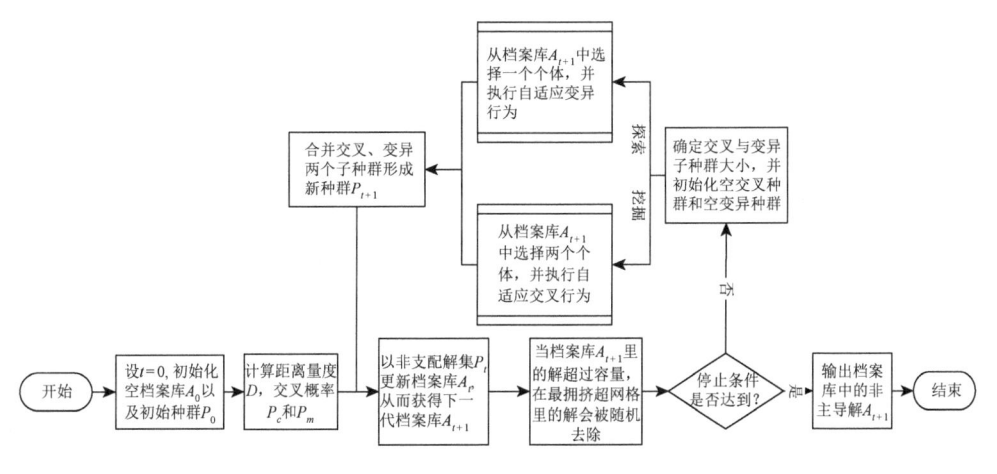

图 16-1　DA-PESA2 算法框架

16.3 数值试验

本章通过设计数值实验以验证算法的有效性。所有实验都是在 Intel(R) Core (TM)i5-4258U CPU @ 2.40 GHz，4.0GB RAM，Windows 8.1 操作系统的个人计算机上用 MATLAB 2017b 软件实现的。

16.3.1 问题参数设置与算例生成

对于本节涉及的所有实验和算法，种群大小和档案馆大小（如果有）均为 100。每次运行迭代次数为 100，平均每次实验运行 20 次。假设 MSP 数量的上限为 10。如表 16-3 所示，10 个 MSP 位于五个不同的工业区。因此 MSP$_1$ 和 MSP$_2$，MSP$_3$ 和 MSP$_4$，MSP$_5$ 和 MSP$_6$，MSP$_7$ 到 MSP$_9$ 共享同一位置，而 MSP$_{10}$ 单独处于一地。

表 16-3　不同 MSP 之间的距离（$R_{jj'}$）　　（单位：km）

	1	2	3	4	5	6	7	8	9	10
1	0	0	213	213	102	102	249	249	249	186
2	0	0	213	213	102	102	249	249	249	186
3	213	213	0	0	146	146	53	53	53	107
4	213	213	0	0	146	146	53	53	53	107
5	102	102	146	146	0	0	78	78	78	134
6	102	102	146	146	0	0	78	78	78	134
7	249	249	53	53	78	78	0	0	0	330
8	249	249	53	53	78	78	0	0	0	330
9	249	249	53	53	78	78	0	0	0	330
10	186	186	107	107	134	134	330	330	330	0

考虑到模型约束和生产实践，表 16-4 确定了服务组合服务质量和可持续性计算的参数取值范围。

表 16-4 问题的参数设置

参数	取值	参数	取值
t_{ij}	U (0, 10)/h	ω_{Ec}^{Sus}	0.3
c_{ij}	U (100, 10000)/RMB	ω_{En}^{Sus}	0.3
r_{ij}	U (0.8, 1)	ω_{So}^{Sus}	0.4
q_{ij}	U (0.7, 1)	ω_{M}^{QoS}	0.3
s_{ij}	U (1, 5)	ω_{Q}^{QoS}	0.3
v	60 km/h	ω_{R}^{QoS}	0.4
θ	0.05	ef	U (0.2, 0.4) kg/km
lc	1.4 RMB/km	ep	U (0.05, 0.1) kg/RMB
μ	4	Z_1^* & Z_2^*	30%×$|T|$

实验前需要对所有制造服务的部分服务质量和可持续性属性值进行归一化：

$$\text{Norm}(U_{ij}) = \begin{cases} \dfrac{N_{\max}^{\text{index}} - N_{ij}^{\text{index}}}{N_{\max}^{\text{index}} - N_{\min}^{\text{index}}} \\ \dfrac{P_{ij}^{\text{index}} - P_{\min}^{\text{index}}}{P_{\max}^{\text{index}} - P_{\min}^{\text{index}}} \end{cases} \quad (16\text{-}23)$$

其中，$N_{\max}^{\text{index}}$ 和 $N_{\min}^{\text{index}}$ 为第 index 个负属性的最大值和最小值，$P_{\max}^{\text{index}}$ 和 $P_{\min}^{\text{index}}$ 为第 index 个正属性的最大值和最小值。U_{ij} 为正向属性和负向属性的结合。在接下来的实验中，M、Ec 和 En 被视为负属性，而 Q、R 和 So 被视为正属性。

如图 16-2 所示，本算例考虑了四种不同类型的制造项目，即 Type-I（包含 5 个制造任务）、Type-II（包含 5 个制造任务）、Type-III（包含 5 个制造任务）以及 Type-IV 型制造项目（包含 10 个制造任务）。显然，这四种制造项目类型涵盖了所有的任务执行结构。顺序结构普遍存在于四种制造项目中；Type-I 和 Type-IV 制造项目涉及并行结构；Type-III 和 Type-IV 制造项目中包含循环结构，选择结构在 Type-II 和 Type-III 制造项目中存在。

基于 4 种制造项目类型和 10 个制造服务提供商，本数值实验共考虑了 8 个案例，详见表 16-5。在 8 个案例中，制造任务数量共有 4 个级别，制造服务提供商数量有 2 个级别。每个制造任务数量级别中，制造任务数量总计为 30、40、50 和 60。制造服务提供商数量的级别分别为 5 个 MSP 和 10 个 MSP。5 个 MSP 分别为 $\text{MSP}_1 \sim \text{MSP}_5$，10 个制造服务提供商为 $\text{MSP}_1 \sim \text{MSP}_{10}$。

(a) Type-I型

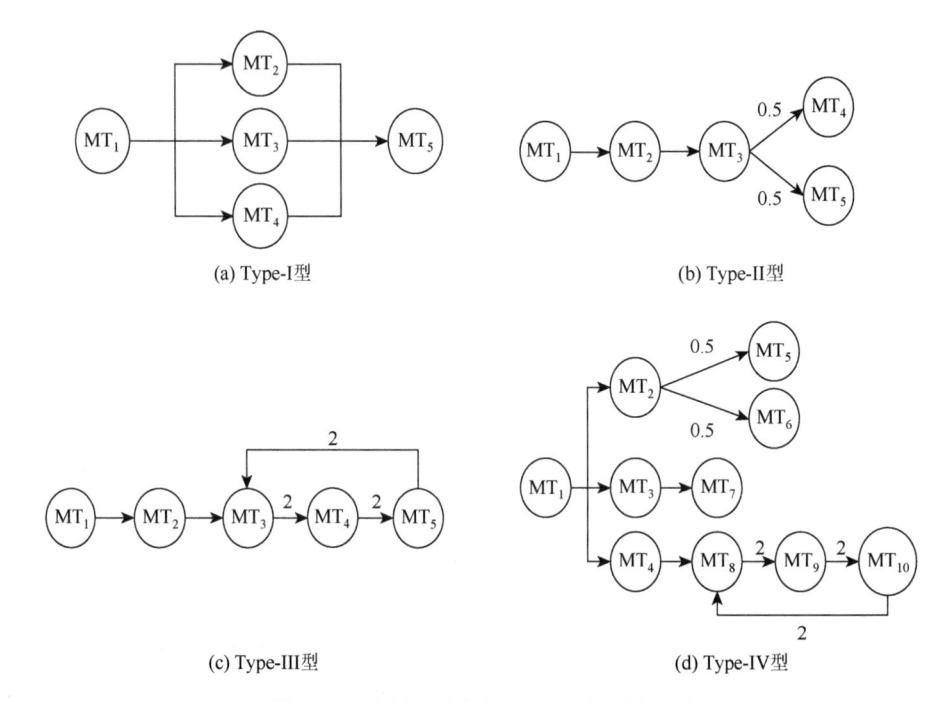

(b) Type-II型

(c) Type-III型

(d) Type-IV型

图 16-2　算例中考虑的四种制造项目类型

表 16-5　8 个案例中制造项目的种类和执行顺序

案例	\multicolumn{10}{c	}{云制造平台制造项目执行顺序}
	1	2	3	4	5	6	7	8	9	10
案例 30-5/10	Type-II	Type-I	Type-IV	Type-III	Type-II	—	—	—	—	—
案例 40-5/10	Type-I	Type-II	Type-III	Type-IV	Type-I	Type-II	Type-III	—	—	—
案例 50-5/10	Type-I	Type-II	Type-III	Type-IV	Type-I	Type-II	Type-III	Type-IV	—	—
案例 60-5/10	Type-III	Type-II	Type-I	Type-IV	Type-I	Type-II	Type-III	Type-IV	Type-I	Type-I

16.3.2　评价指标

为了进一步比较不同算法提供的帕累托前沿的质量，使用三个指标来衡量帕累托解决方案的收敛性和多样性。

（1）反向世代距离（inverted general distance，IGD）：

$$IGD = \frac{\sum_{x \in P} \text{dist}(x, P')}{|P|} \tag{16-24}$$

其中，P 和 P' 分别为全局最优帕累托解集和本算法得到的帕累托解集。$|P|$ 为全局最优帕累托解集的大小，$\text{dist}(x,P')$ 为全局最优帕累托前沿的第 i 个点与 P' 中最接近解之间的欧氏距离。IGD 值越小，表示得到的解越接近全局最优帕累托前沿。

（2）二集覆盖率（set coverage，SC）：

$$SC(A,B) = \frac{|\{u \in B \mid \exists v \in A : v \prec u\}|}{|B|} \quad (16\text{-}25)$$

A 和 B 是由两个不同算法得到的两组帕累托解集。$SC(A,B)$ 指 B 集合中被 A 集合中解主导的解占 B 集合总数的比例。如果 $SC(A,B)$ 较高而 $SC(B,A)$ 较低，A 算法越好，反之 B 算法越好。

（3）Spread[11]：

$$\text{Spread} = \frac{d_f + d_l + \sum_{i=1}^{N-1}|d_i - \overline{d}|}{d_f + d_l + (N-1)\overline{d}} \quad (16\text{-}26)$$

其中，d_i 为所得到的非主导解集中连续解之间的欧氏距离，$\overline{d}$ 为所有解 d_i 的平均值。Spread 是对所得到的帕累托解的间距进行度量，Spread 值越小表明算法的效率越高。

16.3.3 实验 1：验证 DA-PESA2 中提出的改进

表 16-6 给出了不同情况下，建议的 DA-PESA2 和经典 PESA2 在 IGD、SC 和 Spread 指标方面的比较。在标有"IGD"的栏中，给出了 IGD 的平均值和标准偏差（std）值，std 值用括号表示。更好的结果用粗体突出显示。

总体而言，DA-PESA2 的性能优于 PESA2。从 DA-PESA2 得到的 IGD 和 std 值在所有情况下都优于 PESA2，只是在 30-10 的情况下，DA-PESA 得到的 std 值略高。从 IGD 指标的角度来看，随着制造任务数的增加，PESA2 得到的帕累托前沿逐渐远离真实的帕累托前沿。相比之下，DA-PESA2 能够发现适应度高、变化小的解决方案。DA-PESA2 在 SC 指标上始终优于 PESA2，说明每次运行 DA-PESA2 所得到的帕累托前沿都能主导 PESA2 所得到的大部分解。最后，除 60-10 案例外，DA-PESA2 方案的 Spread 值均低于 PESA2 方案。说明 DA-PESA2 解分布在帕累托前沿，种群多样性较好，预计在所有情况下 DA-PESA2 都会表现良好。

表 16-6　DA-PESA2 与经典 PESA2 算法的改进

Case	IGD PESA2	IGD DA-PESA2	SC (PESA2, DA-PESA2)	SC (DA-PESA2, PESA2)	Spread PESA2	Spread DA-PESA2
30-5	0.1995（0.0680）	**0.0857**（**0.0291**）	0.0546	**0.7322**	0.1560	**0.1072**
40-5	0.3028（0.1031）	**0.1522**（**0.0567**）	0.1574	**0.5857**	0.1127	**0.0827**
50-5	0.4700（0.1633）	**0.2668**（**0.0836**）	0.1400	**0.6580**	0.1190	**0.0868**
60-5	0.5938（0.1698）	**0.3473**（**0.0886**）	0.0927	**0.7633**	0.1322	**0.0895**
30-10	0.5031（**0.1218**）	**0.3646**（0.1245）	0.0888	**0.8124**	0.1228	**0.0780**
40-10	0.9885（0.2336）	**0.7057**（**0.1610**）	0.1675	**0.6952**	0.1236	**0.0962**
50-10	1.4622（0.2591）	**0.9785**（**0.1853**）	0.1572	**0.7296**	0.1062	**0.0877**
60-10	1.5472（0.3328）	**1.1004**（**0.2513**）	0.1527	**0.7722**	**0.0997**	0.1163

16.3.4　实验 2：与经典算法的性能比较

本算法与典型算法进行了比较，如 NSGA-II、MOPSO、SPEA2 和 PESA2。

如图 16-3 和图 16-4 所示，在这四种情况下，MOPSO、NSGA-II、PESA2 和 SPEA2 的 IGD 箱线图均高于及宽于 DA-PESA2。结果证明了 DA-PESA2 在所有情况下良好的收敛能力。与 DA-PESA2 相比，可以观察到随着每个算例规模的增加，MOPSO、NSGA-II、PESA2 和 SPEA2 会降解。而 DA-PESA2 得到的解始终

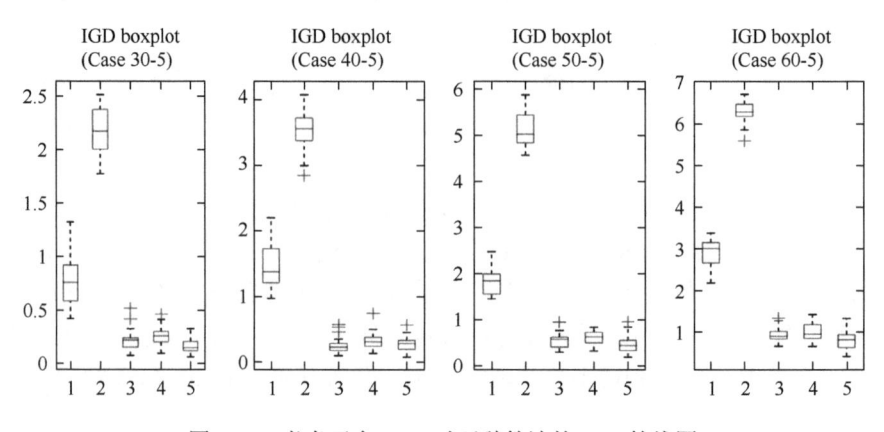

图 16-3　考虑五个 MSP 时五种算法的 IGD 箱线图

在横轴上从 1 到 5 分别表示不同算法：1-MOPSO，2-NSGA-II，3-PESA2，4-SPEA2，5-DA-PESA2

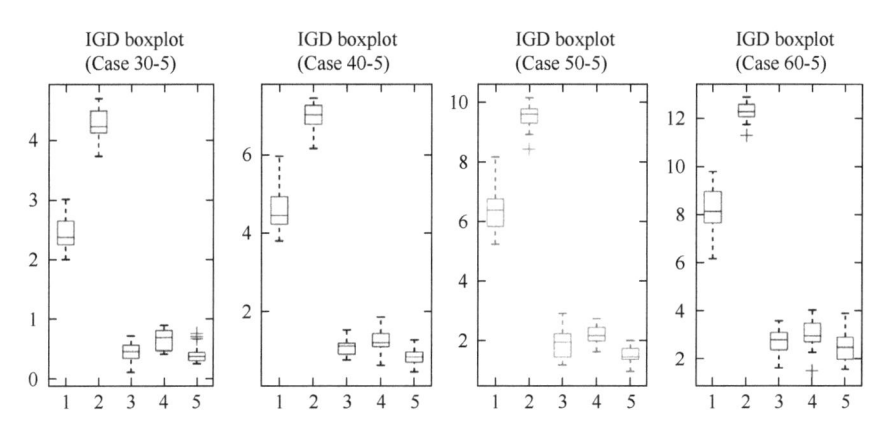

图 16-4　考虑十个 MSP 时五种算法的 IGD 箱线图

在横轴上从 1 到 5 分别表示不同算法：1-MOPSO，2-NSGA-II，3-PESA2，4-SPEA2，5-DA-PESA2

保持与真实帕累托前沿的距离，且变化不大。结果表明，DA-PESA2 在不同情况下都具有较好的收敛性。总体而言，PESA2 的收敛质量仅次于 DA-PESA2，但仍优于 NSGA-II 和 MOPSO。NSGA-II 算法一般得到最不稳定以及分布面最窄的解。同时，通过 MOPSO 得到的解的方差最大。

16.4　本 章 小 结

本章主要研究考虑可持续性的云制造服务组合问题，考虑了制造服务提供商任务处理能力、产品质量损失和可持续性考量。本章主要结论如下。

（1）提出了一个双目标非线性整数服务组合模型，以更加精确、全面地描述云制造服务组合问题。针对多个复杂制造项目，该模型假设服务提供商任务处理能力有限，从而修正了最大完工时间估计方法。还将服务质量中的产品质量损失描述为处理时间的函数，物流成本和排放也被纳入总体经济与环境可持续性评价内。

（2）为了在短时间内获得多个高质量的帕累托解，本书提出了一种将 PESA2 算法与种群多样性距离度量相结合的 DA-PESA2 算法。其中，基于距离的自适应机制通过自适应参数调整来平衡进化算法的探索和开发。

（3）与 SPEA2、MOPSO、NSGA-II 和 PESA2 等不同的经典多目标算法在各种指标和场景条件下进行了数值实验。计算结果表明，与考虑制造服务提供商任务处理能力、产品质量损失和可持续性的经典算法相比，DA-PESA2 在寻找更好的服务组合解方面具有良好的性能。

参 考 文 献

[1] 李天博，齐二石. 汽车供应链协同的云制造模式研究[J]. 机械设计与制造工程，2017，46（4）：11-15.

[2] 李亚平，陶良彦. 基于改进型 GERT 网络的多工序制造过程质量损失预测研究[J]. 工业工程与管理：1-16.

[3] HE Y，WANG L，WEI Y，et al. Optimisation of burn-in time considering the hidden loss of quality deviations in the manufacturing process[J]. International Journal of Production Research，2017，55（10）：2961-2977.

[4] U Y，JIA G，CHENG Y. Cloud manufacturing service composition and optimal selection with sustainability considerations: a multi-objective integer bi-level multi-follower programming approach[J]. International Journal of Production Research，2019，58（19）：6024-6042.

[5] WANG Y，ZHANG Y，TAO F，et al. Logistics-aware manufacturing service collaboration optimisation towards industrial internet platform[J]. International Journal of Production Research，2018，57（12）：4007-4026.

[6] 李强，张科，康鹏桂，等. 基于 NSGA-II 的云制造物流服务方案设计研究[J]. 现代制造工程，2020（5）：53-58.

[7] ZHANG W，YANG Y，ZHANG S，et al. A new three-dimensional manufacturing service composition method under various structures using improved Flower Pollination Algorithm[J]. Enterprise Information Systems，2018，12（5）：620-637.

[8] 刘卫宁，马刚，刘波. 基于层次化的云制造服务组合研究[J]. 中国机械工程，2013，24（10）：1349-1356.

[9] 隋建龙. 基于 SaaS 的园区物流资源撮合平台的研究与实现[D]. 武汉：武汉理工大学，2015.

[10] SUN J，XI L，Pan E，et al. Integration of product quality and tool degradation for reliability modelling and analysis of multi-station manufacturing systems[J]. International Journal of Computer Integrated Manufacturing，2009，22（3）：267-279.

[11] 焦喜振. 面向网络协同制造的复杂重型装备任务分解方法研究[D]. 重庆：重庆大学，2020.

第17章　复杂重型装备定制企业网络协同制造利益分配

复杂重型装备是制造产业链中重要的关键基础装备,体现国家高端制造能力和水平,是国民经济和国防安全的重要保障。我国重型装备产品仍以中低端为主,处于世界制造业产业链的中下游[1]。通过调研发现,复杂重型装备网络协同制造平台在运作中存在以下问题:第一,由于复杂重型装备网络协同制造平台的软硬件设备开发和购买成本昂贵,不能在短期内收回成本,涉及复杂重型装备相关利益主体对该平台持有怀疑态度,供应链上下游企业在智能化转型升级上犹豫不决;第二,由于受到跨组织跨部门的限制,难以整合相关联盟企业之间的信息资源,导致企业间互联互通问题日益严重。目前,制造平台的研究主要集中在平台智能化和新兴技术应用[2-4]、平台功能架构[5,6]、平台生态演化[6-8]、信息协同模式[9-15]、服务与定价策略[16-21]、用户引入策略[22-25]等方面。

本章在考虑制造平台提供信息协同策略与否的情形下,研究其对设计研究院和生产制造商的引入策略影响,构建三者之间的演化博弈模型,分析各博弈方的策略稳定性以及各要素对策略选择的影响关系。最后,利用 MATLAB 2020b 进行仿真分析,验证了不同初始条件下模型分析的有效性,并根据分析结论为制造平台的服务策略选择提出了对策和建议。

17.1　演化博弈模型基本假设与构建

17.1.1　基本模型假设

复杂重型装备网络协同制造平台旨在将该行业的核心企业如设计研究院和制造商引入平台,在平台的正向网络外部性影响下其他相关中小型企业也入驻平台,从而形成价值增值链,提高利益相关者之间的协同能力,最终降本增效。一方面,该平台处于建设阶段,平台的服务及管理能力不足,相关企业缺乏加入平台的动力。另一方面,设计研究院、设计制造商和网络协同制造平台都是追求自身利益最大化的,因此,符合演化博弈论的有限理性假设。本章采用演化博弈的方法,对设计研究院和生产制造商在网络协同制造合作过程演变趋势进行分析,观察不同情况下各因素对均衡策略的影响。

1. 博弈主体与策略集合

在复杂重型装备网络协同制造演化博弈过程中,有三类博弈主体:设计研究院(记为 D)、生产制造商(记为 M)和平台(记为 P)。D 和 M 两者的策略集合均为{加入平台,不加入平台}。"加入平台"表示主体愿意共享信息、知识、技术等资源,基于原始合作在云平台上进行网络协同制造,付出协同成本和原始合作成本,并获得原始和协同收益。"不加入平台"表示主体不愿意共享其资源,与其他主体进行原始合作。P 的策略集合为{基础服务,优质服务},"基础服务"表示平台迫于成本压力和技术限制只采取生产资源优化配置、关键质量管理等一般性服务。"优质服务"表示平台致力于解决主体协同中的痛难点问题,如异地跨组织协同设计、设计图纸向工艺图纸转化服务、知识图谱推送服务及机器视觉检测服务等优化服务。平台的建设成本以及设计研究院和制造商接入平台的成本属于沉没成本,不是本书考虑的重点,因此设置为零。

2. 基本假设和参数设置

为了合理地构建模型,进行如下基本假设。

假设 17-1 假定 P 选择"优质服务"的概率为 x,选择"基础服务"的概率为 $1-x$;D 选择"加入平台"的概率为 y,选择"不加入平台"的概率为 $1-y$。M 选择"加入平台"的概率为 z,选择"不加入平台"的概率为 $1-z$。

假设 17-2 若 D 和 M 均不加入 P,而采取线下合作的方式进行协同制造,可以获得的基本收益为 $\pi_i(i=\text{M,D})$,由于 D 交付的是工程设计图纸,知识流失风险让其蒙受损失 αT,其中 α 为知识流失风险系数,T 为知识流失造成的最大损失。

假设 17-3 若 M 加入 P,D 不加入 P,则当 P 提供基础服务时 M 需缴纳注册费 r,并享受相应的服务,获得额外收益 A_M;当 P 提供优质服务时,M 购买所需服务应缴纳服务费 C_M,获得额外收益 B_M。D 不但因知识流失蒙受 αT 损失,而且 D 由于平台排斥导致经济损失 γ_D。

假设 17-4 若 D 加入 P,M 不加入 P,则当 P 提供优质服务时 D 购买所需服务应缴纳服务费 C_D,并享受知识保护服务,获得额外收益 A_D,D 在平台的监管下的知识流失损失记为 βT,其中 $\beta < \alpha$。当 P 提供基础服务时,D 需缴纳注册费 r,获得额外收益 B_D,其中 $C_\text{D} > r$,且 $A_\text{D} > B_\text{D}$。M 会被平台排斥导致经济损失 γ_M。

假设 17-5 若 D 和 M 均选择加入 P,当 P 提供基础服务和优质服务时,D 和

M 在协同效应下将会获得额外的总收益分别为 S_1 和 S_2，该部分收益由协同双方共同分配，D 的分配系数为 δ，且 $\delta \in [0,1]$，M 的分配系数为 $1-\delta$。双方同时加入平台的协同制造收益大于分别单独加入平台的额外收益，即 $S_1 > A_M$ 且 $S_1 > A_D$，$S_2 > B_M$ 且 $S_2 > B_D$。

假设 17-6　当 P 提供基础服务和优质服务时的运营成本分别为 C_P^1，C_P^2。政府为了激励平台采取长远发展策略，为平台用户切实解决痛难点问题，通过给予平台成本补贴 S_P 诱导提供优质服务。

本章出现的符号和含义说明见表 17-1。

表 17-1　模型符号及其含义

符号	含义
π_i	$i=$ M, D 表示 M 和 D 都不加入平台时获得的基本收益
α	无平台监管下，D 的知识流失风险系数
β	在平台监管下，D 的知识流失风险系数
T	表示 D 因知识流失造成的最大损失
r	当 P 提供基础服务时，收取 M 和 D 的注册费
C_M	当 P 提供优质服务时，M 购买所需服务应缴纳服务费
C_D	当 P 提供优质服务时，D 购买所需服务应缴纳服务费
γ_i	$i=$ M, D 表示 M 或 D 不加入平台被排斥导致的经济损失
C_P^j	$j=1,2$ 表示 P 提供优质服务和基础服务时的运营成本
S_j	$j=1,2$ 表示当 P 提供优质和基础服务时，D 和 M 获得的协同收益
δ	D 的协同收益分配系数 $\delta \in [0,1]$
$1-\delta$	M 的协同收益分配系数
A_i	$i=$ M, D 表示 D 或 M 使用平台提供优质服务后各自获得的额外收益
B_i	$i=$ M, D 表示 D 或 M 使用平台提供基础服务后各自获得的额外收益

17.1.2　收益矩阵构建

生产制造商和设计研究院是复杂重型装备网络协同制造中的重要参与者，两者都是有限理性，经过长期的博弈逐渐找到最后的策略。根据以上假设可以得到该博弈的收益矩阵，见表 17-2。

表 17-2　设计研究院、生产制造商和平台的混合策略博弈收益矩阵

联盟成员			复杂重型装备网络协同制造平台	
			优质服务 x	基础服务 $1-x$
设计研究院	加入 y	生产制造商 加入 z	$S_P - C_P^1 + C_M + C_D$ $\pi_D + \delta S_1 - C_D - \beta T$ $\pi_M + (1-\delta)S_1 - C_M$	$2r - C_P^2$ $\pi_D + \delta S_2 - r - \beta T$ $\pi_M + (1-\delta)S_2 - r$
		生产制造商 不加入 $1-z$	$S_P - C_P^1 + C_D$ $\pi_D - C_D - \beta T + A_D$ $\pi_M - \gamma_M$	$r - C_P^2$ $\pi_D - r - \beta T + B_D$ $\pi_M - \gamma_M$
	不加入 $1-y$	生产制造商 加入 z	$S_P - C_P^1 + C_M$ $\pi_D - \alpha T - \gamma_D$ $\pi_M - C_M + A_M$	$r - C_P^2$ $\pi_D - \alpha T - \gamma_D$ $\pi_M - r + B_M$
		生产制造商 不加入 $1-z$	$S_P - C_P^1$ $\pi_D - \alpha T - \gamma_D$ $\pi_M - \gamma_M$	$-C_P^2$ $\pi_D - \alpha T - \gamma_D$ $\pi_M - \gamma_M$

17.2　网络协同制造联盟演化博弈模型构建

17.2.1　收益期望函数构建

根据上述博弈关系，设 π_{11}，π_{12}，$\overline{\pi_1}$ 分别表示复杂重型装备网络协同制造平台分别提供优质服务和基础服务时的收益，以及平均期望收益。

$$\pi_{11} = yz(S_P - C_P^1 + C_M + C_D) + y(1-z)(S_P - C_P^1 + C_D)$$
$$+ (1-y)z(S_P - C_P^1 + C_M) + (1-y)(1-z)(S_P - C_P^1)$$

$$\pi_{12} = yz(2r - C_P^2) + y(1-z)(r - C_P^2) + (1-y)z(r - C_P^2) + (1-y)(1-z)(-C_P^2)$$

$$\overline{\pi_1} = x\pi_{11} + (1-x)\pi_{12}$$

同理可得设计研究院选择加入和不加入网络协同制造平台策略时的收益 π_{21}，π_{22}，以及平均期望收益 $\overline{\pi_2}$ 分别为

$$\pi_{21} = xz(\pi_D + \delta S_1 - C_D - \beta T) + x(1-z)(\pi_D - C_D - \beta T + A_D)$$
$$+ z(1-x)(\pi_D + \delta S_2 - r - \beta T) + (1-z)(1-x)(\pi_D - r - \beta T + B_D)$$

$$\pi_{22} = xz(\pi_D - \alpha T - \gamma_D) + x(1-z)(\pi_D - \alpha T - \gamma_D) + z(1-x)(\pi_D - \alpha T - \gamma_D)$$
$$+ (1-z)(1-x)(\pi_D - \alpha T - \gamma_D)$$

$$\overline{\pi_2} = y\pi_{21} + (1-y)\pi_{22}$$

生产制造商选择加入和不加入网络协同制造平台策略时的收益 π_{31}，π_{32}，以及平均期望收益 $\overline{\pi_3}$ 分别为

$$\pi_{31} = xy[\pi_M + (1-\delta)S_1 - C_M] + x(1-y)(\pi_M - C_M + A_M)$$
$$+ y(1-x)[\pi_M + (1-\delta)S_2 - r] + (1-y)(1-x)(\pi_M - r + B_M)$$
$$\pi_{32} = xy(\pi_M - \gamma_M) + x(1-y)(\pi_M - \gamma_M) + y(1-x)(\pi_M - \gamma_M) + (1-y)(1-x)(\pi_M - \gamma_M)$$
$$\overline{\pi_3} = z\pi_{31} + (1-z)\pi_{32}$$

17.2.2 博弈三方演化路径分析

1. 网络协同制造平台演化路径分析

由以上分析可得，网络协同制造平台的复制动态方程为 $F(x) = \dfrac{\mathrm{d}x}{\mathrm{d}t} = x(\pi_{11} - \overline{\pi_1}) = x(1-x)(\pi_{11} - \pi_{12})$，化简得

$$F(x) = x(1-x)\left[y(C_D - r) + z(C_M - r) + S_P - C_P^1 + C_P^2\right] \quad (17\text{-}1)$$

对 $F(x)$ 关于 x 求一阶偏导，可得

$$\frac{\mathrm{d}F(x)}{\mathrm{d}x} = (1-2x)\left[y(C_D - r) + z(C_M - r) + S_P - C_P^1 + C_P^2\right] \quad (17\text{-}2)$$

令 $\varphi(z) = y(C_D - r) + z(C_M - r) + S_P - C_P^1 + C_P^2$，$z_0 = \dfrac{C_P^1 - S_P - C_P^2 - (C_D - r)y}{C_M - r}$。

根据微分方程稳定性定理，网络协同制造平台选择提供基础服务策略的概率处于稳定状态，需要满足 F，且 $\dfrac{\mathrm{d}F(x)}{\mathrm{d}x} < 0$。

（1）若 $z = z_0$，则 $F(x) = \dfrac{\mathrm{d}x}{\mathrm{d}t} = 0$，网络协同制造平台选择提供优质服务，且为稳定策略，不会随平台选择服务类型的比例和时间推移而改变。

（2）若 $z \neq z_0$，令 $F(x) = 0$，得 $x = 0$ 或 $x = 1$。分两种情况讨论两个点：当 $z_0 < z < 1$ 时，$\dfrac{\mathrm{d}F(x)}{\mathrm{d}x}|_{x=0} > 0$，$\dfrac{\mathrm{d}F(x)}{\mathrm{d}x}|_{x=1} < 0$，此时 $x = 1$ 为演化稳定点，即网络协同制造平台选择提供优质服务的比例高于 φ_1 时，网络协同制造平台最终会选择提供服务。当 $0 < z < z_0$ 时，$\dfrac{\mathrm{d}F(x)}{\mathrm{d}x}|_{x=0} < 0$，$\dfrac{\mathrm{d}F(x)}{\mathrm{d}t}|_{x=1} > 0$，此时 $x = 0$ 为演化稳定点，即制造商选择加入平台的比例低于 z_0 时，考虑到运营问题，网络协同制造平台最终会选择提供基础服务。

根据上述分析，得到网络协同制造平台提供服务策略演化路径，见图 17-1。在平面 $z = z_0$ 上半部分区域时，x 趋向于 1，网络协同制造平台提供优质服务；在曲面 z 下半部分区域时，x 趋向于 0，网络协同制造平台提供基础服务。

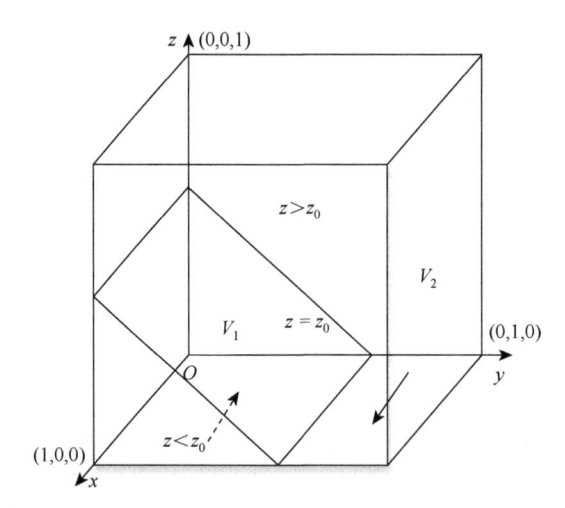

图 17-1　网络协同制造平台决策动态演化路径

2. 设计研究院演化路径分析

根据上述分析，可得设计研究院网络协同制造策略的复制动态方程为 $F(y) = \dfrac{\mathrm{d}y}{\mathrm{d}t} = y(\pi_{21} - \overline{\pi_2}) = y(1-y)(\pi_{21} - \pi_{22})$，化简得

$$F(y) = y(1-y)\begin{Bmatrix} xz[\delta(S_1 - S_2) - A_\mathrm{D} + B_\mathrm{D}] + x(A_\mathrm{D} - B_\mathrm{D} - C_\mathrm{D} + r) \\ + z(\delta S_2 - B_\mathrm{D}) + (\alpha - \beta)T + B_\mathrm{D} - r + \gamma_\mathrm{D} \end{Bmatrix} \quad (17\text{-}3)$$

令 $F(y) = 0$，可得

$$y_1^* = 0, \quad y_2^* = 1, \quad z^* = \dfrac{r - (\alpha - \beta)T - B_\mathrm{D} - \gamma_\mathrm{D} - x(A_\mathrm{D} - B_\mathrm{D} - C_\mathrm{D} + r)}{x[\delta(S_1 - S_2) - A_\mathrm{D} + B_\mathrm{D}] + \delta S_2 - B_\mathrm{D}}$$

对 $F(y)$ 关于 y 求一阶偏导，可得

$$\dfrac{\mathrm{d}F(y)}{\mathrm{d}y} = (1 - 2y)\begin{Bmatrix} xz[\delta(S_1 - S_2) - A_\mathrm{D} + B_\mathrm{D}] + x(A_\mathrm{D} - B_\mathrm{D} - C_\mathrm{D} + r) \\ + z(\delta S_2 - B_\mathrm{D}) + (\alpha - \beta)T + B_\mathrm{D} - r + \gamma_\mathrm{D} \end{Bmatrix} \quad (17\text{-}4)$$

若 $z = z^*$，则 $F(y) \equiv 0$，所有点都是稳定状态。

若 $z \neq z^*$，则 $y_1^* = 0$，$y_2^* = 1$ 是 y 的两个稳定状态点，对 z^* 的不同情况进行讨论。

（1）当 $z < z^* < 1$ 时，$\dfrac{\mathrm{d}F(y)}{\mathrm{d}y}\big|_{y=0} > 0$，$\dfrac{\mathrm{d}F(y)}{\mathrm{d}y}\big|_{y=1} < 0$，此时 $y = 1$ 为演化稳定点，即设计研究院选择加入网络协同制造平台。

（2）当 $z > z^* > 0$ 时，$\dfrac{\mathrm{d}F(y)}{\mathrm{d}y}\big|_{y=0} < 0$，$\dfrac{\mathrm{d}F(y)}{\mathrm{d}y}\big|_{y=1} > 0$，此时 $y = 0$ 为演化稳定点，即设计研究院选择不加入网络协同制造平台。

设计研究院策略的演化路径，见图 17-2。从图中可看出，在平面 $z=z^*$ 上半部分区域时，y 趋向于 1，设计研究院选择加入网络协同制造平台；在曲面 $z=z^*$ 下半部分区域时，y 趋向于 0，设计研究院选择不加入网络协同制造平台。

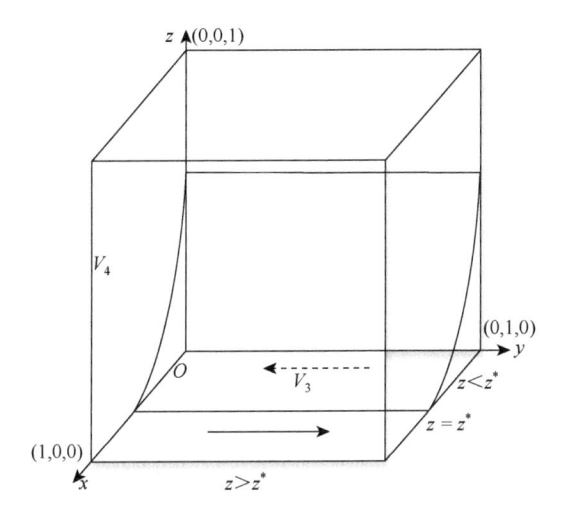

图 17-2　设计研究院决策动态演化路径

3. 生产制造商演化路径分析

通过上述分析，同理可得生产制造商网络协同制造策略的复制动态方程为

$$F(z) = z(1-z)\begin{bmatrix} xy\big((1-\delta)(S_1-S_2)-A_M+B_M\big)+x(A_M-B_M-C_M+r) \\ +y\big[(1-\delta)S_2-B_M\big]+B_M-r+\gamma_M \end{bmatrix} \quad (17\text{-}5)$$

令 $F(z)=0$，可得

$$z_1^*=0,\ z_2^*=1,\ y^*=\frac{r-B_M-\gamma_M-x(A_M-B_M-C_M+r)}{(1-\delta)S_2-B_M+x\big[(1-\delta)(S_1-S_2)-A_M+B_M\big]}$$

对 $F(z)$ 关于 z 求一阶偏导，可得

$$\frac{\mathrm{d}F(z)}{\mathrm{d}z}=(1-2z)\begin{bmatrix} xy\big((1-\delta)(S_1-S_2)-A_M+B_M\big)+x(A_M-B_M-C_M+r) \\ +y\big[(1-\delta)S_2-B_M\big]+B_M-r+\gamma_M \end{bmatrix} \quad (17\text{-}6)$$

若 $y=y^*$，则 $F(z)\equiv 0$，所有点都是稳定状态。

若 $y\neq y^*$，$z_1^*=0$，$z_2^*=1$ 是 z 的两个稳定状态点，对 y^* 的不同情况进行讨论。

（1）当 $y^*<y<1$ 时，$\dfrac{\mathrm{d}F(z)}{\mathrm{d}z}\big|_{z=0}>0$，$\dfrac{\mathrm{d}F(z)}{\mathrm{d}z}\big|_{z=1}<0$，此时 $z=1$ 为演化稳定点，设计研究院选择加入平台的比例大于 y^* 时，生产制造商选择加入平台策略。

（2）当 $0 < y < y^*$ 时，$\dfrac{\mathrm{d}F(z)}{\mathrm{d}z}\big|_{z=0} < 0$，$\dfrac{\mathrm{d}F(z)}{\mathrm{d}z}\big|_{z=1} > 0$，此时 $z = 0$ 为演化稳定点，设计研究院选择加入平台的比例小于 y^* 时，生产制造商选择不加入平台策略。

设计研究院策略的演化路径，见图 17-3。从图中可看出，在平面 $y = y^*$ 上半部分区域时，z 趋向于 1，设计研究院选择加入网络协同制造平台；在曲面 y 下半部分区域时，z 趋向于 0，设计研究院选择不加入网络协同制造平台。

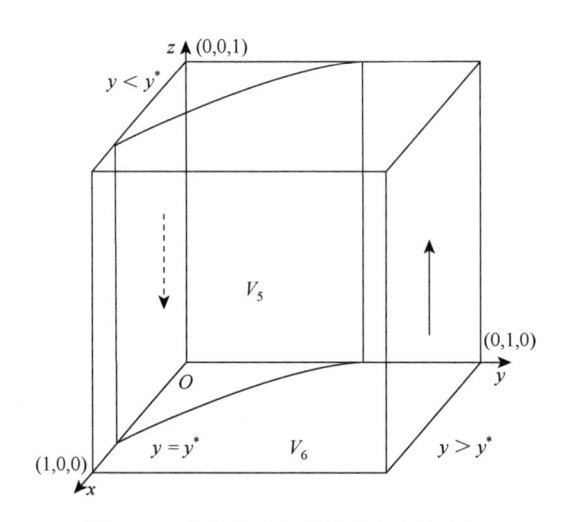

图 17-3　生产制造商决策动态演化路径

17.2.3　博弈三方演化稳定策略分析

求解 $F(x)$，$F(y)$，$F(z)$ 关于 x、y、z 的偏导数，可以得出雅可比矩阵 J 为

$$J = \begin{bmatrix} J_1 & J_2 & J_3 \\ J_4 & J_5 & J_6 \\ J_7 & J_8 & J_9 \end{bmatrix} = \begin{bmatrix} \dfrac{\partial F(x)}{\partial x} & \dfrac{\partial F(x)}{\partial y} & \dfrac{\partial F(x)}{\partial z} \\ \dfrac{\partial F(y)}{\partial x} & \dfrac{\partial F(y)}{\partial y} & \dfrac{\partial F(y)}{\partial z} \\ \dfrac{\partial F(z)}{\partial x} & \dfrac{\partial F(z)}{\partial y} & \dfrac{\partial F(z)}{\partial z} \end{bmatrix}$$

其中，$J_1 = 1 - 2x\left[y(C_D - r) + z(C_M - r) + S_P - C_P^1 + C_P^2 \right]$

$$J_2 = x(1-x)(C_D - r)$$

$$J_3 = x(1-x)(C_M - r)$$

$$J_4 = y(1-y)\left[z\delta(S_1 - S_2) - (z-1)(A_D - B_D) - C_D + r \right]$$

$$J_5 = 1 - 2y(xz(\delta(S_1 - S_2) - A_D + B_D) + x(A_D - B_D - C_D + r) + z(\delta S_2 - B_D) + (\alpha - \beta)T + B_D - r + \gamma_D)$$

$$J_6 = y(1-y)(x\delta(S_1 - S_2) - x(A_D - B_D) + \delta S_2 - B_D)$$

$$J_7 = z(1-z)(y(1-\delta)(S_1 - S_2) - y(A_M - B_M) + A_M - B_M - C_M + r)$$

$$J_8 = z(1-z)(x(1-\delta)(S_1 - S_2) - x(A_M - B_M) + (1-\delta)S_2 - B_M)$$

$$J_9 = 1 - 2z(xy(1-\delta)(S_1 - S_2) - xy(A_M - B_M) + x(A_M - B_M - C_M + r) + y(1-\delta)S_2 - yB_M + B_M - r + \gamma_M)$$

令 $(x) = F(y) = F(z) = 0$，得到 $E_1 \sim E_8$ 八个局部均衡点和对应的雅可比矩阵的特征值如表 17-3 所示。根据李雅普诺夫第一法则，当雅可比矩阵的特征值均为负实部时，均衡点为渐进稳定点。

表 17-3 雅可比矩阵的特征值

均衡点	特征值 λ_1	特征值 λ_2	特征值 λ_3
$E_1(0,0,0)$	$S_P - C_P^1 + C_P^2$	$(\alpha - \beta)T + B_D - r + \gamma_D$	$B_M - r + \gamma_M$
$E_2(0,0,1)$	$C_M - r + S_P - C_P^1 + C_P^2$	$\delta S_2 + (\alpha - \beta)T - r + \gamma_D$	$r - B_M - \gamma_M$
$E_3(0,1,0)$	$C_D - r + S_P + C_P^2 - C_P^1$	$r - (\alpha - \beta)T - B_D - \gamma_D$	$(1-\delta)S_2 - r + \gamma_M$
$E_4(0,1,1)$	$C_D + C_M - 2r + S_P + C_P^2 - C_P^1$	$-\delta S_2 - (\alpha - \beta)T + r - \gamma_D$	$-(1-\delta)S_2 + r - \gamma_M$
$E_5(1,0,0)$	$C_P^1 - S_P - C_P^2$	$A_D - C_D + (\alpha - \beta)T + \gamma_D$	$A_M - C_M + \gamma_M$
$E_6(1,0,1)$	$C_P^1 - S_P - C_P^2 + r - C_M$	$\delta S_1 - C_D + (\alpha - \beta)T + \gamma_D$	$C_M - A_M - \gamma_M$
$E_7(1,1,0)$	$r - C_D + C_P^1 - S_P - C_P^2$	$C_D - A_D - (\alpha - \beta)T - \gamma_D$	$(1-\delta)S_1 - C_M + \gamma_M$
$E_8(1,1,1)$	$-\begin{pmatrix} S_P + C_P^2 - C_P^1 + \\ C_D + C_M - 2r \end{pmatrix}$	$-\begin{bmatrix} \delta S_1 - C_D + \\ (\alpha - \beta)T + \gamma_D \end{bmatrix}$	$-[(1-\delta)S_1 - C_M + \gamma_M]$

下面通过八种情形对均衡点的稳定性进行分析。

假设 1：当 $C_P^1 - S_P > C_P^2$ 时，即政府给予 P 一定的补贴，但不足以弥补 P 提供优质和基础服务的成本差时，有以下情形。

情形 1：当 $r > \max\{(\alpha - \beta)T + B_D + \gamma_D, B_M + \gamma_M\}$ 时，即 P 设置的注册费用将席卷 D 和 M 的所有收益，此时 $E_1(0,0,0)$ 是三方博弈的最终平衡点，即 P 提供基础服务，D 和 M 均不加入。

情形 2：当 $C_M - r < C_P^1 - S_P - C_P^2$，且 $\delta S_2 + (\alpha - \beta)T + \gamma_D < r < B_M + \gamma_M$ 时，即 P 提供优质和基础服务的收益差低于成本差，而 P 收取的注册费大于 D 获取的收益而小于 M 获取的收益，此时 $E_2(0,0,1)$ 是三方博弈的最终平衡点，即 P 提供基础服务，D 不加入而 M 加入。

情形 3：当 $C_D - r < C_P^1 - S_P - C_P^2$，且 $(1-\delta)S_2 + \gamma_M < r < (\alpha-\beta)T + B_D + \gamma_D$ 时，即 P 提供优质和基础服务的收益差低于成本差，而 P 收取的注册费大于 M 获取的收益而小于 D 获取的收益，此时 $E_3(0,1,0)$ 是三方博弈的最终平衡点，即 P 提供基础服务，D 加入而 M 不加入。

情形 4：当 $r < \min\{(\alpha-\beta)T + \delta S_2 + \gamma_D, (1-\delta)S_2 + \gamma_M\}$，且 $C_D + C_M + S_P + C_P^2 - C_P^1 < 2r$ 时，即 P 提供优质和基础服务的收益差低于成本差，而 P 收取的注册费小于 D 和 M 获取的收益的较小值，此时 $E_4(0,1,1)$ 是三方博弈的最终平衡点，即 P 提供基础服务，D 和 M 都加入 P。

假设 2：当 $C_P^1 - S_P < C_P^2$ 时，即政府对 P 提供优质服务的补贴力度足够大，能够弥补 P 提供优质和基础服务的成本差时，有以下情形。

情形 1：当 $A_D + (\alpha-\beta)T + \gamma_D < C_D$，且 $A_M + \gamma_M < C_M$ 时，P 收取 D 和 M 服务费用超过了加入平台所获得收益。此时，$E_5(1,0,0)$ 是三方博弈的最终平衡点，即 P 提供优质服务，但是 D 和 M 都选择不加入。

情形 2：当 $\delta S_1 + (\alpha-\beta)T + \gamma_D < C_D$，且 $C_M < A_M + \gamma_M$ 时，D 即使在 P 提供优质服务时也不能获利，而 M 即使在 P 提供基础服务时也能获得额外收益。此时，$E_6(1,0,1)$ 是三方博弈的最终均衡点，即 P 提供优质服务，D 不加入而 M 加入。

情形 3：当 $A_D + (\alpha-\beta)T + \gamma_D > C_D$，且 $(1-\delta)S_1 + \gamma_M < C_M$ 时，M 即使在 P 提供优质服务时也不能获利，而 D 即使在 P 提供基础服务时也能获得额外收益。此时 $E_7(1,1,0)$ 是三方博弈的最终均衡点，即 P 提供优质服务，D 加入而 M 不加入。

情形 4：当 $\delta S_1 + (\alpha-\beta)T + \gamma_D > C_D$，且 $(1-\delta)S_1 + \gamma_M > C_M$ 时，$E_8(1,1,1)$ 是三方博弈的最终均衡点，即 P 提供优质服务，D 和 M 都选择加入平台。

17.3　网络协同制造仿真分析

针对系统中较为理想的两种演化稳定结果 $E_4(0,1,1)$（假设 1 的情形 3）和 $E_8(1,1,1)$（假设 2 的情形 4），为验证本章三方演化稳定策略分析的有效性，同时分析不同因素对演化结果的影响，结合文献及上述条件，设定仿真初始值如下。

数组 1：

$\alpha=0.4, \beta=0.1, T=5, r=4, C_M=6, C_D=5, \gamma_D=2, \gamma_M=2, S_1=6, S_2=4,$
$\delta=0.4, S_P=1, C_P^1=5.5, C_P^2=0,5, A_D=2, A_M=3, B_D=1, B_M=1.5$

数组 2：

$\alpha=0.4, \beta=0.1, T=5, r=2, C_M=4, C_D=3, \gamma_D=2, \gamma_M=2, S_1=6,$
$S_2=4, \delta=0.4, S_P=2.5, C_P^1=3.5, C_P^2=1.5, A_D=2, A_M=3, B_D=1, B_M=1.5$

17.3.1 博弈三方演化行为路径

将初始概率 x、y 和 z 初始值均设定为 0.5，并将以上的两组初始参数值代入系统动力学模型，用 MATLAB 2020b 实现仿真，得到如图 17-4 和图 17-5 所示的博弈三方演化行为路径。

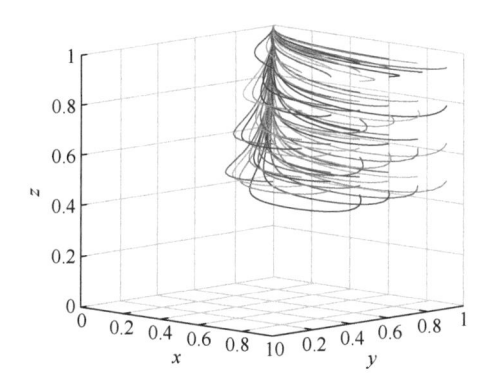

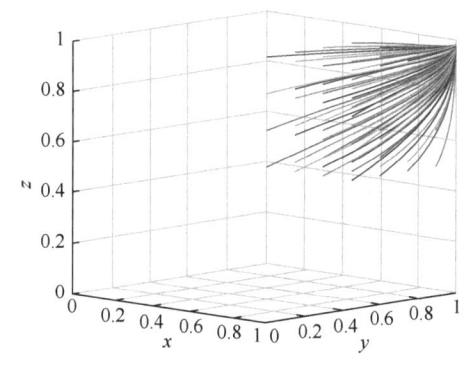

图 17-4　数组 1 的三方路径演化结果图　　图 17-5　数组 2 的三方路径演化结果图

由图中可知，数组 1 的三方演化博弈的最终稳定策略为 $E_4(0,1,1)$，即平台提供基础服务，设计研究院和生产制造商均选择加入平台；数组 2 的三方演化博弈的最终稳定策略为 $E_8(1,1,1)$，即平台提供优质服务，设计研究院和生产制造商也均选择加入平台。该结果与前面的分析一致，也验证了模型的正确性和有效性。

17.3.2 协同收益分配系数对演化结果的影响

为分析协同收益分配系数对演化结果的影响，将设计研究院的协同收益分配系数 δ 分别取值 0.4,0.6,0.9，此时生产制造商对应的协同收益分配系数为 $1-\delta=0.6,0.4,0.1$。数组 1 和数组 2 的三维演化仿真结果分别如图 17-6 和图 17-9 所示。为进一步说明 δ 变化对设计研究院和生产制造商的选择加入平台的概率的影响，绘制了如图 17-7 和图 17-8、图 17-10 和图 17-11 所示的二维演化图。

从图中可知，无论数组 1 还是数组 2，随着设计研究院的协同收益分配系数 δ 的增加，设计研究院最终选择加入平台的演化速率逐渐上升，生产制造商选择加入平台的演化速率则逐渐降低，甚至会改变其最终策略。在数组 1 中 δ 未超过介于 0.48～0.51 的某一临界值前，三方的演化稳定策略为 $E_4(0,1,1)$；当 δ 超过该临界值后，制造方会改变策略选择不加入平台，此时三方的最终演化稳定策略为 $E_3(0,1,0)$。在数组 2 中 δ 未超过介于 0.65～0.68 的某一临界值前，三方的演化稳定策略为 $E_8(1,1,1)$；当 δ 超过该临界值时，制造方会改变策略选择不加入平台，此时三方的最终演化稳定策略为 $E_7(1,1,0)$。

由此说明，增加一方的协同收益分配系数会促使该方更倾向于加入平台，但同时也会降低协同合作的另一方加入平台的概率。当生产制造商获得的协同收益分配比例较低时，最终会选择不加入平台，但这一现象并没有在设计方中体现，可见相较于设计方，制造方更看重从平台中获得的协同收益，而设计方加入平台除了可获得协同收益，也需要平台对其知识进行保护，从而降低设计方的知识流失风险，因此即使当设计方的协同收益分配系数较低时，仍会选择加入平台，这也一定程度说明了设计方会同时考虑平台所具有的知识保护作用。

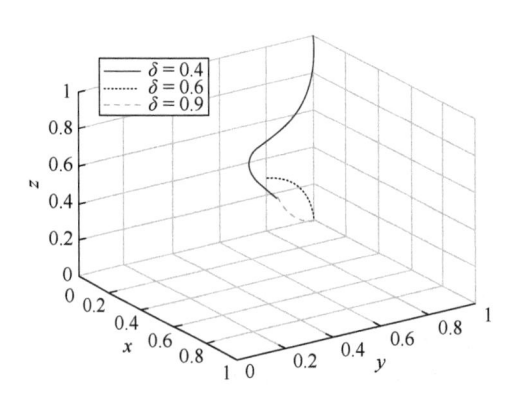

图 17-6 数组 1 下协同收益分配系数对演化结果的影响

图 17-7 数组 1 下协同收益分配系数对 y 的影响

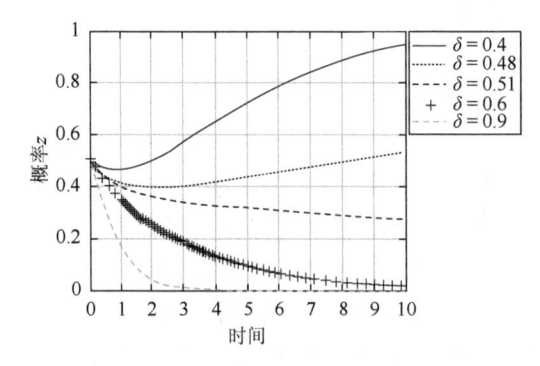

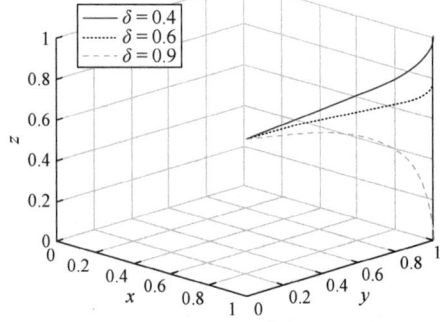

图 17-8 数组 1 下协同收益分配系数对 z 的影响

图 17-9 数组 2 下协同收益分配系数对演化结果的影响

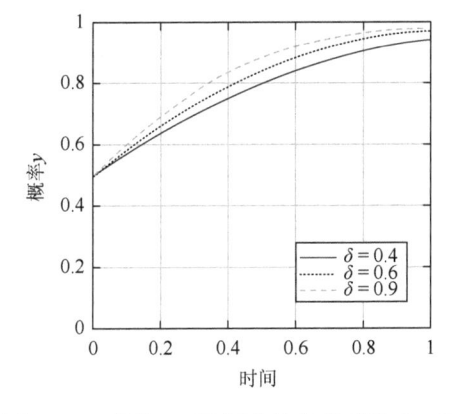

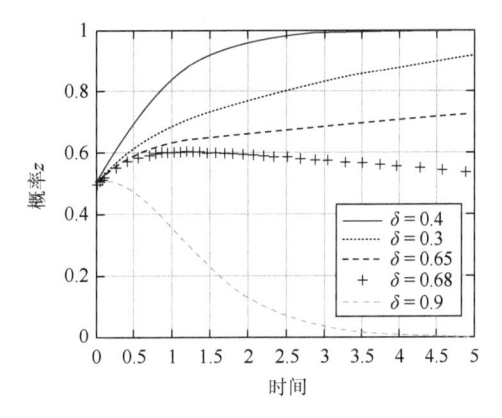

图 17-10　数组 2 下协同收益分配系数对 y 的影响

图 17-11　数组 2 下协同收益分配系数对 z 的影响

此外，数组 1 中制造方改变策略的协同收益分配系数 δ 低于数组 2，即制造方在数组 1 的情形中改变策略选择不加入平台时的协同收益分配比例要高于数组 2，而且数组 2 中制造方选择加入平台的收敛速度明显快于数组 1，可见当政府提供的补贴足以弥补平台提供优质和基础服务的成本差时，不仅会使平台倾向于提供优质服务，也会使制造方在协同收益比例更低的情况下仍愿意选择加入平台且收敛速度更快。

17.3.3　协同收益对演化结果的影响

为分析平台提供优质和基础服务时，设计方和制造方获得的协同收益对演化结果的影响，将 S_1 和 S_2 取不同数值，得到了数组 1 和数组 2 的三维仿真演化结果，如图 17-12 和图 17-13 所示。从图中可知，在数组 1 的情形下，平台始终提供基础服务，随着协同收益 S_2 的降低，演化稳定策略从 $E_4(0,1,1)$ 变为 $E_3(0,1,0)$，即当 S_2 低于在 3.3～3.5 的临界值时，制造方会因协同收益较低而改变策略选择不加入平台，设计方则没有改变策略。在数组 2 的情形下同样类似，平台始终提供优质服务，随着协同收益 S_1 的降低，演化稳定策略从 $E_8(1,1,1)$ 变为 $E_7(1,1,0)$，即当 S_1 低于在 3.3～3.5 的临界值时，制造方也会选择不加入平台，设计方也没有改变策略。

由此可知，无论平台提供基础服务还是优质服务，当协同收益逐渐降低时，制造方会选择退出平台，而设计方则并没有受到影响，这也证明了在一定程度上，相比于设计方，制造方更看重加入平台所能带来的协同收益，与前面分析的结论一致。此外，为保证制造方愿意加入，平台无论提供基础服务还是优质服务，必须保证协同收益 S_1 高于在 3.3～3.5 的临界值。

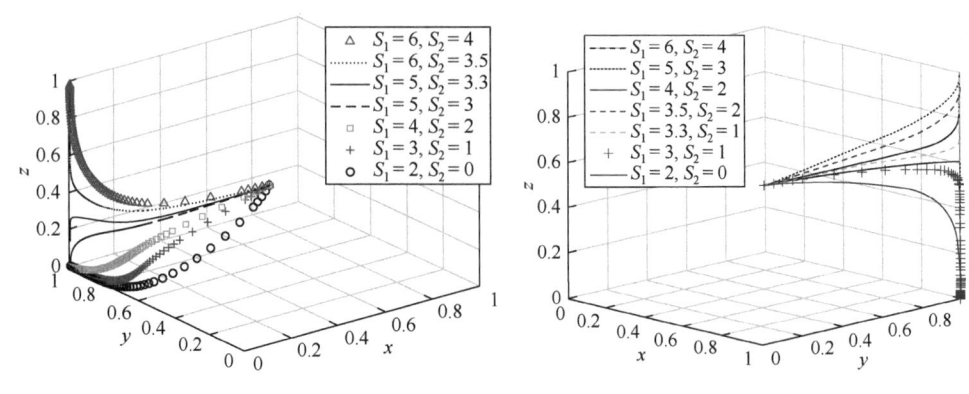

图 17-12 数组 1 下协同收益分配系数对演化结果的影响

图 17-13 数组 2 下协同收益分配系数对演化结果的影响

17.3.4 知识流失风险对演化结果的影响

根据前面的假设，设计研究院知识流失造成的最大损失为 T，且在有平台监管下的知识流失风险系数 β 应小于无平台监管下的知识流失风险系数 α，为进一步分析知识流失风险损失对演化结果的影响，分别取 $\alpha-\beta=0.1,0.5,0.9$。数组 1 和数组 2 的演化结果如图 17-14～图 17-19 所示。

在数组 1 的情形中，当 $\alpha-\beta$ 的取值高于在 0.15～0.18 的某个临界值时，三方的演化稳定策略为 $E_4(0,1,1)$；当其低于该临界值时，设计方和制造方均会改变策略选择不加入平台，此时三方的最终演化稳定策略为 $E_1(0,0,0)$。当 $\alpha-\beta$ 未低于临界值时，随着加入平台所能减少的知识损失增大，y 收敛于 1 的速率会增加，z 收敛于 1 的速率也会增加。在数组 2 的情形中，无论如何改变 $\alpha-\beta$ 的取值，三方的演化稳定策略始终为 $E_8(1,1,1)$。随着加入平台所能减少的知识损失增大，y 收敛于 1 的速率会增加，制造方却并没有受到知识风险流失的影响。

由此可知，在数组 1 的情形中，设计方对平台所能提供的知识保护效果更为敏感，这是因为该场景中平台收取的费用较高，当设计方加入平台后的知识保护收益不足以弥补其付出的成本时，就会导致其改变策略，随着设计方选择不加入平台的可能性增加，制造方无法获得更多的协同收益，因此也会选择退出平台。在数组 2 的情形中，政府提供的补贴足以弥补平台提供优质和基础服务的成本差，平台不仅倾向于提供优质服务，而且收取的优质服务费用也较低，因此设计方和制造方付出的成本较低，即使当知识保护带来的收益较少时，协同收益也可以覆盖其成本，所以在一定程度上设计方和制造方更愿意加入平台而不轻易改变其策略。可见，政府提供的补贴足以激励平台提供优质服务的同时，使设计研究院在知识保护效果不够明显的情况下仍愿意选择加入平台，从而使生产制造商为获得协同收益也选择加入平台。

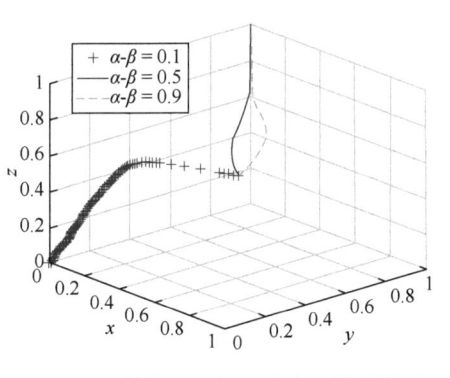

第 17 章 复杂重型装备定制企业网络协同制造利益分配

图 17-14 数组 1 下知识流失风险系数对演化结果的影响

图 17-15 数组 1 下知识流失风险系数对 y 的影响

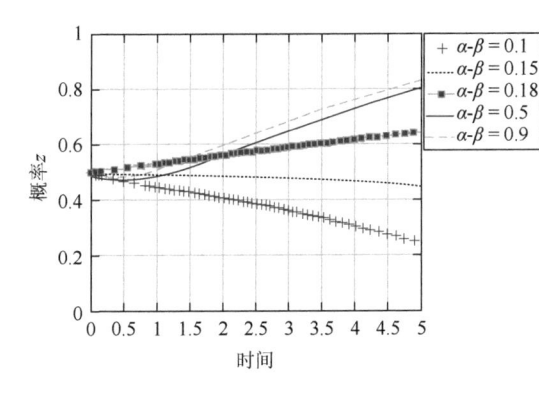

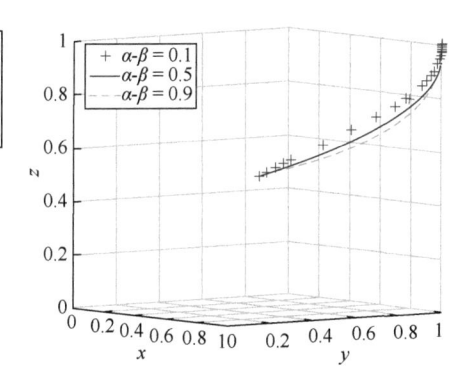

图 17-16 数组 1 下知识流失风险系数对 z 的影响

图 17-17 数组 2 下知识流失风险系数对演化结果的影响

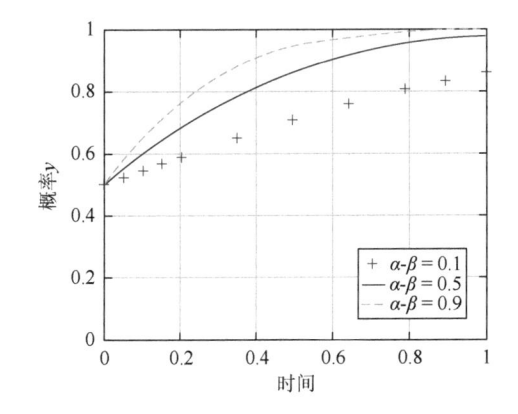

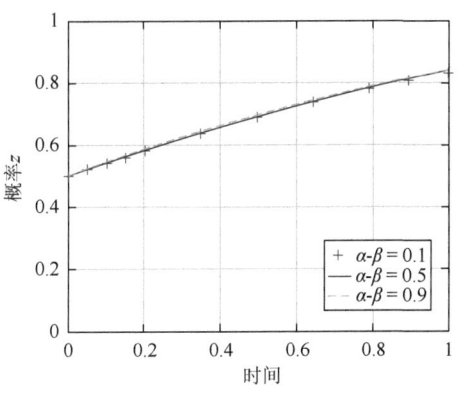

图 17-18 数组 2 下知识流失风险系数对 y 的影响

图 17-19 数组 2 下知识流失风险系数对 z 的影响

17.3.5 前景损益对演化结果的影响

图 17-20 和图 17-21 为设计研究院和生产制造商未加入平台被排斥而导致的经济损失 γ_D 和 γ_M 取不同值时的演化结果。从图中可知，在数组 1 的情形下，当 γ_D 和 γ_M 逐渐减小时，演化稳定策略首先会由 $E_4(0,1,1)$ 变为 $E_3(0,1,0)$，即当制造方不加入平台被排斥的经济损失低于 1.6～1.8 的临界值时，会改变策略选择不加入平台；当 γ_D 和 γ_M 进一步降低时，演化稳定策略会由 $E_3(0,1,0)$ 变为 $E_1(0,0,0)$，即当设计方不加入平台被排斥的经济损失低于 1.3～1.6 的临界值时，也会改变策略选择不加入平台。在数组 2 的情形下，当 γ_D 和 γ_M 逐渐减小时，演化稳定策略会由 $E_8(1,1,1)$ 变为 $E_7(1,1,0)$，即制造方会在经济损失较小且低于 0.3～0.5 的某个数值后选择不加入平台；对于设计方而言，经济损失的降低会减少 y 收敛于 1 的速率，但并不会影响其最终收敛结果。

由此说明，相比于制造方，设计方对经济损失的敏感程度较低，因为在数组 1 的情形中，导致设计方改变策略的经济损失低于使制造方改变策略的经济损失，在数组 2 的情形中，当未加入平台被排斥的经济损失为 0 时，设计方仍会选择加入平台。换言之，相比于设计方，制造方需面临更大的不加入平台的经济损失，才会更倾向于选择加入平台。因此，平台应重点考虑如何增大生产制造商不加入平台的经济损失。此外，对比两种情形可知，政府提供补贴在保证平台提供优质服务的同时，不仅避免了设计方在经济损失很小的情况下选择不加入平台，也降低了制造方改变决策选择不加入平台的经济损失临界值。

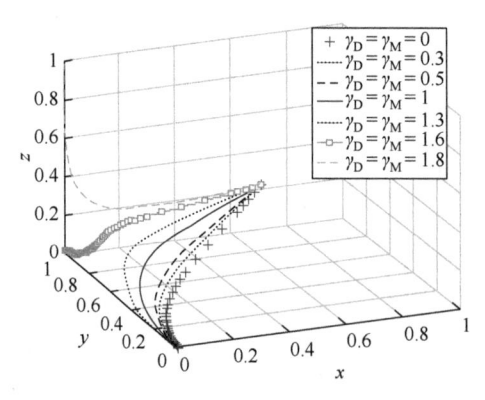

图 17-20　数组 1 下未加入平台被排斥的不同经济损失对演化结果的影响

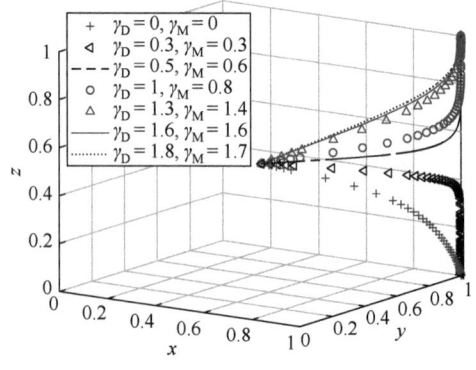

图 17-21　数组 2 下未加入平台被排斥的不同经济损失对演化结果的影响

17.3.6 平台优质服务定价对演化结果的影响

在数组 1 中政府给予的补贴不足以弥补平台提供优质和基础服务的成本差，此时平台只提供基础服务，不会提供优质服务，因此不考虑数组 1 中缴纳的优质服务费用的影响。

主要分析数组 2 中当平台向设计研究院和生产制造商收取的优质服务费用 C_D 和 C_M 取不同数值时，对演化结果的影响，得到了如图 17-22 所示的三维仿真演化结果。从图中可知，C_D 和 C_M 的增加会使演化稳定策略从 $E_8(1,1,1)$ 变为 $E_7(1,1,0)$，甚至变为 $E_5(1,0,0)$。

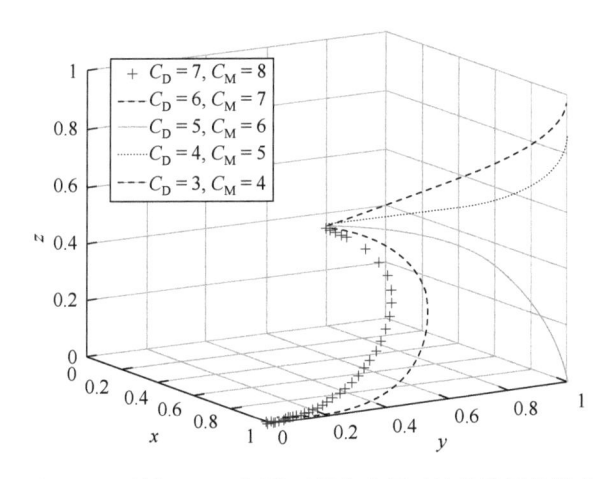

图 17-22　数组 2 下不同优质服务费用对演化结果的影响

为进一步分析优质服务费用的变化对设计方和制造方的影响，分别绘制了如图 17-23 和图 17-24 所示的二维演化图。

分析可知，随着优质服务费用的增加，y 和 z 收敛于 1 的速率会逐渐降低；与此同时，当设计研究院缴纳的优质服务费用超过 5.5～5.6 的某个临界值时，最终 D 选择不加入平台；同理，当 M 缴纳的优质服务费用超过 5.6～5.7 的某个临界值时，也会选择不加入平台。可见，平台需合理制定所收取的优质服务费用，因为 0.1 的变化就会造成不同的演化结果，此外由于 M 演化结果变化的临界值高于 D 的临界值，因此平台向 M 收取的优质服务费用可略高于向 D 收取的优质服务费用。

结合前面对协同收益分配系数、协同收益、知识流失损失和前景损益四个因素在数组 2 下的演化结果影响的分析，可知对于 D 而言，相比于前四个因素，其对优质服务费用这一因素的敏感程度更大，因为该因素的略微变化就会改变其最终结果，前四个因素则对其最终演化结果影响较小；对于 M 而言，其对协同收益分配系数和平台收取的优质服务费用两个因素都较敏感。由此可见，当政府给予的补贴足以弥补平台提供优质和基础服务的成本差时，D 更看重"成本"，M 则更看重"净利润"，因此在平台提供优质服务时，应一定程度上降低向 D 收取的费用从而减少其感知到的"成本"，同时可向 M 收取较高的费用，但要保证制造方的协同收益也较高，从而提高其"净利润"。

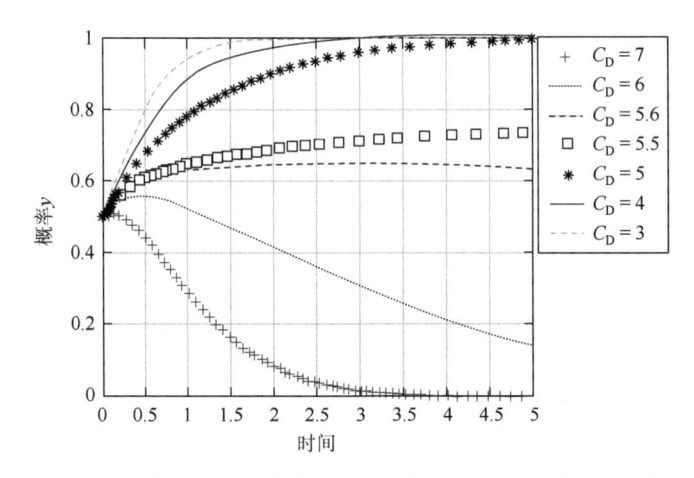

图 17-23　数组 2 下平台收取的不同优质服务费用对 y 的影响

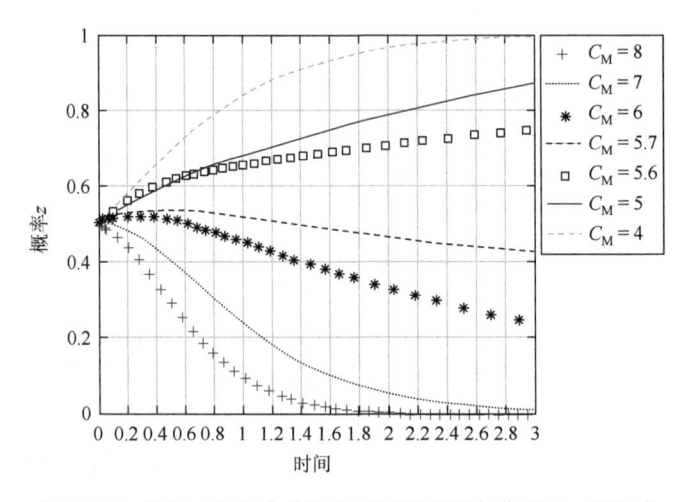

图 17-24　数组 2 下平台收取的不同优质服务费用对 z 的影响

17.4　本章小结

复杂重型装备定制生产涉及异地跨组织的不同利益主体，网络化制造平台是提升其运作绩效的关键。本章考虑了网络化制造平台是否提供信息协同的情形下，研究了其对设计研究院和生产制造商引入的影响，构建三者之间的演化博弈模型，分析了各博弈方的策略稳定性以及各要素对策略选择的影响关系。最后，利用 MATLAB 2020b 进行了仿真分析，验证了不同初始条件下模型分析的有效性，并根据分析结论为制造平台的服务策略选择提出了对策与建议。

（1）相比于设计研究院，生产制造商更看重加入平台所能获得的协同收益，因此提高协同能力是平台吸引制造商的关键。此外在设定协同收益分配比例时，平台也应适当向制造商倾斜。

（2）在平台提供基础服务时，设计研究院对知识流失损失更为敏感，当平台无法提供较为明显的知识保护功能时，其会选择退出平台，这会导致生产制造商无法获得协同收益也退出平台。因此，平台即使提供基础服务，也应特别注重提升知识保护的功能。

（3）当未加入平台被排斥的经济损失较小时，生产制造商更倾向于选择退出平台，因此平台要着重提高生产制造商不加入平台被排斥的经济损失，提供优质服务可以降低生产制造商对经济损失的忍耐限度。

（4）平台向生产制造商收取的优质服务费用可略高于向设计研究院收取的优质服务费用，此外，应降低向设计方收取的费用从而减少其感知到的"成本"，但可向制造方收取较高的费用同时保证制造方的协同收益也较高，提高其感知到的"净利润"。

参 考 文 献

[1] 焦喜振. 面向网络协同制造的复杂重型装备任务分解方法研究[D]. 重庆：重庆大学，2020.

[2] YU C, ZHANG L, ZHAO W, et al. A blockchain-based service composition architecture in cloud manufacturing[J]. International Journal of Computer Integrated Manufacturing, 2020：33（7）：701-715.

[3] VATANKHAH B R. A blockchain technology based trust system for cloud manufacturing[J]. Journal of Intelligent Manufacturing, 2022：33（5），1451-1465.

[4] 孟柯, 吴志勇, 黄双喜, 等. 基于区块链的新型云制造服务选择方法[J/OL]. 计算机集成制造系统：1-19 [2022-07-10].

[5] 闫红翔, 鄢萍, 吴鹏飞, 等. 复杂重型装备网络协同制造平台功能架构[J]. 重型机械, 2021（1）：8-14.

[6] 贾希旺, 赵晓东, 柳先辉. 基于微服务的智能制造知识图谱平台架构[J/OL]. 计算机集成制造系统：1-16 [2022-07-10].

[7] AULKEMEIER F, IACOB M E, VAN HILLEGERSBERG J. Platform-based collaboration in digital ecosystems[J].

[8] 王京. 平台生态系统演化机理研究——以云制造产业为例[J]. 中国软科学, 2021 (11): 29-35.
[9] 杜志平, 区钰贤. 基于三方演化博弈的跨境物流联盟信息协同机制研究[J/OL]. 中国管理科学: 1-12 [2022-07-10]. DOI: 10.16381/j.cnki.issn1003-207x.2020.0416.
[10] SHAH C. Collaborative information seeking: The art and science of making the whole greater than the sum of all (Vol. 34). Springer Science & Business Media. 2012.
[11] 马捷, 张云开, 蒲泓宇. 信息协同: 内涵、概念与研究进展[J]. 情报理论与实践, 2018, 41 (11): 12-19.
[12] JIANG W. An intelligent supply chain information collaboration model based on Internet of Things and big data[J]. IEEE access, 2019, 7: 58324-58335.
[13] ALI N, AHMED A, ANUM L, et al. Modelling supply chain information collaboration empowered with machine learning technique[J]. Intelligent Automation & Soft Computing, 2021, 30 (1): 243-257.
[14] 刘捷先, 张晨. 公共服务平台下虚拟联盟成员选择机制及联盟企业间协同制造问题研究[J]. 中国管理科学, 2020, 28 (2): 126-135. DOI:10.16381/j.cnki.issn1003-207x.2020.02.012.
[15] 姚晨, 樊博, 赵玉攀. 多主体应急信息协同的制约因素与模式创新研究[J]. 现代情报, 2022, 42 (7): 31-41.
[16] 朱文兴, 谢明珠, 许菱. 基于双边市场理论的云制造平台定价策略[J]. 计算机集成制造系统, 2020, 26 (1): 268-278. DOI:10.13196/j.cims.2020.01.027.
[17] CHEN J, FAN M, LI M. Advertising versus brokerage model for online trading platforms[J]. MIS Quarterly, 2016, 40 (3): 575-596.
[18] PAN X Y, MA J Z, ZHAO D Z. Study on pricing behaviour and capacity allocation of cloud manufacturing service platform[J]. Cluster Computing, 2018.
[19] CHAUDHURI A, DATTA P P, FERNANDES K J, et al. Optimal pricing strategies for Manufacturing-as-a Service platforms to ensure business sustainability[J]. International Journal of Production Economics, 2021.
[20] 肖旦, 聂珊珊, 周永务, 等. 不同市场准入标准下基于服务竞争的零售商竞合策略选择[J]. 中国管理科学, 2021, 29 (10): 121-130. DOI:10.16381/j.cnki.issn1003-207x.2019.1249.
[21] CORNE D, JERRAM N, KNOWLES J, et al. PESA-II: Region-based selection in evolutionary multiobjective optimization[C]//Procedia of 6th International Conference of Parallel Problems Solving from Nature PPSN-VI, 2001.
[22] DEB K, PRATAP A, AGARWAL S, et al. A fast and elitist multiobjective genetic algorithm: NSGA-II[J]. IEEE Transactions on Evolutionary Computation, 2002, 6 (2): 182-197.
[23] COELLO C A, TOSCANO P G, LECHUGA M. Handling multiple objectives with particle swarm optimization[J]. IEEE Transactions on Evolutionary Computation, 2004, 8: 256-279.
[24] ZITZLER E, LAUMANNS M, THIELE L. SPEA2: Improving the strength pareto evolutionary algorithm for multiobjective optimization[C]//Evolutionary Methods for Design, Optimization and Control with Applications to Industrial Problems. Proceedings of the EUROGEN' 2001: 1-21.
[25] ZENNARO I, FINCO S, BATTINI D, et al. Big size highly customised product manufacturing systems: A literature review and future research agenda[J]. International Journal of Production Research, 2019, 57 (15-16): 5362-5385.

第18章　复杂重型装备网络协同制造平台治理规则

网络协同制造平台是复杂重型装备行业获取信息、任务-资源精准匹配、进行供应链上下游整合的重要关口，由于复杂产品涉及利益相关者众多，一般采取合作研发的创新方式，这就导致各种利益、矛盾、冲突频发。网络协同制造平台需要制定相关治理规则约束和规范利益相关者的行为，促进平台健康和谐成长。本章从筛选用户、留存用户和管理用户三方面进行分析，研究路线见图18-1。

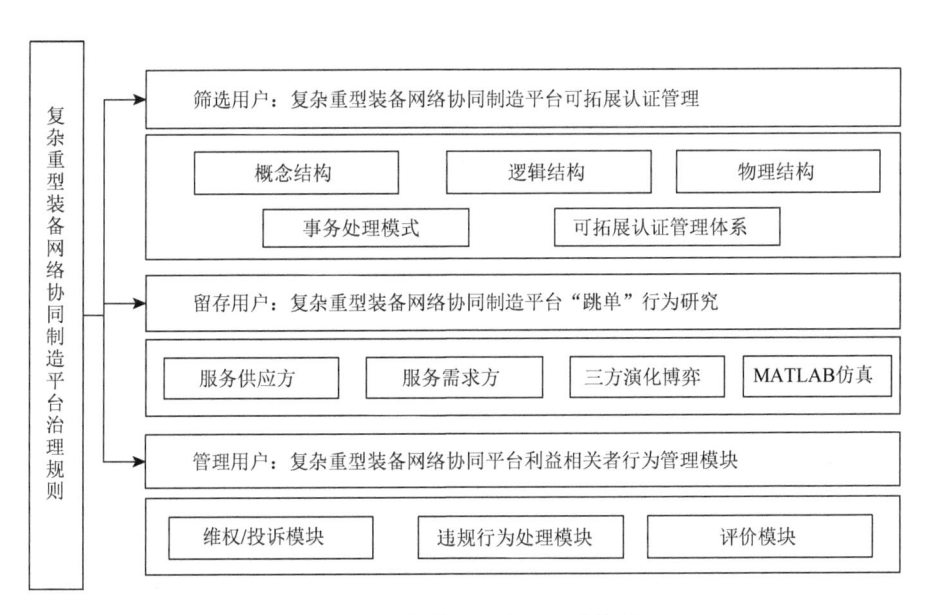

图18-1　网络协同平台治理路线图

18.1　基于数据库的网络协同平台可拓展认证管理体系

18.1.1　概念结构

基于数据库的网络协同平台概念结构采用实体-联系图（entity relationship diagram，E-R图）进行描述，该图由三个基本要素构成：实体、属性和联系，如图18-2所示。

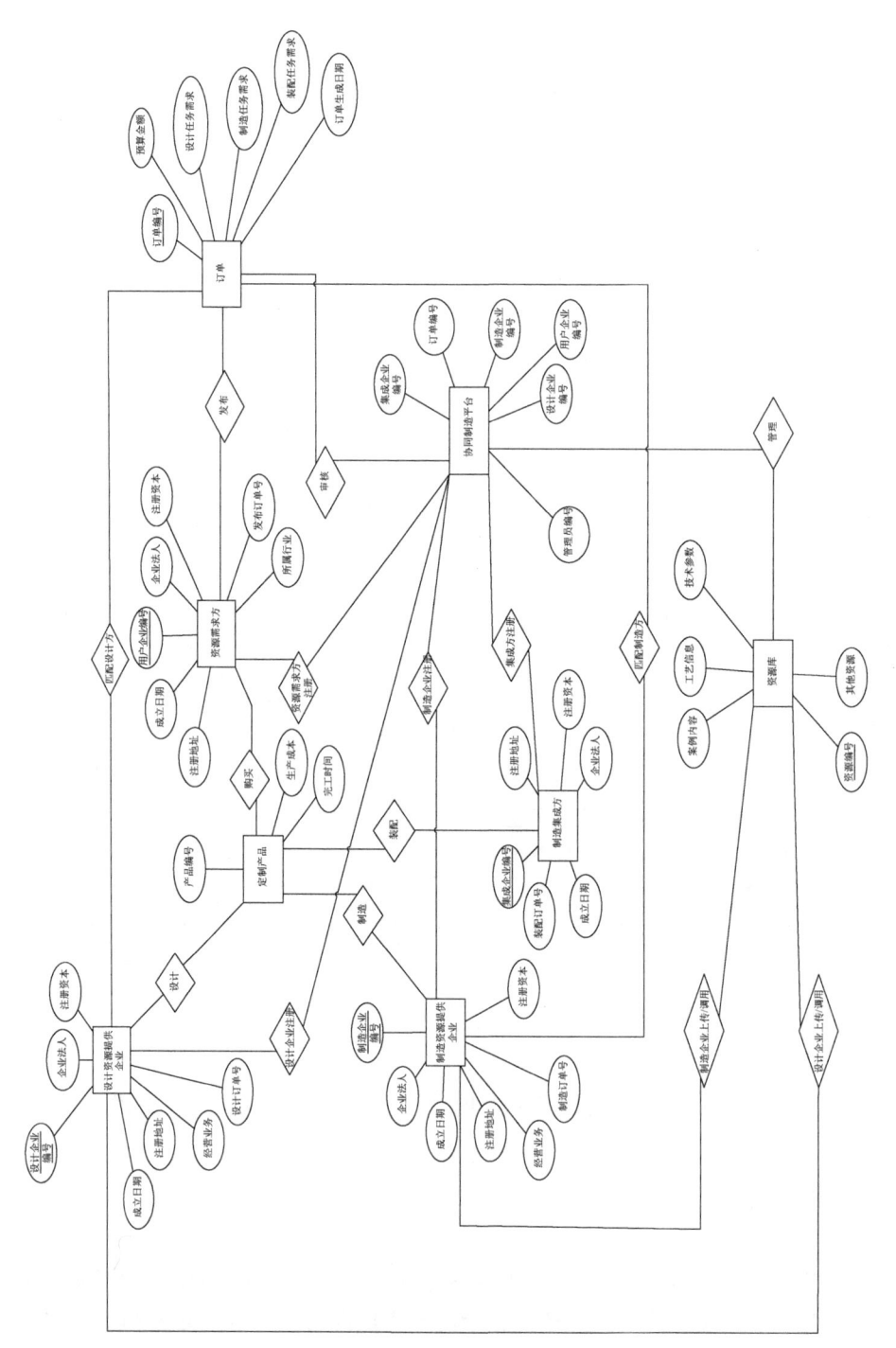

图18-2 网络协同平台数据库概念结构图

实体客观上指可以相互区分的事物，通常用矩形表示。网络协同平台中包括的实体有资源需求方、设计资源提供企业、制造资源提供企业、制造集成方、定制产品、网络协同制造平台（运营方）以及订单和资源库。

属性是实体所具有的某些特性，一个实体需要用多个属性刻画，用椭圆形表示，每一个实体均需要有一个属性作为唯一标识，即主键，用带有下划线的字段表示。例如，实体资源需求方包含的属性有用户企业编号、企业法人、注册资本、注册地址、成立日期、所属行业、发布订单号等，其中用户企业编号是企业在平台注册审核通过后获得的编号，不同企业对应的编号不同，因此将该属性作为实体资源需求方的主键。

联系又称关系，主要指各个实体之间的关联。在 E-R 图中用菱形表示，并用实线将有关实体连接起来。在基于数据库的网络协同平台中，各个企业需要在平台进行注册，即设计企业注册、制造企业注册、集成方注册和资源需求方注册四个关系；资源需求方与订单的关系为"发布"，即资源需求方根据自身需求发布相关订单；网络协同平台与订单的关系为"审核"，即平台审核资源需求方所发布的订单是否执行；订单发布后若平台审核通过，则需匹配相关的设计资源提供企业和制造资源提供企业，因此有匹配设计方和匹配制造方两个关系；在定制产品的生产过程中，需要设计方、制造方、制造集成方和资源需求方的参与，分别对应设计、制造、装配和购买四个关系；此外，设计企业和制造企业可向资源库上传或从中调用相关资料，即设计企业上传/调用和制造企业上传/调用两个关系；同时，资源库也需平台进行管理，因此为管理关系。

18.1.2 逻辑结构

将概念结构中的 E-R 图转换为逻辑结构，并根据各个实体模式和关系模式的主键及外键，利用 SQL Server 得到如图 18-3 所示的网络协同平台数据库逻辑结构。其中，各个表对应概念结构中的不同实体及关系，表中列名带有钥匙标识的为主键。

18.1.3 物理结构

根据逻辑结构的特征，确定数据库中各实体和关系的物理结构，即存储结构。物理结构主要是对实体和关系的表设计，具体包括各表的列名、字符类型、约束、描述说明内容，如表 18-1 所示。

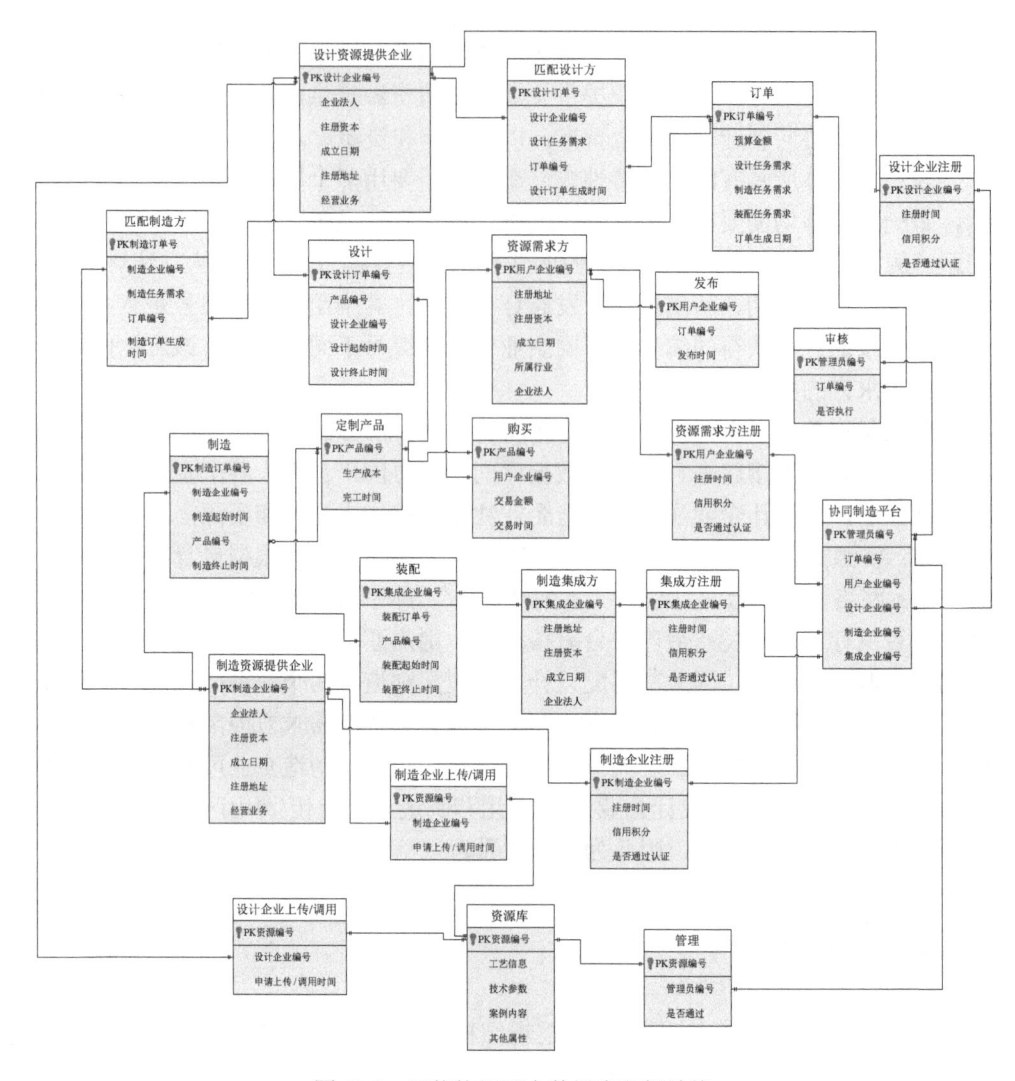

图 18-3 网络协同平台数据库逻辑结构

表 18-1 网络协同平台数据库物理结构
（1）资源需求方表

列名	字符类型	约束	描述说明
用户企业编号	varchar（50）	主键、非空、唯一	资源需求方在平台注册时获取的唯一编号
企业法人	varchar（50）		该企业法人相关信息
成立日期	date		该企业成立日期
注册地址	varchar（50）		该企业注册地址
注册资本	numeric（18,0）		该企业注册资本
所属行业	text		该企业主要经营业务、商业活动等信息

（2）设计资源提供方表

列名	字符类型	约束	描述说明
设计企业编号	varchar（50）	主键、非空、唯一	设计企业在平台注册时获取的唯一编号
企业法人	varchar（50）		该企业法人相关信息
成立日期	date		该企业成立日期
注册地址	varchar（50）		该企业注册地址
注册资本	numeric（18，0）		该企业注册资本
经营业务	text		该企业主要经营业务、商业活动等信息

（3）制造资源提供方表

列名	字符类型	约束	描述说明
制造企业编号	varchar（50）	主键、非空、唯一	制造企业在平台注册时获取的唯一编号
企业法人	varchar（50）		该企业法人相关信息
成立日期	date		该企业成立日期
注册地址	varchar（50）		该企业注册地址
注册资本	numeric（18，0）		该企业注册资本
经营业务	text		该企业主要经营业务、商业活动等信息

（4）制造集成方表

列名	字符类型	约束	描述说明
集成企业编号	varchar（50）	主键、非空、唯一	制造集成企业在平台注册时获取的唯一编号
企业法人	varchar（50）		该企业法人相关信息
成立日期	date		该企业成立日期
注册地址	varchar（50）		该企业注册地址
注册资本	numeric（18，0）		该企业注册资本

（5）订单表

列名	字符类型	约束	描述说明
订单编号	varchar（50）	主键、非空、唯一	资源需求方通过平台发布的订单编号
预算金额	numeric（18，0）		资源需求方的预算
设计任务需求	text		资源需求方对设计任务的需求描述
制造任务需求	text		资源需求方对制造任务的需求描述
装配任务需求	text		资源需求方对装配任务的需求描述
订单生成日期	datetime		订单发布时间

（6）定制产品表

列名	字符类型	约束	描述说明
产品编号	varchar（50）	主键、非空、唯一	生产的定制产品编号
生产成本	numeric（18,0）		生产成本
完工时间	datetime		产品交付日期

（7）资源库表

列名	字符类型	约束	描述说明
资源编号	varchar（50）	主键、非空、唯一	资料编号
工艺信息	text		工艺相关信息
技术参数	text		制造技术参数
案例内容	text		相关案例
其他属性	text		其他资料信息

（8）协同制造平台表

列名	字符类型	约束	描述说明
管理员编号	varchar（50）	主键、非空、唯一	平台运营时管理员的编号
订单编号	varchar（50）	外键	所管理的订单编号
用户企业编号	varchar（50）	外键	所管理的用户企业编号
设计企业编号	varchar（50）	外键	所管理的设计企业编号
制造企业编号	varchar（50）	外键	所管理的制造企业编号
集成企业编号	varchar（50）	外键	所管理的集成企业编号

（9）资源需求方注册关系模式表

列名	字符类型	约束	描述说明
用户企业编号	varchar（50）	主键、非空、唯一	资源需求方注册时的编号
注册时间	datetime		资源需求方注册时间
是否通过认证	binary（50）		平台审核资源需求方信息并标明认证结果
信用积分	numeric（18,0）		平台根据资源需求方的表现赋予的信用积分

（10）设计企业注册关系模式表

列名	字符类型	约束	描述说明
设计企业编号	varchar（50）	主键、非空、唯一	设计企业注册时的编号
注册时间	datetime		资源需求方注册时间
是否通过认证	binary（50）		平台审核设计企业信息并标明认证结果
信用积分	numeric（18,0）		平台根据设计企业的表现赋予的信用积分

（11）制造企业注册关系模式表

列名	字符类型	约束	描述说明
制造企业编号	varchar（50）	主键、非空、唯一	制造企业注册时的编号
注册时间	datetime		资源需求方注册时间
是否通过认证	binary（50）		平台审核制造企业信息并标明认证结果
信用积分	numeric（18，0）		平台根据制造企业的表现赋予的信用积分

（12）集成方注册关系模式表

列名	字符类型	约束	描述说明
集成企业编号	varchar（50）	主键、非空、唯一	集成企业注册时的编号
注册时间	datetime		集成企业注册时间
是否通过认证	binary（50）		平台审核集成企业信息并标明认证结果
信用积分	numeric（18，0）		平台根据集成企业的表现赋予的信用积分

（13）设计关系模式表

列名	字符类型	约束	描述说明
设计订单编号	varchar（50）	主键、非空、唯一	资源需求方的订单匹配给相应设计方的编号
产品编号	varchar（50）	外键	设计企业所设计的产品编号
设计企业编号	varchar（50）	外键	对产品进行设计的企业编号
设计起始时间	datetime		设计任务开始执行时间
设计终止时间	datetime		设计任务完成时间

（14）制造关系模式表

列名	字符类型	约束	描述说明
制造订单编号	varchar（50）	主键、非空、唯一	资源需求方的订单匹配给相应制造方的编号
产品编号	varchar（50）	外键	制造企业所制造的产品编号
制造企业编号	varchar（50）	外键	对产品进行制造的企业编号
制造起始时间	datetime		制造任务开始执行时间
制造终止时间	datetime		制造任务完成时间

（15）装配关系模式表

列名	字符类型	约束	描述说明
装配订单编号	varchar（50）	主键、非空、唯一	资源需求方的订单匹配给相应装配方的编号
产品编号	varchar（50）	外键	装配企业所装配的产品编号
集成企业编号	varchar（50）	外键	对产品进行装配的企业编号
装配起始时间	datetime		装配任务开始执行时间
装配终止时间	datetime		装配任务完成时间

（16）购买关系模式表

列名	字符类型	约束	描述说明
产品编号	varchar（50）	主键、非空、唯一	资源需求方所购买的产品编号
用户企业编号	varchar（50）	外键	购买该产品的资源需求方企业编号
交易金额	numeric（18,0）		产品生产完成交易金额
交易时间	datetime		产品生产完成交易时间

（17）发布关系模式表

列名	字符类型	约束	描述说明
用户企业编号	varchar（50）	主键、非空、唯一	资源需求方编号
订单编号	varchar（50）	外键	资源需求方所发布的订单编号
发布时间	datetime		订单发布时间

（18）审核关系模式表

列名	字符类型	约束	描述说明
管理员编号	varchar（50）	主键、非空、唯一	平台的管理员编号
订单编号	varchar（10）	外键	管理员所审核的订单编号
是否执行	binary（50）		订单是否通过审核

（19）匹配设计方关系模式表

列名	字符类型	约束	描述说明
设计订单号	varchar（50）	主键、非空、唯一	资源需求方发布的订单匹配给相应设计方后生成的编号
设计企业编号	varchar（50）	外键	执行设计任务的企业编号
设计任务需求	text		用户的设计任务描述
订单编号	varchar（50）	外键	资源需求方发布的订单编号
设计订单生成时间	datetime		设计订单生成时间

（20）匹配制造方关系模式表

列名	字符类型	约束	描述说明
制造订单号	varchar（50）	主键、非空、唯一	资源需求方发布的订单匹配给相应制造方后生成的编号
制造企业编号	varchar（50）	外键	执行制造任务的企业编号
制造任务需求	text		用户的制造任务描述
订单编号	varchar（50）	外键	资源需求方发布的订单编号
制造订单生成时间	datetime		制造订单生成时间

（21）设计企业上传/调用关系模式表

列名	字符类型	约束	描述说明
资源编号	varchar（50）	主键、非空、唯一	资源库中的对应资源编号
设计企业编号	varchar（50）	外键	进行相关操作的设计企业编号
申请上传/调用时间	datetime		设计企业申请上传/调用资料的时间

（22）制造企业上传/调用关系模式表

列名	字符类型	约束	描述说明
资源编号	varchar（50）	主键、非空、唯一	资源库中的对应资源编号
制造企业编号	varchar（50）	外键	进行相关操作的制造企业编号
申请上传/调用时间	datetime		制造企业申请上传/调用资料的时间

（23）管理关系模式表

列名	字符类型	约束	描述说明
资源编号	varchar（50）	主键、非空、唯一	资源库中的对应资源编号
管理员编号	varchar（50）	外键	进行相关操作的平台管理员编号
是否通过	binary（50）		管理员是否通过企业上传/调用资料的申请

18.1.4 事务处理模式

在数据库系统中，事务是一系列操作的离散单位，操作必须全部执行或全部不执行，具有不可分割性。根据以上对数据库的概念结构、逻辑结构和物理结构的描述，网络协同制造平台的数据库主要包括以下操作。

注册操作：资源需求方、设计资源提供方、制造资源提供方和集成制造方的不同企业均可在平台申请注册，但注册时需提供企业的基本信息以供平台审核，平台会根据各个企业的以往交易状况或信用程度赋予企业一定的信用积分。

审核操作：平台管理员除了对各个企业提供的注册信息进行审核，还需要对资源需求方发布的订单进行审核，判断该资源需求方发布的需求订单是否符合要求以及是否执行。

匹配操作：在审核通过资源需求方发布的订单后，平台根据相关算法将订单进行分解并匹配给不同的设计企业和制造企业，跟踪各个订单以及相应任务的完成时间，保证资源需求方所需的产品由对应的设计方、制造方和集成方协同生产制造。

管理操作：网络协同平台需管理资源库，该资源库可为用户提供相关的生产加工信息，同时各企业也可上传相关的资料实现信息的共享，平台管理员主要对企业上传/调用的申请进行审核，同时保证资料库的安全，防止信息的泄露。

为保证数据库的相关操作成功则同步更新，失败则全部撤销，避免操作的中间环节出现问题造成数据不一致的现象，可采用两阶段提交（2-phase commit，2PC）或三阶段提交（3-phase commit，3PC）事务处理模式。对于网络协同平台的分布式系统，每一个节点虽然能够知晓自身的操作成功与否，但却无法知道其他节点的操作状态。当一个事务操作跨越多个节点时，为了保持事务的 ACID 特性，需要引入一个作为协调者的组件来统一掌控所有节点（参与者）的操作结果，并最终指示这些节点是否要把操作结果进行真正的提交（写入数据库并更新）。

1. 两阶段事务处理模式的过程

1）第一阶段

（1）协调者会询问全部的参与者节点，是否能够执行提交操作。

（2）各个参与者开始事务执行的准备工作：如为资源上锁、预留资源等。

（3）参与者响应协调者，若事务的准备工作成功，则回应"能够提交"，否则回应"拒绝提交"。

2）第二阶段

若全部的参与者均回应"能够提交"，协调者则向全部的参与者发送"正式提交"的命令。参与者完成正式提交，并释放全部资源，之后回应"完成"，协调者收集各节点的"完成"回应后结束该操作。

若其中某个参与者回应"拒绝提交"，协调者则向全部的参与者发送"回滚操作"，并释放全部资源，后回应"回滚完成"，协调者收集各节点的"回滚"回应后，取消该操作。

2. 三阶段事务处理模式的过程

1）第一阶段

（1）协调者向所有参与者发送 Can Commit 请求，即询问全部的参与者节点，是否能够执行提交操作。

（2）各参与者判断是否可以完成事务提交，但不执行事务，也不锁定资源。

（3）各参与者根据是否可以完成事务向协调者回应"能够提交"或"拒绝提交"。

2）第二阶段

（1）协调者向所有参与者发送 Pre-Commit 请求，执行事务预提交。

（2）各参与者执行事务，写事务日志但不进行提交。各参与者锁定事务相关的资源，保证事务可以正常提交。

（3）各参与者向协调者返回响应。若协调者收到所有参与者的回应"能够提交，则准备进行事务提交。若有参与者回应"拒绝提交"或者超时，则放弃事务。

3）第三阶段

（1）协调者向所有参与者发送提交请求。

（2）参与者正式提交事务，并在完成后释放相关资源。

（3）参与者向协调者回复 ACK（acknowledge character，确认字符），表明数据已确认接收无误；协调者收到所有参与者的 ACK 后认为事务提交成功。若有参与者回复 NO 或者超时，则"回滚操作"。

（4）参与者进入 Pre-Commit 状态后，若始终未收到协调者的 Do Commit 请求，则会超时后自动执行提交。

目前，两阶段提交事务处理模式应用较为广泛，三阶段提交事务处理模式虽在两阶段提交事务处理模式基础上有所改善，解决了两阶段提交事务处理模式中的阻塞问题，但三阶段提交处理模式较难实现，因此可以主要采用两阶段提交事务处理模式。

18.1.5　可拓展认证管理体系

传统的数据库存储方式较难适应网络协同制造平台的多用户、大量信息、较高安全要求等特点，因此需要基于数据库基础模型架构，建立可拓展的认证管理体系。该体系可划分为负载均衡层、应用服务层、信息缓存层和基本数据库层四层，每一层都采用高可用构架，数据库平台的开发技术，并通过不同的拓展方式使其具备良好的可扩展能力[1]。具体架构体系如图 18-4 所示。

首先，用户的申请会到达负载均衡层，该层将用户的身份认证请求均匀分配到不同的服务单元，从而实现服务的可用性和高响应效率。针对复杂重型装备网络协同制造平台，目前用户的认证方式主要通过注册获得的账号以及密码进行验证，在用户访问网站的同时，若其超过一定的时间未进行任何操作，系统会自动退出用户的登录状态，用户再次访问需重新登录进行身份验证。负载均衡层主要采用 NGINX 服务器，当用户请求量达到服务器性能阈值时，通过增加服务器的数量，实现负载均衡层的拓展。

其次，在负载均衡层实现资源的均匀分配后，用户的请求会被分配到应用服务层，该层主要负责处理用户请求，即根据用户需求调用注册管理、身份验证、权限管理、审核管理等相关服务，并依据事务处理模式，实现对数据库相关内容的更新。该层可通过提高应用服务器的性能实现认证管理体系的垂直拓展。

然后，信息缓存层提供缓存服务，即对访问过程、数据处理、业务逻辑等中间操作进行存储，缓解基础数据库层和应用服务层的压力，提高访问速度，当访问量上升时，该层可通过分片技术实现拓展。

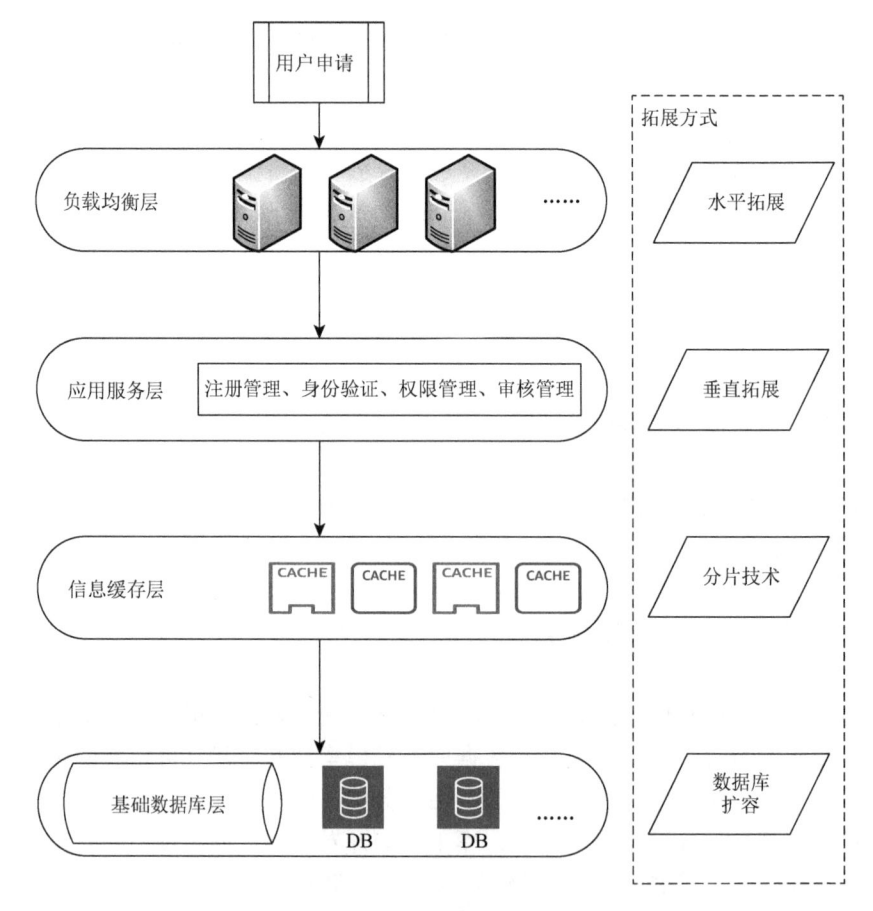

图 18-4　基于数据库的可拓展认证管理体系架构

最后，当用户量和应用数量增长时，也需考虑基础数据库层扩容的问题，主要包括增加数据库存储空间、增加数据库数量等。网络协同平台数据库的拓展主要体现在表结构方面，即实体或关系的属性字段，目前的拓展方式有两类：一类是建立数据库时将可能包含的属性和字段值进行预留，按需对相应字段值进行补充，另一类是由用户自定义属性名称和字段等内容，从而实现数据库表结构的拓展。

18.2　利益相关者行为管理模块

18.2.1　维权/投诉管理模块

买卖双方就交易在履行过程中产生争议，如双方无法协商或协商不能达成一致的，一方或双方可申请提交网络协同制造平台进行斡旋处理，网络协同制造平台有权遵循国家相关法律法规及网络协同制造平台规章制度决定受理或不受理相关争议，并对相关事实进行认定及对用户的违规行为进行处理。

1. 知识产权投诉

发现知识产权被侵犯，权利人通过网站首页-底部，单击"知识产权"，进入知识产权保护模块，发起投诉。

2. 知识产权投诉流程

步骤1：投诉方提交知识产权。平台方会验证知识产权，通过进入下一步，不通过需要重新提交。

步骤2：投诉方发起投诉。根据验证通过的知识产权发起投诉，需选择投诉平台、投诉类型、填写投诉理由、填写投诉链接。

步骤3：平台方受理投诉。平台方会先进行投诉理由审核，审核通过后删除商品并进行下一步，审核不通过需重新发起投诉。

步骤4：被投诉方申诉。被投诉方根据删除的商品进行申诉。

步骤5：投诉方响应申诉。可选择撤销投诉或申请平台方介入。

步骤6：平台方最终处理。平台方根据双方投诉资料和申诉资料进行最终处理。

18.2.2 违规行为处理模块

1. 违规行为的内容

①禁止发布信息；②违规信息发布；③询价单违规发布；④报价单违规发布；⑤知识产权侵权；⑥产品品质违规；⑦虚假交易；⑧恶意评价；⑨滥用用户权利；⑩违规宣传；⑪不正当牟利。

2. 违规行为处理的执行

（1）用户有违规行为的，运营方有权按照平台违规处理规则对用户予以违规处罚。

（2）就用户的首次或者非主观故意实施的违规行为，网络协同制造平台将视情形给予纠正和教育，并要求用户进行自检自查。

3. 违规行为处理的申诉

（1）对发布限制产品信息类违规及知识产权侵权类违规行为处理的申诉，被投诉人须在被投诉之日起3个工作日内提交相关证明材料；对虚假交易类违规行为处理的申诉，被投诉人须在被投诉之日起 5 个工作日内提交相关证明材料。逾期未提交证明材料或提交证明材料不充分的，运营方有权根据当时所掌握的情况进行判断与处理。

（2）因违规致注销账号或因其他原因已被注销账号的用户，即使申诉，账号也将不予恢复。

18.2.3 评价模块

买卖双方有权在基于真实的在线交易成功后相互评价，评价方需对交易结果做出真实、客观的评价。

1. 评价维度

（1）货品/服务评价：即采购商对单个交易货品的总体评价，共分为五个星级（一星——五星，满意度增加，星级增加）。

（2）采购商印象：即采购商对交易货品的相关属性的评价。

（3）货品文字/视频/照片评价：即采购商对交易货品进行具体的文字/视频/照片评价。

（4）发货速度：即采购商对供应商发货速度的评价。

（5）服务态度：即采购商对供应商态度的评价。

2. 供应商考评

供应商考评：系统将根据供应商主营行业的类目，展示对应的供应商考评维度，评价均分为五个星级（一星——五星，满意度增加，星级增加）。

（1）评价期限：订单在线交易成功（指该订单变为待评价）后的 30 天内。

（2）评价流程：

①发起评价：采购商评价模块；供应商评价模块。

②评价的修改：系统自动默认的评价，用户不能进行修改；用户已完成的评价，用户不能进行修改；经平台运营方认定为恶意评价的，工作人员将在 5 天内对评价进行修改或删除。

3. 系统评价说明

（1）如果一方给另一方作出四星及以上的评价，而另一方未在评价期限内作出评价，则评价期限过后，系统将会自动给未被评价方默认五星的评价。

（2）如果一方给另一方作出三星及以下的评价，而另一方未在评价期限内作出评价，则评价期限过后，系统将不会自动给未被评价方默认评价，视同相应方放弃评价的权利。

（3）如果在评价期限内，交易双方都未作出评价，则评价期限过后，系统不会自动给交易双方默认评价，该交易无评价，视同双方放弃评价的权利。

18.3 网络协同制造平台用户"跳单"行为研究

目前，对于云制造平台的概念内涵、支撑技术、体系架构以及服务匹配和调度[2]方面的研究成果较多，但针对云制造平台的运营，如定价、交易、利润分配等研究较少。"跳单"行为作为影响平台运营状况的重要因素，最早出现于房产中介领域，即买方利用房产中介提供的房源信息寻找合适的房屋后，直接跳过中介与卖方进行交易从而避免中介费[3]。关于房产中介领域的"跳单"问题，主要集中于法律层面的研究，相关运营层面的理论研究比较缺乏，王晨和龚朴[4]通过探究买方"跳单"行为中的决策过程，分析了房产中介的中介费定价策略以及中介差异化定价机制[5]。在平台领域的"跳单"行为方面，常见的研究主要集中于"店选网购"，如 Rapp 等[6]提出采用交叉销售策略（捆绑销售）可以一定程度上减少客户线下参观线上购买的现象，Rajkumar 等[7]从价值感知的角度，研究消费者"店选网购"的原因，也有学者研究如何通过价格或者服务帮助线下零售商避免顾客的投机行为[8]，但鲜有人从平台的角度研究跳单现象，虽然李美苓和林健对电商平台的加盟商家"跳单"现象进行了研究[9]，但传统的电商 O2O 平台与云制造平台有一定的区别，在云制造平台中，大多数产品的生产周期较长，客户更加关注成本、质量、交货期，因此考虑云制造平台的特征研究服务提供方和服务需求方"跳单"行为，有一定的意义和价值。

本节针对云制造平台中服务提供方和服务需求方的"跳单"行为，建立了云制造平台、服务提供方和服务需求方之间的三方演化博弈模型，并对三方的演化稳定策略进行理论分析。此外，根据实际情况设置了相关参数，结合基因复制动态方程对三方的演化策略进行仿真分析，得到了平台所收取的中介费用、惩罚"跳单"行为的金额、监管成本等因素对演化结果的影响，最终结果不仅验证了所建立的三方演化博弈模型的有效性，也为云制造平台如何采取措施避免服务提供方和服务需求方的"跳单"行为提供了一定的借鉴与参考。

18.3.1 问题描述

由于制造类产品交易金额较大，中介费用较高，因此服务提供方可能选择投机行为——"跳单",从而避免中介费用,与此同时,服务提供方为了覆盖中介费用会一定程度提高在平台所售卖的产品或服务的价格,所以当服务需求方为了以更低的价格购买产品,也有动机选择"跳单"。因此,服务提供方和服务需求方均有"跳单"的可能,具体表现为制造资源需求者或服务者在浏览平台提供的大量信息并确定相匹配的交易对象后,跳过平台与对方完成私下交易。

对于平台的运营方而言,服务提供方和服务需求方的"跳单"行为显然会降低平台的整体收益,平台因此需要决定是否采取相应措施,包括加大监管力度、对"跳单"的双方收取一定的惩罚金额,这些措施虽然一定程度会抑制服务需求方和服务提供方选择"跳单"的行为,但同时也增加了平台的成本。对于服务提供方而言,为避免中介费选择"跳单"的同时,会面临被平台发现后带来的惩罚成本,同时也损失了"不跳单"使用平台时具有的协同研制的收益。

对于服务需求方而言,选择"跳单"虽减少了所购买产品或服务的费用,但会增加其面临产品质量问题的风险,产品或服务无法按时交付的风险,同时与"不跳单"使用平台时相比,增加了对服务提供方的额外监督成本。

与电商平台的短周期交易不同,网络协同制造平台中大多为定制化产品,制造周期长,成本高,交易金额大;与此同时,服务需求方所面临的产品质量问题、无法按时交货的风险一旦发生,带来的损失要远高于电商平台中的产品,因此本节考虑了服务需求方对质量、时间的敏感程度。

18.3.2 基本假设

结合上述分析,本书涉及的三方主体分别为网络协同制造平台运营方(记为 P)、服务提供方(记为 S)和服务需求方(记为 U),相关具体假设如下。

假设 18-1 P 的策略为:采取措施或不采取措施。P 采取措施时,会为其自身带来公信力、威慑作用等正效应 M,当其不采取措施且 S 和 U "跳单"时,会造成名誉方面的损失 N。其中,采取的措施主要包括:①进行监管,提高发现 S 和 U "跳单"的概率 $\theta(C)$,假设 C 为 P 加强监管所增加的成本,成本越高,P 发现 S 和 U "跳单"的概率越大,因此 $\theta(C)$ 是关于监管成本 C 的增函数;②对采取"跳单"行为的 S 和 U 收取惩罚金额 F,其中向 S 收取 aF,向 U 收取 $(1-a)F$,且 $F>C$ 时 P 才有监管的可能。

假设 18-2 S 的策略为:不跳单或跳单。当 S 选择不跳单时,需向 P 支付 r 比例的成交额作为中介费,即 rP_i,同时可获得协同收益 π。当 S 选择跳单时,会产生沟通成本 $C_m(C_m \geqslant 0)$,此时若 U 拒绝,则交易失败,产品或服务的成交价格仍为 P_i,但给 S 带来了名誉损失 H_s;若 U 同意跳单,则跳单成功,产品或服务的成交价格为 P_j,且 $P_j > P_i(1-r)$。

假设18-3 U 的策略为：不跳单或跳单。当 U 选择跳单时，也会产生沟通成本 $C_n(C_n \geqslant 0)$，此时若 S 拒绝，则交易失败，U 无法获得优惠价格；若 S 同意跳单，则跳单成功，产品或服务的成交价格为 P_j，且 $P_j < P_i$，但 U 会增加自行监工成本 C_u，同时面临产品质量问题或产品无法按时交货的风险 R，并且 U 对产品的质量、交付时间的敏感系数为 σ，参数 σ 服从 [0, 1] 区间的均匀分布。

假设18-4 S 提供相关服务的成本为 C_s，U 获得相关产品或服务的收益为 U。

假设18-5 P 选择"采取措施"的概率为 x，选择"不采取措施"的概率为 $1-x$；S 选择"不跳单"的概率为 y，选择"跳单"的概率为 $1-y$；U 选择"不跳单"的概率为 z，选择"跳单"的概率为 $1-z$。其中 $x, y, z \in [0,1]$。

基于以上分析，构建了三方采取不同策略时的收益矩阵，依次为网络协同制造平台运营方、服务提供方和服务需求方的收益，如表 18-2 所示。

表 18-2 三方演化博弈收益矩阵

参与博弈方			网络协同制造平台	
			采取措施 x	不采取措施 $1-x$
服务提供方	不跳单 y	服务需求方	不跳单 z	$rP_i + M - C$ $P_i - C_s - rP_i + \pi$ $U - P_i$	rP_i $P_i - C_s - rP_i + \pi$ $U - P_i$
			跳单 $1-z$	$rP_i + M - C$ $P_i - C_s - rP_i + \pi$ $U - P_i - C_n$	$rP_i - N$ $P_i - C_s - rP_i + \pi$ $U - P_i - C_n$
	跳单 $1-y$	服务需求方	不跳单 z	$rP_i + M - C$ $P_i - C_s - rP_i - C_m + \pi - H_s$ $U - P_i$	$rP_i - N$ $P_i - C_s - rP_i - C_m + \pi - H_s$ $U - P_i$
			跳单 $1-z$	$\theta(C)F + M - C$ $P_j - C_s - \theta(C)aF - C_m$ $U - P_j - \theta(C)(1-a)F - \sigma R - C_n - C_u$	$-N$ $P_j - C_s - C_m$ $U - P_j - \sigma R - C_n - C_u$

18.3.3 三方博弈的演化策略稳定性分析

在从各博弈主体的角度出发分析了演化路径后，本节通过计算模型的复制动态系统雅可比矩阵，对三方博弈的演化稳定策略进行了讨论。

将基因复制动态方程 $F(x)$，$F(y)$，$F(z)$ 分别对 x、y、z 求偏导，得到雅可比矩阵：

$$J = \begin{bmatrix} f_{11} & f_{12} & f_{13} \\ f_{21} & f_{22} & f_{23} \\ f_{31} & f_{32} & f_{33} \end{bmatrix} = \begin{bmatrix} \dfrac{\partial F(x)}{\partial x} & \dfrac{\partial F(x)}{\partial y} & \dfrac{\partial F(x)}{\partial z} \\ \dfrac{\partial F(y)}{\partial x} & \dfrac{\partial F(y)}{\partial y} & \dfrac{\partial F(y)}{\partial z} \\ \dfrac{\partial F(z)}{\partial x} & \dfrac{\partial F(z)}{\partial y} & \dfrac{\partial F(z)}{\partial z} \end{bmatrix}$$

其中：

$$f_{11} = (1-2x)\left[(1-y)(1-z)\theta(C)F + (1-yz)N - C + M\right]$$

$$f_{12} = x(1-x)\left[-(1-z)\theta(C)F - zN\right]$$

$$f_{13} = x(1-x)\left[-(1-y)\theta(C)F - yN\right]$$

$$f_{21} = y(1-y)\left[(1-z)\theta(C)aF\right]$$

$$f_{22} = (1-2y)\left[(1-z)x\theta(C)aF - z(P_i - P_j - rP_i + \pi - H_s) + P_i - P_j - rP_i + \pi + C_m\right]$$

$$f_{23} = y(1-y)\left[-x\theta(C)aF - (P_i - P_j - rP_i + \pi - H_s)\right]$$

$$f_{31} = z(1-z)\left[(1-y)\theta(C)(1-a)F\right]$$

$$f_{32} = z(1-z)\left[-x\theta(C)(1-a)F + P_i - P_j - C_u - \sigma R\right]$$

$$f_{33} = (1-2z)\left[x(1-y)\theta(C)(1-a)F + y(P_i - P_j - C_u - \sigma R) - P_i + P_j + C_n + C_u + \sigma R\right]$$

令 $F(x) = F(y) = F(z) = 0$，得到三方博弈的 8 个局部均衡点：$E_1(0,0,0)$，$E_2(0,0,1)$，$E_3(0,1,0)$，$E_4(0,1,1)$，$E_5(1,0,0)$，$E_6(1,0,1)$，$E_7(1,1,0)$，$E_8(1,1,1)$。将上述 8 个局部均衡点分别代入雅可比矩阵 J，计算得到均衡点的雅可比矩阵特征值如表 18-3 所示。根据李雅普诺夫第一法则，当雅可比矩阵的所有特征值为负时，该均衡点为三方博弈的演化稳定策略。

表 18-3 雅可比矩阵的特征值

均衡点	特征值 λ_1	特征值 λ_2	特征值 λ_3
$E_1(0,0,0)$	$\theta(C)F + M + N - C$	$P_i - P_j - rP_i + \pi + C_m$	$-P_i + P_j + C_n + C_u + \sigma R$
$E_2(0,0,1)$	$M + N - C$	$C_m + H_s$	$P_i - P_j - C_n - C_u - \sigma R$
$E_3(0,1,0)$	$M + N - C$	$-P_i + P_j + rP_i - C_m - \pi$	C_n
$E_4(0,1,1)$	$M - C$	$-C_m - H_s$	$-C_n$
$E_5(1,0,0)$	$C - M - N - \theta(C)F$	$\begin{bmatrix} P_i - P_j - rP_i + \pi \\ + C_m + \theta(C)aF \end{bmatrix}$	$\begin{bmatrix} -P_i + P_j + C_n + C_u \\ + \sigma R + \theta(C)(1-a)F \end{bmatrix}$
$E_6(1,0,1)$	$C - M - N$	$C_m + H_s$	$\begin{bmatrix} P_i - P_j - C_n - C_u \\ - \sigma R + \theta(C)aF \end{bmatrix}$

续表

均衡点	特征值 λ_1	特征值 λ_2	特征值 λ_3
$E_7(1,1,0)$	$C-M-N$	$\begin{bmatrix}-P_i+P_j+rP_i-C_m\\-\pi-\theta(C)aF\end{bmatrix}$	C_n
$E_8(1,1,1)$	$C-M$	$-C_m-H_s$	$-C_n$

下面通过以下四种情形对三方博弈的演化稳定策略进行讨论。

情形 1：当 $\theta(C)F+M+N<C$ 且 $(1-r)P_i+\pi+C_m<P_j<P_i-(C_n+C_u+\sigma R)$ 时，演化稳定策略为 $E_1(0,0,0)$ 和 $E_4(0,1,1)$。即当网络协同制造平台因为高成本而不采取措施时，仍会有部分服务提供方和服务需求方考虑到沟通成本或名誉损失而选择"不跳单"，但若跳单的价格在某一区间，就会有部分服务提供方和服务需求方选择"跳单"策略。

情形 2：当 $M<C$ 且 $P_j\notin((1-r)P_i+\pi+C_m,P_i-(C_n+C_u+\sigma R))$，或 $M<C<\theta(C)F+M+N$ 时，演化稳定策略均为 $E_4(0,1,1)$。即当网络协同制造平台采取措施的成本虽有所降低，但仍大于采取措施带来的正效应时，平台仍选择"不采取措施"，此时服务提供方和服务需求方均选择"不跳单"，因为平台一旦采取措施收取惩罚金额带来的收益就会覆盖运营成本，产生了一定的威慑作用；此外，当跳单价格无法落在合适区间内时，服务提供方和服务需求方也会选择"不跳单"。

情形 3：当 $C<M$ 且 $(1-r)P_i+\pi+C_m+\theta(C)aF<P_j$ 和 $P_j<P_i-(C_n+C_u+\sigma R+\theta(C)(1-a)F)$ 时，演化稳定策略为 $E_5(1,0,0)$ 和 $E_8(1,1,1)$。即当网络协同制造平台在成本较低决定采取措施时，会使得一部分服务提供方和服务需求方最终选择"不跳单"，但此时若跳单成交价格在某一区间，仍会有部分服务提供方和服务需求方选择"跳单"策略。此外，该跳单价格区间比云制造平台不采取措施时的跳单价格区间范围更小，说明在云制造平台采取措施的情况下，服务提供方和服务需求方会更难寻找到跳单的价格并采取跳单策略。

情形 4：当 $C<M$ 且 $P_j\notin((1-r)P_i+\pi+C_m+\theta(C)aF,P_i-(C_n+C_u+\sigma R+\theta(C)(1-a)F))$ 时，有唯一的演化稳定策略为 $E_8(1,1,1)$。即当网络协同制造平台在成本较低时决定采取措施，且跳单价格无法落在合适区间内，服务提供方和服务需求方均会选择"不跳单"。

18.3.4 仿真分析

根据基因复制动态方程和系统演化流图，对三方博弈的演化稳定策略进行仿真分析。结合前面的假设与分析，各参数值应满足如下条件。

（1）服务提供方和服务需求方采取跳单策略进行交易的价格 P_j 应使服务提供方相比于未跳单时获得更多的收益，同时使服务需求方相比于原价格 P_i 获得一定的优惠，即 $(1-r)P_i < P_j < P_i$。

（2）平台采取措施收取的惩罚金额应大于平台的监管成本，即 $F > C$。

针对系统中较为理想的两种演化稳定结果 $E_4(0,1,1)$ 和 $E_8(1,1,1)$，为验证本书三方演化稳定策略分析的有效性，同时分析不同因素对演化结果的影响，基于以上条件和实际情况，结合相关参考文献，设置初始参数值如下。

数组 1：

$M=1, N=1, \theta(C)=0.5, C=6, F=7.5, a=0.6, r=0.1, P_i=200, P_j=183,$
$\pi=2, C_m=1.2, C_n=1.5, C_u=2, H_s=3, R=2.5, \sigma=0.5$

数组 2：

$M=3.5, N=2, \theta(C)=0.5, C=3, F=7.5, a=0.6, r=0.1, P_i=200, P_j=194,$
$\pi=2, C_m=1, C_n=1.5, C_u=2, H_s=3, R=2.5, \sigma=0.5$

1. 中介费用比例对演化结果的影响

为分析网络协同制造平台收取的不同中介费用对演化结果的影响，将中介费用比例系数 r 分别取不同的值，得到数组 1 和数组 2 的三方演化稳定策略分别如图 18-5 和图 18-6 所示。从图中可知，在数组 1 的条件下，随着中介费用比例的增加，演化稳定策略由 $E_1(0,0,0)$ 变为 $E_4(0,1,1)$，即由于此时网络协同制造平台采取措施的成本 C 较高，其策略始终为"不采取措施"，当其收取的中介费用超过某一临界值时，服务提供方和服务需求方的策略会由"不跳单"变为"跳单"；在数组 2 的条件下，随着中介费用的增加，演化稳定策略始终为 $E_8(1,1,1)$，即当云制造平台由于采取措施的成本 C 较少而决定"采取措施"时，中介费用的增加并没有使服务提供方和服务需求方改变策略选择"跳单"。可见，平台采取措施一定程度上可以避免在较高的中介费用时服务提供方和服务需求方选择"跳单"策略，同时平台采取措施时的成本也可用较高的中介费用进行弥补。

进一步分析在数组 1 的情形中不同中介费用对服务提供方和服务需求方最终策略的影响，得到二维演化结果如图 18-7 所示。从图中可知，当中介费用比例系数 r 超过介于 0.10～0.11 的某个临界值时，服务提供方和服务需求方均会改变策略选择"跳单"，而且随着中介费用比例的增加，y 收敛于 0 的速度逐渐增加，即服务提供方选择"跳单"的速率加快。此外，相比于服务提供方，服务需求方选择"不跳单"的收敛速度更慢，可见服务需求方在平台不采取措施且跳单价格相对于原价较低时，其更倾向于选择"跳单"，但其最终决策受服务提供方的决策影响更大，即在平台不采取措施时，服务需求方会跟随服务提供方做出决策。

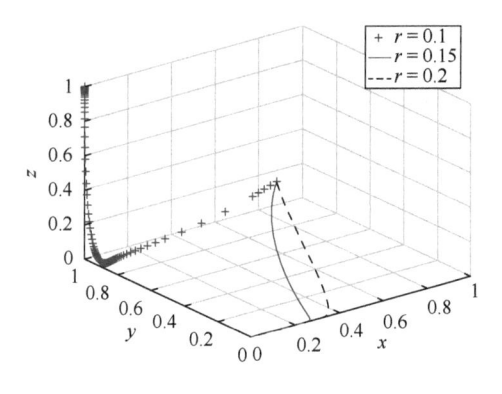

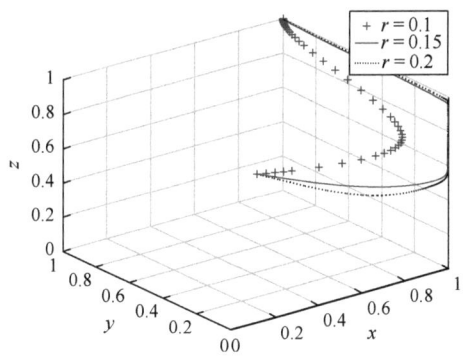

图 18-5　数组 1 下中介费用比例系数对演化结果的影响

图 18-6　数组 2 下中介费用比例系数对演化结果的影响

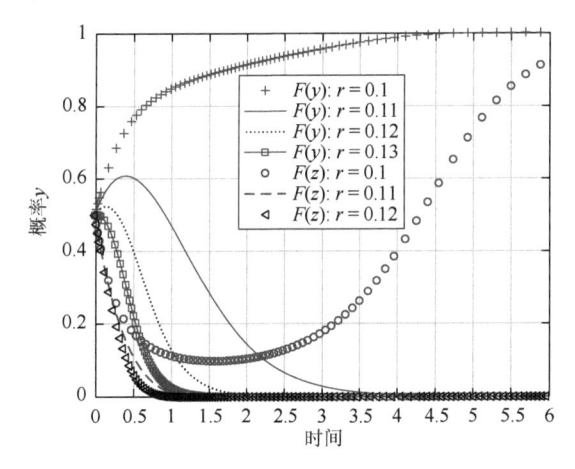

图 18-7　数组 1 下中介费用比例系数对 y 和 z 的影响

2. 平台收取的惩罚金额对演化结果的影响

为分析平台在数组 2 的情形中采取措施时，所收取的惩罚金额对演化结果的影响，将 F 取不同的数值，得到的三方演化结果如图 18-8 所示。从图中可知，随着平台收取的惩罚金额的增加，演化稳定策略由 $E_5(1,0,0)$ 逐渐变为 $E_8(1,1,1)$，可见当平台收取的惩罚金额超过某一数值时，服务提供方和服务需求方就会选择"不跳单"。

进一步分析不同惩罚金额对服务提供方和服务需求方最终策略的影响，得到二维演化结果如图 18-9 和图 18-10 所示。从图中可知，当惩罚金额超过 6.1～6.3 的某一临界值时，服务提供方和服务需求方的策略就会由"跳单"变为"不跳单"。此外，当惩罚金额超过该临界值并继续增加时，y 和 z 收敛于 1 的速度会增加；反之，当惩罚金额低于该临界值并继续减少时，y 和 z 收敛于 0 的速度会增加，

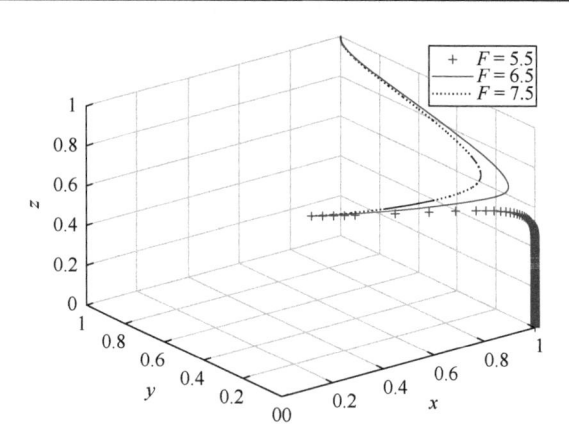

图 18-8　数组 2 惩罚金额对演化结果的影响

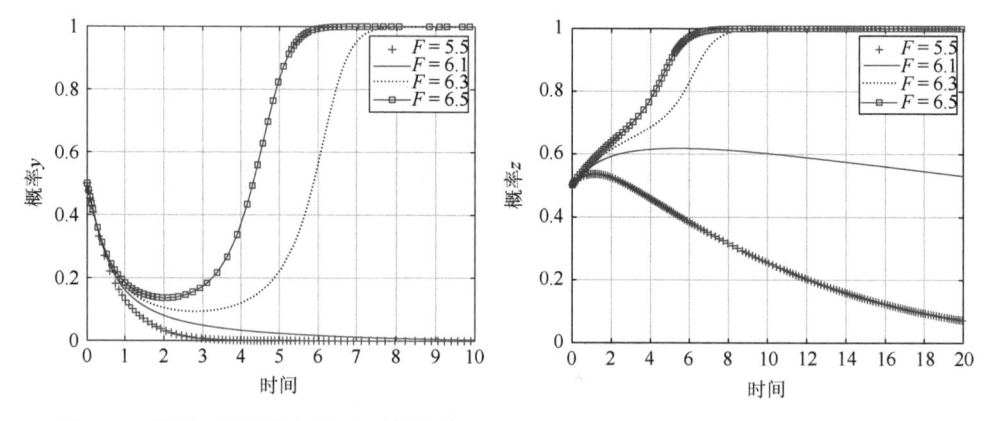

图 18-9　数组 2 下惩罚金额对 y 的影响

图 18-10　数组 2 下惩罚金额对 z 的影响

且 y 相比于 z 收敛于 0 的速率更快，这一定程度上说明了当惩罚金额较低时，服务提供方选择"跳单"策略的意愿比服务需求方更强。

与此同时，为分析惩罚金额中服务提供方的分摊比例系数 a 对演化结果的影响，在其他参数不变的条件下，将其取不同的数值，得到如图 18-11 所示的三维演化结果以及图 18-12 和图 18-13 所示的二维演化结果。从图中可知，当 a 逐渐增加并超过 0.7~0.8 的某一临界值时，演化稳定策略由 $E_5(1,0,0)$ 逐渐变为 $E_8(1,1,1)$。即当惩罚金额中服务需求方承担的比例较小时，服务需求方会选择"跳单"策略，此时服务提供方即使承担的比例较大，也会跟随选择"跳单"策略。这一结论不仅证明了服务提供方有着更强的"跳单"意愿，同时也说明了平台如果想有效抑制跳单行为，不仅要增加惩罚金额，同时服务需求方承担的比例也要更大。

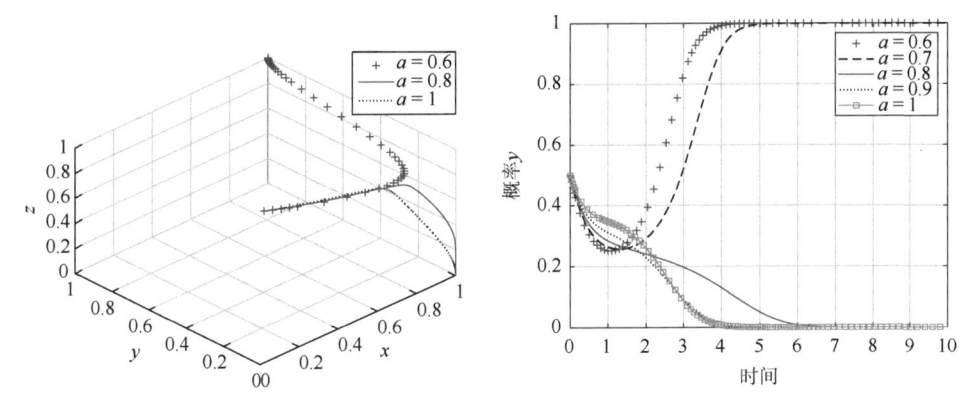

图 18-11　数组 2 下惩罚金额分摊系数对演化结果的影响

图 18-12　数组 2 下惩罚金额分摊系数对 y 的影响

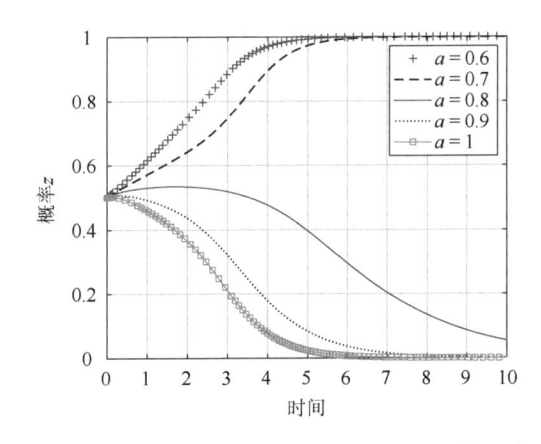

图 18-13　数组 2 下惩罚金额分摊系数对 z 的影响

3. 平台监管成本对演化结果的影响

为分析平台在数组 2 的情形下采取措施时的监管成本对演化结果的影响,将 C 取不同的数值,由于 $\theta(C)$ 是关于 C 的增函数,且平台发现跳单的概率随着监管成本的增加边际递减,因此在改变 C 的取值的同时,根据 $\theta(C)$ 与 C 的关系对 $\theta(C)$ 的取值进行变化,最终得到的演化结果如图 18-14 所示。

从图中可知,随着 C 和 $\theta(C)$ 的增加,演化稳点策略由 $E_5(1,0,0)$ 逐渐变为 $E_8(1,1,1)$,即平台投入一定的监管成本提高发现跳单的概率可抑制服务提供方和服务需求方的跳单行为。进一步分析监管成本对 y 和 z 的影响,得到如图 18-15 和图 18-16 所示的二维演化结果。

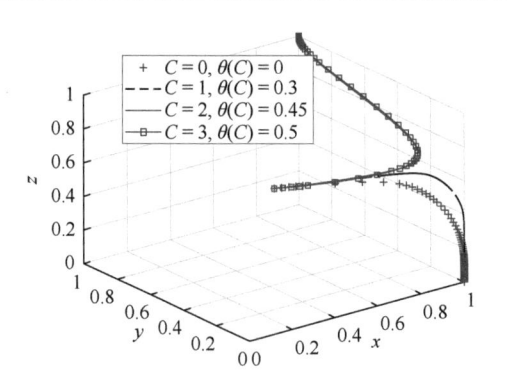

图 18-14 数组 2 下监管成本对演化结果的影响

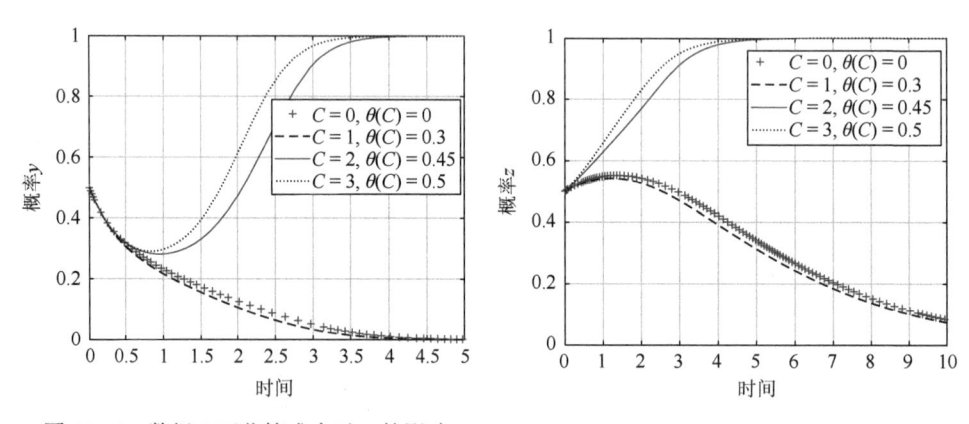

图 18-15 数组 2 下监管成本对 y 的影响

图 18-16 数组 2 下监管成本对 z 的影响

从图中可知，当监管成本增加到超过 1~2 的某一临界值，且平台发现跳单行为的概率超过 0.3~0.45 的临界值时，服务需求方和服务提供方都会选择"不跳单"，同时随着 C 和 $\theta(C)$ 的增加，y 和 z 收敛于 1 的速度也会增加；当 C 和 $\theta(C)$ 都低于临界值时，与不投入监管成本即 $C=0$ 相比，此时投入成本的增加对演化速率和演化结果的影响差别并不大。由此可知，若平台投入的监管成本未超过临界值，则没有任何意义，反而增加了成本，换言之，当平台无法投入一定数量的监管成本时，不投入反而是更好的选择。

4. 沟通成本对演化结果的影响

为分析服务提供方和服务需求方的不同沟通成本对演化结果的影响，分别在数组 1 和数组 2 的情形中令 C_m 和 C_n 取不同的值，数组 1 的三维演化结果和二维演化图如图 18-17~图 18-20 所示。由图中可知，当服务提供方的沟通成本增加到超过 0.9~1 的某一临界值时，演化稳定策略会由 $E_1(0,0,0)$ 变为

$E_4(0,1,1)$；随着服务需求方的沟通成本增加，演化稳定策略始终为 $E_4(0,1,1)$。可见在数组 1 中平台未采取措施的情形下，增加服务提供方的沟通成本可有效避免跳单行为。

数组 2 的三维演化结果和二维演化图如图 18-21～图 18-24 所示。由图中可知，当服务需求方的沟通成本增加到超过 1.2～1.3 的某一临界值时，演化稳定策略会由 $E_5(1,0,0)$ 变为 $E_8(1,1,1)$；随着服务提供方的沟通成本增加，演化稳定策略始终为 $E_8(1,1,1)$。可见在数组 2 中平台采取措施的情形下，增加服务需求方的沟通成本可有效避免跳单行为。

根据以上分析，平台在不采取措施时，可通过提高服务提供方的沟通成本来降低跳单行为；当平台采取措施时，可主要通过提高服务需求方的沟通成本来降低跳单行为。

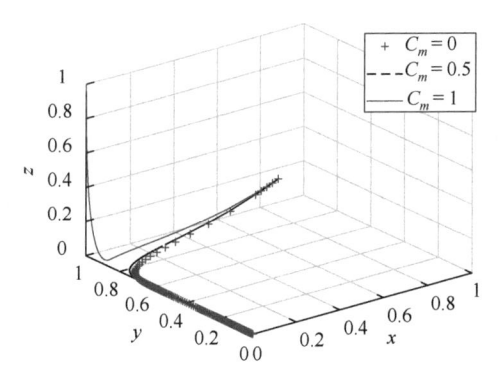

图 18-17 数组 1 下 S 沟通成本对演化结果的影响

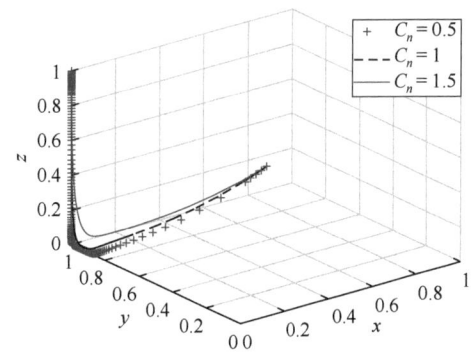

图 18-18 数组 1 下 U 沟通成本对演化结果的影响

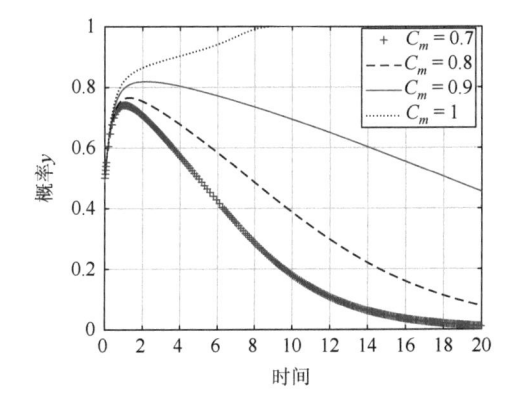

图 18-19 数组 1 下服务提供方沟通成本对 y 的影响

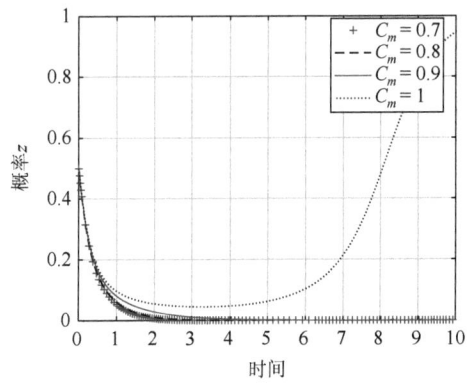

图 18-20 数组 1 下服务提供方沟通成本对 z 的影响

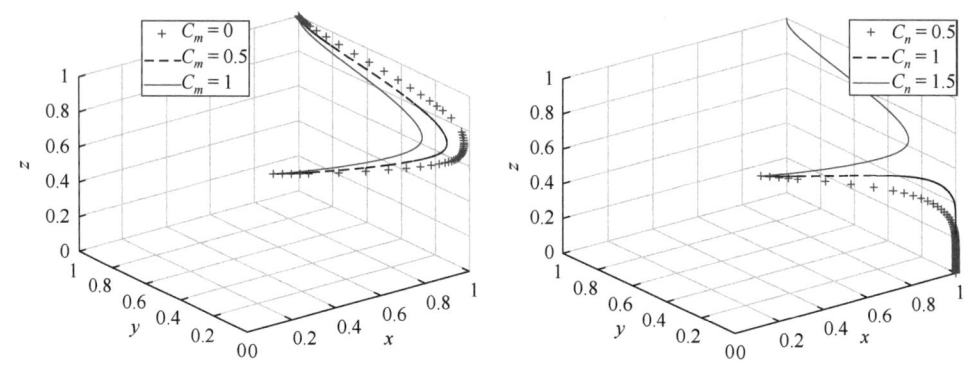

图 18-21 数组 2 下 S 沟通成本对演化结果的影响

图 18-22 数组 2 下 U 沟通成本对演化结果的影响

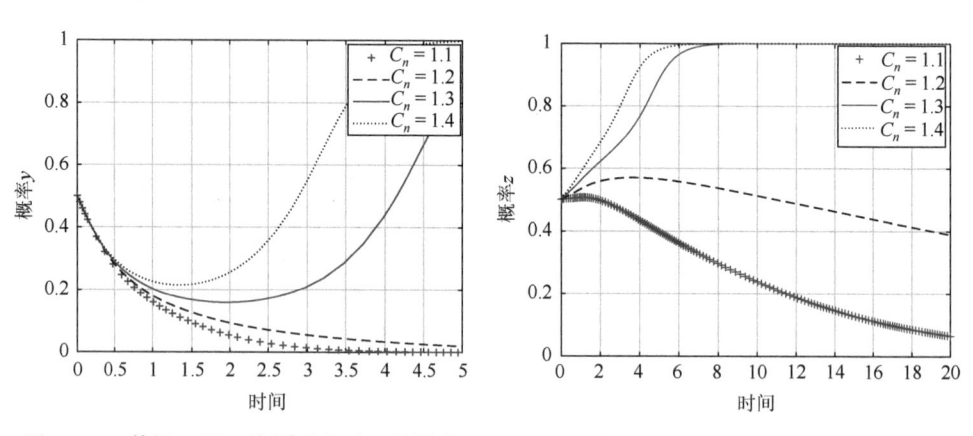

图 18-23 数组 2 下 U 沟通成本对 y 的影响

图 18-24 数组 2 下 U 沟通成本对 z 的影响

5. 风险敏感系数对演化结果的影响

为分析服务需求方在质量、交货期方面的敏感系数对演化结果的影响，将敏感系数 σ 取不同的值，数组 1 下的演化结果如图 18-25 所示。

此时无论如何改变风险系数的取值，演化稳定策略始终为 $E_4(0,1,1)$；当增加数组 1 中跳单的成交价格 $P_j=187$ 时，如图 18-26 所示，演化稳定策略始终为 $E_1(0,0,0)$；数组 2 的演化结果如图 18-27 所示，此时随着风险敏感系数的增加，演化稳定策略由 $E_5(1,0,0)$ 变为 $E_8(1,1,1)$。

由此可知，当在数组 1 下跳单的成交价格较低时，服务提供方的因获利较少会选择"不跳单"，所以此时无论风险系数如何变化都不会影响最终结果；当跳单的成交价格逐渐增加使得服务提供方愿意跳单时，服务需求方的风险敏感系数即使很大也会选择"跳单"策略；当跳单的成交价格继续增大到数组 2 的情形时，

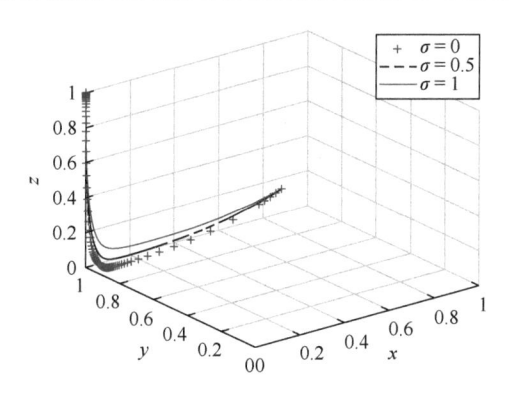

图 18-25　数组 1 下风险敏感系数对演化结果的影响

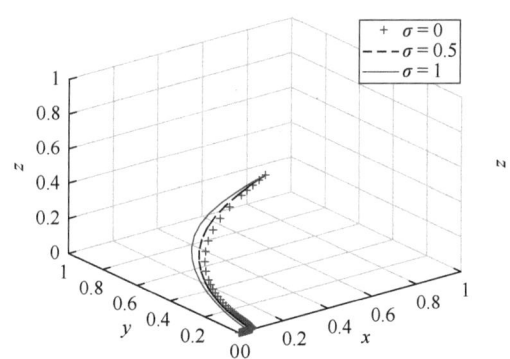

图 18-26　数组 1 下 $P_j=187$ 时风险敏感系数对演化结果的影响

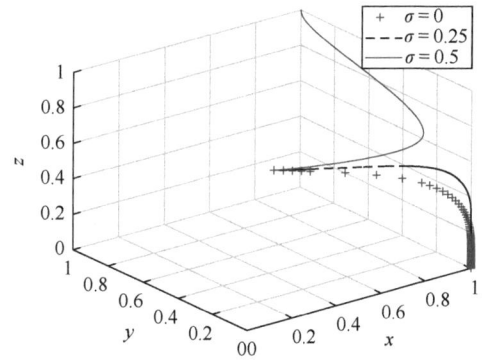

图 18-27　数组 2 下风险敏感系数对演化结果的影响

相对于原价格服务需求方获得的优惠较少，因此当风险敏感系数超过 0.25～0.5 的某一临界值时，服务需求方就会选择"不跳单"。

基于以上分析，相对于风险敏感系数，服务需求方更注重跳单成交的价格中自身可获得的优惠程度，即如果优惠较大，服务需求方则不会考虑产品存在的质量或交货期的风险，从而选择"跳单"策略。

18.4　本 章 小 结

本章基于网络协同制造平台角度，从用户筛选、用户管理和用户留存三方面进行分析，运用数据库梳理了复杂重型装备网络协同制造平台的概念结构、逻辑结构、物理结构、事务处理模式，构建了可拓展的认证管理体系；利用模块化思维将利益相关者行为基于云制造平台中服务提供方和服务需求方的跳单行为，构建了云制造平台、服务提供方和服务需求方之间的三方演化博弈，利用 MATLAB 进行仿真模型，为平台留存用户提供了思路。

参 考 文 献

[1] 中国制造业产能共享发展年度报告（2018）[M]. 国家信息中心分享经济研究中心，2018.

[2] 赵道致，王忠帅. 云制造平台加工能力分享调度优化研究[J]. 运筹与管理，2019，28（12）：1-6.

[3] 王晨，龚朴. 买方"跳单"行为下房产中介代理合约选择[J]. 系统工程理论与实践，2015，35（10）：2698-2707.

[4] 王晨，龚朴. 考虑买方"跳单"行为的房产中介定价策略[J]. 管理工程学报，2018，32（1）：24-32.

[5] 王晨，龚朴. 买方"跳单"行为下房产中介差异化定价机制[J]. 系统工程学报，2018，33（4）：433-441.

[6] RAPP A，BAKER T L，BACHRACH D G, et al. Perceived customer showrooming behavior and the effect on retail salesperson self-efficacy and performance[J]. Journal of Retailing，2015，91（2）：358-369.

[7] RAJKUMAR N，PANKAJ V，KISHORE K. Investigating consumers' path to showrooming：a perceived value-based perspective[J]. International Journal of Retail & Distribution Management，2020，49（2）：299-316.

[8] PATRICIA J，ZIELKE S. Price versus service：Can retailers beat showrooming with competence？[J]. Journal of Retailing and Consumer Services，2021，61：102592.

[9] 李美苓，林健. 第三方电子商务平台与加盟商家联盟稳定性的演化博弈分析[J]. 运筹与管理，2020，29（3）：1-9.